全国中医药行业高等职业教育"十三五"规划教材

中药商品学

（供中药学、中药生产与加工、药学、药品生产技术、生物制药技术、市场管理与服务、药品经营与管理等专业用）

主 编 ◎ 王柳萍

中国中医药出版社

·北 京·

图书在版编目（CIP）数据

中药商品学/王柳萍主编.—北京：中国中医药出版社，2018.8（2024.11重印）

全国中医药行业高等职业教育"十三五"规划教材

ISBN 978-7-5132-4975-1

Ⅰ.①中…　Ⅱ.①王…　Ⅲ.①中药材-商品学-中高等职业教育-教材　Ⅳ.①F762.2

中国版本图书馆 CIP 数据核字（2018）第 099117 号

中国中医药出版社出版

北京经济技术开发区科创十三街 31 号院二区 8 号楼
邮政编码　100176
传真　010-64405721
东港股份有限公司印刷
各地新华书店经销

开本 787×1092　1/16　印张 20.75　字数 427 千字
2018 年 8 月第 1 版　2024 年 11 月第 8 次印刷
书号　ISBN 978-7-5132-4975-1

定价　66.00 元
网址　www.cptcm.com

服 务 热 线　010-64405510
购 书 热 线　010-89535836
维 权 打 假　010-64405753

微信服务号　zgzyycbs
微商城网址　https://kdt.im/LIdUGr
官 方 微 博　http://e.weibo.com/cptcm
天猫旗舰店网址　https://zgzyycbs.tmall.com

如有印装质量问题请与本社出版部联系（010-64405510）

中医药职业教育是我国现代职业教育体系的重要组成部分，肩负着培养新时代中医药行业多样化人才、传承中医药技术技能、促进中医药服务健康中国建设的重要职责。为贯彻落实《国务院关于加快发展现代职业教育的决定》（国发〔2014〕19号）、《中医药健康服务发展规划（2015—2020年）》（国办发〔2015〕32号）和《中医药发展战略规划纲要（2016—2030年）》（国发〔2016〕15号）（简称《纲要》）等文件精神，尤其是实现《纲要》中"到2030年，基本形成一支由百名国医大师、万名中医名师、百万中医师、千万职业技能人员组成的中医药人才队伍"的发展目标，提升中医药职业教育对全民健康和地方经济的贡献度，提高职业技术院校学生的实际操作能力，实现职业教育与产业需求、岗位胜任能力严密对接，突出新时代中医药职业教育的特色，国家中医药管理局教材建设工作委员会办公室（以下简称"教材办"）、中国中医药出版社在国家中医药管理局领导下，在全国中医药职业教育教学指导委员会指导下，总结"全国中医药行业高等职业教育'十二五'规划教材"建设的经验，组织完成了"全国中医药行业高等职业教育'十三五'规划教材"建设工作。

中国中医药出版社是全国中医药行业规划教材唯一出版基地，为国家中医中西医结合执业（助理）医师资格考试大纲和细则、实践技能指导用书、全国中医药专业技术资格考试大纲和细则唯一授权出版单位，与国家中医药管理局中医师资格认证中心建立了良好的战略伙伴关系。

本套教材规划过程中，教材办认真听取了全国中医药职业教育教学指导委员会相关专家的意见，结合职业教育教学一线教师的反馈意见，加强顶层设计和组织管理，是全国唯一的中医药行业高等职业教育规划教材，于2016年启动了教材建设工作。通过广泛调研、全国范围遴选主编，又先后经过主编会议、编写会议、定稿会议等环节的质量管理和控制，在千余位编者的共同努力下，历时1年多时间，完成了83种规划教材的编写工作。

本套教材由50余所开展中医药高等职业教育院校的专家及相关医院、医药企业等单位联合编写，中国中医药出版社出版，供高等职业教育院校中医学、针灸推拿、中医骨伤、中药学、康复治疗技术、护理6个专业使用。

本套教材具有以下特点：

1. 以教学指导意见为纲领，贴近新时代实际

注重体现新时代中医药高等职业教育的特点，以教育部新的教学指导意

见为纲领，注重针对性、适用性以及实用性，贴近学生、贴近岗位、贴近社会，符合中医药高等职业教育教学实际。

2. 突出质量意识、精品意识，满足中医药人才培养的需求

注重强化质量意识、精品意识，从教材内容结构设计、知识点、规范化、标准化、编写技巧、语言文字等方面加以改革，具备"精品教材"特质，满足中医药事业发展对于技术技能型、应用型中医药人才的需求。

3. 以学生为中心，以促进就业为导向

坚持以学生为中心，强调以就业为导向、以能力为本位、以岗位需求为标准的原则，按照技术技能型、应用型中医药人才的培养目标进行编写，教材内容涵盖资格考试全部内容及所有考试要求的知识点，满足学生获得"双证书"及相关工作岗位需求，有利于促进学生就业。

4. 注重数字化融合创新，力求呈现形式多样化

努力按照融合教材编写的思路和要求，创新教材呈现形式，版式设计突出结构模块化，新颖、活泼，图文并茂，并注重配套多种数字化素材，以期在全国中医药行业院校教育平台"医开讲–医教在线"数字化平台上获取多种数字化教学资源，符合职业院校学生认知规律及特点，以利于增强学生的学习兴趣。

本套教材的建设，得到国家中医药管理局领导的指导与大力支持，凝聚了全国中医药行业职业教育工作者的集体智慧，体现了全国中医药行业齐心协力、求真务实的工作作风，代表了全国中医药行业为"十三五"期间中医药事业发展和人才培养所做的共同努力，谨此向有关单位和个人致以衷心的感谢！希望本套教材的出版，能够对全国中医药行业职业教育教学的发展和中医药人才的培养产生积极的推动作用。需要说明的是，尽管所有组织者与编写者竭尽心智，精益求精，本套教材仍有一定的提升空间，敬请各教学单位、教学人员及广大学生多提宝贵意见和建议，以便今后修订和提高。

国家中医药管理局教材建设工作委员会办公室

全国中医药职业教育教学指导委员会

2018 年 1 月

根据"《中医药健康服务业发展规划（2015—2020年）》《中医药发展战略规划纲要（2016—2030年）》、教育部中医药职业教育教学指导委员会《关于加快发展中医药现代化职业教育的意见》《中医药现代职业教育体系建设规划（2015—2020年）》"的文件精神，在"提高高等职业技术院校学生的实际操作能力，实现高等职业教育与产业需求、岗位胜任能力紧密对接"的指导思想下，本书结合当前高等职业教育院校实际教学工作的需要，参考全国高等中医药教育教材《中药商品学》（张贵君主编），由全国20余所高等医药院校和职业院校的有关人员共同编写而成。

本书按照"培养中医药专业型人才"的思想为指导，编写内容科学、规范，突出职业技术教育技能培养目标，注重实用，涵盖药师执业资格考试大纲，适合高等职业院校教育需求的职业教育教材的编写原则，力求突出教材的指导性、参考性、实用性，打造符合高等职业教育中药学、中药生产与加工、药学、药品生产技术、生物制药技术、市场管理与服务、药品经营与管理等专业需求的精品教材。

全书分为上篇、中篇、下篇三部分。上篇为总论，分为5章，概述了中药商品的基本概念、中药商品的命名和分类、中药商品的经营管理及质量管理、药材资源。中篇为药材商品各论，分为3章，包括植物类、动物类和矿物类中药商品，依据《中华人民共和国药典》2015版及执业药师考试要求的常用中药鉴别品种目录，收载代表性中药商品231种，按照药用部位分类，每味中药的内容包括别名、来源、采制、产地、商品性状特征、规格等级、品质评价、性味功能、用法用量、贮藏等。每个品种均附上药材及饮片的彩图，增加本书的可读性。下篇为中成药商品，按照剂型分类，收载具有代表性中成药商品30种，每味中成药的内容包括处方组成、商品性状特征、规格、品质评价、功能主治、贮藏养护、用法用量等。书中知识链接部分为中药的商品行情，习用品、混淆品、伪品等信息。

本书的编写分工是：王柳萍编写负责上篇第一章的编写，承担根及根茎类（从狗脊到白芷）编写，负责全书统稿、定稿、总校；银胜高编写狗脊到黄连；张文新编写升麻到白芷；李洁玉负责上篇第二章的编写，承担根及根茎类（从当归到白及）统稿；张琳编写当归到地黄；张春晖编写胡黄连到石菖蒲；刘一文编写百部到白及；张嘉杨负责上篇第三章的编写，承担茎木类、皮类、叶类、花类、菌藻地衣类、树脂类、其他类统稿；刘晓兰编写茎木类、

皮类；张俊编写叶类、花类；胡四平编写菌藻地衣类、树脂类、其他类；谭军负责上篇第四章的编写，承担全草类、动物类、矿物类统稿；刘安韬编写全草类；付明明编写动物类；郭章华编写动物类（部分）、矿物类。李娟负责上篇第五章第一节、第二节的编写，承担果实种子类统稿；裴莉昕编写地肤子到小茴香；李勇编写蛇床子到益智；王社利负责上篇第五章第三节的编写，承担下篇中成药商品统稿；彭红英编写二妙丸到十滴水；邹立君编写川贝枇杷糖浆到阿胶；黄克南负责全书插图的摄影。

本书的编写凝聚了全体编写人员智慧的结晶和辛勤的劳动。编写过程中得到主审张贵君教授的悉心指导，得到了中国中医药出版社和各编委所在单位的大力支持和帮助，药材饮片的拍摄还得到广西仙菜中药科技有限公司的大力支持，在此一并表示衷心的感谢。

本书的编写虽经过编委们的辛苦付出和努力，但由于编者水平有限，书中如有错漏，恳请使用本书的广大师生和读者不吝赐教，提出宝贵意见，以便进一步完善和提高，不胜感激！

《中药商品学》编委会

2018 年 1 月

上篇 总 论

第一章 概述 ·················· 1

第一节 中药商品学的基本概念 ··· 1

一、中药商品 ················ 1

二、中药商品学 ·············· 2

第二节 中药商品学的主要任务 ··· 2

一、中药商品学的研究内容 ······ 2

二、中药商品学的研究任务 ······ 3

第三节 中药商品学历史沿革 ····· 3

一、中药商业的起源 ··········· 3

二、中药商品学的发展简史 ······ 4

第二章 中药商品的命名及分类 ······ 7

第一节 中药商品的命名 ········· 7

一、中文名称 ················ 7

二、拉丁名称 ··············· 10

第二节 中药商品的分类 ········ 11

一、药材及饮片分类 ·········· 11

二、中成药分类 ············· 12

第三章 中药商品的经营管理 ······ 13

第一节 中药商业机构 ·········· 13

一、行政管理和监督机构 ······· 13

二、企业经营机构 ············ 14

第二节 中药商业企业经营的

特点 ················ 14

第三节 中药商品的流通环节

与管理 ·············· 15

一、中药商品的流通环节 ········ 15

二、中药商品流通环节的

管理 ················ 15

第四节 中药的贮藏和

养护 ········ 16

一、中药商品常见

变质现象 ······ 16

二、影响中药商品变

质现象的因素

················ 18

三、中药商品的贮藏

与养护 ········ 19

第五节 中药商品

价格 ········ 20

一、中药价格制定的

依据与原则 ··· 20

二、中药价格的分类

与作用 ······· 20

三、中药价格的管理

················ 21

第四章 中药商品的质量

管理 ················ 23

第一节 中药经营管理

法规 ········· 23

一、《药品管理法》

················ 23

二、《中华人民共和

国中医药法》

················ 24

三、《药品经营质量

管理规范》 ··· 24

第二节 中药商品的

质量标准 ……… 24
一、中药商品质量的概念 ……… 24
二、我国现行的中药质量
　　标准 ……… 24

第五章　药材资源 ……… **26**
　第一节　药材资源分布 ……… 26
　　一、药材天然资源 ……… 27

二、药材生产 ……… 30
第二节　药材的采收与加工 ……… 31
　一、药材的采收 ……… 31
　二、药材的产地加工 ……… 33
第三节　道地药材与药材集
　　　　散地 ……… 36
　一、道地药材 ……… 36
　二、药材集散地 ……… 37

中篇　药材商品

第六章　植物类中药商品 ……… **41**
　第一节　根及根茎类药材 ……… 41
　　狗脊 ……… 42
　　绵马贯众 ……… 43
　　细辛 ……… 44
　　大黄 ……… 45
　　虎杖 ……… 48
　　何首乌 ……… 48
　　牛膝 ……… 50
　　川牛膝 ……… 51
　　商陆 ……… 52
　　银柴胡 ……… 52
　　太子参 ……… 53
　　威灵仙 ……… 54
　　川乌 ……… 55
　　草乌 ……… 56
　　附子 ……… 57
　　白芍 ……… 59
　　赤芍 ……… 61
　　黄连 ……… 62
　　升麻 ……… 64
　　防己 ……… 65

　　北豆根 ……… 65
　　延胡索 ……… 66
　　板蓝根 ……… 67
　　地榆 ……… 68
　　苦参 ……… 69
　　山豆根 ……… 70
　　葛根 ……… 71
　　甘草 ……… 72
　　黄芪 ……… 74
　　远志 ……… 76
　　人参 ……… 77
　　红参 ……… 82
　　西洋参 ……… 85
　　三七 ……… 87
　　白芷 ……… 89
　　当归 ……… 90
　　羌活 ……… 92
　　前胡 ……… 93
　　川芎 ……… 94
　　藁本 ……… 95
　　防风 ……… 96
　　柴胡 ……… 97

北沙参 …………………… 98
龙胆 ……………………… 98
秦艽 ……………………… 100
徐长卿 …………………… 101
白前 ……………………… 102
白薇 ……………………… 103
紫草 ……………………… 103
丹参 ……………………… 104
黄芩 ……………………… 105
玄参 ……………………… 107
地黄 ……………………… 107
胡黄连 …………………… 109
巴戟天 …………………… 110
茜草 ……………………… 111
续断 ……………………… 111
天花粉 …………………… 112
桔梗 ……………………… 113
党参 ……………………… 115
沙参 ……………………… 117
木香 ……………………… 118
白术 ……………………… 119
苍术 ……………………… 120
紫菀 ……………………… 121
三棱 ……………………… 122
泽泻 ……………………… 123
香附 ……………………… 124
天南星 …………………… 125
半夏 ……………………… 126
石菖蒲 …………………… 127
百部 ……………………… 128
川贝母 …………………… 129
浙贝母 …………………… 131
黄精 ……………………… 132

玉竹 ……………………… 133
重楼 ……………………… 134
土茯苓 …………………… 135
天冬 ……………………… 136
麦冬 ……………………… 137
知母 ……………………… 138
山药 ……………………… 139
射干 ……………………… 140
莪术 ……………………… 141
姜黄 ……………………… 142
郁金 ……………………… 143
天麻 ……………………… 144
白及 ……………………… 145
第二节 茎、木类药材 …… 146
木通 ……………………… 147
槲寄生 …………………… 148
桑寄生 …………………… 149
大血藤 …………………… 150
苏木 ……………………… 151
鸡血藤 …………………… 151
降香 ……………………… 152
沉香 ……………………… 153
通草 ……………………… 154
钩藤 ……………………… 155
第三节 皮类药材 ………… 156
桑白皮 …………………… 157
牡丹皮 …………………… 158
厚朴 ……………………… 160
肉桂 ……………………… 162
杜仲 ……………………… 163
合欢皮 …………………… 164
黄柏 ……………………… 165
白鲜皮 …………………… 167

秦皮 …………………… 167

香加皮 ………………… 168

地骨皮 ………………… 169

第四节　叶类药材 ……… 170

侧柏叶 ………………… 171

淫羊藿 ………………… 171

大青叶 ………………… 172

枇杷叶 ………………… 173

番泻叶 ………………… 174

罗布麻叶 ……………… 175

紫苏叶 ………………… 175

艾叶 …………………… 176

第五节　花类药材 ……… 178

辛夷 …………………… 178

槐花 …………………… 179

丁香 …………………… 180

洋金花 ………………… 181

金银花 ………………… 182

款冬花 ………………… 183

菊花 …………………… 184

红花 …………………… 187

西红花 ………………… 188

第六节　果实及种子类药材 …… 190

一、果实类中药 ………… 190

二、种子类中药 ………… 191

地肤子 ………………… 191

五味子 ………………… 192

南五味子 ……………… 193

葶苈子 ………………… 193

木瓜 …………………… 194

山楂 …………………… 195

苦杏仁 ………………… 196

桃仁 …………………… 197

乌梅 …………………… 198

金樱子 ………………… 199

沙苑子 ………………… 200

决明子 ………………… 201

补骨脂 ………………… 202

枳壳 …………………… 202

吴茱萸 ………………… 203

巴豆 …………………… 204

酸枣仁 ………………… 205

小茴香 ………………… 206

蛇床子 ………………… 207

山茱萸 ………………… 207

连翘 …………………… 208

女贞子 ………………… 209

马钱子 ………………… 209

菟丝子 ………………… 210

牵牛子 ………………… 211

枸杞子 ………………… 211

栀子 …………………… 212

瓜蒌 …………………… 214

牛蒡子 ………………… 214

薏苡仁 ………………… 215

槟榔 …………………… 216

砂仁 …………………… 217

草果 …………………… 219

豆蔻 …………………… 220

益智 …………………… 221

第七节　全草类药材 …… 222

麻黄 …………………… 222

鱼腥草 ………………… 224

紫花地丁 ……………… 225

金钱草 ………………… 225

广金钱草 ……………… 226

广藿香 …………………… 226

荆芥 ……………………… 228

益母草 …………………… 228

薄荷 ……………………… 230

半枝莲 …………………… 231

香薷 ……………………… 232

肉苁蓉 …………………… 232

穿心莲 …………………… 234

车前草 …………………… 234

茵陈 ……………………… 235

青蒿 ……………………… 237

大蓟 ……………………… 237

蒲公英 …………………… 238

淡竹叶 …………………… 239

石斛 ……………………… 240

第八节　藻、菌、地衣类药材 … 242

海藻 ……………………… 242

冬虫夏草 ………………… 243

灵芝 ……………………… 244

茯苓 ……………………… 245

猪苓 ……………………… 247

第九节　树脂类药材 ……… 248

乳香 ……………………… 249

没药 ……………………… 249

血竭 ……………………… 250

第十节　其他类药材 ……… 252

海金沙 …………………… 252

青黛 ……………………… 253

儿茶 ……………………… 253

冰片 ……………………… 254

五倍子 …………………… 254

第七章　动物类中药商品 ………… 256

地龙 ……………………… 257

水蛭 ……………………… 258

石决明 …………………… 259

珍珠 ……………………… 260

牡蛎 ……………………… 262

海螵蛸 …………………… 263

全蝎 ……………………… 264

蜈蚣 ……………………… 264

土鳖虫 …………………… 265

桑螵蛸 …………………… 266

斑蝥 ……………………… 267

僵蚕 ……………………… 267

蜂蜜 ……………………… 268

海马 ……………………… 269

蟾酥 ……………………… 270

龟甲 ……………………… 271

鳖甲 ……………………… 272

哈蟆油 …………………… 272

蛤蚧 ……………………… 273

麝香 ……………………… 274

鹿茸 ……………………… 275

牛黄 ……………………… 278

羚羊角 …………………… 279

鸡内金 …………………… 280

蕲蛇 ……………………… 280

金钱白花蛇 ……………… 281

乌梢蛇 …………………… 282

第八章　矿物类中药商品 ………… 283

龙骨 ……………………… 284

芒硝 ……………………… 285

赭石 ……………………… 286

炉甘石 …………………… 286

滑石 ……………………… 287

石膏 ……………………… 288

自然铜 ················ 288　　朱砂 ················ 290
硫黄 ················ 289　　雄黄 ················ 291

下篇　中成药商品

第九章　中成药商品 ········· **293**
第一节　中成药的基本概念 ······ 293
一、中成药的特点 ······ 294
二、中成药的常用剂型 ······ 294
第二节　中成药各论 ······ 295
一、丸剂 ······ 295
二妙丸 ······ 295
六味地黄丸 ······ 295
牛黄上清丸 ······ 296
补中益气丸 ······ 296
复方丹参滴丸 ······ 296
二、片剂 ······ 297
牛黄解毒片 ······ 297
穿心莲片 ······ 297
三、散剂 ······ 298
七厘散 ······ 298
云南白药 ······ 298
四、合剂 ······ 299
清喉咽合剂 ······ 299
生脉饮 ······ 299
五、酒剂 ······ 299
国公酒 ······ 299
舒筋活络酒 ······ 300
六、酊剂 ······ 300
藿香正气水 ······ 300
十滴水 ······ 301
七、糖浆剂 ······ 301
川贝枇杷糖浆 ······ 301

复方阿胶浆 ······ 301
八、注射剂 ······ 302
注射用双黄连（冻干） ······ 302
清开灵注射液 ······ 302
九、颗粒剂 ······ 303
川芎茶调颗粒 ······ 303
防风通圣颗粒 ······ 303
十、栓剂 ······ 303
化痔栓 ······ 303
十一、胶囊剂 ······ 304
人参首乌胶囊 ······ 304
桂枝茯苓胶囊 ······ 304
十二、锭剂 ······ 305
片仔癀 ······ 305
十三、煎膏剂 ······ 305
益母草膏 ······ 305
十四、外用膏剂 ······ 306
狗皮膏 ······ 306
十五、搽剂 ······ 306
正骨水 ······ 306
十六、茶剂 ······ 307
罗布麻茶 ······ 307
十七、胶剂 ······ 307
阿胶 ······ 307

中药名首字拼音索引 ········ **308**

主要参考文献 ········ **313**

上篇 总论

第 一 章

概 述

【学习目标】
1. 掌握中药、中药商品学的基本概念。
2. 掌握中药商品学的任务。
3. 了解中药商品学的历史沿革。

第一节 中药商品学的基本概念

一、中药商品

（一）中药的内涵

中药是特殊商品，是中医经过几千年临床验证的药品，是一个药效组分。概括起来说，即指在中医药理论和临床实践指导下用于治疗疾病的药物。依据《中国药典》收载的品种而言，广义的中药包括药材及其提取物、饮片、制剂（中成药）等。药材是未经加工或仅经过简单加工的中药原料，亦称"中药材"，通常分为植物、动物和矿物三大类。饮片是药材经过净制、切制或炮制的加工品，用同一药材炮制而成的不同饮片具有不同的功能，是中医临床配方或制剂生产的基本药品。

中成药（制剂）是以饮片为原料，按照规定的处方和制备工艺生产，具有特定的名称、剂型和规格，并规定有功能主治和用法用量的药品。中成药有丸剂、片剂、注射剂等40余种剂型。

（二）中药商品

中药商品是医药市场流通、交换和经营中的药品。中药商品的特殊性体现在中药是治疗疾病的物质，它不仅具有一般商品使用价值的属性，还具有自身的特点：

1. 质量的本质是药效 中药商品的质量涉及安全性、有效性和稳定性三个关键问题，质量合格的中药，可以用于治疗疾病；质量不合格的中药，不但不能治病还会贻误病情，其不具备使用价值。所以，中药商品的质量是放在第一位的，只有建立严格的中药商品质量管理制度和完善的质量标准，才能保证临床用药的安全与有效。

2. 药材的品种来源复杂 中药材绝大多数来自于自然界的植物、动物和矿物，同一药材可能有不同的基原，造成药材市场的品种繁多，给管理带来一定困难。

3. 道地药材 道地药材是品质优良（疗效确切）的代名词。道地药材是指在产地、产季、产作、产收四个方面的综合评价符合临床用药的要求。中药材产之有地、生之有境、采之有时、炮之有度、藏之有期是对药材的基本要求，也是道地药材的科学内涵。

二、 中药商品学

中药商品学是一门以中药商品质量和经营管理为核心内容来研究其商品特征和使用价值的应用学科。它从商品学的角度研究临床使用的基本中药，阐述中药在流通领域中商品质量的变化规律，以及与保证中药商品质量有关的经营管理等基本理论与实践问题。换言之，中药商品学是研究在商品流通领域中如何保证中药商品质量、提高经营管理水平的应用学科。

第二节 中药商品学的主要任务

一、 中药商品学的研究内容

中药商品学研究的范围包括：商品名称、来源、采制、产地、商品性状特征、规格等级、品质评价、用法用量、贮藏等。通过对上述内容的研究，分析和阐明中药商品的适用性，探讨中药商品外观特征与内在质量的相关性，监测商品在流通和使用过程中质量的变化规律，制订商品的质量标准和检验方法，以利于对中药商品的全面质量控制和管理。

二、 中药商品学的研究任务

1. 研究和制订中药商品的质量管理标准，控制中药商品质量　研究和制定中药商品的质量管理标准，科学地控制和提高中药质量，是中药商品学的主要任务，在研究和制定中药商品的质量标准时，必须以《中华人民共和国药品管理法》为依据。中药的商品规格标准是国家指定的专业性标准，是商品在生产和流通领域中，用来衡量和控制中药质量、贯彻执行"等价交换"和"按质论价"政策的重要依据。

2. 鉴别中药商品的品质，保证临床疗效　中药商品质量的基本要求是"安全和有效"，而中药的临床疗效由其属性所决定的。在长期的实践中，人们逐渐认识到中药疗效与其形、色、气、味等属性有着密切的联系，并总结出了一套根据外观性状判断药材和饮片质量的基本方法。科学研究证实，中药的疗效与药效物质密切相关，中药最合理的质量指标应是药效物质的含量（药效组分）或其效价。但在目前大多数中药药效组分还没有查明的情况下，评价中药质量仍以传统的性状指标为主。药材和饮片的性状往往是药效物质的标志，如黄连味苦、色黄与其化学成分盐酸小檗碱的含量有关，所以，用性状指标评价药材和饮片质量是有科学道理的。

第三节　中药商品学历史沿革

一、 中药商业的起源

在我国，中药作为商品的生产与交换已有几千年的历史。古代文献记载大量中药商品使用的情况。如《周礼》记载：草、木、虫、石、谷"五药"；《诗经》记载了葛、苓、芍药、蒿、芩等多种药用植物的名称。早期原始社会的中药商品交换形式为以物易物，到夏商时期，由原始社会进入奴隶社会，商品交换进一步发展，《史记》记载："日中有市，至天下之民，聚天下之货，交易而退，各得其所。"说明当时已经出现了市场，中药商品交易也在其中。

西汉时代，在我国南北商品的交换中，中药商品已经占有较大的比例，如有柑橘、荔枝、龙眼等商品药材的记载。据清江县志记载：三国时期，樟树已设立了药圩，建立了药材当圩（集市）赶集制度，构成了小规模的中药交易场所。随后由圩设店，并扩展到行、庄、批发号等，还成立了"药业会馆"，中药商业已经形成了固定的行业。

两晋、隋唐是中医药学发展的鼎盛时期，唐代鉴真和尚曾将龙脑、乳香等中药带到日本。在著名医家孙思邈《备急千金要方》、王焘《外台秘要》等著作中收载了大量的中药制剂，如著名的紫雪丹、苏合香丸等，在这些制剂中含有部分进口药。

宋代，中药知识的传播和中药商业更见昌盛。政府在广州设立了"市舶司"，统管中药的对外贸易，如将中药运往阿拉伯，再经阿拉伯输送到欧洲各国。至公元1114年，实行了国家统一管理的经营方式，中药的经营部门统称为"惠民合剂局"。朝廷还下令各地，凡有集市都应设置卖药机构，并与十余个国家有药品贸易业务。

南宋时期，杭州出现了正式牌号的民营药铺20余家，并有生药铺、熟药铺及"川、广生药市"之分，有了经营道地药材的批发商业。

明清时代，中药商业的规模更加扩大，出现了区域性、垄断式的药品经营组织"十三邦"，即：京通卫邦、关东邦、山东邦、山西邦、陕西邦、古北口邦、西北口邦、宁波帮、彰武帮、怀帮、广帮、江西帮、亳州帮。在此基础上，形成了河北安国、江西樟树、安徽亳州等一批全国性中药集散地。据祁州中药志记载：仅安国就有药行商号500余家，有主要经营帮货和道地药材的"生药行"、既销药材又售饮片的"拆货棚"、专营饮片的"片子棚"、经营炮制品和中成药的"熟药行"、专门生产和销售中成药的"成药业"等。

中华人民共和国成立后，国家成立了专门的中药商业机构和医药行政管理部门，对中药的产、供、销实行统一管理，形成了一大批中药材专业市场，如亳州、安国、玉林、成都荷花池、樟树等，有力地推动了中药商品的发展。

二、 中药商品学的发展简史

1. 重要的本草学著作 前人在从事中药的生产、经营、质量鉴别等诸多方面均积累了丰富的中药商品知识和实践经验，这些知识和经验大部分是在"本草"中记载并遗留下来。我国古代的本草著作约有400种，其中对中药商品业发展贡献较大的主要有下列几种。

（1）《神农本草经》（3卷） 成书于东汉末年，作者不详，载药材365种，按医疗作用分为上、中、下三品，其中植物药252种、动物药67种、矿物药46种。该书是我国已知最早的药学专著，总结了汉代以前有关中药性能及用药基本理论等方面的知识，为后世我国药学的发展奠定了基础。

（2）《神农本草经集注》（7卷） 成书于502~536年，梁·陶弘景著，载药材730种，按药材自然属性分为7类，记述了各中药性能、产地、采收加工等内容，是南北朝以前我国中药知识的总结。

（3）《新修本草》（《唐本草》）（54卷） 成书于659年，唐·李勣、苏敬等撰，载药844种，按药材属性分为11部。该书为我国也是世界上第一部由国家颁行的药典。首创了图文对照体例，出版不久即流传到国外，极大影响了世界医药的发展。

（4）《经史证类备急本草》（31卷） 成书于1108年以前，宋·唐慎微著，载药材1746种。该书收集了许多民间单方、验方，为《本草纲目》的编写奠定了良好基础，是

现存最早的完整本草。

（5）《本草纲目》（52卷） 成书于1596年，明·李时珍著，载药材1892种、药方11096首。药材按其基原的自然属性分为16部60类，附药图1109幅。该书集明代以前中药学知识之大成，收载内容的广度、深度及编写质量都远远超过明代以前的本草，是我国药学发展史上的传世巨著。该书在17世纪就流传到国外，先后被译成多种文字，在世界上具有广泛而深远的影响力，是当代研究中药的重要参考文献之一。

（6）《本草纲目拾遗》（10卷） 成书于1765年，清·赵学敏著，载药材921种。该书补充了《本草纲目》的内容，书中有716种药材是《本草纲目》中未记载的，是清代新增药材品种最多的一部本草著作。

2. 中药商品鉴别方法的发展

（1）中药商品鉴别的萌芽阶段 中华民族的祖先在运用中药防病治病的同时，就懂得了运用感官来识别自然界中植物、动物和矿物的形、色、气、味等，从而区别出哪些有治疗作用，哪些没有治疗作用，以及有无毒性等，逐渐形成了早期的"中药"商品鉴别知识。虽然没有文字记载，但通过口传心授传承下来，这是中药商品知识的萌芽。

（2）中药商品鉴别的文字记述阶段 《诗经》是我国现存文献中最早记载有药物的书籍，该书叙述了50多种植物类药材的采集、性状、产地等，已有了初步的性状鉴别方法。《神农本草经》记载：硫黄"烧令有紫烟"等。《神农本草经集注》记载："医不识药，惟听市人，市人又不辨究，皆委采送之家，采送之家传习造作，真伪好恶，并皆莫测。所以有钟乳醋煮令白，细辛水浸令直……以蛅床为蘼芜。"

（3）中药商品鉴别的药图兴起阶段 唐代药材商品的鉴定发展很快，《新修本草》有药材图谱25卷、图经7卷，采用了图文鉴别法，对后世的影响颇大。此外，对中药商品学贡献较大的是陈藏器的《本草拾遗》（公元741年），该书对药材生境和性状的描述都很真实。

宋代，中药商品的品种日趋复杂，为了加强质量管理和普及中药商品的鉴别知识，苏颂等于1061年编撰了《本草图经》，该书中的药图名称大多冠以州县名，这反映了当时道地药材十分兴盛。

北宋后期，唐慎微将本草与图经合一，编撰了《证类本草》。该书是研究中药商品鉴别方法的重要文献。

（4）中药商品知识的条理化阶段 中药商品的知识在明代得到了进一步总结。陈嘉谟在《本草蒙筌》一书中对药材的"生产择土地""收采按时月""贸易别真假"进行了专门论述。对中药市场掺伪作假现象进行了详细调查，指出了"当归酒浸润、枸杞蜜拌为甜、蜈蚣朱其足"等以劣充优的现象。

明代李时珍在《本草纲目》中对中药商品特征记载较为完善，如对樟脑的记载："状

似龙脑，色白如雪，樟树脂膏也。"该书不仅继承了唐、宋本草图文并茂的优点，而且把所有中药鉴别的内容归入"集解"项下，使之条理化。

清代的中药商品知识已比较普及，很多本草著作中都或多或少地谈到中药的鉴别。清末民国初年，郑奋扬编著的《伪药条辨》，可谓是辨别药材伪劣的专著。全书列举了这一时期出现的伪劣现象的药材 110 种，着重论述了其名称及形、色、气、味等鉴别特征和方法。

（5）中药商品学的形成　中华人民共和国成立后，我国许多药学工作者对中药商品进行鉴别、调查、考证，使中药由传统的经验鉴别发展到了现代的质量管理，扩大了中药商品的经营品种和使用范围。20 世纪 50 年代以后，相继出现了《中药材手册》《中药志》《药材学》等中药商品学术著作。20 世纪 70 年代至 80 年代后期，全国高等中医药院校相继开设了《药材商品学》《中药商品学》课程。到了 20 世纪 90 年代中后期，相继出版一大批与中药商品学相关的学术著作，如《常用药材品种整理与质量研究》《药材商品学》《现代中药材商品通鉴》等。至 2002 年，张贵君教授主编的全国第一部规划教材《中药商品学》出版，标志着中药商品学科进入全面、快速发展时期。

复习思考

1. 什么是中药商品？它有什么特点？
2. 如何理解中药商品学的定义？

扫一扫，知答案

扫一扫，看课件

第 二 章

中药商品的命名及分类

【学习目标】

1. 掌握中药商品的中文名称、分类。

2. 熟悉药材及饮片的分类。

3. 了解中药商品的拉丁名称、中成药的命名。

第一节　中药商品的命名

中药品种名目繁多，在长期的历史过程中名称常有变化，各地使用习惯和称呼不同，因此中药商品名称十分复杂。同名异物、同物异名、一药多名的现象严重。中药商品名称的不规范，是造成了中药市场品种混乱的主要原因之一，因此，了解中药商品命名方法和名称的含义十分必要。

一、中文名称

中药商品的中文名称必须含义确切、科学性强、体现中医药特色，这样才有利于临床应用、商品贸易和经营管理。

（一）类型

1. **正名**　正名是指历史沿用，现今广泛采纳、药品标准记载的法定名称。一种中药只允许有一个正名，有些记载中药的书籍中采用的正名与药品标准中的名称不一致，使用时应以药品标准的名称为准。

2. **别名**　别名是除正名以外的名称，又称为"副名"和"异名"。一种中药常常有多

个别名。正名和别名并不是固定不变的，如龟板在 1985 年版《中华人民共和国药典》中为正名，而 1990 年版药典则改用"龟甲"为正名，"龟板"就成了别名。

3. 处方名 是指医生开药方时经常使用的名称。主要体现医生对药物的要求。如"炙甘草"是对炮制的要求；"鲜白茅根"是对采收、贮藏的要求；"绿升麻"是对药材基原、产地、性状等诸方面的要求。有的医生为处方书写方便省事，常使用简称，如将金银花写成"双花"，将麦冬写成"寸冬"等，有的医生常把几个药名并写在一起，如"二冬"（指天冬和麦冬）。

4. 商品规格名 是指在中药商业行业内部使用的名称，为中药行业通用的"行话"。如"春三七"（三七商品的一种规格）、"二杠"（鹿茸商品的一种规格）、"蛋吉"（大黄商品的一种规格）等。其特点是能够体现同一中药在质量、价格等方面的差异。在商业开票、记账等环节常为书写方便省事，而使用简称，如将射干简称为"寸干"等。

5. 植物栽培品种名 是指中药材进入商品流通领域之前的名称，仅在药材生产者之间使用。如"大马牙"（人参）、"金状元"（地黄）、"红叶臭头"（苏薄荷）等都是药材的栽培品种名。栽培的品种对药材的产量、质量和商品特征方面都存在着一定的差异。

（二）中药材的名称

1. 根据药材的产地或集散地命名 如党参产于山西上党（今长治地区），故称党参；川芎、川牛膝、川贝母等因主产四川省而得名；关木通、关防风等，因主产关外（今东北地区）而得名。

2. 根据药材的形状命名 如人参其形如人形，佛手形状如手指，半边莲花开半边外形如莲花状，钩藤因其茎枝上有弯曲的钩故名。

3. 根据药材的颜色命名 玄参因其色黑，丹参因其根及根茎色紫红，紫草因其色紫，黄柏因其色黄而得名。此外，红花、黄芩、青黛、紫苏、朱砂、赭石、赤小豆、乌梅等药材，皆因颜色得名。

4. 根据药材的气味命名 丁香、小茴香、鱼腥草、鸡屎藤、败酱草等，因嗅气得名。细辛、甘草、苦参、酸枣仁、咸秋石、淡秋石、白鲜皮、五味子等，因味得名。

5. 根据药材的生长特性命名 冬虫夏草冬时为虫蛰居地下，夏季则因感染的虫草菌子座出土状如草，夏枯草因生长到夏至枯萎，款冬花因至冬才开花，半夏在立夏至夏至之间完成生长周期等。

6. 根据药用部位命名 如桂枝是桂树的嫩枝，鹿角是鹿骨化的角等。又如桑叶、桑枝、桑根皮（桑白皮）、桑椹（果穗）、桑寄生（桑上寄生植物）、桑耳（桑上寄生的木耳）、桑沥（桑枝烧时沥出的汁液），亦因以植物桑的不同入药部位或部分得名。

7. 根据药材的功效命名 如益母草功善活血调经，主治妇女血滞经闭、痛经、月经不调、产后瘀阻腹痛等。防风功善祛风息风、防范风邪，主治风病。续断功善行血脉、续

筋骨、疗折伤，主治筋伤骨折。

8. 根据进口药材名的译音命名 如番泻叶、胡黄连（胡黄连、胡椒均原产印度、尼泊尔等国，其胡字是印度番语之意。历史上习惯将异邦称为"番"或"胡"）、西红花、西洋参、东洋参、高丽参（朝鲜参）。如诃子原名"诃黎勒"，产印度、缅甸，音译而来。

9. 根据人名命名 如使君子、何首乌、徐长卿、杜仲、刘寄奴等都是纪念最早发现此药的人而得名。

10. 根据传说故事而命名 如车前草、断肠草、女贞子、相思子、牵牛子、甘草、丁香、砂仁等。

（三）中药饮片的命名

中药饮片系指中药材经过净制、切制或炮制的加工品，其名称应与中药材名称相对应。

临床上直接使用新鲜药材加工的饮片，常在药材名称前冠以"鲜"字，如鲜石斛。

一般生用的饮片，使用原药材名称。具有毒性或生熟品功效差异较大时，在生品的药材名字前常加生字，以引起注意，如生川乌。炮制品常在药材名字前冠以炮制的方法、辅料的名称或缀以炮制后的形态，如煅石膏、巴豆霜、川芎片、酒白芍等。

（四）中成药的命名

中成药系指以中药材、中药饮片或中药提取物及其他药物，经适宜的方法制成的各类制剂。

1. 单味药制剂一般采用药材的名称，如丹参片。

2. 复方制剂常采用以下几种方式命名：

（1）使用处方中主要药物的缩写名，如香连丸。

（2）用君药或在君药前冠以复方二字命名，如天麻丸、复方丹参片等。

（3）用君药名称、方剂中药味的数量或主要功能命名，如龙胆泻肝丸、六味地黄丸、通宣理肺丸、利胆片等。

（4）根据处方中药物之间的剂量比例或剂量限度命名，如六一散、七厘散等。

（5）用君药和服用方法结合，如川芎茶调散等。

（6）用有效成分命名，如齐墩果酸片等。

（7）用成方的原始文献与主要功能结合命名，如金匮肾气丸、普济回春丸等。

（8）用成方创始人名或与君药、主要功能结合命名，如李占标膏药、万氏牛黄清心丸、华佗再造丸等。

（9）药名前冠以产地，如云南白药、广东蛇药片等。

（10）用成药的性状命名，如紫金锭、一捻金等。

二、拉丁名称

为了使中药的名称统一化、规范化，有利于国际贸易和交流，一般使用拉丁文名称。中药材的拉丁名一般采用属名或属种名命名。中药拉丁名中的名词和形容词第一个字母均大写，连词和前置词一般均小写。命名的基本方法如下：

1. 植物、动物类药材的命名

（1）植物类药材和动物类药材的命名规则基本相同。两类药材的拉丁名包括药用部位名和动、植物名两部分。其中药用部位名用名词单数主格形式置于后，药用动、植物名用名词单数属格形式置于前。如有形容词，则列于最后，如远志 Polygalae Radix；苦杏仁 Armeniacae Semen Amarum。

（2）一种中药材包括两个不同药用部位时，把主要的或多数地区习用的药用部位列在前面，用"et"相连接，如大黄 Rhei Radix et Rhizoma。

（3）一种中药材的来源为不同科、属的两种植（动）物或同一植（动）物的不同药用部位，须列为并列的两个拉丁名，如枸杞子 Lycii Fructus 和地骨皮 Lycii Cortex。

（4）以属名命名　在同属中只有一个品种作药用。或这个属有几个品种来源，但作为一个中药材使用的，如麻黄 Ephedrae Herba（一属有几个植物作同一药材用）。有些中药材的植（动）物来源虽然同属中有几个植物作不同的中药材使用，但习惯已采用属名作拉丁语的，一般不改动。应将来源为同属其他植物物种的中药材，加上种名，使之区分。如黄精 Polygonati Rhizoma，玉竹 Polygonati Odorati Rhizoma。

（5）以同属种名命名　同属中有几个不同种来源，分别作为不同中药材使用的，按此法命名，如当归 Angelicae Sinensis Radix，白芷 Angelicae Dahuricae Radix。

（6）以种加词命名　为习惯用法，应少用。如：人参 Ginseng Radix et Rhizoma。

（7）以有代表性的属种名命名　同属几个种来源同作一个中药材使用，但又不能用属名作中药材的拉丁名时，则以有代表性的一个属种名命名，如辣蓼，有水辣蓼 Polygonum hydropiper L. 与旱辣蓼 P. fiaccidum Meisn 两种；而蓼属的药材有何首乌、水炭母等。不能以属名作辣蓼的药材拉丁名。

（8）仅用动物的俗名　如蜂蜜 Mel，全蝎 Scorpio。

2. 矿物类药材的命名

（1）用矿物所含的主要化学成分的拉丁名或化学成分拉丁名加形容词命名，如芒硝 Natrii Sulfas。

（2）用原矿物的拉丁名命名，如炉甘石 Calamina。

第二节　中药商品的分类

为了便于学习、查考、检索、管理和应用药材和中药饮片，按照一定方法对众多的药材进行分类。分类方法随着时代的前进和新药的发现不断改进。

一、药材及饮片分类

(一) 古代分类法

1. 按药物的性能分为上、中、下三品　如《神农本草经》即按此法分类。上品多为无毒的滋补药；中品为有的有毒，有的无毒，对疾病的治疗作用较广泛；下品多为有毒、药性猛烈的药物。

2. 按药物的来源和自然属性分类　如《神农本草经集注》按药物的自然属性分为玉石、草、木、虫兽、果菜、米食、有名未用7类，每类又分上、中、下三品。《本草纲目》则将药物分为水、火、土、金、石、草、谷菜、果、木等16部，每部下又分60类，如草部又分为山草、芳草、隰草、毒草、蔓草、水草、石草、苔草、杂草9类。

(二) 现代分类法

1. 按药用部位分类　此分类方法便于中药商品的鉴别、经营管理和贸易，一般归纳为植物药类、动物药类和矿物药类。植物药可分为根及根茎类、茎木类、皮类、叶类、花类、果实及种子类、全草类、藻菌和地衣类、树脂类等；动物药可分为骨骼类、昆虫类、贝壳类、分泌物类、角类、排泄物类等；矿物药，一般不再分类。

2. 按药材基原（原植物、原动物或矿物）的自然分类　采用这种分类方法，便于对药材的品种鉴定，也利于根据植物、动物的亲缘关系去开发和研制新药。如生物药按照科属分类，矿物药按照晶系分类。

3. 按药材的性味或功效分类　把中药分为解表药、泻下药、清热药、芳香化湿药、利水渗湿药、祛风湿药、温里药、安神药、芳香开窍药、平肝息风药、理气药、止血药、活血祛瘀药、补益药、消食药、化痰止咳药、收涩药、驱虫药、外用药等。该法便于临床用药。

4. 按药材所含的主要化学成分分类　一般分为生物碱类、苷糖类、蒽醌类、酚类、黄酮类、萜及挥发油类、甾体化合物类、鞣质类、氨基酸和蛋白质类等。该法便于通过对中药所含化学成分的研究去寻找生物合成的途径和理化分析方法。

5. 按药名汉字首字笔画或汉语拼音字母顺序分类　多在中药的书籍中采用，便于学习和查阅。

二、 中成药分类

中成药是根据临床治疗和保健需求、按照中医方剂，将中药饮片以独特的生产工艺和质量标准加工生产的中药制剂。常用的分类方法有：

1. 按剂型分类　如丸剂、片剂、颗粒剂等。此种分类方法便于中成药商品的研究、生产、检验、贸易、运输和贮藏。

2. 按主要功能分类　如补益之剂、发表之剂等。此种分类方法便于调剂、零售和临床用药。

复习思考

1. 中药商品的命名方法有哪些？
2. 简述药材及饮片的现代分类方法？

扫一扫，知答案

扫一扫，看课件

第 三 章

中药商品的经营管理

【学习目标】
　　1. 熟悉中药商品的流通环节与管理、中药商品的贮藏要求、中药商品价格的制定原则。
　　2. 了解中药商业机构、中药商业经营特点。

第一节　中药商业机构

中药商业机构是指在中药商品生产和流通基础上形成的一种专门从事中药商品经济活动的组织，使中药商品的产、购、销、调、储有机地结合起来，实现中药商品从生产领域向消费领域的转移。

中药商业的机构，按工作性质可分为行政管理机构和企业经营机构两大类地结合起来。

一、行政管理和监督机构

我国中药商业的行政管理机构分为国家药品行政管理机构和地方药品行政管理机构。

国家药品行政管理机构包括国家食品药品监督管理总局和国家中医药管理局，其中心任务是根据国家方针、政策和保障人民健康的需要，加强中药经营和中医医疗事业的宏观管理，制定和颁布国家有关法规，监督中药的生产、流通和全面的质量管理，推动中医药事业长期稳步地向前发展。

地方药品行政管理机构包括各省、市、自治区药品监督管理部门。由于我国中药的品种繁多，一般实行分级管理，对产销量大、流通面广、价值较高、具有统一管理条件的中

药，颁行国家标准，其余的由省、市、自治区自行制定标准。

药品检验所是药品质量监督、检验和仲裁的法定专业技术机构。国家在北京、上海、天津、广州、大连、重庆、福建和成都等城市设立了口岸药检所，专门检验进口药品。

二、 企业经营机构

中药商业企业按照商品流通过程中的地位和作用，通常将其分为批发、零售等。

1. 中药批发企业 中药批发企业是中药生产和销售的桥梁，它从生产单位或其他部门购进、调拨药品，批量供给零售企业、医疗单位、下一级批发企业，或供应生产企业作为生产的原料，是基本业务的经济组织实体。按其业务的范围一般分为省（市）批发企业和县

（市）批发企业。

2. 中药零售企业 中药零售企业是中药商品流通领域的终点，销售对象是消费者。中药零售企业具有规模小、销售数量零星、交易次数频繁等特点。

第二节　中药商业企业经营的特点

中药商业是特殊商品的流通企业，它不但有商品的经营方式，还有医药市场的特殊属性。

1. 中药资源具有明显的地理区域性和季节性 中药材的种植、养殖和收获具有一定的自然生长期，比如，取材于果实种子等部位的中药材多在夏、秋季成熟，取材于花叶等部位的中药材收获期多集中在特定药材的花期和茎叶生长期等等。因此，中药饮片厂商部分原材料的采购也主要集中在中药材的收获期或特定时期，不同种类中药饮片的原材料采购存在一定的季节性特征。

2. 经营的技术性强、责任重大、进入壁垒森严 在我国的医药产业政策中，对市场进入作出了若干规定，医药商业企业首先按照 ISO 9000 国际标准的质量控制和质量管理系统，实施全面的质量管理，按照 GMP、GSP 的要求组织生产和经营，以确保产品质量。药品经营活动必须持有商业药品经营许可证，产销关系密切，供方稳定，供应及时，具有一定的仓储条件和储备能力，有熟悉商业经营知识的执业药师。对某些医药的生产和经营设立了特许制度，如毒性药品、麻醉药品、精神药品、毒品前体、放射性药品、计划生育药品由国家统一定点、特许生产，并由国家特许定点依法经营；同时还规定，外资暂不能参与国内药品批发、零售业经营。

第三节　中药商品的流通环节与管理

一、　中药商品的流通环节

中药商品流通是指中药由生产领域到达消费领域所经过的通道。中药市场流通规律一般经过采购、运输、储存和销售4个主要环节，其中，购与销在流通中起主导作用，运与储是购销的辅助条件。要有计划地组织、调节好流通过程，以保证医疗市场的需要。

1. **采购**　采购是指中药商品采购人员在购进中药商品的过程中所进行的业务活动的总和，是中药商品流通的起点，也是组织中药货源的手段。中药商品采购的基本程序：市场调研、库存分析、制定采购计划、签订采购合同。

2. **运输**　运输是中药商品流通环节之间必须经过的移动过程。中药商品必须严格按照药品运输的有关管理条例进行转运，合理地减少中药商品运输的中间环节，加速中药商品流通速度、降低流通费用，取得较好的社会效益和经济效益。中药商业企业要严格遵守药品运输的有关管理条例，按照"及时、准确、安全、经济"的运输原则，合理地组织商品的运输。

3. **储存**　储存是指中药商品从生产到消费领域的流通过程中经过多次停留，是中药商品流通过程中必不可少的重要环节。中药商品在储存中必须遵循保证供应、分类储存、保证质量、以销定进的原则，实现中药商品在数量、时间、结构上库存的合理性，保证供应，并在经费上力求经济合理。

4. **销售**　销售是商品流通的终点，药品只有售出后其价值才能实现，药品生产的基本作用是直接满足医疗、预防的消费需求，只有把药品商品直接送到消费者手上才能不断提高服务质量，并为药品生产推销更多的产品。近年来，医药行业密切配合，积极探索把流通体制改革作为软科学重点研究，一些地区已经形成了"全国总代理→地区分销商→零售连锁经营"等中药商品流通体制的新格局。

二、　中药商品流通环节的管理

中药商品的采购、运输、储存和销售各个主要环节都要遵循国家法律法规的规定。

（一）从事药品经营必须依法取得《药品经营许可证》

《药品管理法》规定，开办药品批发企业、零售企业实行许可证制度，要依照法定程序取得《药品经营许可证》，无许可证不得经营药品。

《药品流通监督管理办法》规定，每一家药品批发企业、药品零售企业、药品零售连锁总店及各个连锁门店，必须分别取得《药品经营许可证》。批发企业不得零售药品，药

品零售机构不得从事批发药品。

（二）严禁无《药品经营许可证》的单位或个人从事药品经营活动

有 16 种情况按无证经营处理：①有许可证但从事异地经营的；②超范围经营的；③非法收购药品的；④兽药单位经营人用药品的；⑤无许可证而是借药品经营企业提供的条件参加药品经营的；⑥无许可证从事进口药品国内销售的；⑦药品生产企业销售非本企业生产的药品的，其办事机构从事药品现货销售的；⑧乡镇卫生院进行经营性销售的；⑨城镇个体行医、个体诊所从事药品购销活动的；⑩乡镇卫生院从事药品经营性销售的；⑪药品批发企业从事零售业务，或零售企业从事批发业务的；⑫药品零售连锁总店及各门店只有一个《药品经营许可证》的；⑬非法药品集贸市场；⑭在中药材专业市场销售中药材以外药品的；⑮在城乡集贸市场销售中药材以外药品的；⑯药品销售人员在其他企业兼职从事药品销售活动的。

（三）经营范围的规定

药品生产企业只能销售本企业生产的药品。药品批发企业不得从事药品零售业务，药品零售企业不得从事批发业务。中药材专业市场禁止销售中药材以外的药品；城乡集贸市场禁止销售中药材以外的其他药品。

（四）采购与销售药品中与许可证有关的禁止性规定

药品生产企业、药品经营企业：①不得与无《药品生产许可证》《药品经营许可证》《医疗机构执业许可证》（以下简称"三证"）的单位或个人有购销活动；②不得在非法药品市场、集贸市场采购或销售除中药材以外的药品；③禁止向无"三证"单位以偿还债务、贷款方式为其无证提供药品。

（五）禁止销售假药、劣药

药品管理法明令禁止销售假药、劣药。《药品流通监督管理办法》规定药品生产、经营企业、医疗机构在药品购销活动中发现假劣药，不得自行作销售或退换货处理，必须及时报告药监部门。

第四节　中药的贮藏和养护

一、中药商品常见变质现象

中药商品（包括中药材、中药饮片及中成药）品质的好坏与贮存保管密切相关。若贮存保管不当，中药商品会产生不同的变质现象，从而直接影响中药的质量和疗效。

（一）中药材和中药饮片贮藏中常见的质量变质现象

1. 虫蛀　虫蛀是指中药饮片被成虫蛀蚀的现象。虫蛀中药饮片大多数先危害表面，

继而深入内部为害，有的则在中药饮片表面产卵，卵孵化为幼虫后，幼虫在内部为害。如：含多量淀粉（白芷、山药、芡实等）、含糖分高（党参、枸杞、大枣等）、含蛋白质多（乌梢蛇、土鳖虫、九香虫等）、含脂肪油大（苦杏仁、柏子仁、郁李仁等）的中药易虫蛀。

2. 发霉　发霉又称霉变，是指中药饮片受潮后在适宜温度条件下在其表面或内部寄生的霉菌大量繁殖所致的变质现象。对饮片贮藏危害最大。我国地处温带，特别是长江以南地区，夏季炎热、潮湿，饮片最易发霉，导致有效成分也遭到很大的破坏，以致不能药用，如车前草、马齿苋、独活、紫菀等。

3. 泛油　泛油习称"走油"，是指因中药饮片中所含挥发油、油脂、糖类等，在受热或受潮时其表面返软、发黏、颜色变浑、呈现油状物质并发出油败气味的现象。含油脂多的中药饮片，常因受热而使其内部油脂易于溢出表面而造成走油现象，如桃仁、杏仁、炒苏子等；含糖量多的中药，常因受潮而造成返软而"走油"，如牛膝、天冬、熟地黄等；含黏液质多的中药质地变软，外表发黏，内色加深，如天冬、党参等。

4. 变色　中药在采收、加工、贮藏过程中，由于受到温度、湿度、空气、日光、霉变、化学药剂的影响而引起中药饮片自身原有色泽的变化，如由浅变深或由鲜变暗等色泽改变现象称为变色。由于保管不善有些药物颜色由浅变深，如泽泻、白芷、山药、天花粉等；有些药物由鲜艳变暗淡，如花类药红花、菊花、金银花、腊梅花、月季花等。

5. 气味散失　气味散失是指中药饮片固有的气味在外界因素（温度、空气）的影响下，或贮藏日久气味散失或变淡薄。含挥发油的药物，如肉桂、沉香等，由于受温度和空气等影响，也会逐渐失去油润而干枯，以致气味散失；豆蔻、砂仁粉碎后气味会逐渐挥发散失。

6. 风化　风化是指某些含结晶水的盐类药物，经与干燥空气接触，日久逐渐失去结晶水，变为非结晶状的无水物质，从而变为粉末状，其质量和药性也随之发生了改变。如胆矾、硼砂、芒硝等。

7. 潮解　潮解习称返潮、回潮，是指固体饮片吸收潮湿空气中的水分，其表面慢慢湿润并溶化成液体状态的现象。如青盐、咸秋石、芒硝等药物，这些饮片一旦变质后更难贮藏。

8. 粘连　粘连是指有些固体饮片，因受热或吸潮发黏而连接在一起，使原来形态发生改变的现象，如熔点低遇热发黏而黏结在一起的有芦荟、没药、阿胶、乳香等；含糖分高吸潮后黏结在一起的有鹿角胶、龟甲胶、儿茶等。

9. 腐烂　腐烂是指某些新鲜的中药饮片，在适宜温湿度条件下，空气中的微生物在药材表面大量繁殖从而导致中药饮片腐烂败坏的现象，如鲜生姜、鲜生地、鲜芦根、鲜石斛等。中药饮片一经腐烂，即不能再入药。

（二）中成药贮藏中常见的质量变质现象

中成药是按照处方加工成各种剂型的药物，由于保管不当也会发生变质，中成药的变质往往与剂型有关。常见的变质现象有虫蛀、霉变、酸败、挥发、沉淀等。

1. **虫蛀**　易虫蛀的常见剂型有蜜丸、水丸、散剂等。

2. **霉变**　易霉变的常见剂型有蜜丸、膏剂、片剂等。

3. **酸败**　易酸败的常见剂型有合剂、酒剂、煎膏剂、糖浆剂、软膏剂等。

4. **挥发**　易挥发的常见剂型有芳香水剂、酊剂等。

5. **沉淀**　易沉淀的常见剂型有酒剂、口服液、注射液等。

二、 影响中药商品变质现象的因素

影响中药商品变质的因素主要有两个方面：中药商品自身的因素和自然环境因素。

（一）自身因素

自身因素：即内在因素，是指中药材本身所含的成分，因受自然界的影响而引起变异，导致其质量变化。

1. **水分**　中药都含有一定量的水分，它是中药的重要成分之一。中药中水分含量过高或过低都会发生质量变化。当水分含量过大时，中药易发生虫蛀、霉变、潮解、粘连等变质现象；当水分含量过低时，又易发生风化、气味散失、干裂、脆化、变形，而且重量也会发生变化，加大中药的损耗。

2. **淀粉**　含淀粉的中药容易吸收空气中的水分，当表面水分增加时，霉菌就容易寄生繁殖而导致发霉；淀粉也是一种适合蛀虫的营养食料，因此含淀粉的中药容易发生虫蛀。

3. **黏液质**　黏液质是一种近似树胶的多糖类物质，存在于植物细胞中，遇水后会膨胀发热而引起发酵，如麦冬、枸杞子、黄精等，同时又是微生物、虫卵的营养基质，所以这类中药易发霉生虫。

4. **油脂**　油脂是脂肪油和脂肪的总称，分植物性油脂和动物性油脂两大类。含植物性油脂的中药如长时间与空气、日光、湿气等接触，会发生水解和氧化作用而逐渐产生异味，如桃仁、使君子仁等。含动物性油脂的中药可因微生物的作用，有特殊气味、游离脂肪酸增多，进而发生油脂的酸败，如刺猬皮、狗肾等。

5. **挥发油**　挥发油在植物药材中分布较广，在伞形科、唇形科、樟科、姜科等植物中含量都很丰富，如当归、白芷、薄荷、肉桂等。含挥发油的药物长期与空气接触，随着油分的挥发其气味也随之减退，且温度越高，挥发越快。

6. **色素**　中药一般都含有不同的色素，特别是花类药材。有些色素很不稳定，受到日光、空气等影响而遭到破坏，受潮后也易发霉变色，如月季花、玫瑰花、莲须等。

（二）环境因素

环境因素又称外在因素，是导致中药变异的自然因素，直接或间接影响其质量。

1. 温度 中药在25℃以下的常温情况下，一般比较稳定。当温度升高，害虫和霉菌容易滋生繁殖，中药容易生虫、霉变。当温度在35℃以上时，会促使中药的水分蒸发，以致含水量降低；同时加速氧化、降解等化学反应，促使化学成分迅速变化；当温度过低，低于冰点，对某些新鲜的中药如鲜石斛、鲜芦根，或某些含水量较多的中药产生有害的影响。

2. 湿度 湿度是指空气中含有水蒸气量或潮湿的程度，湿度过高能直接引起中药潮解、溶化、糖质分解、霉变等各种变化。一般中药炮制品的绝对含水量应控制在7%~13%，贮存环境的相对湿度应控制在35%~75%。

3. 日光 日光对某些中药的色素有破坏作用而导致变色，所以红色和绿色或有显著颜色的中药不宜在日光下久晒，否则就会变色。直接日光照射，能促使药物温度增高，发生变化，如含挥发油的饮片当归、丁香、川芎等易发生气味散失、泛油。但紫外线和热能，能杀灭霉菌并能使过多的水分蒸发，起到散潮防霉的作用。

4. 空气 空气中的氧是引起中药质量变化的关键因素，它会使中药中的有机物质，特别是脂肪油发生氧化变质。

5. 霉菌和虫害 霉菌和虫害对中药的破坏最常发生，也最为严重。其他影响因素控制得当，霉菌和虫害的危害也可得到克服。

6. 贮藏时间 贮存时间过长，有些中药会发生质变，虽不会发生某种明显的质变，但会出现品质降低，甚至失效。

三、 中药商品的贮藏与养护

中药贮藏养护是研究中药保管与养护的一门综合性技术。现代中药养护是以预防为主，近年来还进一步研究如何防止中药在贮藏养护过程中毒物的濡染，以符合21世纪无残毒、无公害绿色中药的要求。

（一）传统养护技术

1. 清洁养护法 搞好中药与仓库的清洁卫生，是防止仓虫入侵的最基本和最有效的方法，是一切防治工作的基础。适当的改造维修仓库，使仓库内壁、地坪、仓顶平整光洁，以达到隔湿、防潮、防鼠，既通风又密闭的储存环境能保证中药贮存不致变质。

2. 除湿养护法 除湿养护法亦称为干燥养护法，可以除去中药中过多的水分，同时可杀死霉菌、害虫及虫卵，起到防止虫、霉，久贮不变质的效果。

3. 密封养护法 密封养护法是减少或不受自然因素影响，避免害虫、微生物侵入或发生的有效方法之一。传统的密封方法有缸、罐、坛、瓶、箱等用泥或蜡封口，现代技术

有量小的用塑料薄膜袋，量大的用密封库，以适应药材贮存的需要，可取得较好的养护效果。

4. 低温养护法 采用低温（0℃～10℃）贮存中药，可有效防止不宜烘、晾中药的生虫、发霉、变色等变质现象。由于该法成本比较高，主要适用于人参、哈蟆油等贵重中药的贮存。

5. 高温养护法 中药蛀虫对高温的抵抗力均很差，因此采用高温贮存中药，可有效地防止虫害的侵袭。贮藏温度高于40℃，蛀虫就停止发育、繁殖，当温度高于50℃时，蛀虫将在短时间内死亡。但需注意，含挥发油的中药烘烤时温度不宜超过60℃，以免有效成分挥发散失。

6. 对抗贮存法 对抗贮存法是传统的驱虫方法之一，它采用两种或两种以上中药同贮，相互克制以达到防止生虫、霉变、走油的目的。如花椒与有腥味的肉质蛇类同贮。

（二）现代养护技术

现代养护技术有：干燥养护，气调养护，包装防霉养护，射线辐射养护，气幕防潮养护，蒸气加热养护，气体灭菌养护，中药挥发油熏蒸防霉技术。

第五节　中药商品价格

中药商品具有使用价值和自身价值两重性，中药的价值可以通过价格得以体现。

一、中药价格制定的依据与原则

《中华人民共和国价格法》的第十八条第一款规定，与国民经济发展和人民生活关系重大的极少数商品价格，政府在必要时可以实行政府指导价或者政府定价。

《药品管理法》第五十五条规定，依法实行政府定价、政府指导价的药品，政府价格主管部门应当依照《中华人民共和国价格法》规定的定价原则，依据社会平均成本、市场供求状况和社会承受能力合理制定和调整价格，做到质价相符，消除虚高价格，保护用药者的正当利益。

二、中药价格的分类与作用

（一）按管理形式分类

中药价格按照管理形式分为国家定价、政府指导定价、市场调节价。

1. 国家定价 是指依照本法规定，由政府价格主管部门或其他有关部门，按照定价权限和范围制定的价格。

2. 政府指导定价 是指依照本法规定，由政府价格主管部门或者其他有关部门，按

照定价权限和范围规定基准价及其浮动幅度，指导经营者制定的价格。

3. **市场调节价** 是指由经营者自主制定，通过市场竞争形成的价格。

实行国家定价和政府指导定价的药品仅限于：①列入国家基本医疗保险药品目录的药品；②垄断经营的特殊药品；③预防用药；④必要的儿科用药。其他的药品实行市场调节价。

（二）按流通过程分类

按照中药商品流通的过程可以分为收购价格、出厂价格、批发价格和零售价格。

1. **收购价** 是指药材收购者向药材种植户收购药材的价格。药材收购价是药材进入流通领域的第一个价格。药材收购价格，一般是由生产地制定；次产地的收购价格，可参考主产地的收购价格制定，流通到销售地的药材，可按产地的收购价格酌加商品运杂费。

2. **出厂价格** 是药品生产企业向批发企业销售药品时的价格，它由药品生产成本加生产企业的利润构成，是批发企业的药品收购价格或称药品的进价。药品出厂价是药品进入流通领域的第一道环节价格，是制定其后各环节价格的基础。

3. **批发价格** 是药品批发企业向零售药店或医疗单位的药房销售药品时的价格，它由药品的购进成本加进销差价构成。因为该环节的药品价格处于出厂价格和零售价格之间，所以批发价格的确定有助于稳定药品的流通市场。

4. **零售价格** 是零售药店或医疗单位的药房向消费者销售药品时的价格，由购进成本（即药品进价）加上批零差价构成。由于零售价格是药品流通中最后一道环节的价格，所以与消费者的利益直接相关。

三、 中药价格的管理

《药品管理法实施条例》第四十八条 国家对药品价格实行政府定价、政府指导价或者市场调节价。列入国家基本医疗保险药品目录的药品以及国家基本医疗保险目录以外具有垄断性生产、经营的药品，实行政府定价或者政府指导价；对其他药品，实行市场调节价。第四十九条 依法实行政府定价、政府指导价的药品，由政府价格主管部门依照《药品管理法》第五十五条规定的原则，制定和调整价格；其中，制定和调整药品销售价格时，应当体现对药品社会平均销售费用率、销售利润率和流通差率的控制。

《药品政府定价办法》对政府定价原则、药品零售价格的制定和有差别的销售费用、利润率及流通差价作了明确规定。

《国家计委定价药品目录》按通用名称制定各剂型、各规格药品的价格。

复习思考

1. 中药商品的流通有哪些环节？

2. 中药商品的贮藏要求有哪些？

3. 中药商品的养护方法有哪些？

4. 中药商品价格制定的原则与依据是什么？

扫一扫，知答案

扫一扫，看课件

第 四 章

中药商品的质量管理

【学习目标】

1. 掌握药品管理法对中药管理的规定。
2. 熟悉我国现行的中药质量标准。
3. 了解中药商品经营的相关法规。

第一节　中药经营管理法规

一、《药品管理法》

1. **中药材**　"国家保护野生药材资源，鼓励培育中药材""国家实行品种保护制度"
"新发现和从国外引种的药材必须经国家药品监督管理部门审核批准后，方可销售""地
区性民间习用药材的管理方法，由国务院中医药管理部门制定""中药材的种植、采集和
饲养的管理办法，由国务院另行制定""城乡集市贸易市场可以出售中药材、国家另有规
定的除外""城乡集贸市场不得出售中药材以外的药品""药品经营企业销售中药材，必
须标明产地""实行批准文号管理的中药材、中药饮片品种目录由国务院药品监督管理部
门会同国务院中医药管理部门制定""必须从具有药品生产、经营资格的企业购进药品，
但是，购进没有实施批准文号管理的中药材除外"

2. **中药饮片**　"中药饮片的炮制，必须按照国家药品标准炮制，国家药品标准没有
规定的，必须按照省、自治区、直辖市药品监督管理部门制定的炮制规范炮制""生产新
药或者已有国家标准的药品，须经国家药品监督管理部门批准，并发给批准文号；但是，
生产没有实施批准文号管理的中药材和中药饮片除外。

23

二、《中华人民共和国中医药法》

2016年12月25日，十二届全国人大常委会第二十五次会议审议通过了《中华人民共和国中医药法》。这部酝酿30年终出台的中医药界首部国家大法，于2017年7月1日起正式施行。法律规定，国家制定中药材种植养殖、采集、贮存和初加工的技术规范、标准，加强对中药材生产流通全过程的质量监督管理，保障中药材质量安全。

法律明确，国家鼓励发展中药材规范化种植养殖，严格管理农药、肥料等农业投入品的使用，禁止在中药材种植过程中使用剧毒、高毒农药，支持中药材良种繁育，提高中药材质量。

三、《药品经营质量管理规范》

《药品经营质量管理规范》是药品经营管理和质量控制的基本准则，经营企业应当在药品采购、储存、销售、运输等环节采取有效的质量控制措施，确保药品质量。2016年7月13日国家食品药品监督管理总局令第28号公布的《关于修改〈药品经营质量管理规范〉的决定》修正。该《规范》分总则、药品批发的质量管理、药品零售的质量管理、附则4章184条，自发布之日起施行。

第二节　中药商品的质量标准

一、　中药商品质量的概念

商品质量是衡量商品使用价值的尺度，这个尺度是人们在实践中得出的科学结论。中药商品的品质是决定其临床疗效的重要因素，不同品质的中药商品具有不同的使用价值，可满足不同的需求。中药商品的品质还是决定其销售价格的关键性因素，不同的品质对应了不同的价格，即"按质论价"。

二、　我国现行的中药质量标准

我国现行的中药质量标准有国家标准和地方标准。

（一）国家药品标准

1. 《中华人民共和国药典》（简称《中国药典》）　《中国药典》是国家对药品质量标准及检验方法所做的技术规定，是药品生产、供应、使用、检验、管理部门共同遵循的法定依据。《中国药典》自1953年版起至2015年版止，共出版10次。2015年版药典分为四部。一部每种药材项下内容为：汉语拼音、拉丁名、来源、性状、鉴别、检查、含量

测定、炮制、性味与归经、功能与主治、用法与用量、贮藏等。

2. 《中华人民共和国卫生部药品标准·药材·第一册》 由原国家卫生部于 1991 年 12 月颁布。体例与中国药典相同。载药材 101 种。为药品生产、经营、使用以及监督等部门检验质量的法定依据。

3. 《中华人民共和国卫生部进口药材标准》 由原国家卫生部于 1987 年 5 月颁布执行。体例与《中国药典》相同。收载进口药材 31 种。为对外签订进口药材合同条款及检验的法定依据。

4. 《七十六种药材商品规格标准》 由国家中医药管理局与原卫生部制定，于 1984 年 3 月试行。收载了产销量大、流通面广的大宗药材商品 76 种。每味药材收载项目包括：名称、来源、品别、规格、等级，以及各规格等级的性状指标和质量要求。为全国统一的中药商品规格标准，是流通领域限定中药商品规格等级的依据。

（二）地方标准

各省、直辖市、自治区卫健委审批的药品标准简称地方标准。此标准系收载中国药典及部颁标准中未收载的药品，或虽有收载但规格有所不同的本省、市、自治区生产的药品，它具有本地区性的约束力，只能在省内使用。

此外，还有企业药品生产的质量标准即企业药品标准，仅供企业内部使用。

复习思考

1. 目前我国对药材的鉴定标准分为几级？如何划分？
2. 对于未列入国家药典的药材品种，以什么作为生产与质量管理的依据？

扫一扫，知答案

扫一扫，看课件

第 五 章

药材资源

【学习目标】

1. 掌握药材产地初加工的方法及原则、道地药材、药材的集散地。
2. 熟悉药材资源分布。
3. 了解药材的生产。

第一节　药材资源分布

药材资源分为两类，一部分为天然资源，即来源于野生动、植物和天然矿物的药材；一部分为生产资源，即来源于人工种植或驯养的动物类药材和合成的矿物加工品。

我国天然药材资源的品种较为丰富。根据中国药材公司和全国中药资源普查办公室组织、历时近 10 年（1983~1993）进行的全国中药资源普查工作的调查结果：我国目前有可用的药用植、动、矿物12807 种，其中药用植物11146 种，药用动物1581 种，药用矿物80 种。调查了 362 种常用药材，其中 320 种大宗植物药材和 29 种动物药材，其野生资源总蕴藏量约为850 万吨。按蕴藏量大小排列为：40 万吨以上的有甘草、麻黄、罗布麻、刺五加4 种，10~40 万吨的有苍术、黄芩、地榆、苦参、狼毒、赤芍、绵马贯众、仙鹤草8种；5~10 万吨的有山豆根、木贼、益母草、茵陈、葛根、升麻、苍耳子、萹蓄、艾叶、柴胡、防风、黄柏、秦皮、玉竹、续断、五味子、威灵仙、桔梗、老鹳草、拳参等23 种；1~5 万吨的有 42 种；1 万吨以下的有 243 种。一些重要的药材例如羌活、冬虫夏草、赤芍等来自野生植物；蟾酥、斑蝥、石决明、蝉蜕等，来自野生动物；石膏、芒硝、自然铜等到来自天然矿物。常用药材商品中以野生资源为主的有 80 余种，约占药材总数的 40%。在调查中发现了很多以往并未利用而依赖进口的野生药材，如胡黄连、安息香、阿魏、降

香等。目前,我国的药材生产资源呈逐年增加趋势,种植规模较大的药材有黄芩、黄芪、甘草、西洋参、三七、人参、党参等。

一、 药材天然资源

1. 我国天然药材资源的分布 我国幅员辽阔、自然环境复杂、条件优越,药材的分布呈现不均衡性。药材种类分布规律是从东北至西南逐渐增多,由 1 000 种增加到 5 000 种;常用药材的蕴藏量则是从北方至南方逐渐减少。

根据我国气候、土壤和植被类型特点,将药用动、植物按照自然分布分为 8 个区。

(1) 东北寒温带、温带区 本区包括黑龙江、吉林两省、辽宁省一部分和内蒙古自治区东北部。本区大部分属于寒温带和温带的湿润和半湿润地区。年降雨量 400~700mm,长白山地区东南部可达 1000mm。区内森林茂密、气候冷凉湿润,分布的品种虽较少,但珍贵和稀有的药用动、植物种类多。本区药用植物达 1600 多种,药用动物 300 多种,矿物类 50 多种。

本区内的长白山地区大部分为山岭与丘陵,北段为小兴安岭,东北角为低陷的三江平原,是我国北方重要的药材产区,有"世界生物资源金库"之称,野生药用植物 900 多种,有五味子、人参、北细辛、天麻、党参、芍药、升麻、防风、黄芪、龙胆、甘草、地榆、柴胡、黄芩等。本区内产的动物类药材有鹿茸、刺猬皮、麝香、蟾酥、哈蟆油等。

(2) 华北暖温带区 本区包括辽东、山东、黄淮海平原、辽河下游平原、西部的黄土高原和北部的冀北山地。本地区为夏热多雨,温暖,冬季晴朗干燥;春季多风沙。降水量一般在 400~700mm,沿海个别地区达 1000mm,黄土高原则较干燥。区内有药用植物 1500 多种,药用动物 500 多种,药用矿物 30 多种。

本区的华北平原包括海河、黄河、淮河等河流共同堆积成的大平原和辽河平原,是我国主要药材栽培品的主产地,大面积栽培的药用植物有地黄、金银花、牛膝、连翘等。

本区产的植物类药材有昆布、海带、金银花、蔓荆子、栝楼、香附、北沙参、黄芪、麻黄、防风、黄芩、淫羊藿、仙鹤草、玉竹、黄精、柴胡、地榆、羌活、党参、远志等。动物类药材有阿胶、牛黄、全蝎、刺猬皮、土鳖虫、斑蝥、五灵脂、牡蛎、海马等。

(3) 华中亚热带区 本区包括华东、华中的广大亚热带东部地区,位于我国三大阶梯中的最低一级,以低山丘陵为主。平均海拔 500m 左右,部分低山可达 800~1000m,长江中下游平原,海拔在 50m 以下。本地区气候温暖而湿润,冬温夏热,四季分明。平均年降水量在 800~1600mm,由东南沿海向西北递减。本地区湖泊密集,分布大量水生、湿生药用植物和相应药用动物。野生药材面广量大,栽培药材质优量多,是我国"浙药"和部分"南药"的产区,有药用植物 2500 多种,药用动物 300 多种,矿物类 50 种左右。

本区的长江中下游平原地区包括江汉平原、洞庭湖平原、鄱阳湖平原、苏皖沿江平

原、长江三角洲和里下河平原。湖泊星罗棋布，水生植物丰富，有莲、芡实、菖蒲等。丘陵地区的野生药用植物有丹参、玄参、牛膝、百部、海金沙、何首乌等。本区主要是冲积平原的耕作区，气候适宜、土质好，适用于多种药用植物的栽种，仅沪、宁、杭及黄山等地栽培的药用植物就达1000种左右。主要有地黄、山药、独角莲、温郁金、芍药、牡丹、白术、薄荷、延胡索、百合、天冬、菊花、红花、白芷、藿香等。

本区产的动物类药材有珍珠、蟾酥、地龙、鳖甲、龟甲、僵蚕、蜈蚣、水蛭、蝉蜕等。

（4）西南亚热带区　本区包括云南、贵州、四川三省及陕西、甘肃南部及湖北西部。本地区地形复杂，多为山地；海拔多为1500~2000m，气候具有亚热带高原盆地的特点，多数地区春温高于秋温、春旱而夏秋多雨。年平均降水量为1000mm左右。土壤为红壤、黄壤、棕壤。是我国"川药""云药"和"贵药"的产区。由于地形复杂，形成不少垂直气候带，植被也垂直发生变化，药用植物约4500种，药用动物约300种，药用矿物约200种。

本区的秦巴山地区包括秦岭、大巴山、龙门山、邛崃山南段、鄂西北武当山等地，以及汉水谷地。秦岭山脉平均海拔在2000m以上，南部为大巴山海拔1500~2000m。本区北有秦岭屏障，南有大巴山和神农架，植物区系丰富多彩，素有"秦巴药乡"之称。秦岭一带用植物有241科994属，主要有黄芪、天麻、杜仲、远志、山茱萸、党参等。神农架素有"植物宝库"之称，有药用植物1800多种，如黄连、天麻、杜仲、厚朴、八角莲、重齿毛当归等。

本区的四川盆地土地肥沃，是药用植物栽培的重要基地，如渠县、中江的芍药；石柱的黄连；江油的川乌；合川的使君子；都江堰、崇州的泽泻、川芎；绵阳、三台的麦冬；叙永、珙县的巴豆等。本地区产的动物类药材有麝香、熊胆、乌梢蛇、蕲蛇等。^

（5）华南亚热带、热带区　本区位于我国最南部，包括广东、广西、福建沿海及台湾、海南省，位于世界热带的最北段。该地区气候温暖，雨量充沛、年降水量1200~2000mm。典型植被是常绿热带雨林、季雨林和亚热带季风常绿阔叶林。土壤是砖红壤与赤红壤。本地区可药用植物约5000种，可药用动物近300种。

本区的东部地区位于我国东南沿海，是我国"南药""广药"的产区。本地区产的药材有槟榔、儿茶、广防己、巴戟天、山豆根、益智、砂仁、鸦胆子、广藿香、广金钱草、鸡血藤、肉桂、八角等。

本区的西部包括云南南部的西双版纳和思茅地区的西南部、西藏南部的东喜马拉雅山南翼河谷山地。其中西双版纳被誉为"植物王国"，有种子植物和蕨类植物约5000种，占全国的六分之一，药用植物约715种，药用动物约47种，是我国南药的生产基地，并已成功引种国内外南药100余种。本地区产的药材有胡椒、云南马钱子、安息香、槟榔、龙

脑香、肉桂、草果、萝芙木、三七、白木香、大雪莲、红景天等。

本区产的动物类药材有海龙、海马、蛤蚧、金钱白花蛇、蕲蛇、蜈蚣等。

（6）内蒙古温带区 本区包括内蒙古自治区大部分、陕西北部、宁夏银川平原和冀北的坝上地区。属温带草原区，半干旱气候。冬季严寒而漫长，夏季温暖而短，日温差较大，降水量少（年平均降雨量200~400mm），且分配不匀，日照充足，多风沙。植物区系以多年生、旱生、草本植物占优势，植物种类比较贫乏。药材品种量少，但每种分布广、产量大，如龙胆、知母、肉苁蓉、麻黄、升麻、银柴胡、漏芦等。

本区产的动物类药材有羚羊角、马鹿茸、全蝎、刺猬皮、麝香等。

（7）西北温带区 本区包括黄土高原大部、内蒙古高原西部、河西走廊和新疆。本区是我国降水最少、相对湿度最低、蒸发量最大的干旱地区。年降水量除天山、祁连山等少数高寒地区外，80%以上地区降水量少于100mm，有的地区少于25mm。

本区的西北草原和荒漠地区包括内蒙古西部、宁夏和甘肃北部，新疆的准噶尔盆地、塔里木盆地，青海的柴达木盆地等，周围被高山围绕，降水很少，是世界上著名的干燥区之一。药用植物有新疆阿魏、新疆贝母、枸杞、锁阳、肉苁蓉、甘草、麻黄、罗布麻、新疆紫草等。

西北山地包括天山、阿尔泰山及祁连山等，位于草原和荒漠地区内。天山主峰高达5 000m左右，北坡由于受西来的湿气流影响，气候较湿润，植物垂直分布明显，植物比较丰富，主要药用植物200多种，有黄芪、新疆紫草、天山党参、雪莲、新疆缬草、黑种草子、红景天、掌叶大黄、甘肃贝母、冬虫夏草等。

本区产的动物类药材有羚羊角、马鹿茸、全蝎、刺猬皮、麝香、五灵脂等。

（8）青藏高原高寒区 本区包括西藏、青海南部、新疆南缘、甘肃西南缘、四川西部及云南西北边缘，平均海拔4000~5000m，并有许多耸立于雪线之上的山峰，号称"世界屋脊"。本区地貌复杂，有多条长1000km以上的高大山脉，山脉之间分布有高原、盆地和谷地。高原空气稀薄，光照充足，气温高寒而干燥。干湿季分明，干旱季多大风，大部分地区降水量50~900mm。土壤为高山草甸土、高山寒漠土。自然植物一般都比较矮小稀疏，属耐寒耐旱的特有高原种类，植物区系较为复杂，特别是东部和东南部，据调查有种子植物4 000余种。

本区产的植物类药材有冬虫夏草、大黄、珠子参、龙胆、秦艽、天麻、川贝母、重楼、胡黄连、软紫草等。动物类药材有马鹿茸、蝉蜕、麝香、五灵脂等。

2. 野生药材资源的保护 由于生态环境的破坏和掠夺式的捕采，我国的一些天然中药资源如野生人参、雪莲、石斛类、贝母类和一些药用蛇类品种处于濒危状态。为保护中药野生资源，国务院于1987年颁布了《野生药材资源保护管理条例》。条例规定：国家重点保护的野生药材物种分为三级。一级为濒临灭绝状态的稀有珍贵野生药材物种；二级为

分布区域缩小，资源处于衰竭状态的重要野生药材物种；三级为资源严重减少的主要常用野生药材物种。一级保护野生药材物种禁止采猎，二级和三级保护野生药材物种的采猎，必须按照县以上医药管理部门会同同级野生动物、植物管理部门规定的计划，报上一级医药管理部门批准后执行。本条例共 26 条，自 1987 年 12 月 1 日起施行。其中 76 种重点保护的野生药材物种如下：

一级保护物种（4 种）：虎、豹、赛加羚羊、梅花鹿。

二级保护物种（27 种）：马鹿、林麝、马麝、原麝、黑熊、棕熊、穿山甲、中华大蟾蜍、黑眶蟾蜍、中国林蛙、银环蛇、乌梢蛇、五步蛇、蛤蚧、甘草、胀果甘草、光果甘草、黄连、三角叶黄连、云连、人参、杜仲、厚朴、凹叶厚朴、黄皮树、黄檗、剑叶龙血树。

三级保护物种（45 种）：川贝母、暗紫贝母、甘肃贝母、梭砂贝母、新疆贝母、伊犁贝母、刺五加、黄芩、天门冬、猪苓、条叶龙胆、龙胆、三花龙胆、坚龙胆、防风、远志、卵叶远志、胡黄连、肉苁蓉、秦艽、麻花秦艽、粗茎秦艽、兴安龙胆（小秦艽）、北细辛、汉城细辛、华细辛、新疆紫草、紫草、五味子、华中五味子、蔓荆、单叶蔓荆、诃子、绒毛诃子、山茱萸、环草石斛、马鞭石斛、黄草石斛、铁皮石斛、金钗石斛、新疆阿魏、阜康阿魏、连翘、羌活、宽叶羌活。

二、 药材生产

1. 药用动、植物的养殖与栽培　当前，我国以栽培为主的常用药材 200 余种，种植面积达 $40hm^2$，正常年产量约为 30 万～35 万吨。其中万吨以上的有地黄、山药、茯苓、党参、当归、干姜、薏苡仁 7 种；5 000～10 000 吨的有桂枝、板蓝根、黄芪、穿心莲、白术、菊花、金银花、丹参、山楂、大青叶、枳壳、白芷、白芍、川芎、桔梗 15 种。在生产中，形成了一些规模化的药材产区，例如东北的人参、宁夏的枸杞子、四川的附子等，产量均为全国之冠。有些地区，如吉林抚松、辽宁桓仁（产人参），甘肃岷县（产当归），四川都江堰（产川芎），云南文山（产三七）等几乎成了药材生产专业县。过去依靠进口的药材，有些已在国内引种成功。如西洋参在山东、河北等地引种成功，种植面积达 $200km^2$ 以上，有大量商品药材投放市场。野生动物的驯化养殖也获得了可喜的成果，如中国林蛙、金钱白花蛇、梅花鹿、马鹿、三角帆蚌、蛤蚧等。

2. 药材生产的质量管理　中药是我国传统的重要出口产品之一。为确保中药质量并打入国际市场，必须加快对中药质量标准制定的进程，在传承经方基础上研究中药的标准物质（药效组分），建立与临床疗效对应的药效组分质量标准评价体系。中药的质量标准包括药材（原料）标准、药品标准和商品标准。药材的标准要依赖于药材生产的规范化，因为药材是通过一定的生产（栽培）过程而形成的，所以控制药材生产质量是控制中药质

量的第一关；药材、饮片、复方及其制剂的标准要有机地联系在一起，要和临床疗效相对应，要阐明其标准物质；在标准物质不明确的情况下，可采用生物效应的评价方法建立其质量标准。

我国在借鉴国外先进经验的基础上，已经制订出《中药材生产质量管理规范》（Good Agricultural Practice，GAP）。其主要目的是规范药材生产的全过程，确保药材的质量符合药用的规定。GAP 是药材生产和质量管理的基本准则，适用于药材生产的全过程，以及流通、质量管理的关键环节。

第二节 药材的采收与加工

一、药材的采收

中药质量的好坏，取决于有效物质含量的多少，有效物质含量的高低与产地、采收季节、时间、方法等有着密切的关系。

1. 药材适宜采收期确定的一般原则 确定药材的适宜采收期，必须把有效成分的累积动态与药用部分的产量变化等因素结合起来考虑。一般以药材质量的最优化和产量的最大化为原则，而这两个指标有时是不一致的，所以必须根据具体情况来确定。

（1）双峰期，即有效成分含量高峰期与产量高峰期基本一致时，共同的高峰期即为适宜采收期。

（2）当有效成分的含量有一显著的高峰期，而药用部分的产量变化不大时，此含量高峰期，即为适宜采收期。

（3）有效成分的含量无显著变化，药材产量的高峰期应为最适宜采收期。

（4）有效成分含量高峰期与产量不一致时，有考虑有效成分总含量，即有效成分的总量＝单产量×有效成分百分含量，总量最大值时，即为最佳采收期。

（5）有些药材，除含有效成分外，尚含有毒成分，在确定适宜采收期时应以药效成分总含量最高、毒性成分含量最低时采集为宜。

2. 药材采收的一般规律 利用传统经验，结合各种药材的生物学特性、不同药用部位的生长特点、成熟程度以及采收难易程度和能收获的产量等不同因素，决定每种药材的采收时间和采收方法。各类药材传统的采收原则如下：

（1）植物类药材

1）根及根茎类药材：一般在秋、冬季节植物地上部分将枯萎时及初春发芽前或刚露芽时采收最为适宜。此时植物生长停止或花叶萎谢的休眠期，根或根茎中贮藏的营养物质最为丰富，通常所含药效成分也较高。如牛膝、党参、黄连、大黄、防风等。有些药材由

于植株枯萎时间较早，则可在夏季采收，如川贝母、延胡索、半夏、太子参等。但也有例外，如明党参在春天采收较好。

2）茎、木类药材：一般在秋、冬季落叶后初春萌芽前采收。如大血藤、鸡血藤等；若与叶同用的如槲寄生、忍冬藤等茎木类药材，则易在植物生长旺盛的花前期或盛花期采收。有些木类药材全年可采，如苏木、降香、沉香等。

3）皮类药材：多数皮类一般在清明至夏至之间采收。因为此时皮部养料丰富，浆汁充足，皮部和木部容易剥离，剥离后的伤口较易愈合，有利于药材的再生长，如杜仲、黄柏、厚朴、秦皮等。根皮则以秋末冬初采收为宜，并趁鲜抽去木心，如牡丹皮、地骨皮等。

4）叶类药材：通常在开花前盛叶期或花盛期采收，此时，植物枝叶生长茂盛，养料丰富，分批采叶对植物影响不大，且可增加产量，如荷叶、艾叶、大青叶等。某些药材在秋、冬二季采收，如功劳叶于8~10月采收、桑叶初霜后采收。有的与主产品的采收期同时采收，如人参叶、三七叶、紫苏叶等。

5）花类药材：一般在花含苞待放时或花初开放时采收，这时花中水分少、香气足。开放过久接近凋谢的花朵，不仅药材的颜色和气味差，而且有效成分含量也显著减少。通常选择在晴天、上午露水初干时采摘。在花蕾时采摘的有金银花、辛夷、丁香、槐米等；在花开放时采摘的有洋金花、菊花等；红花则是以在花冠由黄色变为橙红色时采收。花朵陆续开放的植物，应分批采摘，以保证质量。有些药材如蒲黄、松花粉等不宜迟收，过期则花粉会自然脱落，影响产量。

6）果实种子类药材：除少数药材如青皮、枳实须在未成熟时采收外，一般果实多在近成熟或成熟时采收，如乌梅、吴茱萸、栀子等。果实的成熟期不一致，要随熟随采，过早则肉薄、产量低，过迟则肉松泡，影响质量，如木瓜。种子类药材必须在完全成熟后方可采收。此时种子内物质积累已停止，达到一定硬度，并且呈现固有色泽。

7）全草类药材：多在植物充分生长，茎叶茂盛或在花盛期采收。有的割取地上部分，如薄荷、益母草等；有的则以全株入药，如细辛等；亦有在初春采其嫩苗的，如茵陈等。

8）藻、菌、地衣及孢子类药材：采收情况不一，如茯苓在立秋后采收质量较好；马勃宜在子实体刚成熟时采收；冬虫夏草在夏初子座出土孢子未发散时采挖；海藻在夏、秋二季采捞；松萝全年均能采收。

9）树脂或以植物液汁入药的其他类药材：根据植物的不同采收时间和不同药用部位决定采期和采收方式，如安息香采香多在4月至10月，于树干上割成"V"形切口，其汁顺切口里流出凝固成香后采收；新疆的阿魏是割取，由茎上部往下割取，每次待树脂流尽后再一次割取，收集分泌出的白色胶状乳液。孢子必须在成熟期及时采收。

（2）动物类药材　动物药因不同的种类和不同的药用部位，采收时间也不同。大多数均可全年采收，如龟甲、鳖甲、五灵脂、穿山甲、海龙、海马等。昆虫类药材，必须掌握

其孵化发育活动季节。以卵鞘入药的，如桑螵蛸，应在 3 月中旬前收集，过时虫卵孵化成虫影响药效。以成虫入药的，均应在活动期捕捉，如土鳖虫等。两栖动物类、爬行类宜在春秋两季捕捉采收，如蟾酥、各种蛇类药材。脊椎动物类全年均可采收，如龟甲、牛黄等；但鹿茸每年须在清明节后采收，过时则骨化。

（3）矿物药类药材　矿物类药材一般没有季节性限制，可全年采挖，大多是与矿藏的采掘相结合进行收集和选取的，如石膏、滑石、雄黄、自然铜等。矿物类药材质量的优劣在于选矿，一般应选择杂质少的矿石作药用。有些矿物类药材在开山、掘地中获得，如龙骨、龙齿等；有些系经人工冶炼或升华方法制得，如密陀僧、轻粉、红粉等。

二、 药材的产地加工

1. 产地加工的目的　药材采收后，除少数要求鲜用，如生姜、鲜石斛、鲜芦根等外，绝大多数均需进行产地加工。其主要目的在于：

（1）除去杂质和非药用部分，保持药材的纯净。

（2）初步处理如蒸煮和熏晒等，使药材干燥。

（3）通过整形和分等，筛选出不同等级，便于按质论价。

（4）形成一定的商品性状。

2. 常用的加工方法

（1）洗涤与挑选　洗涤主要是洗除药材表面的泥沙与污垢，多用于根及根茎类药材。直接晒干或阴干的药材多不洗，如人参、北沙参、天冬、桔梗、山药等；具有芳香气味的药材一般不用水淘洗，如薄荷、细辛等。挑选主要是清除药材中的杂质或非药用部分，同时初步分级，利于分别加工和干燥。如牛膝去芦头、须根等。

（2）修整切制　是运用修剪、切削、整形等方法，去除非药用部位等不合规格的部分，使药材整齐，利于捆扎、包装，如剪去芦头、须根、进行切片、切瓣、截短等。修整工艺要根据药材的规格、质量要求来制定，有的应在干燥前完成，有的则在干燥后完成。例如较大的根及根茎类、坚硬的藤木类和肉质的果实类药材大多趁鲜切片，以利干燥；而剪除残根、芽孢、切小或打磨表面使平滑等，则在干燥后完成。

（3）去皮、壳　是对果实种子或根及根茎类药材以及皮类药材去除表皮或外壳，以使药材表面光洁，符合药材的商品特征，有利于干燥和贮藏。如桔梗、山药、白芍、杜仲、黄柏、肉桂等药材通常需要手工去皮使其表面光洁，以符合其性状要求。

（4）蒸、煮、烫　是对某些药材经蒸、煮或烫后再进行干燥。含黏液汁、淀粉，或糖较多的药材，不易干燥，经蒸、煮或烫处理后，则易干燥。加热时间的长短及采取何种加热方法，视药材的性质而定。如白芍参煮至透心，天麻、红参蒸透，太子参至沸水中略烫等。

（5）熏硫　是在干燥前后用硫黄熏制某些药材。为使药材色泽洁白，防止霉烂，常用硫黄熏制，如山药、白芷。目前多不提倡，认为硫熏后的药材会有二氧化硫残留。

（6）发汗　将药材在晒或用微火烘至半干或微煮（蒸）后，堆置起来发热，使其内部水分析出的方法习称"发汗"，可使药材变软，变色，增加香味或减少刺激性，有利于干燥，如厚朴、茯苓等。

（7）干燥　干燥即除去药材中的大量水分，避免发霉、虫蛀以及有效成分分解和破坏，利于贮藏，保证药材质量。常用的有以下方法：

1）晒干　利用阳光直接晒干，是一种最简便、经济的方法。多数药材用此法干燥。需注意含挥发油的药材不宜采用此法，以避免挥发油散失，如薄荷、金银花等。药材的色泽和有效成分受日光照射后易变色者，不宜用此法，如白芍、黄连、大黄及红花等花类药材。

2）烘干　是利用加温的方法使药材干燥。一般温度以 50~60℃ 为宜，此温度对一般药材的成分没有大的破坏作用，同时抑制了酶的活性，因酶的最合适温度一般在 20~45℃。对含维生素 C 的多汁果实药材可在 70~90℃，以利迅速干燥。

3）阴干　是将药材放置或悬挂在通风的室内或荫棚下，避免阳光直射，利用水分在空气中自然蒸发而干燥。主要适用于含挥发性成分的花类、叶类及草类药材，如薄荷、荆芥、苏叶等。

4）焙干　与烘干方法相似，只是温度稍高，且置于瓦、陶器上加热。多用于某些动物药，如蛤蚧等。

5）远红外加热干燥　是利用波长为 0.75~1000nm 的远红外波穿透药材，使药材内部组织吸收电磁波的能量后，产生自发的热效应，快速有效地除去药材中的过多水分。此法具有干燥快速、加热均匀、热效率高、不影响药材品质、对细菌虫卵有杀灭作用等优点。

6）微波干燥　是用波长为 1m~1mm 高频电磁波加热药材，使药材中的水分吸收微波的能量后转化成热能，使水分析出的干燥方法。此法比常规干燥时间缩短几倍至几百倍以上，且能杀灭微生物及霉菌，具消毒作用。经试验微波干燥对山药、地黄、草乌等效果较好。

（8）挑选分等　挑选分等是对加工后的药材，按药材商品区分规格等级的方法，是产地加工的最后一道工序。药材的规格等级是药材的质量的标准，将过去繁杂的名目进行整理，注重实用合理。由于各地传统划分方法不一，目前仅有部分药材商品有全国统一的规格等级标准。

1）规格的划分：药材规格划分的依据各有不同，目前常用的方法有：

①按加工方法不同划分，如带表皮的称为"毛山药"；除去表皮、搓光揉直等加工后为"光山药"。如附子分为"盐附子"和"附片"两类，其中附片又按加工时放入的辅料不同而划分为"白附片""黑顺片"等多种规格。

②按入药部位划分，如当归分为"全当归""归头"等。

③按分布和产地划分，如产于浙江的称"杭白芍"；产于安徽的称"亳白芍"；产于四川的称"川白芍"。又如甘草，主产于内蒙古西部等地称为"西草"；主产于内蒙古东部等地称为"东草"等。

④按成熟程度划分，如连翘分为"青翘"和"老翘"。又如鹿茸分为"初生茸"和"再生茸"等。

⑤按采收季节划分，如三七分为"春三七"和"冬三七"。

⑥按药材基原划分，如麻黄分为"草麻黄""中麻黄"和"木贼麻黄"。

2）等级的划分：等级是指同一种规格或同一品名的药材，按加工后部位、形态、色泽、大小等性状要点，制定出若干标准，每一标准即为一个等级。通常以品质最佳者为一等。较佳者为二等，最次者为末等，不分等级成为统货。分等级的依据各有不同，主要有如下几种。依单个药材的大小和重量分等，如"筒朴"等。依单个药材的重量分等，如"雅黄"等。以单位重量中所含的药材个数分等，如"西大黄""春三七"等。以表面色泽和饱满程度分等，如五味子等。以纯净程度分等，如金银花等。

也有的综合以上各种指标进行分等。目前的规格、等级标准是在传统习惯的基础上，结合产地现状制定的，其中也有不甚合理之处，有待以后逐步修订。药材收购的原则是"以质论价"，收购人员必须熟知商品规格、等级标准，把住药材进入流通领域的第一道质量关。

3. 药材产地加工通则

（1）植物药类　植物类药除少数如鲜生地、鲜芦根等鲜用外，大多数药材在采收后需要根据不同药用部位进行适当加工。

1）根及根茎类药材：根及根茎类药材一般与采挖后去尽地上茎叶、泥土和须毛等，迅速晒干、烘干或阴干；有的须先刮去或撞去外皮使色泽洁白，如沙参、桔梗、山药；有些质地坚硬或较粗，须趁鲜切片或剖开而后干燥的，如天花粉、苦参、地榆、狼毒、商陆、乌药；有的需要抽去木心，如远志；有些富含黏液质和淀粉类药材，晒前须用开水烧烫或蒸后再干燥，如天麻等。

2）皮类：皮类药材一般在采收后须切成一定大小而后晒干；或加工成单卷筒、双卷筒，如厚朴等；或先削去栓皮，如关黄柏等。

3）叶类及全草类药材：这类药材含挥发油的较多，故采后置通风处阴干；有的则须先行捆扎，使成一定重量或体积，而后干燥，如薄荷。

4）花类药材：花类药材在加工时要注意花朵的完整和保持色泽鲜艳，一般是直接晒干或烘干，并应注意控制烘晒时间。

5）果实种子类药材：果实类药材一般采后直接干燥；有的经烘烤、烟熏等加工过程，如乌梅；或经切割加工使成一定形态，如枳实、枳壳、化橘红。种子类药材通常采收果实

干燥后去果皮取种子，或直接采收种子干燥。

（2）动物药类　药用动物捕获后进行产地加工的方法多种多样，往往因动物种类不同或相同动物因产地、时间的不同，其产地加工方法也有差异。但就药用动物的特性而言，一般要求加工处理必须及时得当，常用的方法有洗涤、清选、干燥、冰冻或加入适宜防腐剂等，特别是干燥处理很重要。如蜈蚣在捕后烫死，及时选用与虫体长宽相近的竹签，将虫体撑直，并曝晒干燥。若遇阴雨天，可用无烟炭火烘干，温度一般不宜超过80℃。还可以用硫黄熏晒加工，不仅可使蜈蚣进一步干燥，增加药材的色彩，而且还可杀灭附着在虫体上的虫卵，提高了药材质量，有利于其贮藏养护。

（3）矿物药类　矿物药类的产地加工主要是清除泥土和非药用部位，以保持药材的纯净度。

第三节　道地药材与药材集散地

我国幅员辽阔，地跨热带、亚热带、温带、高山高原等多个气候带，平原沃土，高山丘陵，江河湖海，地形地貌错综复杂，构成了各种不同的水土、气候、日照、生物分布的生态环境，为多种药用植物、动物的生长提供了非常适宜的生态环境。在长期的历史发展过程中，经过反复的临床验证，人们认识到在一些特定地区出产的某些中药材，品质优良，疗效突出，资源丰富，逐渐地形成了带有明显地域特征的"道地药材"。道地药材的形成，在一定程度上又推动了药材集散地的形成和发展。

一、道地药材

1. **关药**　指分布于山海关以北的东北三省和内蒙古自治区东部的道地药材。以东北三宝（人参、五味子、鹿茸）为代表，其他还有关黄柏、关龙胆、关白附、关防风、关苍术、辽细辛、辽藁本、刺五加、升麻、桔梗、哈蟆油、西洋参、紫草（硬紫草）、北豆根等。

2. **北药**　指分布于河北、山东、山西等省和内蒙古自治区中部的道地药材。主要有山西的潞党参，浑源的北黄芪、五灵脂，山东东阿的阿胶，莱阳的北沙参，济南的金银花，河北的酸枣仁、连翘，易县的知母，内蒙古中部的麻黄、甘草。此外还有北板蓝根、北柴胡、北葶苈子、山楂、远志、黄芩、小茴香、苦杏仁、蒲黄、全蝎、赭石等。

3. **西药**　指分布于西安以西的广大地区，包括陕西、甘肃、宁夏、新疆及内蒙古西部的道地药材。以西北四大药材（西大黄、岷归、黄芪、西党参）为代表，包括陕西的著名"秦药"（秦皮、秦归、秦艽等）、华细辛、南五味子、沙苑子、淫羊藿、藁本、茵陈；甘肃的当归、大黄、党参、羌活；宁夏的枸杞子、银柴胡；青海的冬虫夏草、大黄；新疆

的紫草、阿魏、大黄、肉苁蓉、雪莲花、红花；内蒙古南部的黄芪、甘草、麻黄等。

4. **怀药** 指分布于河南的道地药材。"怀"是古代河南怀庆府的简称，以著名的"四大怀药"（怀山药、怀牛膝、怀地黄、怀菊花）为代表，其他还有新密的密银花，禹州的禹白附、禹白芷，沁阳的怀红花，此外还有全蝎、辛夷、何首乌、款冬花、旋覆花、茜草、千金子等。

5. **川药** 指分布于四川、重庆的道地药材。自古就有"无川不成方，无蜀不成医"之说。主要有高原地带的冬虫夏草、川贝母、麝香；岷江流域的姜和郁金；江油的附子；灌县的川芎；绵阳的川麦冬；石柱的味连；遂宁的川白芷；中江的丹参、白芍；合川的使君子、补骨脂；汉源的花椒；天全的川牛膝；通江的银耳等。其他还有川黄柏、川射干、川木香、川木通、川续断、川乌、金钱草等。

6. **云药** 指分布于滇南和滇北的道地药材。主要有文山的三七，滇北的云木香、茯苓、冬虫夏草，滇南的诃子、儿茶、槟榔、木蝴蝶，丽江的云当归、云龙胆，德钦的云黄连，麻栗坡的云南马钱，昭通的云天麻。

7. **贵药** 指分布于贵州的道地药材。主要有天麻、天冬、朱砂、雄黄、黄精、白及、杜仲、五倍子、南沙参（轮叶沙参）、通草、猪苓等。

8. **广药** 又称为"南药"。指分布于广东、广西、海南及台湾的道地药材。以槟榔、砂仁、巴戟天、益智仁"四大南药"为代表，其他如桂南一带出产的鸡血藤、山豆根、肉桂、石斛、广金钱草、桂莪术、三七、穿山甲等；珠江流域出产的广藿香、高良姜、广防己、化橘红等；海南主产槟榔、胡椒等。

9. **浙药** 指分布于浙药及沿海大陆架的道地药材。以浙八味（杭白术、杭白芍、杭菊花、杭麦冬、浙玄参、浙贝母、温郁金、延胡索）为代表，还有天台乌药、山茱萸、温厚朴、杭白芷、女贞子、乌梢蛇、白前、前胡、桑叶、海螵蛸等。

10. **江南药** 指分布于长江以南的湖南、湖北、江苏、安徽、福建、江西的道地药材产区。主要有安徽亳州的亳白芍，滁州的滁菊、铜陵牡丹皮、霍山的石斛，宣城的木瓜等；江苏的苏薄荷、苏枳壳、茅苍术等；福建的建泽泻、闽西乌梅（建红梅）；江西清江枳壳，丰城鸡血藤；湖北大别山茯苓，板桥党参；湖南平江白术，沅江枳壳等。

11. **藏药** 指分布于青藏高原、四川西北部、甘肃东南部的道地药材。以冬虫夏草、雪莲花、炉贝母、西红花"四大藏药"为代表，还有麝香、鹿茸、熊胆、牛黄、胡黄连、大黄、天麻、秦艽、羌活、雪上一枝蒿、甘松、雪灵芝、西藏狼牙刺、洪连、小叶连、绵参、藏茵陈等。

二、 药材集散地

药材集散地是指中药材商品交易的场所。国家中医药管理局、医药管理局、原卫生

部、国家工商行政管理局于 1995 年制定了《整顿中药材专业市场的标准》，1996 年批准在全国范围内设立了 17 个中药材专业市场：

1. **安徽亳州中药材市场** 亳州中药材市场位于安徽省西北端的亳州市内，为历史上著名的古药都。地理、气候条件得天独厚，交通方便，至清康熙、乾隆年间成为繁华的商业重镇。市场经营的四大亳药"亳芍""亳菊花""亳桑皮""亳花粉"驰名中外。1994 年，亳州中药材市场建成，2013 年，搬迁到国际现代化的中药材专业市场中国·亳州康美中药城，占地面积 106 万平方米，建筑面积 120 万平方米，有药行、栈、公司 1000 余家，摊 8000 多个，有许多著名的老字号，是目前最大的一站式中药材交易中心。中药材日上市量高达 6000 吨，上市品种 2600 余种，中药材年成交额达 100 多亿元。

2. **河北安国中药材市场** 安国市古称祁州，历史上因药业发达而久负盛名，至今 400 余年历史，是我国著名的药材集散地之一，素有"草到安国方成药、药经祁州始生香""药都"和"天下第一药市"的美誉。安国药材加工技艺精湛，刀法、刀艺为中草药加工业之冠。其中百刀槟榔、蝉翼清夏、云片鹿茸、镑制犀角，被誉为"祁州四绝"。药材种植历史悠久，品种优良，种植品种达 300 多种，全市药材种植常年保持在 13 万亩以上，药材产量占河北省的 75% 以上。其中尤以祁薏米、祁薄荷、祁菊花、祁紫菀、祁木香、祁白芷、祁大黄、祁艾等"八大祁药"最为著名。占地 2000 多亩的东方药城有药行（栈）近 300 家，中心交易大厅摊位 4000 多个，上市品种 2000 多种，市场年成交额逾 50 亿元。

3. **河南禹州中药材市场** 河南禹州位于中原腹地，为我国亘古中药发祥地，是历史上有名的古药都之一。享有"药不到禹州不香，医不见药王不妙"的美誉。1990 年 10 月 1 日，"禹州药材批发市场"建起并投入使用；1999 年底禹州药市"中华药城"建成正式投入使用，它占地 20 万平方米，投资亿元，可容纳商户 5000 多家，是一个多功能现代化的药材大型专业市场。注重经营道地药材，其中以禹南星、禹白附、禹白芷、禹余粮等最为著名。市场有药商 300 余户，经营品种几百种，年成交额达 2~3 亿元。

4. **江西樟树中药材市场** "樟树"是江西省清江县樟树镇的简称，樟树药材集市始于三国时代，药材炮制"遵肘后，辨道地"质量考究，素以"药都"著称，享有"药不到樟树不齐，药不过樟树不灵"的美誉，迄今已有 1700 多年的历史。明清时期，樟树中药材炮制技艺发展进入鼎盛时期，如："白芍飞上天，木通不见边""白芍切片如羽毛，可随风吹起"，反映"樟帮"加工炮制技艺，独树一帜，其片形美观，厚薄适中的特色技艺堪称一绝。2001 年竣工的樟树中药材专业市场，占地 500 亩，建筑总面积达 25 万平方米，有 2000 余户药商在场内经营，年成交量 100 万吨，交易额超 50 亿元，辐射全国 30 个省（市）、港、澳、台以及东南亚地区。

5. **重庆解放路中药材市场** 重庆药材专业市场地处重庆市主城区渝中区解放西路 88 号，东距重庆港 2km，西距重庆火车站和重庆汽车站 1.5km，北邻全市最繁华的商业闹市

区解放碑1km。重庆药材专业市场由原渝中区储奇门羊子坝中药市场和朝天门综合交易市场药材厅合并而来。经营的特色品种包括黄连、枳壳、栀子、云木香、玄参、丹皮、半夏、杜仲、贝母（奉节贝母）等。

6. 山东鄄城县舜王城药材市场　山东鄄城舜王城药材市场地处鲁西南大地，舜王城即为舜的出生地，市场因此而得名。该市场自60年代自发形成初具规模，1996年成为国家批准的十七家大药材市场之一。经营优质地产药材如丹皮、白芍、白芷、板蓝根、草红花、黄芪、半夏、生地、天花粉、桔梗等享誉海内外。市场占地6.6万㎡，固定摊位2000多个，上市药材1000多个品种，年成交额3亿多元。

7. 广州清平中药材市场　清平中药材专业市场位于广州西关商业圈中心，创办于1979年，2006年完成升级改造，新药市坐落于广州清平路和六二三路，是唯一建立在大都市中心区域的中药材市场。药材销往全国、港澳台、东南亚及世界各地，是全国最大的贵细药材市场、中国最具有影响力的中药材交易中心之一，也是我国南方重要的药材交易市场之一。市场建筑面积达55000 m2，有近1800家商家，经营中药材、干果类有500多个品种，年交易额超过20亿元。

8. 哈尔滨三棵树中药材市场　三棵树药材市场位于哈尔滨市三棵树火车站附近，市场始建于1991年，1996年完成搬迁，是我国东北、内蒙古自治区唯一的中药材专业市场，为北方中药材经营的集散地。毗邻连通黑龙江省内外三十余个市县公路客运站，与哈尔滨港口隔南直立交桥相望，交通便利。经营的人参、鹿茸、哈蟆油、关防风、关龙胆、关黄柏、北五味子、刺五加等关药的销量居全国之首。出口到俄国、日本、韩国、东南亚、西欧等国的人参占出口量的80%。市场占地6000多 m^2，建筑面积23000 m^2，经营户1000余个，中药材交易品种已达到580余种。

9. 广西玉林中药材市场　广西玉林中药材市场位于广西东南部的玉林市，始建于1998年，2009年3月整体搬迁至玉林银丰国际中药港，被誉为"南方药都"，为全国最大的封闭式药材交易市场，也是西南地区最重要的中药材市场之一。市场有八角、天冬、茴香、沙姜等岭南特色道地药材，经营中药材品种4000多种。市场占地175亩，经营户约2000多户，市场交易额达70亿元。

10. 湖北蕲州中药材市场　蕲州始建于北周，位于长江中游北岸，为历代州、郡、府、县所在地，是我国明代伟大的医药学家李时珍的故乡。蕲州中药材市场素有"人往圣乡朝医圣，药到蕲州方见奇"的美誉。年销售丹皮，杜仲，桔梗等地产药材近800吨，形成了种植，加工，销售良性循环，成为长江中、下游重要的中药材集散地。市场占地达102亩，商户已达328户，交易品种近千种，年交易额5.5亿元。

11. 湖南岳阳花板桥中药材市场　湖南岳阳花板桥中药材市场始建于1992年8月，地址位于岳阳市岳阳区花板桥路、金鹗路、东环路交汇处，交通十分便利。市场占地123

亩，经营户480多户，年成交额近3亿元。

12. 湖南邵东廉桥中药材市场 湖南邵东廉桥药材专业市场源于隋唐，每年农历四月28日，当地都要举行"药王会"藉以祈祷"山货"丰收，有"南国药都"之称。其经营的丹皮、玉竹、百合、桔梗，味正气厚，产量质量均居全国之首。市场位于邵东县廉桥镇，占地13340㎡，商户1000多家，经营品种1000多种，年成交额在10亿元以上。

13. 广东普宁中药材市场 普宁中药材专业市场历史悠久，早在明清年代，就是粤东地区中药材集散地。经营陈皮、巴戟、山栀子、千葛、乌梅、山药等当地名特产。市场占地4.2万平方米，商户405户，经营千种中药材，年交易额8.5亿元以上，中药材销售已辐射到全国18个省市，且远销日本、韩国、东南亚、港澳、北美等国家和地区。

14. 昆明菊花园中药材市场 昆明菊花园中药材市场始建于1991年，2013年搬迁至昆明市官渡区螺蛳湾国际商贸城。市场经营面积达8万㎡，商户700余户，经营中药材品种达3000多种，贵细药材占70%，是全国贵细药材主营市场，年交易额20多亿元。

15. 成都荷花池中药材市场 成都荷花池中药材市场位于成都市北新干道旁的成都国际商贸城，是西部地区最大的中药材市场。自古流传"天下有九福，药福数西蜀"之说。成都荷花池中药材市场有两大经营特色，一是贵细药材独立成行，名曰"虫草行"，冬虫夏草、川贝母、西红花等贵重药材汇集于虫草行经营；二是经营品种以川产道地药材为主，大量的川产药材汇集于此，市场经营中药材品种4500余种，常见药材约2000种，其中川产药材1300余种，如道地药材黄连、川芎、川乌、附片、麦冬等。市场占地142亩，商户1700多户，年交易额上百亿元。

16. 西安万寿路中药材市场 西安万寿路中药材市场位于西安市东大门万寿北路，始建于1991年12月。市场占地45万㎡，有固定、临时摊位共1500余个，市场经营品种达1600多种，年交易额超过5亿，销售辐射新疆、甘肃、兰州、青海、宁夏及周围市县。

17. 兰州黄河中药材市场 兰州黄河中药材市场位于甘肃兰州市安宁区莫高大道35号，是一个占地约60余亩的现代网络销售物流中心。主要销售党参、黄芪、甘草、当归、生地、板蓝根等常用、大宗中药材，经营品种约800余种，年交易额约2亿元。

复习思考

1. 中药材在产地有哪些采收原则及加工方法？
2. 什么是道地药材？
3. 我国著名的药材集散地有哪些？

扫一扫，知答案

中篇 药材商品

第 六 章

植物类中药商品

第一节 根及根茎类药材

扫一扫，看课件

【学习目标】

1. 掌握大黄、何首乌、牛膝、川牛膝、附子、白芍、赤芍、黄连、葛根、甘草、黄芪、人参、红参、西洋参、三七、白芷、当归、川芎、丹参、黄芩、地黄、柴胡、北沙参、远志、巴戟天、秦艽、玄参、天花粉、天冬、麦冬、桔梗、党参、白术、苍术、延胡索、板蓝根、泽泻、半夏、川贝母、浙贝母、黄精、山药、莪术、姜黄、郁金、天麻等药材的产地、商品性状特征、规格等级、品质评价。

2. 熟悉狗脊、细辛、虎杖、威灵仙、太子参、羌活、防风、知母、绵马贯众、商陆、银柴胡、川乌、草乌、木香、紫菀、升麻、防己、北豆根、地榆、苦参、山豆根、前胡、藁本等药材的商品性状特征、规格等级、品质评价。

3. 了解龙胆、徐长卿、白前、白薇、紫草、胡黄连、茜草、续断、南沙参、三棱、香附、天南星、石菖蒲、百部、玉竹、重楼、土茯苓、射干、白及等药材的产地、商品性状特征。

根及根茎类中药是以植物的根和地下茎为药用部位的中药。根及根茎类中药商品上常统称为"根类中药"，其药材称"根类药材"。

商品性状特征：根类药材性状特征一般按下列顺序进行：形状→表面→质地→断面→气味。其中，横断面颜色、纹理和气味特征一般比较稳定，往往是鉴别真伪的重要依据。

根类药材通常为圆柱形、长圆锥形、圆锥形或纺锤形等。双子叶植物的根一般为直根系，主根发达，侧根较细，主根常为圆柱形，如甘草、黄芪、牛膝等；或呈圆锥形，如白芷、桔梗等；有的呈纺锤形，如地黄、何首乌等；少数为须根系，多数细长的须根集生于根茎上，如白薇、细辛、龙胆等。单子叶植物的根一般为须根系，有的须根先端膨大成纺锤形块根，如百部、郁金、麦冬等。

根类药材表面特征因品种而异，有的具横环纹（如防风等），有的可见皮孔（如桔梗等），有的根顶端带有根茎（根茎俗称"芦头"），上有茎痕（俗称"芦碗"，如人参等）等。每种药材常有特定的颜色，如丹参色红、黄连色黄、紫草色紫、熟地黄色黑等。

根类药材的质地常因品种而异。有的质重坚实（如白芍），有的体轻松泡（如南沙参）。折断面有的显粉性（如山药），有的显纤维性（如黄芪）等。

根类药材的断面特征是重要鉴别要点。根类药材应注意断面组织中有无分泌组织散布，如伞形科植物苍术、白芷等有黄棕色油点。还应注意少数双子叶植物根的异常构造，如何首乌的云锦花纹，牛膝、川牛膝的维管束点状排列成数轮同心环，商陆的罗盘纹等。

根类药材的某些特殊气味也是重要鉴别特征之一，如白鲜皮具羊膻气；当归具浓郁的香气，味甘、辛、微苦；山豆根具豆腥气，味极苦等。

根类药材一般以身干、个大、质坚实、固有色泽及气味明显者为佳。

商品规格：根类药材常依据采收时间、产地、加工方法等划分不同的规格，再依据长度、直径或规定重量中的个数等划分等级。有的药材性状差异不大的，则为"统货"。

贮藏养护：根类药材通常用袋装，置阴凉干燥处，防止变色、霉变、虫蛀。

狗脊 Gouji

Rhizoma Cibotii

【别名】百枝、扶筋、金毛狗脊、金毛狗。

【来源】蚌壳蕨科植物金毛狗脊 *Cibotium barometz* (L.) J. Sm. 野生品的干燥根茎。

【采制】秋、冬二季采挖，除去泥沙，干燥；或去硬根、叶柄及金黄色绒毛，切厚片，干燥，为"生狗脊片"；蒸后晒至六七成干，切厚片，干燥，为"熟狗脊片"。

【产地】主产于四川、浙江、福建、江西等地。

【商品性状特征】

1. 药材 根茎呈不规则的长块状或长圆柱状，长10~30cm，直径2~10cm。表面深棕

色，密被光亮的金黄色茸毛，上部有数个棕红色叶柄残基，下部丛生多数棕黑色细根。质坚硬，难折断。气无，味微涩。

2. 饮片

生狗脊片　呈不规则条形或圆形纵片，长 5~20cm，宽 2~8cm，厚 1.5~5mm；周边不整齐，外表深棕色，偶有未去尽的金黄色茸毛；断面浅棕色，近外皮 2~5mm 处有 1 条凸起的棕黄色木质部环纹或条纹。质坚脆，易折断，有粉性。

熟狗脊片　呈黑棕色或棕黄色，质坚硬，木质部环纹明显。

【规格等级】分为生狗脊片和熟狗脊片，均为统货。

【品质评价】以个体肥大，被有金黄色柔毛者为佳。

生狗脊片　以身干结实，被金色绒毛，无叶柄者为佳；

熟狗脊片　以色黑光亮，无空洞者为佳。

【性味功能】味苦、甘，性温。补肝肾，强腰膝，祛风湿。用于腰膝酸软，下肢无力，风湿痹痛。

【用法用量】6~12g。

【贮藏】置通风干燥处，防潮。

知 识 链 接

商品行情　目前狗脊药材年使用量约为 800 吨，基本来源于野生资源，产销基本平衡，药材价格基本稳定。

绵马贯众　Mianmaguanzhong
Rhizoma Dryopteris Crassirhizomatis

【别名】贯节、管众、东绵马、北贯众。

【来源】鳞毛蕨科植物粗茎鳞毛蕨 *Dryopteris crassirhizoma* Nakai 的干燥根茎和叶柄残基。

【采制】秋季采挖，削去叶柄、须根，除去泥土，整个或剖成两半，晒干。

【产地】主产于江西、湖南、黑龙江、吉林等地。

【商品性状特征】

1. 药材　呈长倒卵形，略弯曲，上端钝圆或截形，下端较尖，有的纵剖为两半，长 7~20cm，直径 4~8cm。表面黄棕色至黑褐色，密被排列整齐的叶柄残基及鳞片，并有弯曲的须根。叶柄残基呈扁圆形，长 3~5cm，直径 0.5~1.0cm；表面有纵棱线，质硬而脆，

断面略平坦，棕色，有黄白色维管束 5~13 个，环列；每个叶柄残基的外侧常有 3 条须根，鳞片条状披针形，全缘，常脱落。质坚硬，断面略平坦，深绿色至棕色，有黄白色维管束 5~13 个，环列，其外散有较多的叶迹维管束。气特异，味初淡而微涩，后渐苦、辛。

2. 饮片

绵马贯众　为不规则的厚片或碎块。表面黄棕色或黑棕色，叶柄基部横切面淡棕色，点状维管束排列成环；叶柄基部外侧有须根残痕。气特异，味初甜而后苦辛、微涩。

绵马贯众碳　形如绵马贯众片，表面焦黑色，有光泽，内部棕黑色，质脆易碎。

【规格等级】统货。

【品质评价】以个头均匀，表面黄棕色，断面棕色、有多个维管束环列，无杂质者为佳。

【性味功能】味苦，性微寒，有小毒。清热解毒，止血杀虫。

【用法用量】4.5~9g。

【贮藏】置通风干燥处。

细辛　Xixin

Radix et RhizomaAsari

【别名】少辛、小辛、细草、细条。

【来源】马兜铃科植物北细辛 *Asarum heterptropoides* Fr. Schmidt var. *mandshuricum* (Maxim.) Kitag.、汉城细辛 *Asarum sieboldii* Miq. var. *seoulense* Nakai 或华细辛 *Asarum sieboldii* Miq. 的干燥根及根茎。前两种习称"辽细辛"。

【采制】夏季果熟期或初秋采挖，除净地上部分和泥沙，阴干。

【产地】

1. **北细辛**　主产于吉林、辽宁及黑龙江等地。

2. **汉城细辛**　主产于辽宁、吉林等地。

3. **华细辛**　主产于陕西、四川、湖北、江西等地。

【商品性状特征】

1. 药材

北细辛　常卷缩成团。根茎横生，呈不规则圆柱状，具短分枝，长 1~10cm，直径 0.2~0.4cm；表面灰棕色，粗糙，有环形的节，节间长 0.2~0.3cm，分枝顶端有碗状的茎痕。根细长，密生节上，长 10~20cm，直径 0.1cm；表面灰黄色，平滑或具纵皱纹，有须根及须根痕；质脆，易折断，断面平坦，黄白色或白色。气辛香，味辛辣、麻舌。

汉城细辛　根茎直径 0.1~0.5cm，节间长 0.1~1cm。

华细辛　根茎长 5~20cm，直径 0.1~0.2cm，节间长 0.2~1cm。气味较弱。

2. **饮片**　呈根茎叶混合的段片。根部多见茎痕，质坚；茎呈圆形，灰棕色，直径 1mm，切面呈黄白色，中间有黄心；叶子多皱缩破碎呈灰绿色团状。味极辛辣，麻舌。

【规格等级】统货。

【品质评价】以根灰黄，叶绿，干燥，味辛辣而麻舌者为佳。

【性味功能】味辛，性温。祛风散寒，通窍止痛，温肺化饮。用于风寒感冒，头痛，牙痛，鼻塞鼻渊，风湿痹痛，痰饮喘咳。

【用法用量】1~3g。散剂每次服 0.5~1g。外用适量。

【贮藏】置阴凉干燥处。

知 识 链 接

商品行情　由于细辛的生长缓慢，而又是常用中药品种，临床需求量大，近几年，由于生长环境破坏和过度采挖，华细辛、北细辛和汉城细辛野生资源已大大减少，有的分布狭窄的种更是面临灭绝的危险。市场流通的辽细辛主要来自辽宁的种植基地——新宾县，年产量大约 1000 吨，大部分出口韩国。

大黄　Dahuang

Rhei Radix et Rhizoma

【别名】西大黄、雅黄、南大黄、马蹄黄。

【来源】蓼科植物掌叶大黄 *Rheum palmatum* L.、唐古特大黄 *Rheum tanguticum* Maxim. et Balf. 和药用大黄 *Rheum officinale* Baill. 的干燥根及根茎。前二种药材统称"西大黄"或"北大黄"；其中掌叶大黄，为商品的主流来源；后一种药材统称"南大黄"。

【采制】4~5 月未发芽前或 9~11 月植株枯萎时采挖根及根茎。栽培品通常于栽培三年以上采挖。除去泥土、顶芽及细根，用竹刀或瓷片（忌用铁器）刮去粗皮，晒干、阴干或烘干，再进行加工。取块大者于竹笼中撞光，加工成卵圆形，习称"蛋吉"；将蛋吉纵切成瓣为半圆形块，称为"蛋片吉"。取较大块于竹笼中撞光，横切成段，按大小分等，分别称为"中吉""苏吉""小吉"。主根、尾根及支根撞去外皮，称"水根"。

【产地】

1. **掌叶大黄**　主产于甘肃礼县、岷县、文县等地。四川阿坝与甘孜州，云南西北部，陕西陇县、凤翔也产。

2. **唐古特大黄**　主产于青海与甘肃祁连山北麓，西藏东北部及四川西北部等地，称

西大黄、北大黄。

3. 药用大黄 主产于四川北部、东部及南部盆地边缘，河南西部，湖北西部，陕西南部，贵州北部、西部及云南西北部等地，多为栽培品，称为"南大黄""马蹄黄"；主产于四川西部、德格及云南的野生品称为"雅黄"。

【商品性状特征】

1. 药材

西大黄 根茎圆柱形、圆锥形或不规则块片状。除去外皮者黄棕色至红棕色，有类白色网状纹理，习称"锦纹"；带外皮者棕褐色，有横皱纹及纵沟。质坚实，断面淡红棕色或黄棕色，颗粒性，习称"高粱碴"；根茎髓部宽广，有星点环列或散在，根无星点。根具有放射性纹理，形成层环明显，无星点。气清香，味苦而微涩，嚼之粘牙，有砂粒感，唾液被染成黄色。

南大黄 类圆柱形似马蹄。表面黄褐色或黄棕色。质较疏松，易折断，断面黄褐色，多孔隙。髓部星点较大，散在。

雅黄 商品特征同南大黄，较南大黄更轻泡。

2. 饮片

大黄片 为类圆形或不规则形厚片，切面黄棕色或黄褐色，颗粒性；根茎髓部较大，星点环列或散在；根木质部发达，具明显放射状纹理，射线红色，无星点。周边黄棕色至红棕色，具类白色网纹或残存红棕色至黑棕色栓皮。质轻脆，易折断。有清香气，味苦而微涩，嚼之粘牙，有砂粒感。

酒大黄 大黄片加酒拌匀，闷透，文火炒干，取出，放凉。形如大黄片，表面深褐色，偶有焦斑。略有酒香。

熟大黄 形如大黄片，表面黑褐色。有特异香气，味微苦。

醋大黄 形如大黄片，表面深棕色至棕褐色，偶有焦斑。略有醋香。

大黄炭 形如大黄片，表面焦黑色，断面焦褐色。质轻脆，易折断。无臭，味微苦。

【规格等级】按来源及加工形态将大黄分为西大黄、南大黄和雅黄3种规格。

1. 西大黄

蛋片吉 干货。分三等。

一等：无粗皮，纵切成瓣。表面黄棕色，体重质坚，断面淡红棕或黄棕色，具放射状纹理及明显环纹，红肉白筋。髓部有星点环列或散在。每1000g 8个以内，糠心者不超过15%。

二等：每1000g 12个以内。其余同一等。

三等：每1000g 18个以内。其余同一等。

苏吉 干货。分三等。

一等：无粗皮，横切成段，不规则圆柱形。表面黄棕色，体重质坚，断面淡红棕色或黄棕色，具放射状纹理及明显环纹，红肉白筋，髓部有星点环列或散在。每1000g 20个以内，糠心者不超过15%。

二等：每1000g 30个以内。其余同一等。

三等：每1000g 40个以内。其余同二等。

水根　统货。干货。为掌叶大黄或唐古特大黄的主根尾部及支根的加工品，呈长条状。表面棕色或黄褐色，间有未去净的栓皮。长短不限，间有闷茬，小头直径不小于1.3cm。气清香，味苦微涩。

原大黄　统货。干货。无粗皮，纵切或横切成瓣、段、块片，大小不分。表面黄褐色，断面具放射状纹理及明显环纹。髓部有星点或散在颗粒，中部直径在2cm以上，糠心者不超过15%。气清香，味苦微涩。

2. 南大黄　干货，分二等。

一等：横切成段，无粗皮。表面黄褐色，体坚实。断面黄色或黄绿色，长7cm以上，直径5cm以上。气微香，味苦涩。无枯糠、糊黑、水根。

二等：横切成段，较一等轻泡，大小不分，间有水根，最小头直径不低1.2cm。其余同一等。

3. 雅黄　干货，分三等。

一等：切成不规则块状，似马蹄形，无粗皮。表面黄色或黄褐色，体重质坚，断面黄色或棕褐色。无枯糠、焦煳。气微香，味苦。每只重150~250g。

二等：较一等轻，断面黄褐色，每只重100~200g。其余同一等。

三等：未去粗皮，体轻泡。大小不分，间有直径3.5cm以上的根黄。其余同二等。

【品质评价】以个大，色黄棕，体重、质坚实，锦纹星点明显，气清香、味苦而不涩、嚼之发黏，无糠心者为佳。

【性味功能】味苦，性寒。泻热通肠，凉血解毒，逐瘀通经。用于实热便秘，积滞腹痛，泻痢不爽，湿热黄疸，血热吐衄，目赤，咽肿，肠痈腹痛，痈肿疔疮，瘀血经闭，跌打损伤，外治水火烫伤，上消化道出血。

【用法用量】3~15g；用于泻下不宜久煎。外用适量，研末敷于患处。孕妇及月经期、哺乳期慎用。

【贮藏】置通风干燥处，防蛀。

知 识 链 接

商品行情　随着野生大黄资源的逐年减少，市场流通的商品以掌叶大黄的栽

培品为主要来源。由于国内配方和国外工业原料、减肥药剂开发等需求的增加，大黄国内外年需求量约 3000 吨。

虎杖　Huzhang

Polygoni Cuspidati Rhizoma et Radix

【别名】酸筒杆、阴阳莲。

【来源】蓼科植物虎杖的 *Polygonum cuspidatum* Sieb. et Zucc. 的干燥根茎及根。

【采制】春、秋二季采挖，除去须根，洗净，趁鲜切短段或厚片，晒干。

【产地】主产于江苏、广东、广西、云南等地。

【商品性状特征】

1. **药材**　多为圆柱形短段或不规则厚片，长 1~7cm，直径 0.5~2.5cm。外皮棕褐色，有纵皱纹及须根痕，切面皮部较薄，木部宽广，棕黄色，射线放射状，皮部与木部较易分离。根茎髓中有隔或呈空洞状。质坚硬。气微，味微苦、涩。

2. **饮片**　为不规则厚片或圆柱形段片，直径 1~3cm，厚 4~8mm。切面棕黄色，皮部较薄，木部宽广，有放射状纹理，皮部与木部较易分离，根茎髓中有隔或呈空洞状。周边棕褐色，有纵皱纹及须根痕。质坚硬。气微，味微苦、涩。

【规格等级】统货。

【品质评价】以粗壮，坚实，断面黄色者为佳。

【性味功能】味微苦，性微寒。利湿退黄，清热解毒，散瘀止痛，止咳化痰。用于湿热黄疸，淋浊，带下，风湿痹痛，痈肿疮毒，水火烫伤，经闭，癥瘕，跌打损伤，肺热咳嗽。

【用法用量】9~15g。外用适量，制成煎液或油膏涂敷。孕妇慎用。

【贮藏】置干燥处，防霉，防蛀。

知 识 链 接

虎杖叶　虎杖叶在壮族、苗族、瑶族、傣族等少数民族地区以叶片或者全株入药，主要用于治疗肝炎、肠炎、血痢、跌打伤、关节酸痛、烧烫伤等。

何首乌　Heshouwu

PolygoniMultiflori Radix

【别名】首乌、生首乌。

【来源】蓼科植物何首乌 *Polygonum multiflorum* Thunb. 的干燥块根。

【采制】秋、冬二季叶枯萎时采挖，削去两端，洗净，个大的切成块，干燥。

【产地】主产于河南嵩县、卢氏县，广东德庆县，湖北、广西、江苏等省亦产。以河南、广东为道地产区。

【商品性状特征】

1. **药材**　呈团块状或不规则纺锤形。表面红棕色或红褐色，皱缩不平，有横长皮孔样突起及细根痕。体重，质坚实，断面浅黄棕色或浅红棕色，显粉性，皮部具云锦状花纹，中央木部较大，有的呈木心。气微，味微苦而甘涩。

2. **饮片**

何首乌片　呈不规则的厚片或块。外表皮红棕色或红褐色，皱缩不平，有浅沟，并有横长皮孔样突起及细根痕。切面浅黄棕色或浅红棕色，显粉性；横切面有的皮部可见云锦状花纹，中央木部较大，有的呈木心。气微，味微苦而甘涩。

制何首乌　呈不规则皱缩状的块片，厚约1cm，表面黑褐色或棕褐色，凹凸不平。质坚硬，断面角质样，棕褐色或黑色。气微，味微甘而苦涩。

【规格等级】商品因加工不同分为生首乌和制首乌。按大小分首乌王（每个200g以上）、提首乌（每个100g以上）和统首乌（统货）。

【品质评价】以个大，质坚实而重，红褐色，断面显云锦状花纹，粉性足者为佳。

【性味功能】

何首乌　味苦、甘、涩，性微温。解毒，消痈，截疟，润肠通便。用于疮痈，瘰疬，风疹瘙痒，久疟体虚，肠燥便秘。

制何首乌　味苦、甘、涩，性微温。补肝肾，益精血，乌须发，强筋骨，化浊降脂。用于血虚萎黄，眩晕耳鸣，须发早白，腰膝酸软，肢体麻木，崩漏带下，高脂血症。

【用法用量】何首乌 3~6g；制何首乌 6~12g。

【贮藏】置干燥处，防蛀。

知识链接

1. **商品行情**　何首乌广泛用于医药、保健食品、化工、化妆品领域，四川、安徽、河北、湖南、浙江、广东销量较大，全国年需求量在6000吨左右。

2. **本草记载**　宋《开宝本草》记载何首乌有赤、白二种。赤首乌即为现今使用的何首乌，白首乌为萝藦科鹅绒藤属 *Cynanchum* L. 的几种植物。白首乌性微温，味甘、微苦，补肝肾，益精血，强筋骨，止心痛并兼健脾益气。

牛膝 Niuxi

Achyranthis Bidentatae Radix

【别名】怀牛膝、对节草。

【来源】苋科植物牛膝 *Achyranthis bidentata* Bl. 栽培品的干燥根。

【采制】冬季茎叶枯萎时采挖，除去须根和泥沙，捆成小把，晒至干皱后，将顶端切齐，晒干。

【产地】主产于河南武陟、沁阳、温县、博爱等地（古怀庆所属），质量最佳，习称"怀牛膝"，为著名的"四大怀药"之一。河北、山西、山东、江苏及辽宁等省亦产。

【商品性状特征】

1. 药材　呈细长圆柱形，挺直或稍弯曲。表面灰黄色或淡棕色，有微扭曲的细纵皱纹、排列稀疏的侧根痕和横长皮孔样的突起。质硬脆，断面平坦，淡棕色，略呈角质样而油润，中心维管束木质部较大，黄白色，其外周散有多数黄白点状维管束。断续排成 2~4 轮。气微，味微甜而稍苦涩。

2. 饮片

牛膝　呈圆柱形的段。外表皮灰黄色或淡棕色，有微细的纵皱纹及横长皮孔。质硬脆，易折断，受潮变软。切面平坦，淡棕色或棕色，略具角质样而油润，中心维管束木部较大，黄白色，其外围散有多数黄白色点状维管束，断续排列成 2~4 轮。气微，味微甜而稍苦涩。

酒牛膝　形如牛膝段，表面色略深，偶见焦斑，微有酒香气。

盐牛膝　形同牛膝段，表面色略深，带黄斑，略带咸味。

【规格等级】商品按大小分为 3 等。

一等（头肥）：呈长条圆柱形。内外黄白色或浅棕色。味淡微甜。中部直径 0.6cm 以上。长 50cm 以上。根条均匀。无冻条、油条、破条。

二等（二肥）：中部直径 0.4cm 以上，长 35cm 以上。其余同一等。

三等（平条）：中部直径 0.4cm 以下，但不小于 0.2cm，长短不分，间有冻条、油条、破条。其余同一等。

【品质评价】以根长，肉肥，皮细，黄白，味甘者为佳。

【性味功能】味苦、甘、酸，性平。逐瘀通经，补肝肾，强筋骨，利尿通淋，引血下行。用于经闭，痛经，腰膝酸痛，筋骨无力，淋证，水肿，头痛，眩晕，牙痛，口疮，吐血，衄血。

【用法用量】5~12g。孕妇慎用。

【贮藏】置阴凉干燥处，防潮。

知 识 链 接

商品行情 牛膝全国年需求量为 6000 吨左右，也有部分货源出口到韩国和日本，出口量常年稳定在 500 吨左右。

川牛膝 Chuanniuxi
Cyathulae Radix

【别名】甜牛膝。

【来源】苋科植物川牛膝 *Cyathula officinalis* Kuan 的干燥根。

【采制】秋、冬二季采挖。野生以 9~10 月采挖较好，栽培的在 11~12 月采挖。栽培年限以三年为宜，过早质量差，过迟有烂根现象。挖出根后，抖净泥土，切掉芦头，剪去周围的支根及稍大的侧根。然后按大小分别捆把，烘或晒至半干，堆放回润，再进行一次修剪、捆把，至晒干或烘干即可。

【产地】主产于四川天全、金口河、宝兴等地，重庆奉节，云南大理、楚雄、昭通等地，贵州毕节、盘县等地。近年来，陕西、湖北、湖南、河南也有栽培。

【商品性状特征】

1. **药材** 根呈圆柱形，微扭曲，有分枝。表面棕黄色或灰褐色，有纵皱纹和横向突起的皮孔。质坚韧，不易折断，断面黄白色或棕黄色，有黄白色小点排列成 4~11 轮同心环。味稍甜。

2. **饮片** 为圆形薄片。切面淡黄色或棕黄色，可见多数黄色点状维管束排成数轮同心环，周边黄棕色或灰褐色，质柔软。气微、味甜。

【规格等级】商品按大小分成一、二、三等和等外、统货。

一等：呈曲直不一的单一长圆柱形。表面灰黄色或灰褐色，质柔韧。断面棕色或黄白色，有筋脉点。上中部直径 1.8cm 以上。味甘微苦。

二等：上中部直径 1.0cm 以上，余同一等。

三等：上中部直径 1.0cm 以下，但不小于 0.4cm，长短不限。余同一等。

【品质评价】以身干，条大柔软，油润，色黄棕者为佳。

【性味功能】味甘、微苦，性平。逐瘀通经，通利关节，利尿通淋。用于经闭癥瘕，胞衣不下，跌扑损伤，风湿痹痛，足痿痉挛，尿血血淋。

【用法用量】5~10g。孕妇慎用。

【贮藏】置阴凉干燥处，防潮。

知 识 链 接

商品行情 川牛膝的商品来源均为栽培品，全国年需求量约 4000 吨。

商陆 Shanglu

Phytolaccae Radix

【别名】见肿消、章柳根、牛大黄、山萝卜。

【来源】商陆科植物商陆 *Phytolacca acinosa* Roxb. 或垂序商陆 *Phytolacca americana* L. 的干燥根。

【采制】秋季至次春采挖，除去须根及泥沙，切成块或片，晒干或阴干。

【产地】

1. **商陆** 主产于河南、湖北、安徽等地。

2. **垂序商陆** 主产于山东、浙江、江西等地。

【商品性状特征】

1. **药材** 横切或纵切的不规则块片，厚薄不等。外皮灰黄色或灰棕色。横切片弯曲不平，边缘皱缩，直径 2~8cm；切面浅黄棕色或黄白色，木部隆起，形成数个突起的同心性环轮。纵切片弯曲或卷曲，长 5~8cm，宽 1~2cm，木部呈平行条状突起。质硬。气微，味稍甜，久嚼麻舌。

2. **饮片**

商陆 横切或纵切的不规则块片，厚薄大小不等；外皮灰黄色至灰棕色，皱缩；横切片弯曲不平，木部隆起，形成数个突起的同心性环轮；质硬，味稍甜，久嚼麻舌。

醋商陆 形如商陆片（块），表面黄棕色，微有醋香气，味稍甜，久嚼麻舌。

【规格等级】统货。

【品质评价】以片大、色白，有粉性，两面环纹明显者为佳。

【性味功能】味苦，性寒，有毒。逐水消肿，通利二便，解毒散结。用于水肿胀满，二便不通；外治痈肿疮毒。

【用法用量】3~9g。外用适量，煎汤熏洗。孕妇禁用。

【贮藏】置干燥处，防霉，防蛀。

银柴胡 Yinchaihu

Stellariae Radix

【别名】牛肚根、白根子。

【来源】石竹科植物银柴胡 *Stellaria dichotoma* L. var. *lanceolata* Bge. 的干燥根。

【采制】春、夏间植株萌发或秋后茎叶枯萎时采挖；栽培品于种植后第三年 9 月中旬或第四年 4 月中旬采挖，除去残茎、须根及泥沙，晒干。

【产地】主产于陕西延安、宁夏银川、甘肃天水及内蒙古、山东等地。

【商品性状特征】

1. 药材

野生品　呈类圆柱形，偶有分枝。表面浅棕黄色至浅棕色，有扭曲的纵皱纹和支根痕，多具孔穴状或盘状凹陷，习称"砂眼"，从砂眼处折断可见棕色裂隙中有细砂散出。根头部略膨大，有密集的呈疣状突起的芽苞、茎或根茎的残基，习称"珍珠盘"。质硬而脆，易折断，断面不平坦，较疏松，有裂隙，皮部甚薄，木部有黄、白色相间的放射状纹理。气微，味甘。

栽培品　有分枝，下部多扭曲。表面浅棕黄色或浅黄棕色，纵皱纹细腻明显，细支根痕多呈点状凹陷。几无砂眼。根头部有多数疣状突起。折断面质地较紧密，几无裂隙，略显粉性，木部放射状纹理不甚明显。味微甜。

2. 饮片

类圆形或椭圆形厚切片，表面黄棕色而发灰，略有扭曲的纵纹。切面粗糙，有粉性，且有空隙，中央稍偏处有黄白色相间的菊花心。

【规格等级】统货。

【品质评价】以条粗长、均匀，皮细、质坚实，外皮灰黄色，有菊花心者为佳。

【性味功能】味甘，性微寒。清虚热，除疳热。用于阴虚发热，骨蒸劳热，小儿疳热。

【用法用量】3~10g。

【贮藏】置通风干燥处，防蛀。

太子参 Taizishen

Pseudostellariae Radix

【别名】孩儿参。

【来源】石竹科植物孩儿参 *Pseudostellaria heterophylla*（Miq.）Pax ex Pax et Hoffm. 的干燥块根。

【采制】夏季地上茎叶大部分枯萎时采挖，洗净，除去须根，置沸水中略烫后晒干或直接晒干。

【产地】主产于福建柘荣、福鼎、霞浦，贵州施秉，安徽宣城、巢湖，江苏南京、泰兴，江西九江、武宁等地。

【商品性状特征】

1. 药材　细长纺锤形或细长条形，稍弯曲，长 2~8cm，少数可达 12cm，直径 2~

6mm，顶端残留极短的茎基或芽痕，下部渐细呈尾状。表面黄白色至土黄色，较光滑，略具不规则的细纵皱纹及横向凹陷，其间有须根痕。质硬脆，易折断，断面平坦，类白色或黄白色，角质样；晒干者类白色，有粉性。气微，味微甘。

2. 饮片 细长薄片，表面黄白色至土黄色，较光滑，断面平坦，类白色或黄白色，角质样；气微，味微甘。

【规格等级】商品分太子参和太子参须2种规格，均为统货。

【品质评价】以身干，条粗肥，色黄白，无须根者为佳。

【性味功能】味甘、微苦，性平。益气健脾，生津润肺。用于脾虚体倦，食欲不振，病后虚弱，气阴不足，自汗口渴，肺燥干咳。

【用法用量】9~30g。

【贮藏】置通风干燥处，防潮，防蛀。

威灵仙 Weilingxiān
Clematidis Radix et Rhizoma

【别名】灵仙、铁线灵仙。

【来源】毛茛科植物威灵仙 *Clematis chinensis* Osbeck、棉团铁线莲 *Clematis hexapetala* Pall. 或东北铁线莲 *Clematis manshurica* Rupr. 的干燥根和根茎。

【采制】全年均可采挖，以秋季采挖者质佳，挖取根部后，除去地上部分及泥土晒干即可。

【产地】

1. 威灵仙 主产于安徽滁县、蚌县，浙江温州、临海、金华，江苏镇江、淮阴，山东，湖北，四川，广东，福建等地。

2. 棉团铁线莲、东北铁线莲 主产于黑龙江、吉林、辽宁、河北等地。

【商品性状特征】

1. 药材

威灵仙 根茎呈柱状，表面淡黄棕色，下侧着生多数细根。根表面黑褐色，有细纵纹，质硬脆，易折断，断面皮部较广，木部淡黄色，略呈方形。气微，味淡。

棉团铁线莲 根茎短，根表面棕褐色至棕黑色，断面木部圆形。味咸。

东北铁线莲 根较密集，表面棕黑色，断面木部近圆形，味辛辣。

2. 饮片 呈不规则的段。表面黑褐色、棕褐色或棕黑色，有细纵纹，有的皮部脱落，露出黄白色木部。切面皮部较广，木部淡黄色，略呈方形或近圆形，皮部与木部间常有裂隙。

【规格等级】商品因来源和产地不同分威灵仙、棉团铁丝莲、东北铁线莲3种规格，

均为统货。

【品质评价】以条均匀，皮黑肉白，质坚实者为佳。

【性味功能】味辛、咸，性温。祛风湿，通经络。用于风湿痹痛，肢体麻木，筋脉拘挛，屈伸不利。

【用法用量】6~10g。

【贮藏】置干燥处。

川乌 Chuanwu

Aconiti Radix

【别名】乌头、五毒根。

【来源】毛茛科植物乌头 *Aconitum carmichaelii* Debx. 栽培品的干燥母根。

【采制】夏至至小暑间采收。挖出后，将附子摘下，洗净泥土，晒干即可。或放缸中，用热水泡12h后捞出，拌上草木灰，白天摊晒，夜里堆放，反复多次，直至晒干即成。

【产地】主产于四川江油、平武及陕西汉中、城固等地。

【商品性状特征】

1. 药材　呈不规则圆锥形，稍弯曲，顶端常有残茎，中间多向一侧膨大，长 2~7.5cm，直径 1.2~2.5cm。表面棕褐色或灰棕色，皱缩，有小瘤状侧根及子根脱离后的痕迹。质坚实，断面类白色或浅灰黄色，形成层环纹呈多角形。气微，味辛辣、麻舌。

2. 饮片　呈不规则或长三角形的片。表面黑褐色或黄褐色，有灰棕色形成层环纹。体轻，质脆，断面有光泽。气微，微有麻舌感。

【规格等级】商品分川乌个和川乌片，均为统货。

【品质评价】

川乌个　以体干、饱满坚实，断面色白、有粉性，无空心者为佳。

川乌片　以厚薄均匀，色白有粉性者为佳。

【性味功能】味辛、苦，性热，有大毒。祛风除湿，温经止痛。用于风寒湿痹，关节疼痛，心腹冷痛，寒疝作痛，麻醉止痛。

【用法用量】一般炮制后用。制川乌 1.5~3g，宜先煎、久煎。生品内服宜慎；孕妇禁用；不宜与半夏、瓜蒌、瓜蒌子、瓜蒌皮、天花粉、川贝母、浙贝母、平贝母、伊贝母、湖北贝母、白蔹、白及同用。

【贮藏】置通风干燥处，防蛀。

知 识 链 接

本草记载 毛茛科是含有毒植物种类最多的科之一，约20属的植物有毒，其中乌头属是我国最早记载的有毒植物。乌头始载于《神农本草经》，列为下品，曰："形如乌头，有两歧相合，如乌之喙，名曰乌喙也。"明代《本草纲目》中记载："附子附乌头而生，如子附母，盖天雄，乃种附子生出或变出，其长而不生子故为天雄，其长而尖者，谓之天雄，象形。侧子，生于附子之侧，故名。漏蓝子，此乃附子之琐细未成者，小而漏蓝，故名。"说明同种乌头根的不同部位其功能和名称都不尽相同。

草乌 Caowu

Aconiti Kusnezoffii Radix

【别名】鸭头、药羊蒿、鸡头草、百步草。

【来源】毛茛科植物北乌头 *Aconitum kusnezoffii* Reichb. 野生品的干燥块根。

【采制】秋季茎叶枯萎时采挖，除去须根及泥沙，干燥。

【产地】主产于山西、河北、内蒙古及东北等地。

【商品性状特征】

1. **药材** 呈不规则长圆锥形，略弯曲，长2~7cm，直径0.6~1.8cm。顶端常有残茎和少数不定根残基，有的顶端一侧有一枯萎的芽，一侧有一圆形或扁圆形不定根残基。表面灰褐色或黑棕褐色，皱缩，有纵皱纹、点状须根痕和数个瘤状侧根。质硬，断面灰白色或暗灰色，有裂隙，形成层环纹多角形或类圆形，髓部较大或中空。气微，味辛辣、麻舌。

2. **饮片** 呈类圆形或不规则多角形，表面黑褐色或暗黄色，微显光泽，质硬，断面灰白色或暗灰色，难折断，有裂隙，髓部较大或中空。味辛辣、麻舌。

【规格等级】统货。

【品质评价】以块根肥壮，质坚，断面白色、多粉，无残茎及须根者为佳。

【性味功能】味辛、苦，性热，有大毒。祛风除湿，温经止痛。用于风寒湿痹，关节疼痛，心腹冷痛，寒疝作痛，麻醉止痛。

【用法用量】一般炮制后用。生品内服宜慎；孕妇禁用；不宜与半夏、瓜蒌、瓜蒌子、瓜蒌皮、天花粉、川贝母、浙贝母、平贝母、伊贝母、湖北贝母、白蔹、白及同用。

【贮藏】置通风干燥处，防蛀。

附子 Fuzi

Aconiti Lateralis RadixPraeparata

【别名】川附子、淡附子、炮附子。

【来源】毛茛科植物乌头 *Aconitum carmichaelii* Debx. 栽培品子根的加工品。

【采制】

1. 泥附子 夏至到小暑间采收。挖取后，除去母根、须根，拌去泥土，称为"泥附子"或"生附子"。一般要及时加工，以免腐烂。按不同的规格要求，采用不同的加工方法。

2. 盐附子 附子挖回后，选取较大的泥附子洗净，浸入盛有食盐和胆巴混合液的缸中，十数日后取出晾晒，晾干水气又放入缸中浸泡，如此反复晾晒与浸泡交替进行，直至附子表面出现大量盐霜，质地变硬时为止。

3. 黑顺片 选取大的泥附子，洗净后泡入盐水液中，数日后，一同煮沸，捞出以清水漂净，纵切成 0.5cm 厚的顺片，再浸入稀胆水液中，并加入黄糖和菜油等调色剂，使附片染成茶色。取出蒸至片面出现油样光泽，口尝不麻舌，炕至半干后再晒干即成。

4. 白附片 选择大小均匀的泥附子，加工方法与黑附片略同，剥去外皮，纵切成 0.3cm 厚的顺片，不加调色剂，晒干。

5. 淡附片 取盐附子，用清水浸漂，每日换水 2~3 次，至盐分漂尽，与甘草、黑豆加水共煮透心，至切开后口尝无麻舌感时取出，除去甘草、黑豆，切薄片，晒干。

6. 炮附片 取附片，用砂烫至鼓起并微变色。

【产地】主产于四川江油、安县、平武、青川、布拖，陕西汉中、城固等地。

【商品性状特征】

1. 药材

盐附子 呈圆锥形，长 4~7cm，直径 3~5cm。表面灰黑色，被盐霜，顶端有凹陷的芽痕，周围有瘤状凸起的支根或支根痕。体重，横切面灰褐色，可见充满盐霜的小空隙和多角形形成层环纹，环纹内侧导管束排列不整齐。气微，味咸而麻，刺舌。

2. 饮片

黑顺片 纵切片，上宽下窄。外皮黑褐色，切面暗黄色，油润光泽，半透明，有纵向导管束。质硬而脆，断面角质样。气微，味淡。

白附片 无外皮，黄白色，半透明。

淡附片 纵切片，上宽下窄。外皮褐色，切面褐色，半透明。质脆，断面角质样。气微，味淡，口尝无麻舌感。

炮附片 形如黑顺片或白附片，表面鼓起黄棕色，质松脆，气微、味淡。

【规格等级】附子主要有盐附子、黑顺片、白附片、淡附片、炮附片等商品规格，规格下再分等级。

1. 盐附子

一等：呈圆锥形，上部肥圆有芽痕，下部有支根痕，表面黄褐色或黑褐色，附有食盐结晶。体重，断面黄褐色。味咸而麻，刺舌。每1000g 16个以内。

二等：每1000g 24个以内，余同一等。

三等：每1000g 80个以内，间有小个的扒耳，但直径不小于2.5cm。余同一等。

2. 黑顺片

为二、三等附子不去外皮，纵切成0.2~0.3cm的薄片。边缘黑褐色，片面暗黄色。片面光滑油润。片张大小不一，厚薄均匀。

3. 白附片

一等：为一等的附子去净外皮，纵切成厚0.2~0.3cm的薄片。片面白色，半透明。片大而均匀。

二等：为二等附子去净外皮，纵切而成厚0.2~0.3cm的薄片，片张较小。余同一等。

三等：为三等附子去净外皮，纵切成厚0.2~0.3cm的薄片。片张小。余同一等。

出口商品：按其大小、品质优劣分等出售。

【品质评价】

1. **附子** 以身干，肥大，坚实，无须根，无空心者为佳。

2. **盐附子** 以表面色灰黑，起盐霜者为佳。

3. **黑顺片** 以片大，均匀，表面具油润光泽者为佳。

4. **白附片** 以片大，色白，半透明者为佳。

【性味功能】味辛、甘，性大热，有毒。回阳救逆，补火助阳，散寒止痛。用于亡阳虚脱，肢冷脉微，心阳不足，胸痹心痛，虚寒吐泻，脘腹冷痛，肾阳虚衰，阳痿宫冷，阴寒水肿，寒湿痹痛。

【用法用量】3~15g。先煎，久煎。孕妇慎用；不宜与半夏、瓜蒌、瓜蒌子、瓜蒌皮、天花粉、川贝母、浙贝母、平贝母、伊贝母、湖北贝母、白蔹、白及同用。

【贮藏】盐附子密闭，置阴凉干燥处；黑顺片及白附片置干燥处，防潮。

知 识 链 接

1. **商品行情** 附子在我国已有2000年的药用历史。四川江油栽培附子的历史悠久，加工技术成熟，行业上有"江油附子"的美誉。附子历来产销较为平稳，供需平衡。全国年需求量为1500~2000吨。

2. **本草记载** 早在汉代张仲景所著《伤寒论》中就有使用炮制附子的记载，

其炮制方法是"炮，去皮"；晋代葛洪的《肘后备急方》中方法是"炮，去皮脐，烧"；南齐《刘涓子鬼遗方》有"炮裂"之说；《雷公炮炙论》则较为详细地介绍了火炮法制附子；唐代《备急千金要方》有"塘灰炮""蜜制"，《银海精微》有"盐浸"；宋代《博济方》有"生姜水煮"；《重修政和经史证类备用本草》有"酿之法"；《校注妇人良方》有"童便制"；《圣济总录》有加姜、枣同制，加黄连制；《三因极一病证方论》有加黑豆制；明代《景岳全书》有甘草制；清代以来，多用胆巴水炮制，此法沿用至今。

白芍 Baishao
Paeoniae Radix Alba

【别名】杭白芍。

【来源】毛茛科植物芍药 *Paeonia lactiflora* Pall. 栽培品的干燥根。

【采制】夏、秋二季采挖，洗净，除去头尾和细根，置沸水中煮后除去外皮或去皮后再煮，晒干。

1. **白芍片** 取白芍洗净，润透，切薄片，干燥。

2. **炒白芍** 取净白芍片，置炒制容器内文火加热炒至微黄色，取出，放凉。

3. **酒白芍** 取净白芍片，加黄酒拌匀，闷透，置炒制容器内，用文火炒至微黄色，取出，放凉。

4. **醋白芍** 取净白芍片，加入米醋拌匀，稍闷润，待醋被吸尽后，置炒制容器内，用文火炒干，取出，放凉。

5. **土炒白芍** 取灶心土（伏龙肝）细粉，置炒制容器内，用中火炒至土呈灵活状态，加入白芍片，炒至表面挂土色，微显焦黄色时，取出，筛去土粉，摊开放凉。

【产地】主产于浙江东阳、磐安，四川中江、渠县，安徽亳州、涡阳等地。产于浙江者称"杭白芍"或"东白芍"，为浙江著名的道地药材"浙八味"之一；产于安徽者称"亳白芍"；产于四川者称"川白芍"。

【商品性状特征】

1. **药材** 呈圆柱形，平直或稍弯曲。表面类白色或淡棕红色。质坚实，断面角质样，类白色或微带棕红色，形成层环明显，木部有放射状纹理。气微，味微苦、酸。

2. **饮片**

白芍 呈类圆形的薄片。表面淡棕红色或类白色，平滑。切面类白色或微带棕红色，形成层环明显，可见稍隆起的筋脉纹呈放射状排列。气微，味微苦、酸。

炒白芍 形如白芍片，表面微黄色或淡棕黄色，有的可见焦斑。气微香。

酒白芍　形如白芍片，表面微黄色或淡棕黄色，微有酒香气。

醋白芍　形如白芍片，表面微黄色，微有醋气。

土炒白芍　形如白芍片，表面土黄色，微有焦土气。

【规格等级】白芍按产地分为杭白芍和白芍，其中杭白芍分为 7 个等级，白芍（包括川白芍、亳白芍）分为 4 个等级。

1. 杭白芍

一等：呈圆柱形，条直，两端切平。表面棕红色或微黄色。质坚体重。断面黄色。味微苦酸。长 8cm 以上，中部直径 2.2cm 以上。无枯芍、芦头、栓皮、空心。

二等：长 8cm 以上，中部直径 1.8cm 以上。其余同一等。

三等：长 8cm 以上，中部直径 1.5cm 以上。其余同一等。

四等：长 7cm 以上，中部直径 1.2cm 以上。其余同一等。

五等：断面白色。长 7cm 以上，中部直径 0.9cm 以上，其余同一等。

六等：呈圆柱形，表面棕红色或微黄色。质坚体重。断面白色。味微苦酸。长短不分。中部直径 0.8cm 以上。无枯芍、芦头、栓皮。

七等：直径 0.5cm 以上。其余同六等。

2. 白芍

一等：呈圆柱形，直或稍弯，去净栓皮，两端整齐。表面类白色或淡红色。质坚实体重。断面类白色或白色。味微苦酸。长 8cm 以上，中部直径 1.7cm 以上。无芦头、花麻点、破皮、裂口、夹生。

二等：长 6cm 以上，中部直径 1.3cm 以上。间有花麻点；其余同一等。

三等：呈圆柱形，直或稍弯，去净栓皮，两端整齐。表面类白色或白色。味微苦酸。长 4cm 以上，中部直径 0.8cm 以上。间有花麻点；其余同一等。

四等：呈圆柱形，直或稍弯，去净栓皮，两端整齐，表面类白色或淡红棕色。断面类白色或白色。味微苦酸。长短粗细不分，兼有夹生、破皮、花麻点、头尾、碎节或未去净皮。无枯芍、芦头。

【品质评价】以根粗，坚实，粉性足，无白心或裂缝者为佳。

【性味功能】味苦、酸，性微寒。养血调经，敛阴止汗，柔肝止痛，平抑肝阳。用于血虚萎黄，月经不调，自汗，盗汗，胁痛，腹痛，四肢挛痛，头痛眩晕。

【用法用量】6~15g。不宜与藜芦同用。

【贮藏】置干燥处，防蛀。

赤芍 *Chishao*

Paeoniae Radix Rubra

【别名】赤芍药、木芍药。

【来源】毛茛科植物芍药 *Paeonia lactiflora* Pall. 或川赤芍 *Paeonia veitchii* Lynch 野生品的干燥根。

【采制】春、秋二季采收。以秋季产者皮部宽、干后粉性足质优。将根挖出后，除去根茎、须根及泥土，理直，晾晒至半干，扎成小捆，反复晾晒至足干。

赤芍片 取原药材，除去杂质，分开大小条，洗净，润透，切薄片，干燥。

炒赤芍 取赤芍片置锅内，用文火加热，炒至颜色加深，偶有焦斑，取出放凉。

【产地】

1. **芍药** 主产于内蒙古锡林郭勒盟多伦、察哈尔盟、昭乌达盟、通辽市及东北等地。

2. **川赤芍** 主产于四川甘孜、凉山、阿坝等地。

【商品性状特征】

1. **药材** 呈圆柱形，稍弯曲。表面棕褐色，粗糙，有纵沟和皱纹，并有须根痕和横长的皮孔样突起，有的外皮易脱落。质硬而脆，易折断，断面粉白色或粉红色，皮部窄，木部放射状纹理明显，有的有裂隙。气微香，味微苦、酸涩。

2. **饮片**

赤芍 为类圆形切片、外表皮棕褐色。切面粉白色或粉红色，皮部窄，木部放射状纹理明显，有的具裂隙。

炒赤芍 形如赤芍片，表面色泽加深，偶见炒后焦斑。

【规格等级】依据长度、中部直径不同分为 2 个等级。

一等：干货。呈圆柱形，稍弯曲，外表有纵沟或皱纹，皮较粗糙。表面暗棕色或紫褐色。体轻质脆。断面粉白色或粉红色，中间有放射状纹理，粉性足。气特异，味微苦酸。长 16cm 以上，两端粗细较匀。中部直径 1.2cm 以上。无疙瘩头、空心、须根。

二等：长 15.9cm 以下，中部直径 0.5cm 以上，余同一等。

【品质评价】以根粗长，外皮易脱落，断面色白，粉性强者为佳。

【性味功能】味苦，性微寒。清热凉血，散瘀止痛。用于热入营血，温毒发斑，吐血衄血，目赤肿痛，肝郁胁痛，经闭痛经，癥瘕腹痛，跌扑损伤，痈肿疮疡。

【用法用量】6~12g。不宜与藜芦同用。

【贮藏】置通风干燥处。

黄连 Huanglian

Coptidis Rhizoma

【别名】川连、味连、雅连、云连。

【来源】毛茛科植物黄连 *Coptis chinensis* Franch.、三角叶黄连 *Coptis deltoidea* C. Y. Cheng et Hsiao 或云连 *Coptis teeta* Wall. 栽培品的干燥根茎。商品依次称为"味连""雅连"和"云连"。

【采制】秋季采挖，除去须根和泥沙，干燥，撞去残留须根。

【产地】

1. 味连 主产于重庆石柱、南川，湖北来凤、恩施、建始、利川、宣恩等地者名"南岸连"，产量较大；主产于重庆城口、巫山、巫溪，湖北房县、巴东、竹溪等地者习称"北岸连"，产量不如南岸连，但质量好。目前，四川峨眉、洪雅、彭州也大量种植。陕西、湖南、贵州、甘肃亦产。

2. 雅连 主产于四川峨眉、洪雅、乐山等地。

3. 云连 主产于云南德钦、维西、腾冲等地。

【商品性状特征】

1. 药材

味连 多集聚成簇，常弯曲，形如鸡爪，单枝根茎长 3～6cm，直径 0.3～0.8cm。表面灰黄色或黄褐色，粗糙，有不规则结节状隆起、须根及须根残基，有的节间表面平滑如茎秆，习称"过桥"。上部多残留褐色鳞叶，顶端常留有残余的茎或叶柄。质硬，断面不整齐，皮部橙红色或暗棕色，木部鲜黄色或橙黄色，呈放射状排列，髓部有的中空。气微，味极苦。

雅连 多为单枝，略呈圆柱形，微弯曲，长 4～8cm，直径 0.5～1cm。"过桥"较长。顶端有少许残茎。

云连 弯曲呈钩状，多为单枝，较细小。

2. 饮片

黄连 呈不规则的薄片，外表皮灰黄色或黄褐色，粗糙，有细小的须根。切面鲜黄色或红黄色，具放射状纹理。气微，味极苦。

酒黄连 形如黄连片，色泽加深，略有酒香气。

姜黄连 形如黄连片，表面棕黄色，有姜的辛辣味。

萸黄连 形如黄连片，表面棕黄色，有吴茱萸的辛辣香气。

【规格等级】商品分为味连、雅连、云连 3 个规格，每个规格下再分等级。

1. 味连 味连分为"南岸连"和"北岸连"，有 2 个等级。

南岸连　根茎短而瘦弱，分枝多，过桥长，毛多，质松，内色黄。

北岸连　根茎长而肥壮，分枝少，过桥短，质坚，皮细，毛少，外色黄，内色金黄。

一等：多聚集成簇，分枝多弯曲，形如鸡爪，少有单枝，肥壮坚实，间有过桥，长不超过2cm，表面黄褐色，无毛须。断面金黄色或黄色。味极苦。无不足1.5cm长的碎节、残茎。

二等：条较瘦小，有过桥。间有碎节、碎渣、焦枯。余同一等。

2. 雅连

一等：单枝，圆柱形，略弯曲，粗壮，过桥少，长不得超过2.5 cm，质坚硬，表面黄褐色，断面金黄色，味极苦。

二等：条较一等瘦小，过桥较多，间有碎节、毛须、焦枯。余同一等。

3. 云连

一等：单枝，圆柱形，微弯曲，顶端有些褐绿色鳞片，残叶。条粗壮，质坚实，直径在0.3cm以上。表面黄棕色，断面金黄色，味极苦。

二等：条较瘦小，间有过桥。表面金黄色。直径在0.3 cm以下。余同一等。

【品质评价】

1. 味连　以身干，粗壮，连珠形，无残茎毛须，体重质坚，断面色红黄者为佳。

2. 雅连　以条粗壮，过桥短，形如蚕者为佳。

3. 云连　以身干，条细坚实，曲节多，须根少，色黄绿者为佳。

【性味功能】味苦，性寒。清热燥湿，泻火解毒。用于湿热痞满，呕吐吞酸，泻痢，黄疸，高热神昏，心火亢盛，心烦不寐，心悸不宁，血热吐衄，目赤，牙痛，消渴，痈肿疔疮；外治湿疹，湿疮，耳道流脓。

酒黄连　善清上焦火热。用于目赤，口疮。

姜黄连　清胃和胃止呕。用于寒热互结，湿热中阻，痞满呕吐。

萸黄连　舒肝和胃止呕。用于肝胃不和，呕吐吞酸。

【用法用量】2~5g，外用适量。

【贮藏】置通风干燥处。

知识链接

商品行情　黄连是我国著名的常用药材，已经有2000余年的药用历史。商品全部来源于栽培，以味连为主流，雅连次之，云连很少，主要由重庆石柱和湖北利川提供。道地产区已有600余年的栽培历史。由于黄连对生态环境要求严格，技术性强，生长周期长，生产难度大，需要有计划的安排生产，才能使产销平衡。黄连在临床上应用广泛，又是多种中成药的重要原料和出口商品。

升麻 Shengma

Cimicifugae Rhizoma

【别名】绿升麻、鸡骨升麻。

【来源】毛茛科植物大三叶升麻 *Cimicifuga heracleifolia* Kom.、兴安升麻 *Cimicifuga dahurica*（Turcz.）Maxim. 或升麻 *Cimicifuga foetida* L. 野生品的干燥根茎。商品依次称为"关升麻""北升麻""西升麻"。

【采制】秋季采挖，除去泥沙，晒至须根干时，燎去或除去须根，晒干。

【产地】

1. **关升麻** 主产于辽宁、黑龙江等地。

2. **北升麻** 主产于黑龙江、河北、山西、内蒙古等地。

3. **西升麻** 主产于陕西、四川等地。

【商品性状特征】

1. **药材** 不规则的长形块状，多分枝，呈结节状，长 10~20cm，直径 2~4cm。表面黑褐色或棕褐色，粗糙不平，有坚硬的细须根残留，上面有数个圆形空洞的茎基痕，洞内壁显网状沟纹；下面凹凸不平，具须根痕。体轻，质坚硬，不易折断，断面不平坦，有裂隙，纤维性，黄绿色或淡黄白色。气微，味微苦而涩。

2. **饮片** 不规则形或类圆形的厚片。表面黑褐色或棕褐色，粗糙不平，可见须根痕及残留的坚硬须根，切面黄绿色或淡黄白色，有明显的筋脉样网纹，有的可见明显的放射状纹理，髓部往往成空洞。质坚硬，纤维性。气微，味微苦而涩。

【规格等级】统货。

【品质评价】以个大，质坚，外皮黑褐色，断面黄绿色，无须根者为佳。

【性味功能】味辛、微甘，性微寒。发表透疹，清热解毒，升举阳气。用于风热头痛，齿痛，口疮，咽喉肿痛，麻疹不透，阳毒发斑，脱肛，子宫脱垂。

【用法用量】3~10g。

【贮藏】置通风干燥处。

知 识 链 接

商品行情 升麻商品以野生资源供应市场，在我国药用已有 2000 多年的历史，为东北道地药材之一。升麻为我国的常用中药材，广泛用于临床配方和中成药原料，属于可以满足市场需求的品种。

<h2>防己 Fangji</h2>
Stephaniae Tetrandrae Radix

【别名】汉防己、石蟾蜍、粉防己。

【来源】防己科植物粉防己 *Stephania tetrandra* S. Moore 的干燥根。

【采制】秋季采挖，洗净，除去粗皮，晒至半干，切段，个大者再纵切，干燥。

【产地】主产于浙江、安徽、江西、湖北等地。

【商品性状特征】

1. **药材**　呈不规则圆柱形、半圆柱形或块状，多弯曲，长 5~10cm，直径 1~5cm。表面淡灰黄色，在弯曲处常有深陷横沟而成结节状的瘤块样。体重，质坚实，断面平坦，灰白色，富粉性，有排列较稀疏的放射状纹理。气微，味苦。

2. **饮片**　呈类圆形或半圆形的厚片。外表皮淡灰黄色。切面灰白色，粉性，有稀疏的放射状纹理。气微，味苦。

【规格等级】统货。

【品质评价】以质坚实，粉性足，去净外皮者为佳。

【性味功能】味苦，性寒。祛风止痛，利水消肿。用于风湿痹痛，水肿脚气，小便不利，湿疹疮毒。

【用法用量】5~10g。

【贮藏】置干燥处，防霉，防蛀。

知识链接

广防己　为马兜铃科植物广防己的干燥根，具有祛风止痛、行水清肿、解毒、降血压等功效，可用于风湿痹痛、神经痛、肾炎水肿、尿路感染；外治跌打损伤、蛇咬伤等症。但现代临床研究发现广防己中含有马兜铃酸等成分，具有肾毒性，因此，原国家药监局在 2004 年已经取消了广防己的药用标准，凡是中成药处方中含有广防己的，由《中国药典》2000 年版收载的防己（粉防己）替代。对含有广防己的中成药一律按假药查处。

<h2>北豆根 Beidougen</h2>
Menispermi Rhizoma

【别名】蝙蝠葛根。

【来源】防己科植物蝙蝠葛 *Menispermum dauricum* DC. 野生品的干燥根茎。

【采制】春、秋二季采挖，除去须根和泥沙，干燥。

【产地】主产于东北、华北及陕西、山东等地。

【商品性状特征】

1. **药材** 呈细长圆柱形，弯曲，有分枝，长可达 50cm，直径 0.3～0.8cm。表面黄棕色至暗棕色，多有弯曲的细根，并可见突起的根痕和纵皱纹，外皮易剥落。质韧，不易折断，断面不整齐，纤维细，木部淡黄色，呈放射状排列，中心有髓。气微，味苦。

2. **饮片** 呈不规则的圆形厚片。表面淡黄色至棕褐色，木部淡黄色，呈放射状排列，纤维性，中心有髓，白色。气微，味苦。

【规格等级】统货。

【品质评价】以条粗壮，外皮黄棕色，断面浅黄色，味苦者为佳。

【性味功能】味苦，性寒，有小毒。清热解毒，祛风止痛。用于咽喉肿痛，热毒泻痢，风湿痹痛。

【用法用量】3～9g。

【贮藏】置干燥处。

知 识 链 接

现代研究 北豆根主要含有生物碱类、挥发油类、多糖类等化学成分，具有抗肿瘤、降压、抗心律失常、抗溃疡等作用，可用于治疗肺癌、咽喉癌、滋养叶细胞癌、白血病、食管癌等以及慢性活动性肝炎。

延胡索 Yanhusuo
Corydalis Rhizoma

【别名】元胡、延胡、元胡索、玄胡索。

【来源】罂粟科植物延胡索 *Corydalis yanhusuo* W. T. Wang 栽培品的干燥块茎。

【采制】夏初植株茎叶枯萎时采挖块茎，除去地上部分及须根，搓掉浮皮，洗净；按大小分档，置沸水中煮至恰无白心时，取出，晒干。

【产地】主产于浙江东阳、磐安等地，习称"浙元胡"，为浙江道地药材"浙八味"之一。另陕西、湖北、湖南、江苏亦产。

【商品性状特征】

1. **药材** 呈不规则的扁球形，直径 0.5～1.5cm。表面黄色或黄褐色，有不规则网状

皱纹。顶端有略凹陷的茎痕，底部常有疙瘩状突起。质硬而脆，断面黄色，角质样，有蜡样光泽。气微，味苦。

2. **饮片** 呈不规则的圆形厚片。外表皮黄色或黄褐色，有不规则细皱纹。切面黄色，角质样，具蜡样光泽。气微，味苦。

【规格等级】商品按每50g含有碎粒的数量划分为2个等级。

一等：呈不规则的扁球形。表面黄棕色或灰黄色，多皱缩。质硬而脆。断面黄褐色，有蜡样光泽，味苦微辛。每50g 45粒以内。

二等：每50g 45粒以外。余同一等。

【品质评价】以块茎个大，饱满，质坚，断面色黄者为佳。

【性味功能】味辛、苦，性温。活血，行气，止痛。用于胸胁、脘腹疼痛，胸痹心痛，经闭痛经，产后瘀阻，跌扑肿痛。

【用法用量】3~10g；研末吞服，一次1.5~3g。

【贮藏】置干燥处，防蛀。

知识链接

商品行情 延胡索商品主要源于栽培，浙江磐安是延胡索的传统道地产区，陕西汉中为近年来快速发展起来的新产区，也是目前延胡索的主要产区，总产量达全国总产量的70%左右。另外，安徽宣城、重庆、江苏南通等地也有少量的种植。其中浙江所产的延胡索价格略高于其他产区，但整体走势基本与其他产地保持一致。延胡索为常用的大宗药材商品，广泛应用于临床配方和中成药的生产。

板蓝根 Banlangen

Isatidis Radix

【别名】靛青根、北板蓝根、菘蓝根。

【来源】十字花科植物菘蓝 *Isatis indigotica* Fort. 栽培品的干燥根。

【采制】秋季采挖根部，除去泥沙，晒干。

【产地】主产于河北、江苏、陕西、山西等地，尤以河北安国所产者质量最佳。

【商品性状特征】

1. **药材** 呈圆柱形，稍扭曲，长10~20cm，直径0.5~1cm。表面淡灰黄色或淡棕黄色，有纵皱纹、横长皮孔样突起及支根痕。根头略膨大，可见暗绿色或暗棕色轮状排列的叶柄残基和密集的疣状突起。体实，质略软，断面皮部黄白色，木部黄色。气微，味微甜

后苦涩。

2. 饮片 呈圆形的厚片。外表皮淡灰黄色至淡棕黄色，有纵皱纹。切面皮部黄白色，木部黄色。气微，味微甜后苦涩。

【规格等级】商品按大小分为2个等级。

一等：根呈圆柱形，头部略大，中间凹陷，边有柄痕，偶有分支。质实而脆。表面灰黄色或淡棕色。有纵皱纹。断面外部黄白色，中心黄色。气微，味微甜后苦涩。长17cm以上，芦下2cm处直径1cm以上。无苗茎、须根。

二等：芦下直径0.5cm以上。余同一等。

【品质评价】以条长，粗壮，表面色灰黄，断面皮部黄白，粉性足者为佳。

【性味功能】味苦，性寒。清热解毒，凉血利咽。用于温疫时毒，发热咽痛，温毒发斑，痄腮，烂喉丹痧，大头瘟疫，丹毒，痈肿。

【用法用量】9～15g。

【贮藏】置干燥处，防霉、防蛀。

知 识 链 接

1. 商品行情 板蓝根商品大多来源于栽培品，药用历史悠久，具有广泛的抗菌、抗病毒作用，又是预防各种流行性疾病的首选药物。板蓝根是一种用量大且长期销售不衰的药材，纵观历史，板蓝根商品的价格常常会因为流行病暴发导致供不应求，而出现价格迅速上涨，例如：2003年的"非典"、2009年的甲流，即使是2013年短期的H7N9流感疫情，也给板蓝根带来了短暂的爆发行情。

2. 南板蓝根 爵床科植物马蓝 *Baphicacanthus cusia* （Nees）Bremek. 的根茎及根。

地榆 Diyu
Sanguisorbae Radix

【别名】酸赭、山枣参、山红枣根。

【来源】蔷薇科植物地榆 *Sanguisorba officinalis* L. 或长叶地榆 *Sanguisorba officinalis* L. var. *longifolia* （Bert.）Yü et Li 野生品的干燥根。后者习称"绵地榆"。

【采制】春季将发芽时或秋季植株枯萎后采挖，除去须根，洗净，干燥，或趁鲜切片，干燥。

【产地】

1. 地榆 主产于黑龙江、吉林、辽宁等地。

2. 长叶地榆 主产于江苏、安徽、浙江等地。

【商品性状特征】

1. 药材

地榆 呈不规则纺锤形或圆柱形，稍弯曲，长5～25cm，直径0.5～2cm。表面灰褐色至暗棕色，粗糙，有纵纹。质硬，断面较平坦，粉红色或淡黄色，木部略呈放射状排列。气微，味微苦涩。

绵地榆 呈长圆柱形，稍弯曲，着生于短粗的根茎上；表面红棕色或棕紫色，有细纵纹。质坚韧，断面黄棕色或红棕色，皮部有多数黄白色或黄棕色绵状纤维。气微，味微苦涩。

2. 饮片

地榆片 呈不规则的类圆形片或斜切片。外表皮灰褐色至深褐色。切面较平坦，粉红色、淡黄色或黄棕色，木部略呈放射状排列；或皮部有多数黄棕色绵状纤维。气微，味微苦涩。

地榆炭 形如地榆片，表面焦黑色，内部棕褐色。具焦香气，味微苦涩。

【规格等级】统货。

【品质评价】以条粗，质坚，断面粉红色者为佳。

【性味功能】味苦、酸、涩，性微寒。凉血止血，解毒敛疮。用于便血，痔血，血痢，崩漏，水火烫伤，痈肿疮毒。

【用法用量】9～15g。外用适量，研末涂敷患处。

【贮藏】置通风干燥处，防蛀。

知识链接

1. **商品行情** 地榆商品来源于野生品种，由于资源分布较广，用量相对较小，多年来一直低价运行。目前商品来源主要来自甘肃及东北比较贫困的地区，以东北价格为高，甘肃货较低。

2. **现代研究** 地榆中含主要含有鞣质和三萜皂苷，具有止血、抗炎、抗菌、止吐、促消化等药理作用，在现代临床上可用于烧伤、止血、结核性溃疡、小儿肠伤寒等。

苦参 Kushen

Sophorae Flavescentis Radix

【别名】地骨、牛参、川参。

【来源】豆科植物苦参 *Sophora flavescens* Ait. 的干燥根。

【采制】春、秋二季采挖，除去根头和小支根，洗净，干燥，或趁鲜切片，干燥。

【产地】主产于山西、河南、河北等地。

【商品性状特征】

1. 药材 呈长圆柱形，下部常有分枝，长 10~30cm，直径 1~6.5cm。表面灰棕色或棕黄色，具纵皱纹和横长皮孔样突起，外皮薄，多破裂反卷，易剥落，剥落处显黄色，光滑。质硬，不易折断，断面纤维性；切片厚 3~6mm；切面黄白色，具放射状纹理和裂隙，有的具异型维管束呈同心性环列或不规则散在。气微，味极苦。

2. 饮片 呈类圆形或不规则的厚片。外表皮灰棕色或棕黄色，有时可见横长皮孔样突起，外皮薄，常破裂反卷或脱落，脱落处显黄色或棕黄色，光滑。切面黄白色，纤维性，具放射状纹理和裂隙，有的可见同心性环纹。气微，味极苦。

【规格等级】统货。

【品质评价】以条匀，断面黄白，无须根，味极苦者为佳。

【性味功能】味苦，性寒。清热燥湿，杀虫，利尿。用于热痢，便血，黄疸尿闭，赤白带下，阴肿阴痒，湿疹，湿疮，皮肤瘙痒，疥癣麻风；外治滴虫性阴道炎。

【用法用量】4.5~9g；外用适量，煎汤洗患处。不宜与藜芦同用。

【贮藏】置干燥处。

知 识 链 接

1. 商品行情 苦参栽培品目前仅在内蒙古、辽宁进行发展种植，其他地区基本还是以野生资源供应为主。苦参是多种中成药及农业杀虫剂、洗护用品洁尔阴等产品的主要原料。苦参商品在市场上货源充足，供求平衡。

2. 本草记载 苦参始载于《神农本草经》，列为中品。陶弘景谓："叶极似槐花，花黄色，子作荚，根味至苦恶。"李时珍谓："苦以味名，参以功名。"

山豆根　Shandougen

Sophorae Tonkinensis Radix et Rhizoma

【别名】广豆根。

【来源】豆科植物越南槐 *Sophora tonkinensis* Gagnep. 的干燥根和根茎。

【采制】秋季采挖，除去杂质，洗净，干燥。

【产地】主产于广西百色、田阳、凌云等地，广东及贵州亦产。

【商品性状特征】

1. **药材** 根茎呈不规则的结节状，顶端常残存茎基，其下着生根数条。根呈长圆柱形，常有分枝，长短不等，直径 0.7~1.5cm。表面棕色至棕褐色，有不规则的纵皱纹及横长皮孔样突起。质坚硬，难折断，断面皮部浅棕色，木部淡黄色。有豆腥气，味极苦。

2. **饮片** 呈不规则的类圆形厚片。外表皮棕色至棕褐色。切面皮部浅棕色，木部淡黄色。有豆腥气，味极苦。

【规格等级】统货。

【品质评价】以条粗壮，外色棕褐，质坚硬，味极苦者为佳。

【性味功能】味苦，性寒，有毒。清热解毒，消肿利咽。用于火毒蕴结，乳蛾喉痹，咽喉肿痛，齿龈肿痛，口舌生疮。

【用法用量】3~6g。

【贮藏】置干燥处。

知 识 链 接

　　商品行情　山豆根商品野生药材分布范围较小，主要分布在广西。现山豆根野生资源匮乏，药材价格逐年上涨，使得栽培种植成为趋势，但是由于山豆根种植年限长，对自然气候、地理环境要求非常苛刻，山豆根的人工种植还未能实现大面积推广。

葛根　Gegen

Puerariae Lobatae Radix

【别名】野葛。

【来源】豆科植物野葛 *Pueraria lobata*（Willd.）Ohwi 的干燥根。

【采制】秋、冬二季采挖，趁鲜切成厚片或小块，干燥。

【产地】主产于广东增城、龙门，湖南大庸、耒阳，浙江长兴、安吉等以及四川旺苍、北川等地。

【商品性状特征】

1. **药材** 呈纵切的长方形厚片或小方块，长 5~35cm，厚 0.5~1cm。外皮淡棕色，有纵皱纹，粗糙。切面黄白色，纹理不明显。质韧，纤维性强。气微，味微甜。

2. **饮片** 呈不规则的厚片、粗丝或边长为 0.5~1.2cm 的方块。切面浅黄棕色至棕黄色。质韧，纤维性强。气微，味微甜。

【规格等级】商品按加工方法不同分为葛方（鲜时纵横切成 1cm 的骰形方块）和葛片，均为统货。

【品质评价】以色黄白，质韧，纤维强者为佳。

【性味功能】味甘、辛，性凉。解肌退热，生津止渴，透疹，升阳止泻，通经活络，解酒毒。用于外感发热头痛，项背强痛，口渴，消渴，麻疹不透，热痢，泄泻，眩晕头痛，中风偏瘫，胸痹心痛，酒毒伤中。

【用法用量】10~15g。

【贮藏】置通风干燥处，防蛀。

知识链接

1. **粉葛**　豆科植物甘葛藤 *Pueraria thomsonii* Benth. 栽培品的干燥根。主产于广东、广西、四川、云南等地。商品上以块大，质坚实，色白，粉性足，纤维少为佳。葛根的葛根素含量明显高于粉葛，故葛根主要作提取之用；而粉葛口感佳，可药食两用。

2. **葛花**　为野葛或甘葛藤的干燥花。具有解酒醒脾的功效，故民间有"千杯不醉野葛花"之说，用其泡茶可用来醒酒。

甘草　Gancao

Glycyrrhizae Radix et Rhizoma

【别名】甜草、国老、粉草。

【来源】豆科植物甘草 *Glycyrrhiza uralensis* Fisch.、胀果甘草 *Glycyrrhiza inflata* Bat. 或光果甘草 *Glycyrrhiza glabra* L. 的干燥根和根茎。

【采制】春，秋二季采挖，除去须根及茎基，晒干。把外皮削除，切成长段晒干者，习称"粉甘草"；扎成把者称为"把甘草"。

【产地】

1. **甘草**　主产于内蒙古、甘肃、新疆、宁夏等地，以内蒙古、宁夏所产的质量最佳。

2. **胀果甘草与光果甘草**　主产于新疆、甘肃等地。

【商品性状特征】

1. **药材**

甘草　根呈圆柱形，长 25~100cm，直径 0.6~3.5cm。外皮松紧不一。表面红棕色或灰棕色，具显著的纵皱纹、沟纹、皮孔及稀疏的细根痕。质坚实，断面略显纤维性，黄白

色，粉性，形成层环明显，射线放射状，有的有裂隙。根茎呈圆柱形，表面有芽痕，断面中部有髓。气微，味甜而特殊。

胀果甘草　根和根茎木质粗壮，有的分枝，外皮粗糙，多灰棕色或灰褐色。质坚硬，木质纤维多，粉性小。根茎不定芽多而粗大。

光果甘草　根和根茎质地较坚实，有的分枝，外皮不粗糙，多灰棕色，皮孔细而不明显。

2. 饮片　呈类圆形或椭圆形的厚片。外表皮红棕色或灰棕色，具纵皱纹。切面略显纤维性，中心黄白色，有明显放射状纹理及形成层环。质坚实，具粉性。气微，味甜而特殊。

【规格等级】甘草商品分为西草和东草两个品别。西草指内蒙古西部及陕西、甘肃、青海、新疆等地所产皮细、色红、粉足的优质草。不符合标准者可列为东草。东草指内蒙古东部及东北、河北、山西等地所产，一般未斩去头尾。如皮色好，又能斩去头尾，可列为西草。以上两类草主要以品质区分、不受地区限制。

1. 西草

西草分为5种规格：大草、条草、毛草、草节、疙瘩头。

（1）大草　统货。呈圆柱形。表面红棕色、棕黄色或灰棕色，皮细紧，有纵纹，斩去头尾，切口整齐。质坚实、体重。断面黄白色，粉性足，味甜。长25～50cm，顶端直径2.5～4cm，黑心草不超过总重量的5%。无须根。

（2）条草　按顶端直径不同划分为3个等级。

一等：呈圆柱形，单枝顺直。表面红棕色、棕黄色或灰棕色，皮细紧，有纵纹，斩去头尾，口面整齐。质坚实、体重。断面黄白色，粉性足。味甜。长25～50cm，顶端直径1.5cm以上。间有黑心。无须根。

二等：顶端直径1cm以上。余同一等。

三等：顶端直径0.7cm以上。余同一等。

（3）毛草　统货。呈圆柱形弯曲的小草，去净残茎，不分长短。表面红棕色、棕黄色或灰棕色。断面黄白色，味甜。顶端直径0.5cm以上。无须根。

（4）草节　按顶端直径不同划分为2个等级。

一等：呈圆柱形，单枝条。表面红棕色、棕黄色或灰棕色，皮细，有纵纹。质坚实、体重。断面黄白色，粉性足。味甜。长6cm以上，顶端直径1.5cm以上。无须根、疙瘩头。

二等：顶端直径0.7cm以上。余同一等。

（5）疙瘩头：统货。系加工条草砍下之根头，呈疙瘩头状。去净残茎及须根。表面黄白色。味甜。大小长短不分，间有黑心。

2. 东草 分为条草和毛草2种规格。

（1）条草 根据长度及芦下直径不同划分为3个等级。

一等：呈圆柱形，上粗下细。表面紫红色或灰褐色，皮粗糙。不斩头尾，质松体轻。断面黄白色，有粉性。味甜。长60cm以上。芦下3cm处直径1.5cm以上。间有5% 20cm以上的草头。

二等：长50cm以上，芦下3cm处直径1cm以上，间有5% 20cm以上的草头。余同一等。

三等：长40cm以上，芦下3cm处直径0.5cm以上。间有5% 20cm以上的草头。无细小须子，余同一等。

（2）毛草 统货。呈圆柱形弯曲不上草。去净残茎，间有疙瘩头。表面紫红色或灰褐色。质松体轻。断面黄白色。味甜。不分长短，芦下直径0.5cm以上。

【品质评价】以外皮细紧，色红棕，质坚，体重，断面黄白色，粉性足，味甜者为佳。

【性味功能】味甘，性平。补脾益气，清热解毒，祛痰止咳，缓急止痛，调和诸药。用于脾胃虚弱，倦怠乏力，心悸气短，咳嗽痰多，脘腹、四肢挛急疼痛，痈肿疮毒，缓解药物毒性、烈性。

【用法用量】2~10g。不宜与海藻、京大戟、红大戟、甘遂、芫花同用。

【贮藏】置通风干燥处，防蛀。

知 识 链 接

商品行情 甘草为传统常用大宗商品之一，中医素有"十方九草"之说，居中药材销量榜首。目前，我国野生甘草资源破坏严重，市场上以栽培品居多。甘草广泛应用于临床、功能性饮品、化妆美容品、烟草和食品等的开发以及中成药原料，需求量越来越为大，用量达50000吨以上。

黄芪 Huangqi
Astragali Radix

【来源】豆科植物蒙古黄芪 *Astragalus membranaceus*（Fisch.）Bge. var. Mongholicus（Bge.）Hsiao 或膜荚黄芪 *Astragalus membranaceus*（Fisch.）Bge. 的干燥根。

【采制】春、秋二季采挖，除去须根和根头，晒干。

【产地】

1. 蒙古黄芪 主产于山西、内蒙古、河北等地。

2. 膜荚黄芪 主产于黑龙江、吉林、辽宁等地。

【商品性状特征】

1. 药材 呈圆柱形，有的有分枝，上端较粗，长 30~90cm，直径 1~3.5cm。表面淡棕黄色或淡棕褐色，有不整齐的纵皱纹或纵沟。质硬而韧，不易折断，断面纤维性强，并显粉性，皮部黄白色，木部淡黄色，有放射状纹理和裂隙，老根中心偶呈枯朽状，黑褐色或呈空洞。气微，味微甜，嚼之微有豆腥味。

2. 饮片 呈类圆形或椭圆形的厚片，外表皮黄白色至淡棕褐色，可见纵皱纹或纵沟。切面皮部黄白色，木部淡黄色，有放射状纹理及裂隙，有的中心偶有枯朽状，黑褐色或呈空洞。气微，味微甜，嚼之有豆腥味。

【规格等级】商品按其长度、直径不同划分为 4 个等级。

特等：呈圆柱形的单条，斩疙瘩头或喇叭头，顶端间有空心，表面灰白色或淡褐色。质硬而韧。断面外层白色，中间淡黄色或黄色，有粉性。味甘、有生豆气。长 70cm 以上，上部直径 2cm 以上，末端直径不小于 0.6cm。

一等：长 50cm 以上，上中部直径 1.5cm 以上，末端直径不小于 0.5cm。余同特等。

二等：长 40cm 以上，上中部直径 1cm 米以上，末端直径不小于 0.4cm。间有老皮。余同特等。

三等：不分长短，上中部直径 0.7cm 以上，末端直径不小于 0.3cm，间有破短节子。余同特等。

【品质评价】以条粗长，断面色黄白，粉性足，味甜，豆腥味浓者为佳。

【性味功能】味甘，性微温。补气升阳，固表止汗，利水消肿，生津养血，行滞通痹，托毒排脓，敛疮生肌。用于气虚乏力，食少便溏，中气下陷，久泻脱肛，便血崩漏，表虚自汗，气虚水肿，内热消渴，血虚萎黄，半身不遂，痹痛麻木，痈疽难溃，久溃不敛。

【用法用量】9~30g。

【贮藏】置通风干燥处，防潮，防蛀。

知 识 链 接

1. **商品行情** 黄芪商品主要以栽培品为主，少量野生。黄芪作为常用的大宗药材之一，已有 2000 多年的药用历史，药食两用，具有补气固表等功效，广泛应用于临床配方、补益美容和中成药投料，需求量大，远销世界各国。

2. **红芪** 豆科植物多序岩黄芪 *Hedysarum polybotrys* Hand. -Mazz. 的干燥根，功效同黄芪。

远志 Yuanzhi

Polygalae Radix

【别名】小草根、远志筒。

【来源】远志科植物远志 *Polygala tenuifolia* Willd. 或卵叶远志 *Polygala sibirica* L. 的干燥根。

【采制】春、秋二季采挖，除去须根和泥沙，晒至皮部稍皱缩，用手揉搓抽去木心，晒干，称为"远志筒"；或将皮部剖开，除去木心，称"远志肉"；细者不去木心，入药称"远志棍"。

【产地】主产于山西、陕西、吉林、河南等地。

【商品性状特征】

1. **药材**　呈圆柱形，略弯曲，长 3 ~ 15cm，直径 0.3 ~ 0.8cm。表面灰黄色至灰棕色，有较密并深陷的横皱纹、纵皱纹及裂纹，老根的横皱纹较密更深陷，略呈结节状。质硬而脆，易折断，断面皮部棕黄色，木部黄白色，皮部易与木部剥离。气微，味苦、微辛，嚼之有刺喉感。

2. **饮片**　呈圆柱形的段。外表皮灰黄色至灰棕色，有横皱纹。切面棕黄色，中空。气微，味苦、微辛，嚼之有刺喉感。

【规格等级】商品分为远志筒和远志肉 2 种规格。

1. **远志筒**　按长度和中部直径划分为 2 个等级。

一等：呈筒状，中空。表面浅棕色或灰黄色，全体有较深的横皱纹，皮细肉厚。质脆易断。断面黄白色。气特殊，味苦微辛。长 7cm，中部直径 0.5cm 以上。无木心。

二等：长 5cm，中部直径 0.3cm 以上。余同一等。

2. **远志肉**　统货。多为破裂断碎的肉质根皮。表面棕黄色或灰黄色，全体为横皱纹，皮粗细厚薄不等。质脆易断。断面黄白色。气特殊，味苦微辛。无芦茎、无木心。

【品质评价】以条粗，肉厚，去净木心者为佳。

【性味功能】味苦、辛，性温。安神益智，交通心肾，祛痰，消肿。用于心肾不交引起的失眠多梦、健忘惊悸、神志恍惚，咳痰不爽，疮疡肿毒，乳房肿痛。

【用法用量】3 ~ 10g。

【贮藏】置通风干燥处。

知 识 链 接

商品行情　远志商品以野生品为主流，山西为其道地产区。栽培品的主产区

在山西南部，由于其种植成本居高不下，种植的面积严重萎缩；野生资源主要分布在山西和陕西，由于资源枯竭，野生远志商品的存量也在减少。

人参 Renshen
Ginseng Radix et Rhizoma

【来源】五加科植物人参 *Panax ginseng* C. A. Mey. 的干燥根和根茎。极少数野生，多数为栽培品。野生品称为"野山参"或"山参"，栽培品称为"园参"。

【采制】

1. 野山参 在 7 月下旬至 9 月间果熟变红时易于发现、采挖。采挖时不使支根及须根受伤，保存完整，晒干，称全须生晒参。山参在生长的过程中，主根因某些遭到破坏或烂掉，其不定根继续生长，成为无主根者，称为"芋变山参"；用山参的种子，经人工种植于林中后而自然长成者，称为"籽种山参"；在种植园参的参园，因将参走走、遗留下的人参种子或园参捻，其在自然条件下又生长多年，称"池底参"；人工将人参种子播到参畦中，在人工管理时只做锄草、施肥，不做倒茬，任其自然生长，等 20 年左右挖出，称为"扒货参"；采挖山参时，将发现的小形参移至妥善的地方种植，或将较小的园参移至山林中任其自然生长，待长成时再采挖，称"移山参"。栽培品播种在山林野生状态下自然生长的称"林下山参"，习称"籽海"。

2. 园参 栽种 8~9 年采收的称为"边条参"；栽种 5~6 年采收的称为"普通参"。普通参一般于秋季（白露至秋分）采挖，除去茎叶及泥土，除去支根，晒干或烘干，称"生晒参"，如不除去支根，晒干，则称"全须生晒参"。鲜园参经浓糖液浸泡、干燥称为"白糖参"。

【产地】主产于吉林抚松、敦化、集安等，辽宁恒仁、宽甸等以及黑龙江五常、尚志、宁安等。

【商品性状特征】

1. 药材

（1）山参类

野山参 主根与根茎等长或较短，呈人字形、菱形或圆柱形，长 2~10cm；表面灰黄色，具纵纹，上端有紧密而深陷的环状横纹；多具 2 条主要支根，形似人体；根茎细长，上部扭曲，茎痕密生，下部常无芦碗而光滑，不定根较粗；须根稀疏，长约为主根的 1~2倍，柔韧不易折断，有明显的疣状突起（习称"珍珠疙瘩"）；气香浓厚，味甜微苦，口嚼之有清香感。鉴别山参时注意其根茎（芦头）、不定根（芋）、主根（体）、纹、皮、支根（腿）、须根（须）、表面等部位。芦头：长而弯曲，习称"雁脖芦"。一般分为 3 段：

顶端为第一段，是新脱落的茎痕，形如马牙，边缘棱较平齐，中心凹陷，习称"马牙芦"。近10年间脱落的茎基为第二段，芦左右交错重叠而生，芦碗紧密，边缘有明显的棱脊，习称"对花芦"；远年茎基脱落而成的部分为第三段，不再显芦碗，而呈圆柱形，习称"圆芦"或"灯草心"。芦头细长如线，至上端变粗呈"对花芦"形状，习称"线芦"。艼：按形状一般分为枣核艼、蒜瓣艼、顺体艼3种。枣核艼，体短粗，两端尖细，有的形如大枣之核，山参艼的形态多为此种。蒜瓣艼，体似蒜瓣形，一头钝圆，另一头尖细。顺体艼，体上部稍粗，向下渐细而长。体：有横灵体、顺笨体2种。横灵体，习称"武形"，体粗短，多呈短横体或菱角形；状似疙瘩，亦称"疙瘩灵体"或"疙瘩体"。顺笨体，也叫顺体或笨体，习称"文形"。顺笨体多呈纺锤形或圆柱形。纹：紧密的环形纹，纹深而细，皱纹略显得向上兜皱，纹紧密，沟色较深，习称"螺旋纹""黑兜纹"或"铁线纹"。环纹延伸到参体的中部或下部，这种纹叫"一纹到底"。皮：呈淡黄白色，结实光润，皮质老，细而不粗糙，习称"皮细如绵"或"细结皮"，光泽显著。腿：一般为1~2条，最多3条。腿短，上粗下细，分档处多呈八字形，两腿斜叉而不并拢。须：疏生而不散乱，犹如阳春烟柳，清疏而长，柔韧，又有"皮条须"之称。须的表面生长着疣状突起（珍珠疙瘩），呈长圆形、方圆形不等，习称"珍珠须"或"珍珠尾"。

艼变山参　参形特异。芦头大，多数偏斜不正，由多条艼组成，无主体；艼多为顺体，大艼上可生有横纹，其纹粗浅不连续；只有1条参腿（艼之尾部），皮嫩而有光泽，须根有少量的珍珠疙瘩。

籽种山参　芦头多为线芦、竹节芦，芦头较长，也偶有马牙芦或圆芦；艼少，多为顺体，不旁斜，上翘者少，均为互生，下部呈尖尾形；参体形状不定，参腿2~3条，略呈八字分档；皮黄白色，较细嫩，不紧，无粗皮，有光泽，横纹不明显；参须柔软细嫩而短，珍珠点小，口嚼则出现碎末及少量纤维；味苦，有清香气。

池底参和扒货参　芦头基部为圆芦，圆芦以上为"马牙芦"，而芦碗沿着芦头旋转生长，芦碗较大，芦碗边有芦棱；艼粗大，齐头，虽然有的上部稍细，但不像枣核尖端之形，如同顺体，形成一头粗一头细；艼常为3~5枚，生2枚者多对生（掐脖子艼），艼大于并重于参体；参体多为顺体，腿粗细不一，2~3条或更多，有"八"字分档的体形；皮黄白色，粗糙而疏松；横纹浅或断续，无螺旋纹，有的一纹到底，也有半环纹者，状似园参；参须较嫩，易折断，蓬乱不清疏，珍珠疙瘩少而小。

移山参　芦碗略显长而稀疏，芦头常骤然变细或变粗，不呈对花芦而呈转芦，常出现线芦或竹节芦；艼多为顺长体，但生长年久者也有的为枣核艼，有时出现下粗上细的形状（即掐脖子艼），其略向斜旁伸出，上翘者多，有时艼体超过主体；参体以顺笨体为多见，参腿较顺长，1~3条或多条；皮质略泡而嫩，粗糙，不光润；有稀疏不紧密的横纹，常一纹到底；参须细嫩而短，下端分枝较多，珍珠疙瘩稀疏而小。

林下参　主根呈圆柱形、棱角形或人字形，与根茎等长或较短，长 1~6cm。表面灰黄色，具纵皱纹，上部或中下部有环纹。支根多为 2~3 条，须根少而细长，清晰不乱，有较明显的疣状突起。根茎细长，少数粗短，中上部具稀疏或密集而深陷的茎痕。不定根较细，多下垂。

（2）园参类　主根身长，上部有断续的粗横纹。根茎上部一面或二面生有芦碗，上生 1 至数条不定根，支根 2~6 条，末端多分枝；须根形似扫帚，短而脆，易折断，珍珠点小而少。

生晒参　主根呈纺锤形或圆柱形，长 3~15cm，直径 1~2cm；表面灰黄色，上部或全体有疏浅断续横纹及明显的纵皱，下部有侧根 2~3 条，并着生多数细长的须根，须根上偶有不明显的细小疣状突起；根茎长 1~4cm，直径 0.3~1.5cm，多拘挛而弯曲，具不定根（芋）和稀疏的凹窝状茎痕（芦碗）；质较硬，断面淡黄白色，显粉性，有 1 个明显的棕黄色环纹，皮部有黄棕色的点及放射状裂隙；气特异，味微苦、甜。

白干参　略似生晒参，因已刮去表皮，颜色较白，环纹已不明显，纵皱少或无；质较生晒参坚实；断面白色，显菊花心；味甜、微苦。

皮尾参　呈长条圆柱形，上端有茎痕而不带芦，下部不带须根，长 3~6cm，直径 0.5~1cm；表面土黄色，多数带有褐色环纹及不规则的纵向抽皱；质较轻泡，断面白色，显菊花心。

白参须（生晒参须）分为直须、弯须、混须 3 种。直须上端直径约 3mm，中、下端渐细，长短不一，最长可达 20cm。弯须则弯曲而细乱。混须则细支根占 50% 以上，须根占 40% 以上。

白糖参　表面淡黄白色，上端有较多断续的环纹，全体可见加工时针刺的点状针痕。下部有 2~3 个以上的支根。断面白色，有菊花心。气微香，味较甜、微苦，嚼之无渣感。

2. 饮片

生晒参片　呈圆形或类圆形薄片。周边灰黄色，有纵皱纹。切面淡黄白色或类白色，形成层环纹棕黄色，皮部有黄棕色的点状树脂道及放射性裂隙，木部淡黄色，显菊花纹。体轻，质脆，粉性。香气特异，味微苦、甘。

白参片　为横切片或斜切片，外皮松泡，白色，质嫩而薄，断面黄白色。气微香，味甜、微苦。

【规格等级】人参商品分为野山参和园参，以野山参质优。

1. 野山参　山参按每支重量不同划分为 8 个等级。

一等：主根粗短呈横灵体，支根八字分开（俗称武形），五形全美（芦、芋、纹、体、须相衬）。有圆芦。芋中间丰满，形似枣核。皮紧细。主根上部横纹紧密而深。须根清疏而长，质坚韧（俗称皮条须），有明显的珍珠疙瘩。表面牙白色或黄白色，断面白色。

味甜微苦。每支重 100g 以上，艼帽不超过主根重量的 25%。无疤痕。

二等：每支 75g 以上，艼帽不超过主根重量的 25%。余同一等。

三等：每支 32.5g 以上，艼帽不超过主根重量的 25%。余同一等。

四等：每支 20g 以上，艼帽不超过主根重量的 25%。余同一等。

五等：每支 12.5g 以上，艼帽不超过主根重量的 40%。余同一等。

六等：每支 6.5g 以上，艼帽不大。余同一等。

七等：每支 4g 以上，艼帽不大。余同一等。

八等：每支 2g 以上，间有芦须等残次品。艼帽不大。余同一等。

艼变山参、籽种山参、趴货参、池底参、移山参，一般按山参八或九等收购。

2. 园参　根据加工方法的不同，分为边条鲜参、普通鲜参、生晒参、白参等。

(1) 边条鲜参：鲜货。按参体长短和每支重量不同划分 8 个等级。

一等：根呈长圆柱形，芦长、身长、腿长，有分枝 2~3。须芦齐全，浆足丰满。体长不短于 20cm，艼帽不超过 15%。每支重 125g。不烂，无疤痕、水锈、泥土。

二等：体长不短于 18.3cm，艼帽不超过 15%。每支重 85g 以上。余同一等。

三等：体长不短于 16.7cm，艼帽不超过 15%。每支重 60g 以上。余同一等。

四等：体长不短于 15cm，艼帽不超过 15%。每支重 45g 以上。余同一等。

五等：体长不短于 13.3cm，艼帽不超过 15%。每支重 35g 以上。余同一等。

六等：体长不短于 13.3cm，艼帽不超过 15%。每支重 25g 以上。余同一等。

七等：每支重 12.5g 以上。余同一等。

八等：根呈长圆形，凡不合以上规格和缺少芦，破断条者，每支重 5g 以上。

(2) 普通鲜参：鲜货。按每支重量不同划分为 7 个等级。

特等品：根呈圆柱形，有分枝，须芦齐全，浆足。每支 100~150g。

一等：每支 62.5g 以上。余同特等。

二等：每支 41.5g 以上。余同特等。

三等：每支 31.5g 以上。余同特等。

四等：每支 25g 以上。余同特等。

五等：每支 12.5g 以上。余同特等。

六等：根呈圆柱形，每支 5g 以上。不合以上规格和缺须少芦折断者。

(3) 干浆参：统货。根呈圆柱形，体质轻泡，瘪瘦，或多抽沟。表面棕黄色或黄白色。味苦。

(4) 全须生晒参：按每支人参重量不同划分为 4 个等级：

一等：根呈圆柱形，有分枝。体轻有抽沟，芦须全，有艼帽。表面黄白色或较深。断面黄白色。气香味苦。每支重 10g 以上。绑尾或不绑。无破疤。

二等：每支重 7.5g 以上。余同一等。

三等：每支重 5g 以上。余同一等。

四等：大小支不分。芦须不全，间有折断。余同一等。

（5）生晒参：按每 500g 所含支数的数量不同划分为 5 个等级：

一等：根呈圆柱形，体轻有抽沟，去净艼须。表面黄白色，断面黄白色。气香味苦。每 500g 60 支以内。无破疤。

二等：每 500g 80 支以内。余同一等。

三等：每 500g 100 支以内。余同一等。

四等：每 500g 130 支以内。余同一等。

五等：每 500g 130 支以外。余同一等。

（6）白干参：按每 500g 所含支数的数量不同划分为 4 个等级：

一等：根呈圆柱形，皮细，色白、芦小。质充实。肥壮，去净枝根。断面白色。气香味苦。每 500g 60 支以内，支条均匀。无抽沟、皱皮、水锈。

二等：每 500g 80 支以内。余同一等。

三等：每 500g 100 支以内。稍有抽沟，水锈，去净枝根。余同一等。

四等：条状，无分枝，去净细须。每 500g 100 支以外。余同一等。

（7）皮尾参：统货。根呈圆柱形，条状，无分枝，去净细须。表面灰棕色。断面黄白色。气香味苦。

（8）白混须：统货。根须呈长条形或弯曲状。表面断面均黄白色。气香味苦。须条长短不分，其中直须占 50% 以上。

（9）白直须

一等：根须呈条状，有光泽。表面、断面均黄白色。气香味苦。长 13.3cm 以上。条大小均匀。无水锈、破皮。

二等：长 13.3cm 以下，最短不低于 8.3cm，条大小不匀。余同一等。

（10）白糖参

一等：根呈圆柱形，芦、须齐全。表面白色，体充实，支条均匀。断面白色。味甜、微苦。不返糖，无浮糖、碎芦。芦、须齐全，支条均匀。

二等：碎芦，大小不分。余同一等。

【品质评价】以根大饱满，表面色黄白，皮细纹深，质硬，气味浓者为佳。

【性味功能】味甘、微苦，性微温。大补元气，复脉固脱，补脾益肺，生津养血，安神益智。用于体虚欲脱，肢冷脉微，脾虚食少，肺虚喘咳，津伤口渴，内热消渴，气血亏虚，久病虚羸，惊悸失眠，阳痿宫冷。

【用法用量】3~9g，另煎兑服；也可研粉吞服，一次 2g，一日 2 次。不宜与藜芦、五

灵脂同用。

【贮藏】置阴凉干燥处，密闭保存，防蛀。

知识链接

商品行情 人参为贵重细料药，具有 4000 多年的历史，我国是发现和利用人参最早的国家。目前，野生的人参资源已枯竭，市场上的人参商品全部来源于栽培，吉林抚松县、敦化市作为人参的道地产区，已有 440 年的栽培历史。人参为传统大宗进出口中药材，销往国内外市场，属于能够满足市场需求的品种。人参药食两用，广泛应用于医药、保健品、化妆品、食品等领域。另外，人参叶、花、茎、果实等也作为重要的药用资源被开发利用。

红参 Hongshen

Ginseng Radix et Rhizoma Rubra

【来源】五加科植物人参 *Panax ginseng* C. A. Mey. 的栽培品经蒸制后的干燥根及根茎。

【采制】秋季采挖鲜人参，洗净，除去不定根和支根，蒸 3 小时左右，取出烘干或晒干。

【产地】主产于吉林、辽宁等地。

【商品性状特征】

1. **药材** 主根呈纺锤形、圆柱形或扁方柱形，长 3~10cm，直径 1~2cm。表面半透明，红棕色，偶有不透明的暗黄褐色斑块，具纵沟、皱纹及细根痕；上部有时具断续的不明显环纹；下部有 2~3 条扭曲交叉的支根，并带弯曲的须根或仅具须根残迹。根茎（芦头）长 1~2cm，上有数个凹窝状茎痕（芦碗），有的带有 1~2 条完整或折断的不定根（艼）。质硬而脆，断面平坦，角质样。气微香而特异，味甘、微苦。

2. **饮片** 呈类圆形或椭圆形薄片。外表皮红棕色，半透明。切面平坦，角质样。质硬而脆。气微香而特异，味甘、微苦。

【规格等级】商品根据种植年限和部位不同，分为边条红参、普通红参、红参须等规格，在规格下划分为不同的等级。

1. **边条红参** 按照每 500g 所含支数为标准，划分为 16 支边条红参、25 支边条红参、35 支边条红参、45 支边条红参、55 支边条红参、80 支边条红参、小货边条红参 7 种规格。

(1) 16 支边条红参

一等：根长呈圆柱形，芦长、身长、体长 18.3cm 以上，有分枝 2~3 个，表面棕红色

或淡棕色，有光泽。上部较淡，有皮有肉。质坚实，断面角质样。气香，味苦。每500g 16支以内，每支31.3g以上。无中尾、黄皮、破疤。

二等：稍有黄皮、抽沟、干疤。余同一等。

三等：色泽较差。有黄皮、抽沟、破疤、腿红。余同一等。

（2）25支边条红参

一等：根呈长圆形，芦长、身长、腿长，体长16.7cm以上，有分枝2~3个。表面棕红色或淡棕色，有光泽。上部色较淡，有皮有肉。质坚实，断面角质样。气香，味苦。每500g 25支以内，每支20g以上。无中尾。

二等：稍有黄皮、抽沟、干疤。余同一等。

三等：色泽较差。有黄皮、抽沟、破疤、腿红。余同一等。

（3）35支边条红参

一等：根呈长圆形，芦长、身长、腿长，体长15cm以上，有分枝2~3个。表面棕红色或淡棕色，有光泽。上部色较淡，有皮有肉。质坚实，断面角质样。气香，味苦。每500g 35支以内，每支14.3g以上。无中尾、黄皮。

二等：稍有黄皮、抽沟、干疤。余同一等。

三等：色泽较差。有黄皮、抽沟、干疤，腿红。余同一等。

（4）45支边条红参

一等：根呈长圆形，芦长、身长、腿长，体长13.3cm以上，有分枝2~3个。表面棕红色或淡棕色，有光泽。上部色较淡，有皮有肉。质坚实，断面角质样。气香，味苦。每500g 45支以内，支头均匀。无中尾、黄皮。

二等：稍有黄皮、抽沟、干疤。余同一等。

三等：色泽较差。有黄皮、抽沟、干疤，腿红。余同一等。

（5）55支边条红参

一等：根呈长圆形，芦长、身长、腿长，体长11.7cm以上，有分枝2~3个。表面棕红色或淡棕色，有光泽。上部色较淡，有皮有肉。质坚实，断面角质样。气香，味苦。每500g 55支以内，支头均匀。无中尾、黄皮、破疤。

二等：稍有黄皮、抽沟、干疤。余同一等。

三等：色泽较差。有黄皮、抽沟、干疤，腿红。余同一等。

（6）80支边条红参

一等：根呈长圆形，芦长、身长、腿长，体长11.7cm以上。表面棕红色或淡棕色，有光泽。上部色较淡，有皮有肉。质坚实，断面角质样。气香，味苦。每500g 80支以内，支头均匀。无中尾、黄皮。

二等：稍有黄皮、抽沟、干疤。余同一等。

三等：色泽较差。有黄皮、抽沟、干疤，腿红。余同一等。

(7) 小货边条红参

一等：根呈长圆柱形，表面棕红或淡棕色，有光泽。上部色较淡，有皮有肉。断面角质样。气香、味苦。支头均匀。无中尾、黄皮、破疤。

二等：有黄皮不超过身长二分之一。稍有抽沟、干疤。余同一等。

三等：色泽较差。有黄皮、抽沟、破疤、腿红。余同一等。

2. 普通红参 按每500g所含支数为标准，分为20支普通红参、32支普通红参、48支普通红参、64支普通红参、80支普通红参、小货普通红参6种规格。

(1) 20支普通红参

一等：根呈圆柱形。表面棕红色或淡棕色，有光泽，质坚实。无细腿、破疤、黄皮、虫蛀。断面角质样。气香、味苦。每500g 20支以内。每支25g以上。

二等：稍有干疤、黄皮、抽沟。余同一等。

三等：色泽较差。有黄皮、干疤、抽沟、腿红。余同一等。

(2) 32支普通红参

一等：根呈圆柱形。表面棕红或淡棕色，有光泽。质坚实。无细腿、破疤、黄皮、虫蛀。断面角质样。气香，味苦。每500g 32支以内，每支15.6g以上。

二等：稍有干疤、黄皮、抽沟。余同一等。

三等：色泽较差。有黄皮、干疤、抽沟、腿红。余同一等。

(3) 48支普通红参

一等：根呈圆柱形。表面棕红或淡棕色，有光泽。质坚实。无细腿、破疤、黄皮。断面角质样。气香、味苦。每500g 48支以内，支头均匀。

二等：稍有干疤、黄皮、抽沟。余同一等。

三等：色泽较差。有黄皮、干疤、抽沟、腿红。余同一等。

(4) 64支普通红参

一等：根呈圆柱形。表面棕红或淡棕色，有光泽。质坚实。无细腿、破疤、黄皮。断面角质样。气香，味苦。每500g 64支以内，支头均匀。

二等：稍有干疤、黄皮、抽沟。余同一等。

三等：色泽较差。有黄皮、干疤、抽沟、腿红。余同一等。

(5) 80支普通红参

一等：根呈圆柱形，表面棕红或淡棕色，有光泽。质坚实。无细腿、破疤、黄皮。断面角质样。气香，味苦。每500g 80支以内，支头均匀。

二等：稍有干疤、黄皮、抽沟。余同一等。

三等：色泽较差。有黄皮、干疤、抽沟、腿红。余同一等。

（6）小货普通红参

一等：根呈圆柱形。表面棕红或淡棕色，有光泽。质坚实。无细腿、破疤、黄皮。断面质样。气香，味苦。支头均匀。

二等：稍有干疤、黄皮、抽沟。余同一等。

三等：色泽较差。有黄皮、干疤、抽沟、腿红。余同一等。

3. 红参须 根据红参须的长度和形状，将其划分为红混须、红直须、红弯须 3 种规格。

（1）红混须 统货。根须呈工条形或弯曲状。棕红或橙红色，有光泽，半透明。断面角质。气香味苦。须条长短不分，其中直须 50% 以上。

（2）红直须

一等：根须呈长条形，粗壮均匀。棕红色或橙红色，有光泽，呈半透明状。断面角质。气香味苦。长 13.3cm 以上。无干浆、毛须。

二等：长 13.3cm 以下。最短不低于 8.3cm。余同一等。

（3）红弯须 统货。根须呈条形弯曲状，粗细不均。橙红色或棕黄色，有光泽，呈半透明状，不碎，气香味苦。

【品质评价】以身长，芦长，腿长，色棕红，皮细光泽，半透明，无黄皮者为佳。

【性味功能】味甘、微苦，性温。大补元气，复脉固脱，益气摄血。用于体虚欲脱，肢冷脉微，气不摄血，崩漏下血。

【用法用量】3~9g，另煎兑服。不宜与藜芦、五灵脂同用。

【贮藏】置阴凉干燥处，密闭，防蛀。

知 识 链 接

现代质量控制方法 红参的化学成分与人参成分极相似，在加工过程中略有变化。根据报道从红参中分得 20（R）-人参皂苷 Rg_2、20（S）-人参皂苷 Rg_3、20（R）-人参皂苷 Rh_1、人参皂苷 Rh_2、人参皂苷 Rs_1、人参皂苷 Rs_2 等。按《中国药典》采用高效液相色谱法测定，红参含人参皂苷 Rg_1（$C_{42}H_{72}O_{14}$）和人参皂苷 Re（$C_{48}H_{82}O_{18}$）的总量不得少于 0.22%，人参皂苷 Rb_1（$C_{54}H_{92}O_{23}$）不得少于 0.18%。

西洋参 Xiyangshen

Panacis Quinquefolii Radix

【别名】洋参、西参、花旗参。

【来源】五加科植物西洋参 *Panax quinquefolium* L. 栽培品的干燥根。

【采制】秋季采挖，洗净，晒干或低温干燥。

【产地】原产于加拿大和美国，我国东北、华北、西北等地引种栽培。

【商品性状特征】

1. **药材** 呈纺锤形、圆柱形或圆锥形，长3~12cm，直径0.8~2cm。表面浅黄褐色或黄白色，可见横向环纹和线形皮孔状突起，并有细密浅纵皱纹和须根痕。主根中下部有一至数条侧根，多已折断。有的上端有根茎（芦头），环节明显，茎痕（芦碗）圆形或半圆形，具不定根（芋）或已折断。体重，质坚实，不易折断，断面平坦，浅黄白色，略显粉性，皮部可见黄棕色点状树脂道，形成层环纹棕黄色，木部略呈放射状纹理。气微而特异，味微苦、甘。

2. **饮片** 呈长圆形或类圆形薄片。外表皮浅黄褐色。切面淡黄白至黄白色，形成层环棕黄色，皮部有黄棕色点状树脂道，近形成层环处较多而明显，木部略呈放射状纹理。气微而特异，味微苦、甘。

【品质评价】以条粗，完整，皮细，横纹多，体重，质坚实者为佳。

【性味功能】味甘、微苦，性凉。补气养阴，清热生津。用于气虚阴亏，虚热烦倦，咳喘痰血，内热消渴，口燥咽干。

【用法用量】3~6g，另煎兑服。不宜与藜芦同用。

【贮藏】置阴凉干燥处，密闭，防蛀。

知识链接

1. **商品行情** 西洋参为贵重细料药，现市场上西洋参大多系栽培品。西洋参原产于美国和加拿大，在我国有200多年的药用历史，为我国传统的进口药材。我国从1975年开始大规模引种，经过多年发展，现在已经成为世界上西洋参的三大主产国之一。

2. **应用注意** 服用西洋参的注意事项有以下方面：①服用的同时不能喝浓茶，也最好不要喝咖啡；②不能和萝卜一起服用；③警惕不良反应：有的人服西洋参后，会出现畏寒、体温下降、食欲不振、腹痛腹泻；也有的会发生痛经和经期延迟；还有的会发生过敏反应，上下肢呈现散在性大小不等的水泡，瘙痒异常，停药后，水泡可自行吸收消退；④中医认为，西洋参属于凉药，因此，对于体质偏寒或有寒凉症状的人群不宜使用西洋参；⑤考虑季节性。春天和夏天气候偏干，比较适合服用西洋参，不宜服用人参或红参；而秋、冬季节更适宜服用人参。

三七 Sanqi

Notoginseng Radix et Rhizoma

【别名】田七、文三七、金不换。

【来源】五加科植物三七 *Panax notoginseng*（Burk.）F. H. Chen 栽培品的干燥根及根茎。

【采制】7~8 月开花前或摘取花茎后的 10~11 月间，采收栽培 3~7 年的三七根，习称"春三七"；12 月至翌年 1 月（摘除果实后 20~30 天）采收，习称"冬三七"。

采收前 10 天左右，剪去地上茎，选择晴天挖出根部。将根洗净泥土，称鲜三七。主根习称"头子"，剪下须根，晒干，习称"三七须"或"绒根"。除去须根后晒 2~3 天，待其发软时，剪下支根和茎基（习称"羊肠头"），晒干，分别为商品"筋条"和"剪口"。主根（头子）再晒至半干，用手搓揉，用力宜轻而匀，以防破皮、变黑或变形；再经曝晒、搓揉 3~5 次，增加光滑度，直至全干，称为"毛货"。如遇阴雨天，可在 40~45℃下烘烤干燥至含水量 13% 以下。将毛货置麻袋中加粗糠或稻谷往返冲撞使表面棕黑色光亮，即为成品。

【产地】主产于云南文山州及广西等地。云南文山、广西栽培历史悠久，产量大，质量好，为著名的道地药材。

【商品性状特征】

1. 药材

呈类圆锥形或圆柱形，长 1~6cm，直径 1~4cm。表面灰褐色或灰黄色、浅红黄色，有断续的纵皱纹及支根痕。顶端有茎痕，周围有瘤状突起。体重，质坚实，断面灰绿色、黄绿色或灰白色，木部可见细微放射状纹理。气微，味苦回甜。

春三七　饱满，表面皱纹细密而短或不明显。断面灰绿色，木部菊花心明显，无裂隙。

冬三七　不饱满，表面皱纹多深长或呈明显沟槽状。断面常呈黄绿色，木部菊花心不明显，常有裂隙。

筋条　圆柱形或圆锥形，长 2~6cm，上端直径约 0.8cm，下端直径约 0.3cm。

绒根　圆柱形呈毛须状，上端直径 0.7cm 以下。

剪口　呈不规则皱缩块状或条状，表面有数个明显的茎痕及环纹，断面中心灰白色，边缘灰色。

2. 饮片

三七　类圆形或不规则形薄片，厚度不超过 1mm。周边灰黄色，有细纹。切面灰绿色或黄绿色，致密，微呈角质样。气微，味苦回甜。

三七粉　灰黄色细粉末。气微，味苦回甜。

【规格等级】　商品按采收季节不同划分为春七和冬七 2 个规格，等级划分常用"头"来表示，并按每 500g 重量中所含个数划分为 13 个等级。

1. 春三七

一等（20 头）：呈圆锥形或类圆柱形。表面灰黄色或黄褐色。质坚实、体重。断面灰褐色或灰绿色。味苦微甜。每 500g 20 个以内，长不超过 6cm。

二等（30 头）：每 500g 30 个以内，长不超过 6cm。余同一等。

三等（40 头）：每 500g 40 个以内，长不超过 5cm。余同一等。

四等（60 头）：每 500g 60 个以内，长不超过 4cm。余同一等。

五等（80 头）：每 500g 80 个以内，长不超过 3cm。余同一等。

六等（120 头）：每 500g 120 个以内，长不超过 2.5cm。余同一等。

七等（160 头）：每 500g 160 个以内，长不超过 2cm。余同一等。

八等（200 头）：每 500g 200 个以内，长不超过 2cm。余同一等。

九等（大二外）：每 500g 250 个以内，长不超过 1.5cm。余同一等。

十等（小二外）：每 500g 300 个以内，长不超过 1.5cm。余同一等。

十一等（无数头）：每 500g 450 个以内，长不超过 1.5cm。余同一等。

十二等（筋条）：呈圆锥形或类圆柱形。间有从主根上剪下的细支根（筋条）。表面灰黄色或黄褐色。质坚实、体重。断面灰褐色或灰绿色。味苦微甜。不分春、冬七，每 500g 在 450~600 个以内。支根上端直径不低于 8mm，下端直径不低于 5mm。

十三等（剪口）：不分春七、冬七，主要是三七的芦头（羊肠头）。

2. 冬三七　各等头数与春七相同。但冬三七的表面灰黄色。有皱纹或抽沟（拉槽）。不饱满，体稍轻。断面黄绿色或灰褐色。

【品质评价】　以个大，体重，质坚，表面光滑，断面灰绿或黄绿色，味苦回甜浓厚者为佳。

【性味功能】　味甘、微苦，性温。散瘀止血，消肿定痛。用于咯血，吐血，衄血，便血，崩漏，外伤出血，胸腹刺痛，跌扑肿痛。

【用法用量】　3~9g；研粉吞服，一次 1~3g。外用适量。孕妇慎用。

【贮藏】　置阴凉干燥处，防蛀。

知 识 链 接

商品行情　三七商品全部来源于栽培，野生品几近绝迹；道地产区已经有近 500 年的栽培历史，商品主要由云南文山州等地提供，属于可以满足市场需求的品种。三七广泛用于临床配方和中成药原料，又是传统出口的大宗商品。

白芷 Baizhi

Angelicae Dahuricae Radix

【别名】香白芷。

【来源】伞形科植物白芷 *Angelica dahurica* (Fisch. ex Hoffm.) Benth. et Hook. F. 或杭白芷 *Angelica dahurica* (Fisch. ex Hoffm.) Benth. et Hook. f. var. *formosana* (Boiss.) Shan et Yuan 栽培品的干燥根。

【采制】夏、秋间叶黄时采挖，除去须根和泥沙，晒干或低温干燥。

【产地】白芷主产于河南禹县、长葛者，习称"禹白芷"；主产于河北安国、定州者，习称"祁白芷"；主产于四川者，习称"川白芷"；主产于浙江者，习称"杭白芷"；均为道地药材，以川白芷产量大、质量优。

【商品性状特征】

1. 药材

禹白芷　呈圆锥形，少数有分枝，根头部圆形，长 10~20cm，直径 2~4cm。表面土黄色，突起的皮孔甚小，散生。质略轻，断面白色，形成层环纹圆形。气芳香，味微辛、苦。

祁白芷　呈圆锥形或长圆锥形，有分枝，根头部多圆形，长 7~24cm，直径 2~4cm。表面灰黄至黄棕色，皮孔大，散生。质硬，断面灰白色，棕色油点密集，粉性小而略显油性，形成层环类圆形。

川白芷　呈圆锥形，根头部近方形或类方形，长 10~20cm，直径 2~5cm。表面灰褐色或棕褐色，散生多数横长皮孔，习称"疙瘩丁"，略排成四纵列，质坚实，断面白色，粉性。皮部有棕色油点，形成层环纹棕色，圆方形。气香浓郁，味微辛、苦。

杭白芷　呈圆锥形，根头部方棱形，头大尾细，长 10~15cm，直径 2~5cm。表面棕褐色，横长皮孔排成四纵行，断面形成层环纹略方形。

2. 饮片　呈类圆形的厚片。外表皮灰棕色或黄棕色。切面白色或灰白色，具粉性，形成层环棕色，近方形或近圆形，皮部散有多数棕色油点。气芳香，味辛、微苦。

【规格等级】商品按每 1000g 所含的支数不同划分为 3 个等级。

一等：呈圆锥形。表面灰白色或黄白色。体坚。断面白色或黄白色，具粉性。有香气，味辛微苦。每 1000g 36 支以内。无空心、黑心、芦头、油条。

二等：每 1000g 60 支以内。余同一等。

三等：每 1000g 60 支以外，顶端直径不得小于 0.7cm。间有白芷尾、黑心、异状、油条，但总数不得超过 20%。余同一等。

【品质评价】以条粗壮，体重，粉性足，气香味浓者为佳。

【性味功能】味辛，性温。解表散寒，祛风止痛，宣通鼻窍，燥湿止带，消肿排脓。用于感冒头痛，眉棱骨痛，鼻塞流涕，鼻鼽，鼻渊，牙痛，带下，疮疡肿痛。

【用法用量】3~10g。

【贮藏】置阴凉干燥处，防蛀。

知 识 链 接

1. **商品行情**　白芷商品为传统大宗常用药材之一，已有 2000 年的药用历史。商品来源于栽培，白芷作为药食两用品，属十三香原料之一，广泛应用于中药饮片与中成药的生产外，还大量地用于美容护肤、日用化工、酿酒、饲料添加剂以及现代涂料业等各个领域，具有良好的开发价值，大量出口世界各国，社会需求逐年增大，属于可以满足市场需求的品种。

2. **特色应用**　白芷不仅具有很高的药用和食用价值，在美容方面也有着很好的开发利用价值。在中医古方中就常用白芷治疗粉刺、酒糟鼻、雀斑以及面部黄褐斑等，如《御药院方》中的"御前洗面药""皇后洗面药"；《千金要方》中的"千金洗面药"，都是以白芷作为润色泽药物使用的。现代药理研究也证明，白芷能改善局部血液循环，消除色素在组织中的过度堆积，促进皮肤细胞新陈代谢，进而达到美容的作用。白芷与白僵蚕、白附子、菟丝子等共研细末调制成面膜敷面，可收到柔面增白之效。用白芷、玉竹、川芎、防风等研成细粉，用食醋调成稀膏，可治疗黄褐斑。

当归　Danggui
Angelicae Sinensis Radix

【别名】岷归、秦归、川归、云归。

【来源】伞形科植物当归 *Angelica sinensis*（Oliv.）Diels 栽培品的干燥根。根据药用部位的不同通常称为"全当归（全根）""归头（主根上端）""归尾（支根）"。

【采制】秋末采挖，除去须根和泥沙，待水分稍蒸发后，捆成小把，上棚，用烟火慢慢熏干。

【产地】主产于甘肃岷县、宕昌、渭源等县，云南维西、丽江、德钦，陕西陇县，四川南坪县，贵州等地。其中甘肃岷县产量最大，品质最佳，习称"岷归"。

【商品性状特征】

1. **药材**　略呈圆柱形，下部有支根 3~5 条或更多，长 15~25cm。表面浅棕色至棕褐

色，具纵皱纹及横长皮孔样突起。根头（归头）直径 1.5～4cm，具环纹，上端圆钝，或具数个明显突出的根茎痕，有紫色或黄绿色的茎和叶鞘的残基；主根（归身）表面凹凸不平；支根（归尾）直径 0.3～1cm，上粗下细，多扭曲，有少数须根痕。质柔韧，断面黄白色或淡黄棕色，皮部厚，有裂隙和多数棕色点状分泌腔，木部色较淡，形成层环黄棕色。有浓郁的香气，味甘、辛、微苦。

2. **饮片** 呈类圆形、椭圆形或不规则薄片。外表皮黄棕色至棕褐色。切面黄白色或淡棕黄色，平坦，有裂隙，中间有浅棕色的形成层环，并有多数棕色的油点，香气浓郁，味甘、辛、微苦。

【规格等级】商品分为全归和归头 2 种规格，以每 1000g 含有的支数划分等级。

1. **全归** 上部主根圆柱形，下部有多条支根，根梢不细于 0.2cm。表面棕黄色或黄褐色。断面黄白色或淡黄色，具油性。气芳香，味甘微苦。无须根。

特等：每 1000g 20 支以内。

一等：每 1000g 40 支以内。

二等：每 1000g 70 支以内。

三等：每 1000g 110 支以内。

四等：每 1000g 110 支以外。

五等：又称"常行归"，凡不符合以上分等的小货，全归占 30%，腿渣占 70%。

2. **归头** 纯主根，呈长圆形或拳状，表面棕黄色或黄褐色。断面黄白色或淡黄色，具油性。气芳香，味甘微苦。无油个、枯干。

一等：每 1000g 40 支以内。

二等：每 1000g 80 支以内。

三等：每 1000g 120 支以内。

四等：每 1000g 160 支以内。

【品质评价】以主根粗长，外皮色黄棕，断面色黄白，质柔韧、油润，气味浓郁者为佳。

【性味功能】味甘、辛，性温。补血活血，调经止痛，润肠通便。用于血虚萎黄，眩晕心悸，月经不调，经闭痛经，虚寒腹痛，风湿痹痛，跌扑损伤，痈疽疮疡，肠燥便秘。

酒当归 活血通经。用于经闭痛经，风湿痹痛，跌扑损伤。

【用法用量】6～15g。

【贮藏】置阴凉干燥处，防潮，防蛀。

知 识 链 接

商品行情　当归为传统大宗中药之一，中医妇科要药，我国已有2000余年的药用历史，素有"十方九归"之说。当归商品全部来源于家种，甘肃是我国最大的当归产区，年产量占全国的90%以上，基本能够满足市场需求。当归的药用价值和经济价值显著，广泛用于临床配方、中成药原料、保健食品和化妆品中。

羌活　Qianghuo
Notopterygii Rhizoma et Radix

【别名】蚕羌、西羌、羌青、黑药。

【来源】伞形科植物羌活 *Notopterygium incisum* Ting ex H. T. Chang 或宽叶羌活 *Notopterygium franchetii* H. de Boiss. 的干燥根茎和根。

【采制】春、秋挖取根及根茎，除去须根及泥，晒干。

【产地】

1. **羌活**　主产于青海、四川、甘肃、云南等地。

2. **宽叶羌活**　主产于四川、青海、陕西、河南等地。

【商品性状特征】

1. **药材**

羌活　根茎呈圆柱状略弯曲，长4~13cm，直径0.6~2.5cm，顶端具茎痕。表面棕褐色至黑褐色，外皮脱落处呈黄色。节间缩短，呈紧密隆起的环状，形似蚕，习称"蚕羌"；节间延长，形如竹节状，习称"竹节羌"。节上有多数点状或瘤状突起的根痕及棕色破碎鳞片。体轻，质脆，易折断，断面不平整，有多数裂隙，皮部黄棕色至暗棕色，油润，有棕色油点，木部黄白色，射线明显，髓部黄色至黄棕色。气香，味微苦而辛。

宽叶羌活　为根茎和根。根茎类圆柱形，顶端具茎和叶鞘残基，根类圆锥形，有纵皱纹和皮孔；表面棕褐色，近根茎处有较密的环纹，长8~15cm，直径1~3cm，习称"条羌"。有的根茎粗大，不规则结节状，顶部具数个茎基，根较细，习称"大头羌"。质松脆，易折断，断面略平坦，皮部浅棕色，木部黄白色。气味较淡。

2. **饮片**　呈类圆形、不规则形横切或斜切片，表皮棕褐色至黑褐色，切面外侧棕褐色，木部黄白色，有的可见放射状纹理。体轻，质脆。气香，味微苦而辛。

【规格等级】商品分为川羌和西羌2种规格。

1. **川羌**　指四川的阿坝、甘孜等地所产的羌活，分为2个等级。

一等（蚕羌）：干货。呈圆柱形。全体环节紧密，似蚕状。表面棕黑色。体轻质松脆。断面有紧密的分层，呈棕、紫、黄白色相间的纹理。气清香纯正，味微苦辛。长 3.5cm 以上，顶端直径 1cm 以上。无须根。

二等（条羌）：干货。呈长方形。表面棕黑色，多纵纹。体轻质脆。断面有紧密的分层，呈棕紫、黄、白相间的纹理。气清香纯正，味微苦辛。长短大小不分，间有破碎。无芦头。

2. 西羌　指甘肃、青海所产的羌活，分为 3 个等级。

一等（蚕羌）：干货。呈圆柱形，全体环节紧密，似蚕状。表面棕黑色，体轻质松脆。断面紧密分层，呈棕、紫、黄白色相间的纹理，气微，味微苦辛。无须根。

二等（大头羌）：干货。呈瘤状突起，不规则的块状。表面棕黑色。体轻质脆。断面具棕黄色相间的纹理。气浊，味微苦辛。无细须根。

三等（条羌）：干货。呈长条形。表面暗棕色，多纵纹，香气较淡，味微辛苦。间有破碎，无细须根。

【品质评价】以条粗，外皮棕褐色，断面朱砂点多，香气浓郁者为佳。

【性味功能】味辛、苦，性温。解表散寒，祛风除湿，止痛。用于风寒感冒，头痛项强，风湿痹痛，肩背酸痛。

【用法用量】3～10g。

【贮藏】置阴凉干燥处，防蛀。

前胡 Qianhu

Peucedani Radix

【别名】水前胡、土当归。

【来源】伞形科植物白花前胡 *Peucedanum praeruptorum* Dunn 的干燥根。

【采制】冬季至次春茎叶枯萎或未抽花茎时采挖，除去须根，洗净，晒干或低温干燥。

【产地】主产于浙江、江西、四川等地。

【商品性状特征】

1. 药材　呈不规则的圆柱形、圆锥形或纺锤形，稍扭曲，下部常有分枝，长 3～15cm，直径 1～2cm。表面黑褐色或灰黄色，根头部多有茎痕和纤维状叶鞘残基，上端有密集的细环纹，下部有纵沟、纵皱纹及横向皮孔样突起。质较柔软，干者质硬，可折断，断面不整齐，淡黄白色，皮部散有多数棕黄色油点，形成层环纹棕色，射线放射状。气芳香，味微苦、辛。

2. 饮片　呈类圆形或不规则形的薄片。外表皮黑褐色或灰黄色，有时可见残留的纤维状叶鞘残基。

【规格等级】统货。

【品质评价】以根粗壮，皮部肉质厚，质柔韧，断面油点多，香气浓者为佳。

【性味功能】味苦、辛，性微寒。降气化痰，散风清热。用于痰热喘满，咯痰黄稠，风热咳嗽痰多。

【用法用量】3~10g。

【贮藏】置阴凉干燥处，防霉，防蛀。

知 识 链 接

紫花前胡 伞形科植物紫花前胡 *Peucedanum decusivum*（Miq.）Maxim. 的干燥根。

川芎 Chuanxiong
Chuangxiong Rhizoma

【别名】芎䓖、抚芎、台芎。

【来源】伞形科植物川芎 *Ligusticum chuanxiong* Hort. 栽培品的干燥根茎。

【采制】夏季当茎上的节盘显著突出，并略带紫色时采挖，除去泥沙，晒后烘干，再去须根。

【产地】主产于四川都江堰、崇庆、彭州市等地，尤以都江堰的产量大、质量优，为四川著名的道地药材之一。江西，贵州，云南等地亦产。

【商品性状特征】

1. **药材** 不规则结节状拳形团块，直径 2~7cm。表面灰褐色或褐色，粗糙皱缩，有多数平行隆起的轮节，顶端有凹陷的类圆形茎痕，下侧及轮节上有多数小瘤状根痕。质坚实，不易折断，断面黄白色或灰黄色，散有黄棕色的油室，形成层环呈波状。气浓香，味苦、辛，稍有麻舌感，微回甜。

2. **饮片** 为不规则厚片，外表皮黄褐色，有皱缩纹。切面黄白色或灰黄色，具有明显波状环纹或多角形纹理，散生黄棕色油点。质坚实。气浓香，味苦、辛，微甜。

【规格等级】 商品分为川芎和山川芎 2 种规格。

1. **川芎** 川芎分为 3 个等级。

一等：呈绳结状，质坚实。表面黄褐色。断面灰白色或黄白色。有特异香气，味苦辛、麻舌。每 1000g 44 个以内，单个的重量不低于 20g。无山川芎、空心、焦枯。

二等：每 1000g 70 个以内。余同一等。

三等：每1000g 70个以外，个大空心的属此等。余同一等。

2. **山川芎** 统货，呈结节状，体枯瘦欠坚实，表面褐色，断面灰白色，有特异香气，味辛、苦，麻舌。大小不分。

【品质评价】以个大，质坚实，断面色黄白，油性大，香气浓者为佳。

【性味功能】味辛，性温。活血行气，祛风止痛。用于胸痹心痛，胸胁刺痛，跌扑肿痛，月经不调，经闭痛经，癥瘕腹痛，头痛，风湿痹痛。

【用法用量】3~10g。

【贮藏】置阴凉干燥处，防蛀。

知 识 链 接

商品行情 川芎为我国常用的中药，属于可以满足市场需求的商品，国内外年需求量为5000吨。

藁本 Gaoben
Ligustici Rhizoma et Radix

【来源】伞形科植物藁本 *Ligusticum sinense* Oliv. 或辽藁本 *Ligusticum jeholense* Nakai et Kitag. 的干燥根茎和根。

【采制】秋季茎叶枯萎或次春出苗时采挖，除去泥沙，晒干或烘干。

【产地】

1. **藁本** 主产于陕西、甘肃、河南、四川等地。

2. **辽藁本** 主产于辽宁、吉林、河北等地。

【商品性状特征】

1. **药材**

藁本 根茎呈不规则结节状圆柱形，稍扭曲，有分枝，长3~10cm，直径1~2cm。表面棕褐色或暗棕色，粗糙，有纵皱纹，上侧残留数个凹陷的圆形茎基，下侧有多数点状突起的根痕和残根。体轻，质较硬，易折断，断面黄色或黄白色，纤维状。气浓香，味辛、苦、微麻。

辽藁本 较小，根茎呈不规则的团块状或柱状，长1~3cm，直径0.6~2cm。有多数细长弯曲的根。

2. **饮片**

藁本 呈不规则的厚片。外表皮棕褐色至黑褐色，粗糙。切面黄白色至浅黄褐色，具

裂隙或孔洞，纤维性。气浓香，味辛、苦、微麻。

辽藁本　外表皮可见根痕和残根突起呈毛刺状，或有呈枯朽空洞的老茎残基。切面木部有放射状纹理和裂隙。

【规格等级】商品按来源不同分为藁本和辽藁本 2 种规格，均为统货。

【品质评价】以身干，根茎粗壮，质坚，香气浓者为佳。

【性味功能】味辛，性温。祛风，散寒，除湿，止痛。用于风寒感冒，巅顶疼痛，风湿痹痛。

【用法用量】3～10g。

【贮藏】置阴凉干燥处，防潮，防蛀。

防风　Fangfeng
Saposhnikoviae Radix

【别名】关防风、屏风、水风、回草。

【来源】伞形科植物防风 *Saposhnikovia divaricata*（Turcz.）Schischk. 的干燥根。

【采制】春、秋二季采挖未抽花茎植株的根，除去须根和泥沙，晒干。

【产地】主产于东北及内蒙古东部。

【商品性状特征】

1. 药材　呈长圆锥形或长圆柱形，下部渐细，有的略弯曲，长 15～30cm，直径 0.5～2cm。表面灰棕色或棕褐色，粗糙，有纵皱纹、多数横长皮孔样突起及点状的细根痕。根头部有明显密集的环纹，有的环纹上残存棕褐色毛状叶基。体轻，质松，易折断，断面不平坦，皮部棕黄色至棕色，有裂隙，木部黄色。气特异，味微甘。

2. 饮片　呈圆形或椭圆形的厚片。外表皮灰棕色或棕褐色，有纵皱纹，有的可见横长皮孔样突起、密集的环纹或残存的毛状叶基。切面皮部棕黄色至棕色，有裂隙，木部黄色，具放射状纹理。气特异，味微甘。

【规格等级】商品按大小不同分为 2 个等级。

一等：根呈圆柱形。表面有皱纹，顶端带有毛须。外皮黄褐色或灰黄色。质松较柔软。断面棕黄色或黄白色，中间淡黄色。味微甜。根长 15cm 以上。芦下直径 0.6cm 以上。

二等：芦下直径 0.4cm 以上。余同一等。

【品质评价】以条粗壮，断面皮部色浅棕，木部浅黄色，朱砂点多者为佳。

【性味功能】味辛、甘，性微温。祛风解表，胜湿止痛，止痉。用于感冒头痛，风湿痹痛，风疹瘙痒，破伤风。

【用法用量】5～10g。

【贮藏】置阴凉干燥处，防蛀。

柴胡 Chaihu

Bupleuri Radix

【别名】芘胡。

【来源】伞形科植物柴胡 *Bupleurum chinense* DC. 或狭叶柴胡 *Bupleurum scorzonerifolium* Willd. 的干燥根。按性状不同，分别习称"北柴胡"和"南柴胡"。

【采制】春、秋二季采挖，除去茎叶和泥沙，干燥。

【产地】

1. **北柴胡** 主产于河北、河南、东北、陕西等地。

2. **南柴胡** 主产于江苏、安徽、东北等地。

【商品性状特征】

1. **药材**

北柴胡 呈圆柱形或长圆锥形，长 6~15cm，直径 0.3~0.8cm。根头膨大，顶端残留 3~15 个茎基或短纤维状叶基，下部分枝。表面黑褐色或浅棕色，具纵皱纹、支根痕及皮孔。质硬而韧，不易折断，断面显纤维性，皮部浅棕色，木部黄白色。气微香，味微苦。

南柴胡 根较细，圆锥形，顶端有多数细毛状枯叶纤维，下部多不分枝或稍分枝。表面红棕色或黑棕色，靠近根头处多具细密环纹。质稍软，易折断，断面略平坦，不显纤维性。具败油气。

2. **饮片**

北柴胡 呈不规则厚片。外表皮黑褐色或浅棕色，具纵皱纹和支根痕。切面淡黄白色，纤维性。质硬。气微香，味微苦。

醋北柴胡 形如北柴胡片，表面淡棕黄色，微有醋香气，味微苦。

南柴胡 呈类圆形或不规则片。外表皮红棕色或黑褐色。有时可见根头处具细密环纹或有细毛状枯叶纤维。切面黄白色，平坦。具败油气。

醋南柴胡 形如南柴胡片，微有醋香气。

【规格等级】商品分北柴胡和南柴胡 2 种规格，均为统货。

【品质评价】以主根粗长，分枝少，残留茎较少，质地柔软者为佳。

【性味功能】味苦，性微寒。疏散退热，疏肝解郁，升举阳气。用于感冒发热，寒热往来，胸胁胀痛，月经不调，子宫脱垂，脱肛。

【用法用量】3~10g。

【贮藏】置通风干燥处，防蛀。

北沙参　Beishashen

Glehniae Radix

【别名】海沙参、银沙参、辽沙参。

【来源】伞形科植物珊瑚菜 *Glehnia littoralis* Fr. Schmidt ex Miq. 的干燥根。

【采制】夏、秋二季采挖，除去须根，洗净，稍晾，置沸水中烫后，除去外皮，干燥。或洗净直接干燥。

【产地】主产于山东莱阳、烟台、文登，内蒙古赤峰牛家营子镇，河北安国等地。以山东莱阳产质量佳，称为"莱阳沙参"，为著名道地药材。

【商品性状特征】

1. **药材**　呈细长圆柱形，偶有分枝，长15~45cm，直径0.4~1.2cm。表面淡黄白色，略粗糙，偶有残存外皮，不去外皮的表面黄棕色。全体有细纵皱纹和纵沟，并有棕黄色点状细根痕；顶端常留有黄棕色根茎残基；上端稍细，中部略粗，下部渐细。质脆，易折断，断面皮部浅黄白色，木部黄色。气特异，味微甘。气特异，味微甘。

带皮生晒者，外皮淡棕色，断面白色粉性。

2. **饮片**　为0.3~0.5cm厚的段片，外表淡黄白色，切面有黄心，中心具网纹，半透明。

【规格等级】商品分3个等级。

一等：呈细长圆柱状，去净外皮，表面黄白色。质坚实。断面皮部淡黄白色，有黄色木质心。微有香气，味微甜，条长34cm以上，上中部直径0.3~0.6cm，无芦头、细尾须、油条。

二等：条长23cm以上。余同一等。

三等：条长23cm以下，粗细不分，间有破碎。余同一等。

【品质评价】以根条细长，圆柱形，均匀，质坚，外皮色白净者为佳。

【性味功能】味甘、微苦，性微寒。养阴清肺，益胃生津。用于肺热燥咳，劳嗽痰血，胃阴不足，热病津伤，咽干口渴。

【用法用量】5~12g。不宜与藜芦同用。

【贮藏】置通风干燥处，防蛀。

龙胆　Longdan

Gentianae Radix et Rhizoma

【别名】胆草、龙胆草、四叶胆、草龙胆。

【来源】龙胆科植物条叶龙胆 *Gentiana manshurica* Kitag.、龙胆 *Gentiana scabra* Bge.、三花龙胆 *Gentiana triflora* Pall. 或坚龙胆 *Gentiana rigescens* Franch. 的干燥根和根茎。前三

种习称"龙胆"，后一种习称"坚龙胆"。

【采制】春、秋二季采挖，洗净，干燥。

【产地】

1. 条叶龙胆　主产于东北地区，河南、江苏等地。

2. 龙胆　主产于东北地区。

3. 三花龙胆　主产于东北及内蒙古等地。

4. 坚龙胆　主产于云南、四川等地。

【商品性状特征】

1. 药材

龙胆　根茎呈不规则的块状，长1～3cm，直径0.3～1cm；表面暗灰棕色或深棕色，上端有茎痕或残留茎基，周围和下端着生多数细长的根。根圆柱形，略扭曲，长10～20cm，直径0.2～0.5cm；表面淡黄色或黄棕色，上部多有显著的横皱纹，下部较细，有纵皱纹及支根痕。质脆，易折断，断面略平坦，皮部黄白色或淡黄棕色，木部色较浅，呈点状环列。气微，味甚苦。

坚龙胆　表面无横皱纹，外皮膜质，易脱落，木部黄白色，易与皮部分离。

2. 饮片

龙胆　呈不规则形的段。根茎呈不规则块片，表面暗灰棕色或深棕色。根圆柱形，表面淡黄色至黄棕色，有的有横皱纹，具纵皱纹。切面皮部黄白色至棕黄色，木部色较浅。气微，味甚苦。

坚龙胆　呈不规则形的段。根表面无横皱纹，膜质外皮已脱落，表面黄棕色至深棕色。切面皮部黄棕色，木部色较浅。

【规格等级】商品分为关龙胆（龙胆）和坚龙胆2种规格，均为统货。

【品质评价】

龙胆　以根茎小，根密而粗长，色淡黄，味极苦者为佳。

坚龙胆　以根细长，色黄棕，味极苦者为佳。

【性味功能】味苦，性寒。清热燥湿，泻肝胆火。用于湿热黄疸，阴肿阴痒，带下，湿疹瘙痒，肝火目赤，耳鸣耳聋，胁痛口苦，强中，惊风抽搐。

【用法用量】3～6g。

【贮藏】置干燥处。

知 识 链 接

商品行情　龙胆药用历史悠久，为中医临床传统的常用药材。20世纪70年

代之前，东北的关龙胆均为野生品；70 年代后，随着临床用量的不断增加，关龙胆的野生资源逐年减少；云贵的坚龙胆被大量开发利用，产量大，价格低；20世纪 90 年代起东北关龙胆开始推广种植，但由于生长周期长、投入高，家种面积逐年下降，属于市场供应紧张的品种。龙胆广泛用于临床配方、中成药及兽药的原料和出口，年需求量约 1500～2000 吨。

秦艽 Qinjiao

GentianaeMacrophyllae Radix

【别名】大叶秦艽、大叶龙胆、西秦艽。

【来源】龙胆科植物秦艽 *Gentiana macrophylla* Pall.、麻花秦艽 *Gentiana straminea* Maxim.、粗茎秦艽 *Gentiana crassicaulis* Duthie ex Burk. 或小秦艽 *Gentiana dahurica* Fisch. 的干燥根。前三种按性状不同分别习称"秦艽"和"麻花艽"，后一种习称"小秦艽"。

【采制】春、秋二季采挖，除去泥沙；秦艽和麻花艽晒软，堆置"发汗"至表面呈红黄色或灰黄色时，摊开晒干，或不经"发汗"直接晒干；小秦艽趁鲜时搓去黑皮，晒干。

【产地】

1. **秦艽** 主产于甘肃、山西、陕西等地，以甘肃产量最大，质量最好。

2. **麻花秦艽** 主产于四川、甘肃、青海、西藏等地。

3. **粗茎秦艽** 主产于西南地区。

4. **小秦艽** 主产于河北、内蒙古及陕西等地。

【商品性状特征】

1. **药材**

秦艽 呈类圆柱形，上粗下细，扭曲不直，长 10～30cm，直径 1～3cm。表面黄棕色或灰黄色，有纵向或扭曲的纵皱纹，顶端有残存茎基及纤维状叶鞘。质硬而脆，易折断，断面略显油性，皮部黄色或棕黄色，木部黄色。气特异，味苦、微涩。

麻花艽 呈类圆锥形，多由数个小根纠聚而膨大，直径可达 7cm。表面棕褐色，粗糙，有裂隙呈网状孔纹。质松脆，易折断，断面多呈枯朽状。

小秦艽 呈类圆锥形或类圆柱形，长 8～15cm，直径 0.2～lcm。表面棕黄色。主根通常 1 个，残存的茎基有纤维状叶鞘，下部多分枝。断面黄白色。

2. **饮片** 呈类圆形的厚片。外表皮黄棕色、灰黄色或棕褐色，粗糙，有扭曲纵纹或网状孔纹。切面皮部黄色或棕黄色，木部黄色，有的中心呈枯朽状。气特异，味苦、微涩。

【规格等级】商品分为秦艽、麻花艽、小秦艽 3 种规格。

1. **秦艽** 秦艽分为 2 个等级。

一等：呈圆锥形或圆柱形，有纵向皱纹，主根粗大似鸡腿、萝卜、牛尾状。表面灰黄色或棕色。质坚而脆。断面棕红色或棕黄色，中心土黄色。气特殊，味苦涩。芦下直径 1.2cm 以上。无芦头、须根。

二等：芦下直径 1.2cm 以下，最小不低于 0.6cm。余同一等。

2. **麻花艽** 统货。

3. **小秦艽** 小秦艽分为 2 个等级。

一等：干货。条长 20cm 以上，芦下直径 1cm 以上。无残茎。

二等：干货。长短大小不分，但芦下最小直径不低于 0.3cm。

【品质评价】以质坚实，色棕黄，气味浓厚者为佳。

【性味功能】味辛、苦，性平。祛风湿，清湿热，止痹痛，退虚热。用于风湿痹痛，中风半身不遂，筋脉拘挛，骨节酸痛，湿热黄疸，骨蒸潮热，小儿疳积发热。

【用法用量】3~10g。

【贮藏】置通风干燥处。

徐长卿 Xuchangqing

Cynanchi Paniculati Radix et Rhizoma

【别名】了刁竹、一枝香、逍遥竹、线香草。

【来源】萝摩科植物徐长卿 *Cynanchum paniculatum* (Bge.) Kitag. 的干燥根和根茎。

【采制】秋季采挖，除去杂质，阴干。

【产地】全国各地均产。

【商品性状特征】

1. **药材** 呈不规则柱状，有盘节，长 0.5~3.5cm，直径 2~4mm。有的顶端带有残茎，细圆柱形，长约 2cm，直径 1~2mm，断面中空；根茎节处周围着生多数根。根呈细长圆柱形，弯曲，长 10~16cm，直径 1~1.5mm。表面淡黄白色至淡棕黄色或棕色，具微细的纵皱纹，并有纤细的须根。质脆，易折断，断面粉性，皮部类白色或黄白色，形成层环淡棕色，木部细小。气香，味微辛凉。

2. **饮片** 呈不规则的段。根茎有节，四周着生多数根。根圆柱形，表面淡黄白色至淡棕黄色或棕色，有细纵皱纹。切面粉性，皮部类白色或黄白色，形成层环淡棕色，木部细小。气香，味微辛凉。

【规格等级】统货。

【品质评价】以根多而长，气味浓者为佳。

【性味功能】味辛，性温。祛风，化湿，止痛，止痒。用于风湿痹痛，胃痛胀满，牙

痛，腰痛，跌扑伤痛，风疹、湿疹。

【用法用量】3~12g，后下。

【贮藏】置阴凉干燥处。

白前　Baiqian

Cynanchi Stauntonii Rhizoma et Radix

【别名】芫花叶白前、石蓝。

【来源】萝藦科植物柳叶白前 *Cynanchum stauntonii*（Decne.）Schltr. ex Levl. 或芫花叶白前 *Cynanchum glaucescens*（Decne.）Hand.-Mazz 的干燥根茎和根。

【采制】秋季采挖，洗净，晒干。

【产地】主产于浙江、江苏、安徽等地。

【商品性状特征】

1. **柳叶白前**　根茎呈细长圆柱形，有分枝，稍弯曲，长 4~15cm，直径 1.5~4mm。表面黄白色或黄棕色，节明显，节间长 1.5~4.5cm，顶端有残茎。质脆，断面中空。节处簇生纤细弯曲的根，长可达 10cm，直径不及 1mm，有多次分枝呈毛须状，常盘曲成团。气微，味微甜。

2. **芫花叶白前**　根茎较短小或略呈块状；表面灰绿色或灰黄色，节间长 1~2cm。质较硬。根稍弯曲，直径约 1mm，分枝少。

【规格等级】商品分为柳叶白前和芫花叶白前 2 种规格，均为统货。

【性味功能】味辛、苦，性微温。降气，消痰，止咳。用于肺气壅实，咳嗽痰多，胸满喘急。

【用法用量】3~10g。

【贮藏】置通风干燥处。

知 识 链 接

商品行情　白前商品主要来源于栽培品。白前为强力枇杷露、枇杷止咳颗粒、橘红痰咳颗粒、止咳胶囊等中成药的原材料，随着这些中成药的开发，白前的需求量不断增加，20 世纪 70 年代年产销量约 100~200 吨，目前白前的年需求量约为 900 吨。

白薇 Baiwei

Cynanchi Atrti Radix et Rhizoma

【别名】薇草、马尾白薇、白马薇、老君须。

【来源】萝藦科植物白薇 *Cynanchum atratum* Bge. 或蔓生白薇 *Cynanchum versicolor* Bge. 的干燥根和根茎。

【采制】春、秋二季采挖，洗净，干燥。

【产地】主产于山东、安徽、辽宁、湖北等地。

【商品性状特征】

1. **药材** 根茎粗短，有结节，多弯曲。上面有圆形的茎痕，下面及两侧簇生多数细长的根，根长 10~25cm，直径 0.1~0.2cm。表面棕黄色。质脆，易折断，断面皮部黄白色，木部黄色。气微，味微苦。

2. **饮片** 呈不规则段或薄片。切面皮部黄白色，木部黄色。周边棕黄色，黄棕色或棕色，平滑或具细皱纹，偶有带细须根的段片。质硬脆。气微，味微苦。

【规格等级】统货。

【品质评价】以根粗壮，条匀，色黄棕，断面白色实心者为佳。

【性味功能】味苦、咸，性寒。清热凉血，利尿通淋，解毒疗疮。用于温邪伤营发热，阴虚发热，骨蒸劳热，产后血虚发热，热淋，血淋，痈疽肿毒。

【用法用量】5~10g。

【贮藏】置通风干燥处。

紫草 Zicao

Arnebiae Radix

【别名】硬紫草、软紫草。

【来源】紫草科植物新疆紫草 *Arnebia euchroma*（Royle）Johnst. 或内蒙紫草 *Arnebia guttata* Bunge 的干燥根。前者称为"软紫草"，后者称为"硬紫草"。

【采制】春、秋二季采挖，除去泥沙，干燥。

【产地】

1. **新疆紫草** 主产于新疆、西藏等地。

2. **内蒙紫草** 主产于内蒙古、甘肃等地。

【商品性状特征】

1. **药材**

新疆紫草（软紫草） 呈不规则的长圆柱形，多扭曲，长 7~20cm，直径 1~2.5cm。

表面紫红色或紫褐色，皮部疏松，呈条形片状，常 10 余层重叠，易剥落。顶端有的可见分歧的茎残基。体轻，质松软，易折断，断面不整齐，木部较小，黄白色或黄色。气特异，味微苦、涩。

内蒙紫草　呈圆锥形或圆柱形，扭曲，长 6~20cm，直径 0.5~4cm。根头部略粗大，顶端有残茎 1 或多个，被短硬毛。表面紫红色或暗紫色，皮部略薄，常数层相叠，易剥离。质硬而脆，易折断，断面较整齐，皮部紫红色，木部较小，黄白色。气特异，味涩。

2. 饮片

新疆紫草　为不规则的圆柱形切片或条形片状，直径 1~2.5cm。紫红色或紫褐色。皮部深紫色。圆柱形切片，木部较小，黄白色或黄色。

内蒙紫草　为不规则的圆柱形切片或条形片状，有的可见短硬毛，直径 0.5~4cm，质硬而脆。紫红色或紫褐色。皮部深紫色。圆柱形切片，木部较小，黄白色或黄色。

【规格等级】商品分为软紫草和硬紫草 2 种规格，均为统货。

【品质评价】以条粗大，色紫，皮厚者为佳。

【性味功能】味甘、咸，性寒。清热凉血，活血解毒，透疹消斑。用于血热毒盛，斑疹紫黑，麻疹不透，疮疡，湿疹，水火烫伤。

【用法用量】5~10。外用适量，熬膏或用植物油浸泡涂擦。

【贮藏】置干燥处。

丹参　Danshen
Salviae Miltiorrhize Radix et Rhizoma

【别名】赤参、紫丹参、血参。

【来源】唇形科植物丹参 *Salvia miltiorrhiza* Bge. 的干燥根和根茎。

【采制】春、秋二季采挖，除去泥沙，干燥。

【产地】

1. **野生品**　主产于山东、河南、陕西、湖北等地。

2. **栽培品**　主产于四川、山东、陕西、河南等地。

【商品性状特征】

1. 药材

野生品　根茎短粗，顶端有时残留茎基。根数条，长圆柱形，略弯曲，有的分枝并具须状细根，长 10~20cm，直径 0.3~1cm。表面棕红色或暗棕红色，粗糙，具纵皱纹。老根外皮疏松，多显紫棕色，常呈鳞片状剥落。质硬而脆，断面疏松，有裂隙或略平整而致密，皮部棕红色，木部灰黄色或紫褐色，导管束黄白色，呈放射状排列。气微，味微苦涩。

栽培品　较粗壮，直径 0.5~1.5cm。表面红棕色，具纵皱纹，外皮紧贴不易剥落。质坚实，断面较平整，略呈角质样。

2. 饮片　呈类圆形或椭圆形的厚片。外表皮棕红色或暗棕红色，粗糙，具纵皱纹。切面有裂隙或略平整而致密，有的呈角质样，皮部棕红色，木部灰黄色或紫褐色，有黄白色放射状纹理。气微，味微苦涩。

【规格等级】商品分为山丹参（野生品）和川丹参（栽培品）2 种规格。

1. 山丹参　统货。

2. 川丹参　川丹参分为 2 个等级。

一等：呈圆柱形或长条形，偶有分枝，表面紫红色，有纵皱纹，质坚实，皮细而粗壮，断面紫褐色，无纤维，味甜微苦，多为整枝，头尾齐全，主根中上部直径 1cm 以上。

二等：主根中上部直径 1cm 以下，但不低于 0.4cm，有单枝或撞断的碎节。余同一等品。

【品质评价】野生品以茎短，根条粗长，表面色砖红，须根少，断面色白者为佳。栽培品以根条粗壮，分枝少，色棕红或紫红，皮细，质坚实者为佳。

【性味功能】味苦，性微寒。活血祛瘀，通经止痛，清心除烦，凉血消痈。用于胸痹心痛，脘腹胁痛，癥瘕积聚，热痹疼痛，心烦不眠，月经不调，痛经经闭，疮疡肿痛。

【用法用量】10~15g。不宜与藜芦同用。

【贮藏】置干燥处。

知 识 链 接

商品行情　丹参为中医常用的大宗药材，有 2000 多年的药用历史。近年来，丹参已广泛地应用于临床治疗、疾病预防、健体美容、各种中成药原料，并大量出口，年需求量 20000 吨以上。

黄芩　Huangqin
Scutellariae Radix

【别名】条芩、子芩、枯芩。

【来源】唇形科植物黄芩 *Scutellaria baicalensis* Georgi 的干燥根。

【采制】春、秋二季采挖，除去须根和泥沙，晒后撞去粗皮，晒干。

【产地】

1. 野生品　主产于河北、山西、内蒙古等地。

2. 栽培品　主产于山东、河北、山西、河南等地。

【商品性状特征】

1. 药材

野生品　呈圆锥形，扭曲，长8~25cm，直径1~3cm。表面棕黄色或深黄色，有稀疏的疣状细根痕，上部较粗糙，有扭曲的纵皱纹或不规则的网纹，下部有顺纹和细皱纹。质硬而脆，易折断，断面黄色，中心红棕色，称之"子芩"；老根中心呈枯朽状或中空，暗棕色或棕黑色，称之"枯芩"。气微，味苦。

栽培品　较细长，多有分枝。表面浅黄棕色，外皮紧贴，纵皱纹较细腻。断面黄色或浅黄色，略呈角质样。味微苦。

2. 饮片　为类圆形或不规则形薄片。外表皮黄棕色或棕褐色。切面黄棕色或黄绿色，具放射状纹理。

【规格等级】商品分为枝芩（条芩）、子芩、枯芩、片芩等规格。

1. 枝芩　枝芩分为2个等级。

一等：呈圆锥形，上部皮较粗糙，有明显的网纹及扭曲的纵皱。下部皮细有顺纹或皱纹。表面黄色或黄棕色。质坚脆。断面深黄色，上端中央有黄绿色或棕褐色的枯心。气微、味苦。条长10cm以上，中部直径1cm以上。去净粗皮。

二等：条长4cm以上，中部直径1cm以下，但不小于0.4cm。余同一等。

2. 子芩、枯芩、片芩　统货。

【品质评价】以条粗长，质坚实，断面色黄，内心充实者为佳。

【性味功能】味苦，性寒。清热燥湿，泻火解毒，止血，安胎。用于湿温、暑湿，胸闷呕恶，湿热痞满，泻痢，黄疸，肺热咳嗽，高热烦渴，血热吐衄，痈肿疮毒，胎动不安。

【用法用量】3~10g。

【贮藏】置通风干燥处，防潮。

知 识 链 接

商品行情　黄芩是中医常用的大宗中药之一，至今已有2000余年的历史。20世纪60年代以前，黄芩全部来源于野生资源，随着需求量的不断增加，野生资源不断减少；20世纪60年代起，开始人工栽培研究。目前黄芩商品野生与栽培均有，属于能够满足市场需求的品种。黄芩号称"中药的抗生素"，广泛用于临床及多种中成药的原料，又是提取黄芩苷的原材料和大宗出口品种。国内外年需求量约为10000吨。

玄参 Xuanshen

Scrophulariae Radix

【别名】黑参、浙玄参、元参。

【来源】玄参科植物玄参 *Scrophularia ningpoensis* Hemsl. 栽培品的干燥根。

【采制】冬季茎叶枯萎时采挖，除去根茎、幼芽、须根及泥沙，晒或烘至半干，堆放3~6天，反复数次至干燥。

【产地】主产于浙江、湖北、江苏等地。

【商品性状特征】

1. **药材** 呈类圆柱形，中间略粗或上粗下细，有的微弯曲，长6~20cm，直径1~3cm。表面灰黄色或灰褐色，有不规则的纵沟、横长皮孔样突起和稀疏的横裂纹和须根痕。质坚实，不易折断，断面黑色，微有光泽。气特异似焦糖，味甘、微苦。

2. **饮片** 呈类圆形或椭圆形的薄片。外表皮灰黄色或灰褐色。切面黑色，微有光泽，有的具裂隙。气特异似焦糖，味甘、微苦。

【规格等级】 商品分为3个等级。

一等：呈类纺锤形或长条形。表面灰褐色，有纵纹及抽沟。质坚韧。断面黑褐色或黄褐色。味甘微苦咸。每1000g 36支以内，支头均匀。无芦头、空泡。

二等：每1000g 72支以内。余同一等。

三等：每1000g 72支以外，个头最小在5g以上。余同一等。

【品质评价】以条粗长，质坚实，断面乌黑色者为佳。

【性味功能】味甘、苦、咸，性微寒。清热凉血，滋阴降火，解毒散结。用于热入营血，温毒发斑，热病伤阴，舌绛烦渴，津伤便秘，骨蒸劳嗽，目赤，咽痛，白喉，瘰疬，痈肿疮毒。

【用法用量】9~15g。不宜与藜芦同用。

【贮藏】置干燥处，防霉，防蛀。

地黄 Dihuang

Rehmanniae Radix

【别名】怀庆地黄。

【来源】玄参科植物地黄 *Rehmannia glutinosa* Libosch. 栽培品的新鲜或干燥块根。鲜品称为"鲜地黄"，干品称为"生地黄"。

【采制】秋季采挖，除去芦头、须根及泥沙，鲜用；或将地黄缓缓烘焙至约八成干。

【产地】主产于河南、山东、河北、山西等地。

【商品性状特征】

1. 药材

鲜地黄　呈纺锤形或条状，长 8~24cm，直径 2~9cm。外皮薄，表面浅红黄色，具弯曲的纵皱纹、芽痕、横长皮孔样突起及不规则疤痕。肉质，易断，断面皮部淡黄白色，可见橘红色油点，木部黄白色，导管呈放射状排列。气微，味微甜、微苦。

生地黄　多呈不规则的团块状或长圆形，中间膨大，两端稍细，有的细小，长条状，稍扁而扭曲，长 6~12cm，直径 2~6cm。表面棕黑色或棕灰色，极皱缩，具不规则的横曲纹。体重，质较软而韧，不易折断，断面棕黑色或乌黑色，有光泽，具黏性。气微，味微甜。

2. 饮片

呈类圆形或不规则的厚片。外表皮棕黑色或棕灰色，极皱缩，具不规则的横曲纹。切面棕黑色或乌黑色，有光泽，具黏性。气微，味微甜。

【规格等级】商品按每1000g含有的支数分为 5 个等级。

生地黄分为 5 个等级。

一等：呈纺锤状或条形圆根。体重质柔韧，表面棕黑色或棕灰色。断面黑褐色或乌黑色，具油性，味微甜。每1000g 16 支以内，无芦头、老母、生心、焦枯。

二等：每1000g 32 支以内。余同一等。

三等：每1000g 60 支以内。余同一等。

四等：每1000g 100 支以内。余同一等。

五等：每1000g 100 支以外。油性小，支根瘦小，最小货直径1cm以上。余同四等。

出口品：生地黄以每1000g所含支数分等级：8 支、16 支、32 支、50 支、小生地、生地节。

【品质评价】

鲜地黄　以粗壮，色红黄者为佳。

生地黄　以块大，体重，断面乌黑色，味甜者为佳。

【性味功能】

鲜地黄　味甘、苦，性寒。清热生津，凉血，止血。用于热病伤阴，舌绛烦渴，温毒发斑，吐血，衄血，咽喉肿痛。

生地黄　味甘，性寒。清热凉血，养阴生津。用于热入营血，温毒发斑，吐血衄血，热病伤阴，舌绛烦渴，津伤便秘，阴虚发热，骨蒸劳热，内热消渴。

【用法用量】鲜地黄 12~30g；生地黄 10~15g。

【贮藏】鲜地黄埋在沙土中，防冻；生地黄置通风干燥处，防霉，防蛀。

知 识 链 接

1. **商品行情** 地黄为中医最常用的大宗传统药材之一,至今已有2700余年的药用历史,历来就作为贡品和馈赠亲友的珍品。商品来源于栽培品,栽培历史已有1000余年,属于可以满足市场需要的品种。地黄广泛用于临床配方和多种中成药的主要原料,大量用于保健药品、食品和饮料的开发;又是大宗传统的出口商品。国内外年需求量约20000吨。

2. **熟地黄** 为鲜地黄经过九蒸九晒的炮制品,呈不规则块状,大小不一,内外均是漆黑色,有光泽,外表面皱缩不平。断面滋润,中心部可见光亮的油脂状块,黏性大,质柔软,气微,味甜。以块根肥大,软润,内外乌黑有光泽者为佳。味甘,性微温,具有滋阴补血、益精填髓等功效。

胡黄连 Huhuanglian

Picrorhizae Rhizoma

【别名】胡连、黑连、西藏胡黄连。

【来源】玄参科植物胡黄连 *Picrorhiza scrophulariiflora* Pennell 的干燥根茎。

【采制】秋季采挖,除去须根及泥沙,晒干。

【产地】主产于西藏南部、云南西北部及四川西部等地,尼泊尔一带也有分布。

【商品性状特征】

1. **药材** 呈圆柱形,略弯曲,偶有分枝,长3~12cm,直径0.3~1cm。表面灰棕色至暗棕色,粗糙,有较密的环状节,具稍隆起的芽痕或根痕,上端密被暗棕色鳞片状的叶柄残基。体轻,质硬而脆,易折断,断面略平坦,淡棕色至暗棕色,木部有4~10个类白色点状维管束排列成环。气微,味极苦。

2. **饮片** 为不规则的圆形薄片,外表皮灰棕色至暗棕色。切面灰黑色或棕黑色,木部有4~10个类白色点状维管束排列成环,气微,味极苦。

【规格等级】统货。

【品质评价】以根条粗长,质脆,苦味浓者为佳。

【性味功能】味苦,性寒。退虚热,除疳热,清湿热。用于骨蒸潮热,小儿疳热,湿热泻痢,黄疸尿赤,痔疮肿痛。

【用法用量】3~10g。

【贮藏】置干燥处。

知 识 链 接

商品行情 胡黄连商品来源主要以进口货为主，地产量小；主要为野生品，种植较少；市场行情近几年相差不大，货源按需走动。

巴戟天 Bajitian
Morindae Officinalis Radix

【别名】巴戟、鸡眼藤、广巴戟、鸡肠风。

【来源】茜草科植物巴戟天 *Morinda officinalis* How 的干燥根。

【采制】全年均可采挖，洗净，除去须根，晒至六七成干，轻轻捶扁，晒干。

【产地】主产于广东、广西等地。以广东德庆、郁南县栽培的巴戟天质最优。

【商品性状特征】

1. **药材** 呈扁圆柱形，略弯曲，长短不等，直径 0.5～2cm。表面灰黄色或暗灰色，具纵纹和横裂纹，有的皮部横向断离露出木部；质韧，断面皮部厚，紫色或淡紫色，易与木部剥离；木部坚硬，黄棕色或黄白色，直径 1～5mm。气微，味甘而微涩。

2. **饮片**

巴戟肉 扁圆柱形短段或不规则块。表面灰黄色或暗灰色，具纵纹和横裂纹。切面皮部厚，紫色或淡紫色，中空。气微，味甘而微涩。

盐巴戟天 扁圆柱形短段或不规则块。表面灰黄色或暗灰色，具纵纹和横裂纹。切面皮部厚，紫色或淡紫色，中空。气微，味甘、咸而微涩。

【规格等级】统货。

【品质评价】以根条粗大、呈连珠状，肉厚，色紫，质软，木心小，味微甜者为佳。

【性味功能】味辛、甘，性微温。补肾阳，强筋骨，祛风湿。用于阳痿遗精，宫冷不孕，月经不调，少腹冷痛，风湿痹痛，筋骨痿软。

【用法用量】3～10g。

【贮藏】置通风干燥处，防霉，防蛀。

知 识 链 接

商品行情 巴戟天药用历史悠久，为南方著名的滋补药材。市场上销售的品种野生与栽培均有。70 年代初期主产区广东省的种植面积不断扩大，福建、广西等地也有较大的发展。目前生产比较稳定，基本能满足市场的需求。

茜草 Qiancao

Rubiae Radix et Rhizoma

【别名】血茜草、血见愁、蒨草、地苏木。

【来源】茜草科植物茜草 *Rubia cordifolia* L. 的干燥根及根茎。

【采制】挖出根后，除去茎苗，洗净泥土，晒干或烘干。

【产地】主产于陕西渭南、河南嵩县、安徽六安、芜湖等地。以陕西渭南、河南嵩县产量大且质量优。

【商品性状特征】

1. **药材** 根茎呈结节状，下部着生粗细不等的根。根圆柱形，略弯曲，长 10~25cm，直径 0.2~1cm。表面红棕色或暗棕色，具细纵皱纹；皮部剥落处露出黄红色木部。质脆，断面平坦，皮部窄，紫红色，木部宽，浅黄红色，导管孔多数。气微，味微苦，久嚼刺舌。

2. **饮片**

茜草 呈类圆形片状或小段，大小不一，厚 0.15~0.3cm。余同药材。

茜草炭 形如生茜草。表面焦黑色，断面暗棕色。味焦苦。

【规格等级】商品按照粗细分为 1~3 等或为统货。

一等：外皮褐色，内红色，心淡黄色，根长 15~20cm，粗 7mm 以上。

二等：根长 10~15cm，粗 5mm 以上，余同一等。

三等：根长 10cm 以下，粗 4mm 以上，余同一等。

【品质评价】以根条粗长，表面红棕色，断面橙红色者为佳。

【性味功能】味苦，性寒。凉血，祛瘀，止血，通经。用于吐血，衄血，崩漏，外伤出血，瘀阻经闭，关节痹痛，跌扑肿痛。

【用法用量】6~10g。

【贮藏】置干燥处。

续断 Xuduan

Dipsaci Radix

【别名】川断、川续断、续断肉。

【来源】川续断科植物川续断 *Dipsacus asper* Wall. ex Henry 的干燥根。

【采制】秋季采挖，除去根头及须根，用微火烘至半干，堆置"发汗"至内部变绿色时，再烘干。

【产地】主产于四川、重庆、湖北、湖南、贵州等地。以四川、重庆、湖北产量大，质量优。

【商品性状特征】

1. **药材** 圆柱形，略扁，有的微弯曲，长 5~15cm，直径 0.5~2cm。表面灰褐色或黄褐色，有稍扭曲或明显扭曲的纵皱及沟纹，可见横裂的皮孔样斑痕及少数须根痕。质软，久置后变硬，易折断，断面不平坦，皮部墨绿色或棕色，外缘褐色或淡褐色，木部黄褐色，导管束呈放射状排列。气微香，味苦、微甜而后涩。

2. **饮片**

续断 类圆形或椭圆形的厚片。外表皮灰褐色至黄褐色，有纵纹。切面皮部墨绿色或棕褐色，木部灰黄色或黄褐色，可见放射状排列的导管束纹，形成层部位多有深色环。气微，味苦、微甜而涩。

酒续断 形如续断片，表面浅黑色或灰褐色，略有酒香气。

盐续断 形如续断片，表面黑褐色，味微咸。

【规格等级】商品分为 4 个等级。

一等：长 6.7cm 以上，围径 4.6cm 以上。

二等：长 6.7cm 以上，围径 2.3cm 以上。

三等：长 6.7cm 以上，围径 2cm 以上。

四等：围径 1.3cm 以上。

【品质评价】以根条粗，质软，断面带墨绿色者为佳。

【性味功能】味苦、辛，性微温。补肝肾，强筋骨，续折伤，止崩漏。用于肝肾不足，腰膝酸软，风湿痹痛，跌扑损伤，伤筋骨折，崩漏，胎漏。

酒续断 多用于风湿痹痛，跌扑损伤，伤筋骨折。

盐续断 多用于腰膝酸软。

【用法用量】9~15g。

【贮藏】置干燥处，防蛀。

天花粉 Tianhuafen

Trichosanthis Radix

【别名】栝楼根、花粉、楼根。

【来源】葫芦科植物栝楼 *Trichosanthes kirilowii* Maxim. 或双边栝楼 *Trichosanthes rosthornii* Harms 栽培品的干燥根。

【采制】秋、冬二季采挖，洗净，除去外皮，切段或纵剖成瓣，干燥。

【产地】主产于河南孟州、安阳、温县，安徽亳州、鹿邑等地。

【商品性状特征】

1. **药材** 呈不规则圆柱形、纺锤形或瓣块状，长 8~16cm，直径 1.5~5.5cm。表面黄

白色或淡棕黄色，有纵皱纹、细根痕及略凹陷的横长皮孔，有的有黄棕色外皮残留。质坚实，断面白色或淡黄色，富粉性，横切面可见黄色木质部，略呈放射状排列，纵切面可见黄色条纹状木质部。气微，味微苦。

2. 饮片　呈圆柱形、半圆形或不规则形的厚片，外表皮黄白色或淡棕黄色，切面可见黄色木质部小孔，略呈放射状排列。气微，味微苦。

【规格等级】　商品分为 3 个等级。

一等：干货。呈类圆柱形、纺锤形或纵切两瓣。长 15cm 以上，中部直径 3.5cm 以上。刮去外皮，条均匀。表而白色或黄白色，光洁。质坚实，体重。断面白色，粉性足。味淡、微苦。无黄筋、粗皮、抽沟；无糠心。

二等：干货。长 15cm 以上，中部直径 2.5cm 以上。其余同一等。

三等：干货。扭曲不直，中部直径不小于 1cm。去净外皮及须根。表面粉白色、淡黄白色或灰白色，有纵皱纹。断面灰白色，有粉性，少有筋脉。气弱，味微苦。

【品质评价】　以色白，质坚实，粉性足者为佳。

【性味功能】　味甘、微苦，性微寒。清热泻火，生津止渴，消肿排脓。用于热病烦渴，肺热燥咳，内热消渴，疮疡肿毒。

【用法用量】　10~15g。孕妇慎用，不宜与川乌、制川乌、草乌、制草乌、附子等同用。

【贮藏】　置干燥处，防蛀。

知 识 链 接

商品行情　20 世纪 60 年代以前，天花粉商品主要依靠野生资源，70 年代以后，各地先后开展了天花粉的人工栽培，栽培品成为商品的主要来源。市场需求量较大，属于能够满足市场需要的品种。

桔梗　Jiegeng
Platycodonis Radix

【别名】铃铛花。

【来源】桔梗科植物桔梗 *Platycodon grandiflorum*（Jacq.）A. DC. 的干燥根。

【采制】野生品于春、秋二季采挖，以秋季采者质量好；栽培品在播种 2~3 年后，于秋季植株枯萎后或春季芽萌动前采收。采收的根，趁鲜时用瓷片刮去栓皮，洗净，晒干；或不去外皮，直接晒干。

【产地】野生品全国大部分地区均有生产，以东北、华北产量较大，习称北桔梗；华

东地区产者，习称南桔梗。栽培品主产于河南、山东、安徽、内蒙古、陕西等地，属于南桔梗类。

【商品性状特征】

1. 药材

野生品　呈长圆柱形或略呈纺锤形，下部渐细，有的分枝，略扭曲，长7~20cm，直径0.7~2cm。表面白色或淡黄白色，有纵皱纹、沟纹及横向皮孔；上端根茎部有数个半月形茎痕。质硬脆，断面不平坦，微具放射状裂隙，皮部类白色，形成层环棕色，木部淡黄色，习称"金井玉栏"。气微，味微甜而后稍苦。

栽培品　根圆柱形，单条或有分枝。表面白色，有纵纹，较平滑；不去外皮者表面黄棕色至灰棕色。芦头呈短圆柱形，芦碗少或无。体重，质硬脆，断面少见裂隙。气微，味较甜，稍苦。

2. 饮片

呈圆形或类圆形的薄片，直径0.5~1.5cm，厚0.1~0.3cm；长椭圆形的斜切片，长至3.5cm。周边白色或淡黄白色，具纵皱沟及横长皮孔，偶有支根痕及黄棕色栓皮。切面皮部淡黄白色，形成层环淡褐色，木部淡黄色，有放射状纹理及裂隙。质脆，易折断；断面粉性。气微，味微甜而后苦。

【规格等级】商品分北桔梗、南桔梗等规格，北桔梗统货，南桔梗按大小分为3等。

1. 北桔梗　统货。

2. 南桔梗　南桔梗分为3个等级。

一等：呈顺直的长条形，去净粗皮及细梢。表面白色，体坚实。断面皮部白色，木部淡黄色，味微甜苦辛。上部直径1.4cm，长14cm以上。

二等：上部直径1cm，长12cm以上。余同一等。

三等：味甘后苦。上部直径不低于0.5cm，长度不低于7cm。余同一等。

【品质评价】以根肥大，色白，质坚实，味苦者为佳。

【性味功能】味苦、辛，性平。宣肺，利咽，祛痰，排脓。用于咳嗽痰多，胸闷不畅，咽痛音哑，肺痈吐脓。

【用法用量】3~10g。

【贮藏】置通风干燥处，防蛀。

知 识 链 接

商品行情　商品桔梗来源野生和栽培均有，栽培品为市场主流。在秦岭东部的商洛山区已有1400多年的种植历史。桔梗作为药食同源品种，市场需求量大，销全国各地并出口韩国等东南亚国家。

党参 Dangshen

Codonopsis Radix

【别名】防风党参、黄参、上党参、上党。

【来源】桔梗科植物党参 *Codonopsis pilosula* (Franch.) Nannf.、素花党参 *Codonopsis pilosula* Nannf. var. *modesta* (Nannf.) L. T. Shen、或川党参 *Codonopsis tangshen* Oliv. 的干燥根。

【采制】秋季白露前后采挖栽培 3 年以上的根。采收时先拔除支架，割去茎蔓，挖取参根。挖根时注意不要伤根，以防浆汁流失。将根洗净泥土，按大小、长短、粗细分为老、大、中条，分别加工晾晒。晒至半干（即参体柔软，绕指而不断）时，用手顺理根条并用木板搓揉，使皮部与木部紧贴，饱满柔软；然后再晒再搓，反复 3~4 次，至七八成干时，捆成小把，晒至足干，即为成品。理参和揉搓的次数不宜过多，用力不要过大，否则会变成"油条"，降低质量；每次理参或搓参后，必须摊晾，不能堆放，以免发酵，影响品质。若遇阴雨天，可用烘干法干燥，但只能用微火，不能用大火，否则根条易起鼓泡，使皮肉分离。

【产地】

1. **党参** 主产于山西晋东南地区的平顺、陵川、长治等地及河南济源、焦作、新乡等地，习称潞党；山西五台山地区产的野生党参，称"野党参"或"台党"。产于辽宁凤城、宽甸，吉林延边州、通化，黑龙江尚志、五常、宾县等地，习称"东党"。甘肃定西、陇西等地有大量栽培，习称"白条党参"。

2. **素花党参** 主产于甘肃文县、武都、舟曲等地，陕西凤县。以甘肃文县和四川的南坪生产的最著名，习称"西党"。

3. **川党参** 主产于四川南坪，湖北恩施、建始、利川，重庆城口、巫山，陕西平利等地。其中山西、甘肃是党参重要的栽培基地。

【商品性状特征】

1. **药材**

党参　根呈长圆柱形，表面黄棕色至灰棕色，根头部有多数疣状突起的茎痕及芽（习称"狮子盘头"），每个茎痕的顶端呈凹下的圆点状；根头下有致密的横环纹，向下渐稀疏，全体有纵皱纹及横长皮孔，支根断落处常有黑褐色胶状物。质稍硬或略韧，断面有裂隙及或放射状纹理，皮部淡黄白色至淡棕色，木部淡黄色。有特殊香气，味微甜。

野生品：根条大小不一。芦头大，狮子盘头明显。表面较粗糙，根头下有致密的横环纹，向下渐稀疏，有的达全长的一半。

栽培品：呈圆柱形，芦头较小，狮子盘头不明显。根头下横环纹少。

素花党参　表面黄白色至灰黄色，根头下有致密的横环纹，达全长的一半以上。断面裂隙较多，皮部灰白色至淡棕色，木部淡黄色。

川党参　表面灰黄色至淡棕色，有明显不规则纵沟。质较软而结实，断面裂隙较少，皮部黄白色，木部淡黄色。

2. 饮片

党参　呈类圆形或椭圆形厚片，或圆柱形小段。周边黄棕色至灰棕色，有纵皱纹，有时可见环纹、胶状物或具有"狮子盘头"的根头部。切面淡黄白色至淡黄棕色，有裂隙或放射状纹理，木部黄色，环纹棕色。有特殊香气，味微甜。

炒党参　形如党参片，呈老黄色，具香气。

炙党参　形如党参片，呈金黄色或黄褐色，味甜。

【规格等级】商品主要有潞党、西党、东党、条党（川党）、白党等规格。西党、潞党、条党分为 3 等，东党、白党分为 2 等。

1. 潞党

一等：呈圆柱形，芦头较小。表面黄褐色或灰黄色。质柔韧，断面黄白色，糖质多，味甜。芦下直径 1cm 以上。无油条。

二等：芦下直径 0.8cm 以上。余同一等。

三等：芦下直径 0.4cm 以上，油条不超过 10%。余同一等。

2. 西党

一等：呈圆锥形，头大尾小，上端多横纹。外皮粗松，表面米黄色或灰褐色。断面黄白色，有放射纹理。糖质多，味甜。芦下直径 1.5cm 以上。无油条。

二等：芦下直径 1cm 以上。余同一等。

三等：芦下直径 0.6cm 以上，油条不超过 15%。余同一等。

3. 东党

一等：呈圆锥形，芦头较大，芦下有横纹。体较松，质硬。表面土黄色或灰黄色，粗糙。断面黄白色，中心淡黄色，有裂隙，味甜。长 20cm 以上，芦下直径 1cm 以上。无毛须。

二等：长 20cm 以下，芦下直径 0.5cm 以上。余同一等。

4. 条党（川党）

一等：呈圆锥形，头上茎痕较少而小，条较长，上端有横纹或无，下端有纵皱纹。表面灰黄色至黄棕色。断面白色或黄白色，有放射纹理。有糖质，味甜。芦下直径 1.2cm 以上。

二等：芦下直径 0.8cm 以上。余同一等。

三等：芦下直径 0.5cm 以上，油条不超过 10%。无参秧。余同一等。

5. 白党

一等：呈圆锥形，具芦头。表面黄褐色或灰褐色。体较硬。断面黄白色，糖质少，味微甜。芦下直径 1cm 以上。

二等：芦下直径 0.5cm 以上。间有油条、短节。余同一等。

【品质评价】以根条粗长，质柔润，气浓味甜，嚼之无渣者为佳。

【性味功能】味甘，性平。补中益气，健脾益肺。用于脾肺虚弱，气短心悸，食少便溏，气虚喘咳，内热消渴。

【用法用量】9~30g。不宜与藜芦同用。

【贮藏】置通风干燥处，防蛀。

知 识 链 接

商品行情 党参为中医大宗常用药材，有数百年的药用历史。目前党参商品的主流几乎全部为栽培品，属于能够满足市场需求的品种。党参广泛应用于临床配方和中成药生产，是传统的大宗出口商品。党参药食两用，又是保健食品、保健饮料和保健美容品的重要原料。国内外年需求量约为 30000 吨。

沙参 shashen
Adenophorae Radix

【别名】沙参、泡参、泡沙参。

【来源】桔梗科植物轮叶沙参 Adenophora tetraphylla（Thunb.） Fisch. 或沙参 Adenophora stricta Miq. 的干燥根。

【采制】春、秋二季采挖，除去须根，洗后趁鲜刮去粗皮，洗净，干燥。

【产地】主产于安徽、江苏、贵州等地。

【商品性状特征】

1. **药材** 呈圆锥形或圆柱形，略弯曲，长 7~27cm，直径 0.8~3cm。表面黄白色或淡棕黄色，凹陷处常有残留粗皮，上部多有深陷横纹，呈断续的环状，下部有纵纹及纵沟。顶端具 1 或 2 个根茎。体轻，质松泡，易折断，断面不平坦，黄白色，多裂隙。气微，味微甘。

2. **饮片** 呈圆形或类圆形厚片，表面黄白色或类白色，有多数不规则裂隙，呈花纹状。周边淡棕黄色，皱缩。质轻。无臭，味微甘。

【规格等级】统货。

【品质评价】以根粗大，体实色黄白，味甘者为佳。

【性味功能】味甘，性微寒。养阴清肺，益胃生津，化痰，益气。用于肺热燥咳，阴虚劳嗽，干咳痰黏，胃阴不足，食少呕吐，气阴不足，烦热口干。

【用法用量】9~15g。不宜与藜芦同用。

【贮藏】置通风干燥处，防蛀。

木香 Muxiang
Aucklandiae Radix

【别名】云木香、广木香。

【来源】菊科植物木香 *Aucklandia lappa* Decne. 栽培品的干燥根。

【采制】秋、冬二季采挖，除去泥沙及须根，切段，大的再纵剖成瓣，干燥后撞去粗皮。

【产地】主产于云南丽江地区和迪庆州。原产于印度、缅甸、巴基斯坦，从广东进口，称为"广木香"。国内云南大量引种，称为"云木香"。

【商品性状特征】

1. 药材　圆柱形或半圆柱形，长5~10cm，直径0.5~5cm。表面黄棕色至灰褐色，有明显的皱纹、纵沟及侧根痕。质坚，不易折断，断面灰褐色至暗褐色，周边灰黄色或浅棕黄色，形成层环棕色，有放射状纹理及散在的褐色点状油室。气香特异，味微苦。

2. 饮片

木香　呈类圆形或不规则的厚片。外表皮黄棕色至灰褐色，有纵皱纹。切面棕黄色至棕褐色，中部有明显菊花心状的放射状纹理，形成层环棕色，褐色油点（油室）散在。气香特异，味微苦。

煨木香　形如木香片。气微香，味微苦。

【规格等级】　商品分为2个等级。

一等：干货。呈圆柱形或半圆柱形。表面棕黄色或灰棕色。体实。断面黄棕色或黄绿色，具油性。气香浓。味苦而辣。根条均匀，长8~12cm，最细的一端直径在2cm以上。不空、不泡、小朽。无芦头、根尾、焦枯、油条。

二等：干货。呈不规则的条状或块状。长3~19cm，最细的一端直径在0.8cm以上。间有根头根尾、碎节、碎块。无须根、枯焦。余同一等。

【品质评价】以坚实，根条均匀，香气浓郁，油性大者为佳。

【性味功能】味辛、苦，性温。行气止痛，健脾消食。用于胸胁，脘腹胀痛，泻痢后重，食积不消，不思饮食。

煨木香　实肠止泻，用于泄泻腹痛。

【用法用量】3~6g。

【贮藏】置干燥处,防潮。

知 识 链 接

商品行情　商品木香主要来源于栽培品。20世纪80年代末被列为濒危保护物种。现在主要栽培于云南,其中以云南西北部的丽江、迪庆、大理等地种植较多,且产量较大,销往全国,同时也供出口。

白术　Baizhu

Atractylodis Macrocephalae Rhizoma

【别名】浙术、冬白术、山芥。

【来源】菊科植物白术 *Atractylodes macrocephala* Koidz. 栽培品的干燥根茎。

【采制】霜降至立冬茎叶转枯黄时,采挖2~3年生的根茎。采收前的7~8月间摘除花蕾。通常选晴天采挖,剪去茎叶,除去泥沙,烘干或晒干后,再除去须根。烘干者称"烘术",晒干者称"生晒术"。

【产地】主产于浙江新昌、嵊州、磐安等地,安徽亳州,河北安国等地。江西、湖南、湖北亦产。以浙江产量大,质优。以浙江产者质优,习称"浙白术",为著名的"浙八味"之一。

【商品性状特征】

1. **药材**　呈不规则肥厚团块。表面灰黄色或灰棕色,有瘤状突起及断续的纵皱纹、沟纹及须根痕,顶端残留茎基和芽痕。质坚硬,不易折断,断面不平坦,黄白色至淡棕色,散有棕黄色的油室;烘干者断面角质样,色较深或有裂隙。气清香,味甘、微辛,嚼之略带黏性。

2. **饮片**

白术　呈不规则形或类三角形纵向厚片。周边灰黄色或灰棕色,有瘤状突起及断续的纵皱纹。切面黄白色至淡棕色,有棕黄色小油点散在。气清香,味甘微辛。

土白术　表面杏黄土色,附有细土。质脆。有土香气。

炒白术　表面黄棕色或棕褐色,偶见焦斑。质坚硬。有焦香气,味微甜。

【规格等级】　商品分为4个等级。

一等:呈不规则团块,形体完整。表面灰棕色或黄褐色。断面黄白色或灰白色。味甘、微辛苦。每1000g 40只以内。

二等：每 1000g 100 只以内。

三等：呈不规则团块状或长条形。每 1000g 200 只以内。

四等：体形不计，但需全体是肉（包括武子、花子）。每 1000g 200 只以外。

【品质评价】以个大，质坚实，断面色黄白，无空心，香气浓者为佳。

【性味功能】味甘、苦，性温。健脾益气，燥湿利水，止汗，安胎。用于脾虚食少，腹胀泄泻，痰饮眩悸，水肿，自汗，胎动不安。

土白术　健脾，和胃，安胎。用于脾虚食少，泄泻便溏，胎动不安。

【用法用量】6~12g。

【贮藏】置阴凉干燥处，防蛀。

知 识 链 接

商品行情　白术为《神农本草经》记载的常用药材。野生品以浙江于潜产者质量最佳，习称"于术"，为道地药材，目前已经极为少见。白术商品全部来源于栽培，属于可以满足市场需求的商品。国内外年需求量约 8000 吨。

苍术　Cangzhu
Atractylodis Rhizoma

【别名】茅苍术、北苍术、霜术。

【来源】菊科植物茅苍术 *Atractylodes lancea*（Thunb.）DC. 或北苍术 *Atractylodes chinensis*（DC.）Koidz. 的干燥根茎。野生或栽培。前者习称"茅苍术"或"南苍术"，后者习称"北苍术"。

【采制】

1. **茅苍术**　秋季采挖，除净泥土、残茎，晒干除净毛须，或晒至九成干后，用火燎掉毛须即可。

2. **北苍术**　春、秋二季采挖，以秋后茎叶近枯萎至春季苗未出土前质量较好；采挖后除去茎叶及泥土，晒至四、五成干时装入筐内，撞掉须根；再晒至六、七成干，撞第二次，直至大部分老皮撞掉后，晒至足干时再撞第三次。

【产地】

1. **茅苍术**　主产于江苏、湖北、河南等地。

2. **北苍术**　主产于河北、山西、辽宁、内蒙古、黑龙江等地。产于东北的习称"关苍术"。

【商品性状特征】

1. 药材

茅苍术　呈不规则连珠状或结节状圆柱形，略弯曲，偶有分枝。表面灰棕色，有皱纹、横曲纹及残留须根。质坚实，断面黄白色或灰白色，散有多数橙黄色或棕红色油室，习称"朱砂点"，暴露稍久，可析出白色细针状结晶，习称"起霜"，也称"吐脂"。气香特异，味微甜、辛、苦。

北苍术　呈疙瘩状或结节状圆柱形。表面黑棕色，除去外皮者黄棕色。质较疏松，断面散有黄棕色油室。香气较淡，味辛、苦。

2. 饮片

苍术　呈不规则类圆形或条形厚片，边缘不整齐。其余同药材。

麸炒苍术　形如苍术片。表面黄色或焦黄色。质坚脆。有香气。

【规格等级】商品上分为茅苍术和北苍术2种规格，均为统货。

【品质评价】以个大，色灰棕，质坚实，断面朱砂点多，香气浓者为佳。

【性味功能】味辛、苦，性温。燥湿健脾，祛风散寒，明目。用于湿阻中焦，脘腹胀满，泄泻，水肿，脚气痿躄，风湿痹痛，风寒感冒，夜盲，眼目昏涩。

【用法用量】3~9g。

【贮藏】置阴凉干燥处。

知 识 链 接

商品行情　苍术为《神农本草经》记载的常用药材。以野生的北苍术为商品主流，属于基本可以满足市场需求，但有缺口。国内外年需求量约为5000吨。

紫菀　Ziwan

Asteris Radix Et Rhizoma

【别名】紫苑、小辫儿、夹板菜、驴耳朵菜。

【来源】菊科植物紫菀 *Aster tataricus* L. f. 的干燥根及根茎。

【采制】春、秋二季采挖，除去有节的根茎（习称"母根"）和泥沙，编成辫状晒干，或直接晒干。

【产地】主产于河北安国、定县，安徽亳州、鹿邑等地。此外，河南、黑龙江、山西等省亦产。

【商品性状特征】

1. 药材　根茎呈不规则块状，大小不一，顶端有茎、叶的残基；质稍硬。根茎簇生多数细根，长 3~15cm，直径 0.1~0.3cm，多编成辫状；表面紫红色或灰红色，有纵皱纹；质较柔韧。气微香，味甜、微苦。

2. 饮片

紫菀　不规则的厚片或段。根外表皮紫红色或灰红色，有纵皱纹。切面淡棕色，中心具棕黄色的木心。气微香，味甜、微苦。

蜜紫菀　形如紫菀片（段），表面棕褐色或紫棕色。具蜜香气，味甜。

【规格等级】统货。

【品质评价】以根长，色紫红，质柔韧者为佳。

【性味功能】味辛、苦，性温。润肺下气，消痰止咳。用于痰多喘咳，新久咳嗽，劳嗽咳血。

【用法用量】5~10g。

【贮藏】置阴凉干燥处，防潮。

知 识 链 接

商品行情　紫菀是我国临床常用中药材。商品主要来源于栽培品，早在清代年间，亳州就开始中药紫菀的种植。目前，祁紫菀（河北安国一带）产量可占全国总量的 80% 以上。

三棱　Sanleng

Sparganii Rhizoma

【别名】黑三棱、荆三棱、京三棱、光三棱。

【来源】黑三棱科植物黑三棱 *Sparganium stoloniferum* Buch. -Ham. 的干燥块茎。

【采制】冬季至次年春采挖，洗净，削去外皮，晒干。

【产地】主产于河南、安徽、浙江、江苏等地。

【商品性状特征】

1. 药材　呈圆锥形，略扁，长 2~6cm，直径 2~4cm。表面黄白色或灰黄色，有刀削痕，须根痕小点状，略呈横向环状排列。体重，质坚实。气微，味淡，嚼之微有麻辣感。

2. 饮片

三棱　类圆形薄片。外表皮灰棕色。切面灰白色或黄白色，粗糙，有多数明显的细筋

脉点。气微，味淡，嚼之微有麻辣感。

醋三棱　形如三棱片，切面黄色至黄棕色，偶见焦黄色，微有醋香气。

【规格等级】统货。

【品质评价】以体重，质坚实，色黄白，去净外皮者为佳。

【性味功能】味辛、苦，性平。破血行气，消积止痛。用于癥瘕痞块，痛经，瘀血经闭，胸痹心痛，食积胀痛。

【用法用量】5~10g。孕妇禁用；不宜与芒硝、玄明粉同用。

【贮藏】置通风干燥处，防蛀。

泽泻 Zexie
Alismatis Rhizoma

【别名】水泽、如意花。

【来源】泽泻科植物泽泻 Alisma orientale（Sam.）Juzep. 的干燥块茎。

【采制】冬季茎叶开始枯萎时采挖，洗净，干燥，除去须根及粗皮。

【产地】主产于福建浦城、建阳称为建泽泻，四川彭山、都江堰、郫县称为川泽泻。另外江西、贵州、云南亦产。

【商品性状特征】

1. 药材　呈类球形、椭圆形或卵圆形，长2~7cm，直径2~6cm。表面黄白色或淡黄棕色，有不规则的横向环状浅沟纹及多数细小突起的须根痕，底部有的有瘤状芽痕。质坚实，断面黄白色，粉性，有多数细孔。气微，味微苦。

2. 饮片

泽泻　呈圆形或椭圆形厚片。外皮淡黄色至淡黄棕色，可见细小突起的须根痕。切面黄白色至淡黄色，粉性，有多数细孔。气微，味微苦。

盐泽泻　形如泽泻片，表面淡黄棕色或黄褐色，偶见焦斑。味微咸。

【规格等级】　商品分为建泽泻和川泽泻2种规格。

1. 建泽泻

一等：呈椭圆形，撞净外皮及须根。表面黄白色，有细小突起的须根痕。质坚硬。断面浅黄白色，细腻有粉性。味甘、微苦。每1000g 32个以内。无双花、焦枯。

二等：呈椭圆形或卵圆形，表面灰白色，每1000g 56个以内。其余同一等。

三等：呈类球形，每1000g 56个以外。最小直径不小于2.5cm，间有双花、轻微焦枯，但不超过10%。其余同一等。

2. 川泽泻

一等：呈卵圆形，去净粗皮及须根，底部有瘤状小疙瘩。表面灰黄色。质坚硬。断面

淡黄白色。味甘、微苦，每1000g 50个以内。无枯焦、碎块。

二等：每1000g 50个以外。最小直径不小于2cm，间有小量焦枯、碎块，但不超过10%。其余同一等。

【品质评价】以个大，黄白色，光滑，质充实，粉性足者为佳。

【性味功能】味甘，性寒。利水渗湿，泄热，化浊降脂。用于小便不利，水肿胀满，泄泻尿少，痰饮眩晕，热淋涩痛，高脂血症。

【用法用量】6~10g。

【贮藏】置干燥处，防蛀。

知识链接

商品行情　泽泻商品主要来源于栽培品，属于可以满足市场需求的品种。近40年来，生产发展较快，购销起伏增长，年需求量约2800吨。

香附　Xiangfu
Cyperi Rhizoma

【别名】莎草、梭梭草、胡子草、香胡子。

【来源】莎草科植物莎草 *Cyperus rotundus* L. 的干燥根茎。

【采制】秋季采挖，燎去毛须，置沸水中略煮或蒸透后晒干，或燎后直接晒干。

【产地】主产于山东、浙江、湖南等地。产自山东者称"东香附"，产自浙江者称"南香附"。多为野生品。

【商品性状特征】

1. 药材　多呈纺锤形，有的略弯曲，长2~3.5cm，直径0.5~1cm。表面棕褐色或黑褐色，有纵皱纹，并有6~10个略隆起的环节，节上有未除净的棕色毛须及须根断痕；去净毛须者较光滑，环节不明显。质硬，经蒸煮者断面黄棕色或红棕色，角质样。生晒者断面色白而显粉性，内皮层环纹明显，中柱色较深，点状维管束散在。气香，味微苦。

2. 饮片

香附　呈不规则厚片或颗粒状。外表皮棕褐色或黑褐色，有时可见环节，切面色白或黄棕色，质硬，内皮层环纹明显。气香，味微苦。

醋香附　形如香附片（粒），表面黑褐色。微有醋香气，味微苦。

【规格等级】统货。

【品质评价】以个大，色紫褐，光润，质坚实，香气浓者为佳。

【性味功能】味辛、微苦、微甘，性平。疏肝解郁，理气宽中，调经止痛。用于肝郁气滞，胸胁胀痛，疝气疼痛，乳房胀痛，脾胃气滞，胸脘痞闷，胀满疼痛，月经不调，经闭痛经。

【用法用量】6~9g。

【贮藏】置阴凉干燥处，防蛀。

知 识 链 接

本草记载 始载《名医别录》，列为中品，原名"莎草"至《唐本草》始称"莎草根香附子"，因其根相附连续而生，可以制香料，故名。

天南星 Tiannanxing
Arisaematis Rhizoma

【别名】南星、白南星、山苞米、蛇包谷。

【来源】天南星科植物天南星 *Arisaema erubescens*（Wall.）Schott、异叶天南星 *Arisaema heterophyllum* Bl. 或东北天南星 *Arisaema amurense* Maxim. 的干燥块茎。

【采制】秋、冬二季茎叶枯萎时采挖，除去须根及外皮，干燥。

【产地】主产于东北及河北、山东、河南、四川等地。

【商品性状特征】

1. **药材** 呈扁球形，高 1~2cm，直径 1.5~6.5cm。表面类白色或淡棕色，较光滑，顶端有凹陷的茎痕，周围有麻点状根痕，有的块茎周边有小扁球状侧芽。质坚硬，不易破碎，断面不平坦，白色，粉性。气微辛，味麻辣。

2. **饮片**

制天南星 呈类圆形或不规则形薄片。黄色或淡棕色。质脆易碎，断面角质状。气微，味涩、微麻。

胆南星 呈方块状或圆柱状。棕黄色、灰棕色或棕黑色。质硬。气微腥，味苦。

【规格等级】统货。

【品质评价】以个大，色白，粉性足者为佳。

【性味功能】味苦、辛，性温，有毒。散结消肿。外用外治痈肿，蛇虫咬伤。

【用法用量】外用生品适量，研末以醋或酒调敷患处。孕妇慎用；生品内服宜慎。

【贮藏】置通风干燥处，防霉、防蛀。

知 识 链 接

商品行情　天南星商品来源主要为野生品，少数地区有栽培品。药用量不大，野生资源分布广，货源供销比较平衡。

半夏　Banxia

Pinelliae Rhizoma

【别名】地文、守田、羊眼半夏、蝎子草。

【来源】天南星科植物半夏 *Pinellia ternate*（Thunb.）Breit. 的干燥块茎。

【采制】秋分前后（9月下旬）叶片枯黄时采挖，小的做种，大的加工药材。去掉茎叶，采用人工脱皮或机器脱皮法，脱皮后，用清水漂洗干净，暴晒至足干，即"生半夏"。在脱皮和冲洗时，要注意保护皮肤，以免中毒和半夏变色。

【产地】主产于四川、湖北、河南、安徽等地。

【商品性状特征】

1. 药材　呈类球形，稍偏斜；表面白色或浅黄色，顶端有凹陷的茎痕，周围密布麻点状根痕；下面钝圆，较光滑。质坚实，断面洁白，富粉性。无臭，味辛辣，麻舌而刺喉。

2. 饮片

清半夏　呈椭圆形、类圆形或不规则片状。周边灰白色，残留栓皮处有淡紫红色斑纹。切面淡灰色至灰白色，有灰白色点状或短线状维管束迹。质脆，易折断，断面略呈角质样。气微，味微涩，微有麻舌感。

姜半夏　呈片状、不规则颗粒状或类球形。表面棕色至棕褐色。质硬脆，断面淡黄棕色，有角质样光泽。气微香，味淡，微有麻舌感，嚼之略粘牙。

法半夏　呈类球形或破碎成不规则颗粒状。表面淡黄白色、黄色或棕黄色。质较松脆或硬脆，断面黄色或淡黄色，颗粒者质稍硬脆。气微，味淡略甜，微有麻舌感。

【规格等级】　商品分为3个等级。

一等：呈类球形半圆球形或偏斜，去净外皮。表面白色或浅黄白色，中心凹陷，周围有棕色点状根痕；下面钝圆，较平滑。质坚实。断面洁白或白色，粉质细腻。气微，味辛，麻舌而刺喉。每1000g 800粒以内。

二等：每1000g 1200粒以内。

三等：每1000g 3000粒以内。

【品质评价】以色白，质坚实，粉性足者为佳。

【性味功能】味辛，性温，有毒。燥湿化痰，降逆止呕，消痞散结。用于痰多咳喘，痰饮眩悸，风痰眩晕，痰厥头痛，呕吐反胃，胸脘痞闷，梅核气；生用外治痈肿痰核。

【用法用量】内服一般炮制后使用，3~9g。外用适量，磨汁涂或研末以酒调敷患处。不宜与川乌、制川乌、草乌、制草乌、附子同用。

【贮藏】置通风干燥处，防蛀。

知 识 链 接

商品行情 半夏野生品货源紧张不能满足市场需求，栽培品有发展的趋势。国内外年需求量约6000吨。

石菖蒲 Shichangpu
Acori Tatarinowii Rhizoma

【别名】山菖蒲、药菖蒲、金钱蒲。

【来源】天南星科植物石菖蒲 *Acorus tatarinowii* Schott 的干燥根茎。

【采制】秋、冬二季采挖，除去须根及泥沙，晒干。

【产地】主产于四川、浙江、江西、江苏等地。以四川、浙江产的质量好。

【商品性状特征】

1. **药材** 呈扁圆柱形，多弯曲，常有分枝，长3~20cm，直径0.3~1cm。表面棕褐色或灰棕色，粗糙，有疏密不匀的环节，节间长0.2~0.8cm，具细纵纹，一面残留须根或圆点状根痕；叶痕呈三角形，左右交互排列，有的其上有毛鳞状的叶基残余。质硬，断面纤维性，类白色或微红色，内皮层环明显，可见多数维管束小点及棕色油细胞。气芳香，味苦、微辛。

2. **饮片** 呈扁圆形或长条形的厚片。外表皮棕褐色或灰棕色，有的可见环节及根痕。切面纤维性，类白色或微红色，有明显环纹及油点。气芳香，味苦、微辛。

【规格等级】统货。

【品质评价】以条粗，断面色类白，香气浓者为佳。

【性味功能】味辛、苦，性温。开窍豁痰，醒神益智，化湿开胃。用于神昏癫痫，健忘失眠，耳鸣耳聋，脘痞不饥，噤口下痢。

【用法用量】3~10g。

【贮藏】置干燥处，防霉。

知 识 链 接

商品行情 石菖蒲商品来源于野生品。石菖蒲也是比较有名的出口中药材，主要销往韩国。作为食品食用，日本及欧美国家也有一定的需求。

百部 Baibu

Stemonae radix

【别名】百部根、百条根、山百根。

【来源】百部科植物直立百部 *Stemona sessilifolia*（Miq.）Miq、蔓生百部 *Stemona japonica*（B1.）Miq. 或对叶百部 *Stemona tuberosa* Lour. 的干燥块根。

【采制】春、秋两季采挖，拣净杂质，除去须根，洗净，置沸水中略烫或蒸至无白心，取出，晒干。

【产地】

1. **直立百部** 主产于安徽、江苏、浙江、湖北等地。

2. **蔓生百部** 主产于安徽、江苏、浙江、湖北等地。

3. **对叶百部** 主产于湖北、广东、福建、四川等地。

【商品性状特征】

1. **药材**

蔓生百部和直立百部 略呈纺锤形，平直或略弯曲，上端较细长，长约 5~12cm，直径约 0.5~lcm。表面黄白色或淡棕黄色，极皱缩，具不规则的深纵沟及纵皱，间有横皱纹。质脆，易吸潮变软。断面平坦，微显角质样，淡黄白色至暗棕色，皮部宽广，中心柱多扁缩。气微，味先甜而后苦。

对叶百部 较粗大，长纺锤形或长条形，长约 12~25cm，直径约 0.8~2cm。表面浅棕色，皱纹较浅或有不规则的纵槽。质较坚硬。折断面黄白色至暗棕色，微呈角质状，中柱较大，中心髓部类白色。

2. **饮片**

百部 呈不规则厚片或条形斜片，表面灰白色、棕黄色，有深纵皱纹；切面灰白、淡黄棕色或黄白色，角质样，皮部较厚，中柱扁缩。质韧。

蜜百部 形同百部片，表面棕黄色或褐棕色，略带焦斑，稍有黏性，味甜。

【规格等级】商品分为直立百部、蔓生百部和对叶百部 3 种规格，均为统货。

【品质评价】以粗壮，肥润，坚实，色白者为佳。

【性味功能】味甘、苦，性微温。润肺下气止咳，杀虫灭虱。用于新久咳嗽，肺痨咳

嗽，顿咳；外用于头虱，体虱，蛲虫病，阴痒。

蜜百部　润肺止咳。用于阴虚劳嗽。

【用法用量】3~9g，外用适量，水煎或酒浸。

【贮藏】置通风干燥处，防潮。

知 识 链 接

商品行情　百部商品来源于野生，目前货源主要来自于广西、四川、贵州、云南所产的对叶百部。百部主要用于润肺下气止咳、杀虫等，为新久咳嗽、肺痨咳嗽、百日咳等药品的重要原料之一。由于百部野生资源逐渐减少，其市场价格呈逐年上升趋势。

川贝母　Chuanbeimu
Fritillariae Cirrhosae Bulbus

【别名】川贝、贝母。

【来源】百合科植物川贝母 *Fritillaria cirrhosa* D. Don、暗紫贝母 *Fritillaria unibracteata* Hsiao et K. C. Hsia、甘肃贝母 *Fritillaria przevalskii* Maxim、梭砂贝母 *Fritillaria delavayi* Franch. 的干燥鳞茎。前三者按性状不同分别习称"松贝"或"青贝"，后者习称"炉贝"。

【采制】夏、秋二季或积雪融化后采挖，除去须根、粗皮及泥沙，晒干或低温干燥。

【产地】

1. **川贝母**　主产于四川、西藏、云南等地。

2. **暗紫贝母**　主产于四川阿坝藏族自治州。

3. **甘肃贝母**　主产于甘肃南部、青海东部和南部、四川西北部等地。

4. **梭砂贝母**　主产于云南的德钦、福贡，四川的德格、甘孜、阿坝，青海的玉树、治多，西藏的芒康、贡觉等地。

【商品性状特征】

1. **松贝**　呈类圆锥形或近球形，高0.3~0.8 cm，直径0.3~0.9cm。表面类白色。外层鳞叶2瓣，大小悬殊，大瓣紧抱小瓣，未抱部分呈新月形，习称"怀中抱月"；顶部闭合，内有类圆柱形、顶端稍尖的心芽和小鳞叶1~2枚；先端钝圆或稍尖，底部平，微凹入，中心有1灰褐色的鳞茎盘，偶有残存须根。质硬而脆，断面白色，富粉性。气微，味微苦。

2. 青贝 呈类扁球形，高 0.4~1.4cm，直径 0.4~1.6cm。外层鳞叶 2 瓣，大小相近，相对抱合，顶部开裂，内有心芽和小鳞叶 2~3 枚及细圆柱形的残茎。

3. 炉贝 呈长圆锥形，高 0.7~2.5cm，直径 0.5~2.5cm。表面类白色或浅棕黄色，有的具棕色斑点。外层鳞叶 2 瓣，大小相近，顶部开裂而略尖，基部稍尖或较钝。栽培品呈类扁球形或短圆柱形，高 0.5~2 cm，直径 1~2.5cm。表面类白色或浅棕黄色，稍粗糙，有的具浅黄色斑点。外层鳞叶 2 瓣，大小相近，顶部多开裂而较平。

【规格等级】 商品分为松贝、青贝、炉贝 3 种规格。

1. 松贝 松贝分为 2 个等级。

一等：呈类圆锥形或近球形，鳞瓣 2，大瓣紧抱小瓣，未抱部分呈新月形，顶端闭口，基部底平。表面白色，体结实，质细腻。断面粉白色。味甘微苦。每 50g 在 240 粒以上，无黄贝、油贝、碎贝、破贝。

二等：呈类圆锥形或近球形，鳞瓣 2，大瓣紧抱小瓣，未抱部分呈新月形，顶端闭口或开口，基部平底或近似平底。表面白色。体结实，质细腻。断面粉白色。味甘微苦。每 50g 在 240 粒以内。间有黄贝、油贝、碎贝、破贝。

2. 青贝 青贝分为 4 个等级。

一等：呈扁球形或类圆形，两鳞片大小相似。顶端闭口或微开口，基部较平或圆形。表面白色，细腻，体洁。断面粉白色。味淡微苦。每 50g 在 190 粒以上。对开瓣不超过 20%。无黄贝、油贝、碎贝。

二等：每 50g 在 130 粒以上。对开瓣不超过 25%。间有花油贝、花黄贝，不超过 5%。余同一等。

三等：每 50g 在 100 粒以上。对开瓣不超过 30%。间有油贝、碎贝、黄贝，不超过 5%。余同一等。

四等：呈扁球形或类圆形，两鳞片大小相似。顶端闭口或开口较多，基部较平或圆形，表面牙白色或黄白色，断面粉白色。味淡微苦。大小粒不分。间有油粒、碎贝、黄贝。

3. 炉贝 炉贝分为 2 个等级。

一等：呈长锥形，贝瓣略似马牙。表面白色。体洁。断面粉白色。味苦。大小粒不分。间有油贝及白色破瓣。

二等：呈长锥形，贝瓣略似马牙。表面黄白色或淡棕黄色，有的具有棕色斑点。断面粉白色。味苦。大小粒不分。间有油贝、破瓣。

【品质评价】 以质坚实，粉性足，色白者为佳。传统认为松贝优于青贝，青贝优于炉贝。

【性味功能】 味苦、甘，性微寒。清热润肺，化痰止咳，散结消痈。用于肺热燥咳，

干咳少痰，阴虚劳嗽，痰中带血，瘰疬，乳痈，肺痈。

【用法用量】3~10g；研粉冲服，一次 1~2g。不宜与川乌、制川乌、草乌、制草乌、附子同用。

【贮藏】置通风干燥处，防蛀。

知 识 链 接

商品行情 川贝母货源以野生为主，有少量栽培品。川贝母的价格随着供需的变化而波动，总体来说，目前市场上供需平衡。川贝母的价格较高，从 2000 年至今，其价格上涨了数十倍，产销基本稳定，目前价格有小幅波动。

浙贝母 Zhebeimu

Fritillariae Thunbergii Bulbus

【别名】浙贝、象贝。

【来源】百合科植物浙贝母 *Fritillaria thunbergii* Miq. 栽培品的干燥鳞茎。

【采制】初夏植株枯萎时采挖，洗净。大小分开，大者除去芯芽，习称"大贝"（元宝贝）；小者不去芯芽，习称"珠贝"。分别撞擦，除去外皮，拌以煅过的贝壳粉，吸去擦出的浆汁，干燥；或取鳞茎，大小分开，洗净，除去芯芽，趁鲜切成厚片，洗净，干燥，习称"浙贝片"。

【产地】主产于浙江、江苏等地。

【商品性状特征】

1. 药材

大贝 为鳞茎外层的单瓣鳞叶，略呈新月形，高 1~2cm，直径 2~3.5cm。外表面类白色至淡黄色，内表面白色或淡棕色，被有白色粉末。质硬而脆，易折断，断面白色至黄白色，富粉性。气微，味微苦。

珠贝 为完整的鳞茎，呈扁圆形，高 1~1.5cm，直径 1~2.5cm。表面类白色，外层鳞叶 2 瓣，肥厚，略似肾形，互相抱合，内有小鳞叶 2~3 枚和干缩的残茎。

2. 饮片 为鳞茎外层的单瓣鳞叶切成的片。椭圆形或类圆形，直径 1~2cm，边缘表面淡黄色，切面平坦，粉白色。质脆，易折断，断面粉白色，富粉性。

【规格等级】商品分为大贝、珠贝、浙贝片，均为统货。

【品质评价】以鳞叶肥厚，质坚实，断面白色，粉性足者为佳。

【性味功能】味苦，性寒。清热化痰止咳，解毒散结消痈。用于风热咳嗽，痰火咳嗽，

131

肺痈，乳痈，瘰疬，疮毒。

【用法用量】5~10g。不宜与川乌、制川乌、草乌、制草乌、附子同用。

【贮藏】置干燥处，防蛀。

知 识 链 接

商品行情 浙贝母为浙江道地药材，是著名的"浙八味"之一。浙贝母临床应用广泛，对支气管疾病有显著的效果，是贝母品种中用于药厂投料最大的品种。由于浙贝母近年来的开发利用不断增大，又栽培于经济发达地区，其价格波动幅度较大。历史最低价为1999年的7.5元，最高价为2003年的250元，最高和最低价历时5年，年均上涨幅度达六倍以上。目前价格趋于平稳。

黄精 Huangjing
Polygonati Rhizome

【别名】白及黄精、玉竹黄精、老虎姜。

【来源】百合科植物黄精 *Polygonatum sibiricum* Red.、多花黄精 *Polygonatum cyrtonema* Hua 或滇黄精 *Polygonatum kingianum* Coll. et Hemsl. 的干燥根茎。按药材形状不同，习称"大黄精""鸡头黄精""姜形黄精"。

【采制】春、秋两季采挖，除去须根，洗净，置沸水中略烫或蒸至透心，即捞出晒至半干后，反复搓揉并曝晒，晒至柔软并透明时，再晒干即成。

【产地】

1. **黄精** 主产于河北、内蒙古、陕西等地。

2. **多花黄精** 主产于贵州、湖南、云南等地。

3. **滇黄精** 主产于贵州、广西、云南等地。

【商品性状特征】

1. **药材**

大黄精 呈肥厚肉质的结节块状，结节上可达10cm以上，宽3~6cm，厚2~3cm。表面淡黄色至黄棕色，具环节，有皱纹及须根痕，结节上侧茎痕呈圆盘状，圆周凹入，中部突出。质硬而韧，不易折断，端面角质，淡黄色至黄棕色。气微，味甜，嚼之有黏性。

鸡头黄精 呈结节状弯柱形，长3~10cm，直径0.5~1.5cm，结节长2~4cm。略呈圆锥形，常有分枝；表面黄白色或灰黄色，半透明，有纵皱纹，茎痕圆形，直径5~8mm。

姜形黄精 呈长条结节块状，长短不等，常数个块状结节相连。表面灰黄色或黄褐

色，粗糙，结节上侧有突出的圆盘状茎痕，直径0.8~1.5cm。

2. 饮片

黄精　呈不规则厚片，表面淡黄色或棕黄色，半透明，周边黄棕色，较皱缩，偶见圆盘状茎痕，质稍硬而韧，有黏性，味甜。

酒黄精　形如黄精片，表面黑色，有光泽，中心深褐色，微有酒气。

【规格等级】商品分为大黄精、鸡头黄精、姜形黄精3种规格。

【品质评价】以块大，肥润，色黄，断面角质透明者为佳。

【性味功能】味甘，性平。补气养阴，健脾，润肺，益肾。用于脾胃气虚，体倦乏力，胃阴不足，口干食少，肺虚燥咳，劳嗽咳血，精血不足，腰膝酸软，须发早白，内热消渴。

【用法用量】9~15g。

【贮藏】置通风干燥处，防霉，防蛀。

知 识 链 接

熟黄精　将生黄精洗净后，闷润一夜，置特制木甑内隔水蒸12小时，停火闷12小时，晒至半干，再置甑内按前法蒸1~2次，至黄精内外呈黑色，气味香甜，口嚼无刺喉感，即成熟黄精，或从第二次蒸制时起，将上一次蒸制黄精的锅内余水洒淋于黄精上润透再蒸，连蒸3~4次、每次将上次蒸制时锅内液汁洒润，使蒸制的熟黄精色乌黑，味纯甜，气香浓厚，质量特佳。熟黄精以个大，肥厚蒸透至内外乌黑色，质柔润，气香，味纯甜而不刺喉者为佳。

玉竹　Yuzhu

Polygonati Odorati Rhizoma

【别名】萎、尾参、铃铛菜、葳蕤。

【来源】百合科植物玉竹 *Polygonatum odoratum*（Mill.）Druce 的干燥根茎。

【采制】秋季采挖，除去须根，洗净，晒至柔软后，反复揉搓、晾晒至无硬心，晒干；或蒸透后，揉至半透明，晒干。

【产地】主产于湖南、黑龙江、吉林、辽宁等地。

【商品性状特征】

1. 药材

呈长圆柱形，略扁，少有分枝，长4~18cm，直径0.3~1.6cm。表面黄白色或淡黄棕色，半透明，具纵皱纹和微隆起的环节，有白色圆点状的须根痕和圆盘状茎痕。

质硬而脆或稍软，易折断，断面角质样或显颗粒性。气微，味甘，嚼之发黏。

2. **饮片** 呈不规则厚片或段。外表皮黄白色至淡黄棕色，半透明，有时可见环节。切面角质样或显颗粒性。气微，味甘，嚼之发黏。

【规格等级】统货。

【品质评价】以条长，肥壮，色黄白，光润，半透明，味甜者为佳。

【性味功能】味甘，性微寒。养阴润燥，生津止渴。用于肺胃阴伤，燥热咳嗽，咽干口渴，内热消渴。

【用法用量】6~12g。

【贮藏】置通风干燥处，防霉，防蛀。

知识链接

商品行情 玉竹商品分为湘玉竹、关玉竹、海门玉竹、西玉竹等，但目前国内商品流通中，湘玉竹产量大，往往决定玉竹整体行情走势，关玉竹其次。湘玉竹行情变化会直接影响关玉竹。东北玉竹主要为野生资源，多年来行情平稳，直到 2010 年起价格波动幅度加剧，2014 年行情又回调，与同时期湘玉竹行情基本同步，也能证明其二者之间行情的关联性。

重楼 Chonglou

Paridis Rhizoma

【别名】蚤休、七叶一枝花、铁灯台。

【来源】百合科植物云南重楼 *Paris polyphylla* Smith var. yunnanensis（Franch.）Hand. - Mazz. 或七叶一枝花 *Paris polyphylla* Smith var. chinensis（Franch.）Hara 的干燥根茎。

【采制】秋季采挖，除去须根，洗净，晒干。

【产地】

1. **云南重楼** 主产于云南、贵州、四川等地。

2. **七叶一枝花** 主产于广东、广西、江西、福建等地。

【商品性状特征】

1. **药材** 呈结节状扁圆柱形，略弯曲，长 5~12cm，直径 1.0~4.5cm。表面黄棕色或灰棕色，外皮脱落处呈白色；密具层状突起的粗环纹，一面结节明显，结节上具椭圆形凹陷茎痕，另一面有疏生的须根或疣状须根痕。顶端具鳞叶和茎的残基。质坚实，断面平坦，白色至浅棕色，粉性或角质。气微，味微苦、麻。

2. **饮片**　呈不规则扁圆形或长圆形，直径 1.0~5cm。切面平坦，白色至浅棕色，粉性或角质样。无臭，味微苦、麻。

【规格等级】统货。

【品质评价】以粗壮，质坚实，断面白色，粉性足者为佳。

【性味功能】味苦，性微寒，有小毒。清热解毒，消肿止痛，凉肝定惊。用于疔疮痈肿，咽喉肿痛，蛇虫咬伤，跌扑伤痛，惊风抽搐。

【用法用量】3~9g。外用适量，研末调敷。

【贮藏】置阴凉干燥处，防蛀。

知 识 链 接

　　商品行情　重楼在市场上以野生资源为主，近年家种有所发展，仿野生技术等种植技术的发展有效地缓解了重楼野生资源紧张的现状。由于重楼对于流感病毒有抑制作用，因此众多制药企业争相采购作投料使用，近年来中成药投料量增加，如云南白药集团的宫血宁胶囊、四川光大制药厂的抗病毒颗粒、江苏南通制药总厂出品的季德胜蛇药片、湖南产抗病毒口服液和广东某些药厂产的抗感冒药等都有该品的原料。市场占比逐年增加，近年其价值不断发现，用途得到拓展，市场需求逐渐上升，产量已远远不能满足市场的巨大需求。据统计，重楼的年需求量近 2000 吨左右。

土茯苓　Tufuling
Smilacis Glabrae Rhizome

【别名】冷饭团、硬饭头、红土苓。

【来源】百合科植物光叶菝葜 *Smilax glabra* Roxb. 的干燥根茎。

【采制】夏、秋两季采挖，除去须根，洗净，干燥；或趁鲜切成薄片，干燥。

【产地】主产于广东、湖南、湖北、浙江等地。

【商品性状特征】

1. **药材**　略呈圆柱形，稍扁或呈不规则条块，有结节状隆起，具短分枝，长 5~22cm，直径 2~5cm。表面黄棕色或灰褐色，凹凸不平，有坚硬的须根残基，分枝顶端有圆形芽痕，有的外皮现不规则裂纹，并有残留的鳞叶。质坚硬。切片呈长圆形或不规则，厚 1~5mm，边缘不整齐；切面类白色至淡红棕色，粉性，可见点状维管束及多数小亮点；质略韧，折断时有粉尘飞扬，以水湿润后有黏滑感。气微，味微甘、涩。

2. 饮片 呈长圆形或不规则的薄片，边缘不整齐。余同药材。

【规格等级】统货。

【品质评价】以粉性大，筋脉少，断面淡红棕色者为佳。

【性味功能】味甘、淡，性平。解毒，除湿，通利关节。用于梅毒及汞中毒所致的肢体拘挛，筋骨疼痛；湿热淋浊，带下，痈肿，瘰疬，疥癣。

【用法用量】15~60g。

【贮藏】置通风干燥处。

知 识 链 接

商品行情 土茯苓商品主要依靠野生资源。随着近年对土茯苓的市场需求变大，土茯苓的野生资源逐年减少，很多产区现在已经很难组织比较大的货源了，目前产区集中在湖南、贵州、云南、广西。土茯苓近阶段货源交易有所好转，行情暂无明显变化，供需保持平衡。

天冬 Tiandong
Asparagi Radix

【别名】天门冬、明天冬、大天冬。

【来源】百合科植物天冬 *Asparagus cochinchinensis*（Lour.）Merr. 的干燥块根。

【采制】秋、冬二季采挖，洗净，除去茎基和须根，置沸水中煮或蒸至透心，趁热除去外皮，洗净，干燥。

【产地】主产于贵州、四川、湖北、广西等地。

【商品性状特征】 呈长纺锤形，略弯曲，长 5~18cm，直径 0.5~2cm。表面黄白色至淡黄棕色，半透明，光滑或具纵皱纹，偶有残存的灰棕色外皮。对光透视，有一条不透明的细木心。质硬者易折断，潮润者柔软有黏性，断面角质样，中柱淡黄白色。气微，味甜，微苦。

【规格等级】 商品分为 3 个等级。

一等：呈长纺锤形，去净外皮。表面黄白色或淡棕黄色，半透明，条肥大，有糖质。断面黄白色，角质状，中央有白色中柱（白心）。气微，味甜微苦。中部直径 1.2cm 以上。无硬皮。

二等：呈长纺锤形，去净外皮。表面黄白色或淡棕黄色，间有纵沟纹，半透明，有糖质。断面黄白色，角质状，中央有白色中柱（白心）。气微，味甜微苦。中部直径 0.8cm

以上。间有未剥净硬皮，但不得超过 5%。

三等：呈长纺锤形，去外皮。表面红棕色或红褐色，有糖质。断面红棕色，角质状，中央有白色中柱（白心）。气微，味甜微苦。中部直径 0.5cm 以上。稍有未去净硬皮，但不得超过 15%。

【品质评价】以根条饱满，色黄白，半透明者为佳。

【性味功能】味甘、苦，性寒。养阴润燥，清肺生津。用于肺燥干咳，顿咳痰黏，腰膝酸痛，骨蒸潮热，内热消渴，热病津伤，咽干口渴，肠燥便秘。

【用法用量】6~12g。

【贮藏】置通风干燥处，防霉、防蛀。

知 识 链 接

非正品　四川省标收载的天门冬为同属植物密齿天门冬 *Asparagus meioclados* Levl. 的干燥块根，药材呈纺锤形，表面黄白色或黄棕色，应注意鉴别。

麦冬　Maidong

Ophiopogonis Radix

【别名】麦门冬、寸冬、沿阶草。

【来源】百合科植物麦冬 *Ophiopogon japonicus* (L. f) Ker-Gawl 的干燥块根。

【采制】夏季采挖，洗净，反复暴晒、堆置，至七八成干，除去须根，干燥。

【产地】主产于浙江、四川、贵州、江苏等地。以浙江、四川、贵州产量大，质量好，奉为"道地药材"，销全国各地并出口。

【商品性状特征】　呈纺锤形，两端略尖，长 1.5~3cm，直径 0.3~0.6cm。表面淡黄色或灰黄色，有细纵纹。质柔韧，断面黄白色，半透明，中柱细小。气微香，味甘、微苦。

【规格等级】商品分为浙麦冬和川麦冬 2 种规格，再根据大小分等级。

1. 浙麦冬　浙麦冬分为 3 个等级。

一等：呈纺锤形半透明体。表面黄白色。质柔韧。断面牙白色，有木质心。味微甜，嚼之有黏性。每 50g 150 粒以内。无须根、油粒、烂头、枯子。

二等：每 50g 280 粒以内。余同一等。

三等：每 50g 280 粒以外，最小不低于麦粒大。油粒、烂头不超过 10%。无须根。余同一等。

2. 川麦冬 川麦冬分为 3 个等级。

一等：呈纺锤形半透明体。表面淡白色。断面牙白色，本质心细软。味微甜，嚼之少黏性。每 50g 190 粒以内。无须根、乌花、油粒。

二等：每 50g 300 粒以内。余同一等。

三等：每 50g 300 粒以外，最小不低于麦粒大。间有乌花。油粒不超过 10%。无须根。余同一等。

【品质评价】以粒肥大，色黄白，半透明，质柔，有香气，嚼之发黏者为佳。

【性味功能】味甘、微苦，性微寒。养阴生津，润肺清心。用于肺燥干咳，阴虚痨嗽，喉痹咽痛，津伤口渴，内热消渴，心烦失眠，肠燥便秘。

【用法用量】6~12g。

【贮藏】置阴凉干燥处，防潮。

知 识 链 接

1. **商品行情** 麦冬主要靠家种，在我国栽培已有 1200 多年历史，是传统的大宗常用药材。浙江的慈溪，四川的绵阳为著名产地。近些年，麦冬生产主要问题是四川、浙江正宗产品产量不大，湖北、福建麦冬占一定的比例，历史上认为优质的浙麦冬，年产量仅有 1000 吨。浙麦冬品质好，但栽种期长，成本高。

2. **山麦冬** 百合科植物湖北麦冬 *Liriope spicata* （Thunb.）Lour. var. prolifera Y. T. Ma 和短葶山麦冬 *Liriope Muscat* （Desne.）Baily 的干燥块根。习称"山麦冬"和"湖北麦冬"。以纤维性强，断面黄白色，蜡质样者为佳。

知母 Zhimu

Anemarrhenae Rhizoma

【别名】毛知母、知母肉、京知母、肥知母。

【来源】百合科植物知母 *Anemarrhena asphodeloides* Bge. 的干燥根茎。

【采制】春 、秋二季采挖，除去须根和泥沙，晒干，习称"毛知母"；或除去外皮，晒干，习称"光知母（知母肉）"。

【产地】主产于河北省，以河北易县产者最佳，习称"西陵知母"。此外，山西、内蒙古、陕西、辽宁、吉林、黑龙江、河南、甘肃等省区亦产。销全国并出口。

【商品性状特征】

1. 药材

毛知母　呈扁条状，稍弯曲，偶有分枝，长3~15cm，直径0.8~1.5cm，一端有浅黄色的茎叶残痕，习称"金包头"。上面中央有一条凹陷的纵沟，全体具紧密排列的环状节，节上密生黄棕色的纤维状残存叶基，由两侧向根茎上方生长，细端渐少或无。下面隆起而略皱缩，有多数凹陷或突起的点状根痕。质硬，易折断，断面黄白色。气微，味甘微苦，嚼之发黏。

光知母　外皮大部分已除去，表面黄白色或淡黄棕色，上端有扭曲的纵沟纹，背面隆起，有的可见叶痕和散生的须根痕。

2. 饮片　呈扁圆形或不规则切片。外表皮多数带圆状油点为根痕，棕黄色。切面为白色或黄白色，带有多个筋脉点（维管束）。质稍软。味甘，嚼之发黏。

【规格等级】　商品分为毛知母和光知母2种规格，均为统货。

【品质评价】

毛知母　以根条肥大，毛色金黄，质坚而柔润，断面黄白色，味苦而发黏者为佳。

光知母　以根条肥大，质柔肉细，内外色黄白，嚼之发黏者为佳。

【性味功能】味苦、甘，性寒。清热泻火，滋阴润燥。用于外感热病，高热烦渴，肺热燥咳，骨蒸潮热，内热消渴，肠燥便秘。

【用法用量】6~12g。

【贮藏】置通风干燥处，防潮。

山药　Shanyao

Dioscoreae Rhizome

【别名】怀山药、淮山、菜山药。

【来源】薯蓣科植物薯蓣 *Dioscorea opposita* Thunb. 的干燥根茎。

【采制】冬季采挖，切去芦头，用竹刀刮去外皮，晒干，即为"毛山药"；或选择肥大顺直的毛山药，置清水中，浸至无干心，闷透，用木板搓成圆柱形，切齐两端，晒干，打光，习称"光山药"。

【产地】主产于河南、河北、山西、江西等地。其中以河南焦作的博爱、沁阳、武陟等地（旧属怀庆府）所产者质量最优，习称"怀山药"。

【商品性状特征】

1. 毛山药　呈圆柱形，弯曲而稍扁。长15~30cm，直径1.5~6cm。表面黄白或棕黄色，有纵沟、纵皱纹及须根痕，偶有浅棕色外皮残留。体重、质坚实，不易折断。断面白色，颗粒状，粉性足。无臭，味淡、微酸，嚼之发黏。

2. 光山药　呈圆柱形，条壮挺直，两端平齐。长9~20cm，直径1.5~3cm。表面光

滑，白色或黄白色。

【规格等级】 商品分为光山药和毛山药 2 种规格，再根据长短粗细分等级。

1. 毛山药

一等：长 15cm 以上，直径 2.3cm 以上。无裂痕、空心、炸头。

二等：长 13cm 以上，直径 1.7cm 以上。余同一等。

三等：长 10cm 以上，直径 1cm 以上。余同一等。

四等：不分长短，直径 8mm 以上，间有碎块。余同一等。

2. 光山药

一等：长 15cm 以上，中部直径 3cm 以上。无裂痕、黄筋、空心。

二等：长 10cm 以上，中部直径 2cm 以上。余同一等。

三等：长 7cm 以上，中部直径 1cm 以上，间有碎块。余同一等。

【品质评价】以条粗直，质坚实，体沉重，粉性足，色洁白者为佳。

【性味功能】味甘，性平。补脾养胃，生津益肺，补肾涩精。用于脾虚食少，久泻不止，肺虚喘咳，肾虚遗精，带下，尿频，虚热消渴。

【用法用量】15~30g。

【贮藏】置通风干燥处，防蛀。

知 识 链 接

商品行情 山药商品主要依靠人工栽培，栽培历史以河南怀庆府（沁阳）为久，产量最大。山药是常用的药食两用品种，也是重要出口商品，作为食品及保健食品开发上用量大，国内外年需求量 10000 吨以上。

射干 Shegan

Belamcandae Rhizoma

【别名】乌扇、乌蒲、鬼扇、剪刀草。

【来源】鸢尾科植物射干 *Belamcanda chinensis*（L.）DC. 的干燥根茎。

【采制】5~9 月间采挖，挖出后去净茎叶，晒干或晒至半干时，放入铁丝筛中，用微火烤，边烤边翻，至毛须烧净为止，再晒干即成。

【产地】主产于河南、湖北、江苏等地。

【商品性状特征】

1. **药材** 呈不规则结节状，长 3~10cm，直径 1~2cm。表面黄褐色、棕褐色或黑褐

色，皱缩，有较密的环纹。上面有数个圆盘状凹陷的茎痕，偶有茎基残存；下面有残留细根及根痕。质硬，断面黄色，颗粒性。气微，味苦，微辛。

2. **饮片** 呈不规则形或长条形薄片。外表皮黄褐色、棕褐色或黑褐色，皱缩，可见残留的须根和须根痕，有的可见环纹。切面淡黄色或鲜黄色，具散在的筋脉小点或筋脉纹，有的可见环纹。气微，味苦、微辛。

【规格等级】统货。

【品质评价】以粗壮，无须根，质硬，断面色黄者为佳。习惯认为湖北产者质坚，断面色黄，品质较佳，俗称"汉射干"。江苏产者体轻，质松较次。

【性味功能】味苦，性寒。清热解毒，消痰，利咽。用于热毒痰火郁结，咽喉肿痛，痰涎壅盛，咳嗽气喘。

【用法用量】3~10g。

【贮藏】置干燥处。

知识链接

川射干 同科植物鸢尾 *Iris tectorum* Maxim. 的根茎。主产于西南地区，根茎呈不规则结节状，扁圆柱形，节上常有分枝，节间部分端膨大，另一端缩小。表面灰棕色至淡黄色，稍皱缩，有纵纹及横环纹，膨大部分环纹较密，并有须根残基及圆点状根痕。性味功效与射干相同。从根茎中分出成分有：草夹竹桃苷（androsin），草夹竹桃双糖苷（tectoruside），鸢尾苷（tectoridin），鸢尾甲苷（iristectorin）A、B。

莪术 Ezhu
Curcumae Rhizoma

【别名】温莪术、桂莪术、毛莪术、文术。

【来源】姜科植物蓬莪术 *Curcuma phaeocaulis* Val.、广西莪术 *Curcuma kwangsiensis* S. G. Lee et C. F. Liang 或温郁金 *Curcuma wenyujin* Y. H. Chen et C. Ling 的干燥根茎。后者习称"温莪术"。

【采制】冬季茎叶枯萎后采挖，洗净，蒸或煮至透心，晒干或低温干燥后除去须根和杂质。

【产地】

1. **蓬莪术** 主产于四川的崇州、双流、新津等地，福建的同安、平和，广东的乐昌、

141

封开、清远，广西的博白、百色、龙州。台湾、云南、海南、湖南、湖北也有分布。

2. **广西莪术** 主产于广西的横县、贵县、灵山，广东的高要、四会、三水等地。

3. **温莪术** 主产于浙江的瑞安、瓯海，福建的安溪等地。

【商品性状特征】

1. **蓬莪术** 呈卵圆形、长卵形、圆锥形或长纺锤形，顶端多钝尖，基部钝圆，长 2~8cm，直径 1.5~4cm。表面灰黄色至灰棕色，上部环节突起，有圆形微凹的须根痕或残留的须根，有的两侧各有 1 列下陷的芽痕和类圆形的侧生根茎痕，有的可见刀削痕。体重，质坚实，断面灰褐色至蓝褐色，蜡样，常附有灰棕色粉末，皮层与中柱易分离，内皮层环纹棕褐色。气微香，味微苦而辛。

2. **广西莪术** 环节稍突起，断面黄棕色至棕色，常附有淡黄色粉末，内皮层环纹黄白色。

3. **温莪术** 断面黄棕色至棕褐色，常附有淡黄色至黄棕色粉末。气香或微香。

【规格等级】商品分为蓬莪术、广西莪术、温莪术 3 种规格，均为统货。

【品质评价】以个均匀，质坚体重，表皮光滑，断面浅棕色或淡绿色，气香，味辛苦者为佳。传统上认为广西贵港所产的质量最佳。

【性味功能】味辛、苦，性温。行气破血，消积止痛。用于癥瘕痞块，瘀血经闭，胸痹心痛，食积胀痛。

【用法用量】6~9g。孕妇禁用。

【贮藏】置干燥处，防蛀。

姜黄 Jianghuang

Curcumae Longae Rhizoma

【别名】郁金、宝鼎香、毫命、黄姜。

【来源】姜科植物姜黄 *Curcuma Longa* L. 的干燥根茎。

【采制】冬季茎叶枯萎时采挖，洗净，煮或蒸至透心，晒干，除去须根。

【产地】主产于四川、福建等地。

【商品性状特征】 呈不规则卵圆形、圆柱形或纺锤形，常弯曲，有的具短叉状分枝，长 2~5cm，直径 1~3cm。表面深黄色，粗糙，有皱缩纹理和明显环节，并有圆形分枝痕及须根痕。质坚实，不易折断，断面棕黄色至金黄色，角质样，有蜡样光泽，内皮层环纹明显，维管束呈点状散在。气香特异，味苦、辛。

【规格等级】统货。

【品质评价】以条粗，质坚实，断面棕黄色，气味浓者为佳。

【性味功能】味辛、苦，性温。破血行气，通经止痛。用于胸胁刺痛，胸痹心痛，痛

经经闭，癥瘕，风湿肩臂疼痛，跌扑肿痛。

【用法用量】3~10g。外用适量。

【贮藏】置阴凉干燥处。

知识链接

商品行情 姜黄药材以栽培品为主。姜黄不仅具有药用价值，又可从中提取黄色食用染料，在苹果汁、方便面、可口可乐等中都有添加，所有的酒类、果汁、食品、蛋糕、糕点着色都离不开它；姜黄所含姜黄素可作分析化学试剂。随着对姜黄药用、食用、工业上的广泛开发，对姜黄的需求量日益增加，年需求量已达 50000 吨以上。

郁金 Yujin

Curcumae Radix

【别名】玉金、玉京、莪苓。

【来源】姜科植物温郁金 *Curcuma wenyujin* Y. H. Chen et C. Ling、姜黄 *Curcuma longa* L. 、广西莪术 *Curcuma kwangsiensis* S. G. Lee et C. F. Liang 或蓬莪术 *Curcuma phaeocauLis* Val. 的干燥块根。前两者分别习称"温郁金"和"黄丝郁金"，其余按性状不同习称"桂郁金"或"绿丝郁金"。

【采制】冬季茎叶枯萎后采挖，除去泥沙和细根，蒸或煮至透心，干燥。

【产地】

1. **温郁金** 主产于浙江的瑞安、瓯海，福建的安溪、南安、华安等地。以瑞安为著名产地。

2. **黄丝郁金** 主产于四川的崇州、双流、新津等地。以崇州为著名产地。

3. **桂郁金** 主产于广西的横县、贵港、平南等地，广东的高要、四会、三水等地。以横县为著名产地。

4. **绿丝郁金** 主产于四川的温江、新津、崇州、犍为，湖北的通城，湖南的攸县等地。

【商品性状特征】

1. **温郁金** 呈长圆形或卵圆形，稍扁，有的微弯曲，两端渐尖，长 3.5~7cm，直径 1.2~2.5cm。表面灰褐色或灰棕色，具不规则的纵皱纹，纵纹隆起处色较浅。质坚实，断面灰棕色，角质样；内皮层环明显。气微香，味微苦。

2. 黄丝郁金 呈纺锤形，有的一端细长，长 2.5~4.5cm，直径 1~1.5cm。表面棕灰色或灰黄色，具细皱纹。断面橙黄色，外周棕黄色至棕红色。气芳香，味辛辣。

3. 桂郁金 呈长圆锥形或长圆形，长 2~6.5cm，直径 1~1.8cm。表面具疏浅纵纹或较粗糙网状皱纹。气微，味微辛苦。

4. 绿丝郁金 呈长椭圆形，较粗壮，长 1.5~3.5cm，直径 1~1.2cm。气微，味淡。

【规格等级】商品按来源及产地不同分为"温郁金""黄丝郁金""桂郁金""川郁金"和"绿丝郁金"。

【品质评价】以个大，外表皱纹细，断面黄色，质坚实者为佳。

【性味功能】味甘、微苦，性微寒。养阴生津，润肺清心。用于肺燥干咳，阴虚痨嗽，喉痹咽痛，津伤口渴，内热消渴，心烦失眠，肠燥便秘。

【用法用量】6~12g。不宜与丁香、母丁香同用。

【贮藏】置阴凉干燥处，防潮。

天麻 Tianma
Gastrodiae Rhizoma

【别名】明天麻、赤箭、定风草。

【来源】兰科植物天麻 *Gastrodia elata* Bl. 的干燥块茎。

【采制】一般在立冬后至次年清明前采收。冬季或春初采收者，习称"冬麻"，体重饱满质优；春季或夏初采收者，习称"春麻"，皮多皱缩、体轻泡质次。选择晴天挖取块茎，除去苗茎及泥土，洗净，刮去外皮或用谷壳搓擦去掉外皮，随即用清水或白矾水微浸泡，以防变黑，再置沸水中煮或蒸 20~30min 至透心，切开后无白色小点为度，取出，置通风处晾干，再晒或低温烘干。取原药材，除去泛油色黑者及杂质，大小分开，洗净，用水浸泡至三四成透时，取出，润软或蒸软，切薄片，干燥，为"天麻片"。

【产地】主产于四川、云南、贵州等地。东北及华北各地亦产。原为野生，现大量栽培。

【商品性状特征】

1. 药材 呈椭圆形或长条形，略扁，皱缩而稍弯曲，长 3~15cm，宽 1.5~6cm，厚 0.5~2cm。表面黄白色至淡黄棕色，略透明，有不规则纵皱纹及由潜伏芽排列而成的横环纹多轮，有时可见棕黑色菌索。顶端有红棕色至深棕色鹦嘴状的芽或残留茎者；另端有圆脐形疤痕。质坚硬，不易折断，断面较平坦，黄白色至淡棕色，角质样。气微，味甘。

2. 饮片 呈不规则的薄片。外表皮淡黄色至黄棕色，有时可见点状排成的横环纹。切面黄白色至淡棕色。角质样，半透明。气微，味甘。

【规格等级】商品天麻按采收时期不同分为春麻和冬麻 2 种规格，再按个头大小、肥

瘦分为 4 等。

一等：每 1000g 26 支以内，无空心。

二等：每 1000g 46 支以内。

三等：每 1000g 90 支以内，断面棕黄色，稍有空心。

四等：每 1000g 90 支以外，凡不符合 1~3 等的、空心及未去除皮者均属此等。无芦茎。

【品质评价】以个大，色黄白，质坚实沉重，断面半透明，有光泽，无空心者为佳。以冬麻质优，春麻质次。

【性味功能】味甘，性平。息风止痉，平抑肝阳，祛风通络。用于小儿惊风，癫痫抽搐，破伤风，头痛眩晕，手足不遂，肢体麻木，风湿痹痛。

【用法用量】3~10g。

【贮藏】置阴凉通风干燥处，防霉、防蛀。

知 识 链 接

商品行情 天麻商品主要来源于家种，尚有少量野生资源。目前，天麻商品供需保持平衡，年需求量约 3500~4000 吨。

白及 Baiji
Bletillae Rhizoma

【别名】白根、地螺丝、羊角七。

【来源】兰科植物白及 *Bletilla striata*（Thunb.）Reichb. f. 的干燥块茎。

【采制】夏、秋两季采挖，立即加工，放 1~2 天则变黑，影响质量。除去残茎和须根，洗净，置沸水中煮或蒸至无白心，晒至半干，除去外皮，晒干。

【产地】主产于贵州、四川、云南、湖南、湖北、安徽、浙江、江西、广西等地。

【商品性状特征】

1. **药材** 呈不规则扁圆形，多有 2~3 个爪状分枝，长 1.5~5cm，厚 0.5~1.5cm。表面灰白色或黄白色，有数圈同心环节和棕色点状须根痕，上面有突起的茎痕，下面有连接另一块茎的痕迹。质坚硬，不易折断，断面类白色，角质样。气微，味苦，嚼之有黏性。

2. **饮片** 呈不规则的薄片。外表皮灰白色或黄白色。切面类白色，角质样，半透明，维管束小点状，散生。质脆。气微，味苦，嚼之有黏性。

【规格等级】统货。

【品质评价】以身干，饱满，色白，质坚实，无须根者为佳。

【性味功能】味苦、甘、涩，性微寒。收敛止血，消肿生肌。用于咯血，吐血，外伤出血，疮疡肿痛，皮肤皲裂。

【用法用量】6~15g；研末吞服3~6g。外用适量。不宜与川乌、制川乌、草乌、制草乌、附子同用。

【贮藏】置通风干燥处。

知识链接

商品行情 白及商品主要依靠野生资源，但随着市场需求量增加，白及价格逐年攀升，从而造成人们对白及的过度采挖。由于白及的繁殖方式主要是根茎繁殖，采挖者常常连窝端，即使是仅生长1年的白及，导致白及野生资源受到毁灭性的破坏。贵州、云南、安徽等省均开始发展白及的人工栽种。商品主要来自贵州、云南、安徽、广西等省区。由于野生资源不断减少，加之部分鲜货被留作种苗，商品供应量因此不多，行情保持坚挺，该品虽然家种已获得成功，但尚处发展阶段，短期内行情仍将保持利好。

复习思考

1. 简述根及根茎类药材的商品鉴别特征、规格等级划分及品质评价要求。
2. 简述野山参的商品性状鉴别特征。
3. 简述三七的商品规格等级。
4. 简述天麻的品质评价要求

扫一扫，知答案

扫一扫，看课件

第二节　茎、木类药材

【学习目标】
1. 掌握鸡血藤、沉香、钩藤等药材的产地、商品性状特征、规格等级、品质评价。
2. 熟悉木通、桑寄生、通草等药材的商品性状特征、规格等级、品质评价。
3. 了解槲寄生、大血藤、苏木、降香等药材的产地、商品性状特征。

茎类药材主要指木本植物的茎，包括干燥的藤茎、茎枝、茎刺、茎髓、茎的带翅状附属物等。木类中药指木本植物形成层以内的部分。木材又分心材和边材，木类药材多采用心材、含树脂的心材等。通常根据组织构造的特点分为茎类和木类两大部分。由于茎、木类药材在性状上有相似之处，习惯二者并入一起论述。

商品特征：茎、木类药材的商品鉴别主要观察形状、大小、表面纹理、颜色、质地、断面、气味，以及水浸、火烧等特点。带叶的茎枝，则再按叶类药材的要求进行观察。观察时要特别注意其表面的纹理和色泽、横切（断）面上的射线的颜色及密度、导管孔的大小及分布状态等。茎的断面有放射状的射线与木质部相间排列，习称"车轮纹""菊花心"等。

商品规格：茎木类药材的商品规格多为统货，少数划分等级。如钩藤依据色泽和枝梗的含量划分等级，沉香根据品质和树脂的含量划分等级。

贮藏养护：茎木类药材一般用袋装或箱装。本类药材含淀粉及糖类成分较少，一般不容易被虫蛀；但含有挥发油、树脂等成分的药材，若贮藏不当，易变色或散失香气。所以，应注意密封，防止高热。

木通 Mutong

Akebiae Caulis

【别名】通草、野木瓜、八月炸藤。

【来源】木通科植物木通 *Akebia quinata*（Thunb.）Decne.、三叶木通 *Akebia trifoliata*（Thunb.）Koidz. 或白木通 *Akebia trifoliate*（Thunb.）Koidz. van australis（Diels）Rehd. 的干燥藤茎。

【采制】秋季采收，截取茎部，除去细枝，阴干。

【产地】

1. **木通**　主产于江苏、浙江、安徽、江西、湖南、湖北等地。

2. **三叶木通**　主产于浙江。

3. **白木通**　主产于四川。

【商品性状特征】

1. **药材**　呈圆柱形，稍扭曲，长 30~70cm，直径 0.5~2cm。表面灰棕色至灰褐色，外皮粗糙而有许多不规则的裂纹或纵沟纹，具突起的皮孔。节部膨大或不明显，具侧枝断痕。体轻，质坚实，不易折断，断面不整齐，皮部较厚，黄棕色，可见淡黄色颗粒状小点，木部黄白色，射线呈放射状排列，髓小或有时中空，黄白色或黄棕色。气微，味微苦而涩。

2. **饮片**　呈圆形、椭圆形或不规则形片。外表皮灰棕色或灰褐色。切面射线呈放射

状排列，髓小或有时中空。气微，味微苦而涩。

【规格等级】统货。

【品质评价】以条匀，断面黄白色，无黑心者为佳。

【性味功能】味苦，性寒。利尿通淋，清心除烦，通经下乳。用于淋证，水肿，心烦尿赤，口舌生疮，经闭乳少，湿热痹痛。

【用法用量】3~6g。

【贮藏】置通风干燥处。

知 识 链 接

商品行情　木通广泛用于临床配方和中成药原料，属于可以满足市场需求的品种。三叶木通作为药材、水果和园林绿化材料使用，市场开发潜力巨大。

槲寄生　Hujisheng

Visci Herba

【别名】北寄生、桑寄生、柳寄生、寄生子。

【来源】桑寄生科植物槲寄生 *Viscum coloratum*（Komar.）Nakai 的干燥带叶茎枝。常寄生于榆树、柳树、杨树、栎树、梨树、李树、苹果、枫杨、赤杨、椴树等植物上。

【采制】冬季至次春采割，除去粗茎，切段，干燥，或蒸后干燥。

【产地】主产于东北、华北地区，称为"北寄生"。俄罗斯远东地区、朝鲜、日本也有分布。

【商品性状特征】

1. **药材**　茎枝呈圆柱形，2~5 叉状分枝，长约 30cm，直径 0.3~1cm；表面黄绿色、金黄色或黄棕色，有纵皱纹；节膨大，节上有分枝或枝痕。体轻，质脆，易折断，断面不平坦，皮部黄色，木部色较浅，射线放射状，髓部常偏向一边。叶对生于枝梢，易脱落，无柄；叶片呈长椭圆状披针形，长 2~7cm，宽 0.5~1.5cm；先端钝圆，基部楔形，全缘；表面黄绿色，有细皱纹，主脉 5 出，中间 3 条明显。革质。气微，味微苦，嚼之有黏性。

2. **饮片**　呈不规则的厚片，茎外皮黄绿色、黄棕色或棕褐色。切面皮部黄色，木部浅黄色，有放射状纹理，髓部常偏向一边。叶片黄绿色或黄棕色，全缘，有细皱纹；革质。气微，味微苦，嚼之有黏性。

【规格等级】统货。

【品质评价】以枝嫩，色黄绿，叶多，杂质少（不得过 2%）者为佳。

【性味功能】味苦，性平。祛风湿，补肝肾，强筋骨，安胎元。用于风湿痹痛，腰膝酸软，筋骨无力，崩漏经多，妊娠漏血，胎动不安，头晕目眩。

【用法用量】9~15g。

【贮藏】置干燥处，防蛀。

知 识 链 接

商品行情 槲寄生用于临床配方和中成药原料，商品主要依靠野生资源，属于可以满足市场需求的品种。

桑寄生 Sangjisheng
Taxilli Herba

【别名】广寄生、老式寄生、寄生、土桑寄生。

【来源】桑寄生科植物桑寄生 *Taxillus chinensis*（DC.）Danser 的干燥带叶茎枝。

【采制】冬季至次春采割，除去粗茎，切段，干燥，或蒸后干燥。

【产地】主产于福建、台湾、广东、广西、云南、海南等地，习称"广寄生"。

【商品性状特征】

1. **药材** 茎枝呈圆柱形，长 3~4cm，直径 0.2~1cm；表面红褐色或灰褐色，具细纵纹，并有多数细小突起的棕色皮孔，嫩枝有的可见棕褐色茸毛；质坚硬，断面不整齐，皮部红棕色，木部色较浅。叶多卷曲，具短柄；叶片展平后呈卵形或椭圆形，长 3~8cm，宽 2~5cm；表面黄褐色。幼叶被细茸毛，先端钝圆，基部圆形或宽楔形，全缘；革质。气微，味涩。

2. **饮片** 为厚片或不规则短段。外表皮红褐色或灰褐色，具细纵纹，并有多数细小突起的棕色皮孔，嫩枝有的可见棕褐色茸毛。切面皮部红棕色，木部色较浅。叶多卷曲或破碎，完整者展平后呈卵形或椭圆形，表面黄褐色，幼叶被细茸毛，先端钝圆，基部圆形或宽楔形，全缘；革质。气微，味涩。

【规格等级】统货。

【品质评价】以枝细，质嫩，色红褐、叶未脱落者为佳。

【性味功能】味苦、甘，性平。祛风湿，补肝肾，强筋骨，安胎元。用于风湿痹痛，腰膝酸软，筋骨无力，崩漏经多，妊娠漏血，胎动不安，头晕目眩。

【用法用量】9~15g。

【贮藏】置干燥处，防蛀。

知 识 链 接

1. 商品行情　桑寄生是寄生植物，所寄生树木需要感染病菌后才能生长。近些年来，随着全国各地木材储量的持续减少，一些适合桑寄生生长的杨、柳、榆等天然树木因为成材量小，被大面积采伐，桑寄生的储量也随之减少。

2. 特色应用　梧州地区出产的桑寄生茶久负盛名，早在清代，谢启昆修《广西通志》时说："桑寄生出苍梧长洲者佳。"据说是鸟雀叼衔一些树果停歇在桑树上啄吃，其中一些种子粘落在山茶科和山榉科等树枝或伤陷处寄生，吸取树的养分长成。人们采集这种寄生物的嫩叶晒制成茶，即为桑寄生茶。其节、茎、枝、叶均可入药，作茶剂、煎膏和泡酒之用。性平和，不寒不热，补肾补血。内销20多个省（区、市）以及香港、澳门地区，并出口日本和东南亚等地。

大血藤　Daxueteng

Sargentodoxae Caulis

【别名】红皮藤、大活血、红藤、过山龙。

【来源】木通科植物大血藤 *Sargentodoxa cuneate*（Oliv.）Rehd. et Wils. 的干燥藤茎。

【采制】秋、冬二季采收，除去侧枝，截段，干燥。

【产地】主产于湖北、四川、江西、河南、江苏等地。中南半岛北部（老挝、越南北部）有分布。

【商品性状特征】

1. **药材**　呈圆柱形，略弯曲，长30~60cm，直径1~3cm。表面灰棕色，粗糙，外皮常呈鳞片状剥落，剥落处显暗红棕色，有的可见膨大的节和略凹陷的枝痕或叶痕。质硬，断面皮部红棕色，有数处向内嵌入木部，木部黄白色，有多数细孔状导管，射线呈放射状排列。气微，味微涩。

2. **饮片**　类椭圆形的厚片。外表皮灰棕色，粗糙。切面皮部红棕色，有数处向内嵌入木部，木部黄白色，有多数导管孔，射线呈放射状排列。气微，味微涩。

【规格等级】统货。

【品质评价】以条匀，粗大，色棕红者为佳。

【性味功能】味苦，性平。清热解毒，活血，祛风止痛。用于肠痈腹痛，热毒疮疡，经闭，痛经，跌扑肿痛，风湿痹痛。

【用法用量】9~15g。

【贮藏】置通风干燥处。

苏木 Sumu

Sappan Lignum

【别名】苏枋、苏方、窊木、红柴。

【来源】豆科植物苏木 *Caesalpinia sappan* L. 的干燥心材。

【采制】木全年均可采收，一般多在 5~7 月间，将树砍下，除去粗皮及边材，取其黄红色或红棕色的心材，晒干。用时刨成薄片或劈成小块片。一般树龄越长，其心材越红，质量越好。采收时选择 5 年树龄以上的植株，从茎基部高 15~20cm 处砍倒，然后锯成60~100cm 长的段。以越近基部心材质量越佳，上部的心材和枝干的心材质量较差。

【产地】主产于广西、广东、台湾、贵州、云南、四川等地。印度、马来西亚、泰国亦有分布。

【商品性状特征】

1. **药材** 呈不规则稍弯曲的长圆柱形或对剖长圆柱形，表面黄红色或棕红色，可见红黄相间的纵向条纹，有刀削痕及细小的凹入油孔。质坚硬沉重，断面致密，强纤维性，横断面有显著的类圆形同心环纹（年轮），有的中央具黄白色的髓，并有点状的闪光结晶物。气微，味微涩。

2. **饮片** 呈长圆柱形或对剖半圆柱形，长 10~100cm，直径 3~12cm。表面黄红色至棕红色，具刀削痕，常见纵向裂缝。质坚硬。断面略具光泽，年轮明显，有的可见暗棕色、质松、带亮星的髓部。气微，味微涩。

【规格等级】统货。

【品质评价】以粗大，质坚实，色黄红，不带白色边材者为佳。

【性味功能】味甘、咸，性平。活血祛瘀，消肿止痛。用于跌打损伤，骨折筋伤，瘀滞肿痛，经闭痛经，产后瘀阻，胸腹刺痛，痈疽肿痛。

【用法用量】3~9g。孕妇慎用。

【贮藏】置干燥处。

鸡血藤 Jixueteng

Spatholobi Caulis

【别名】血风藤、红藤、密花豆、活血藤。

【来源】豆科植物密花豆 *Spatholobus suberectus* Dunn 的干燥藤茎。

【采制】秋、冬二季采收，除去枝叶，切片，晒干。

【产地】主产于广东、广西、云南等地。

【商品性状特征】

1. **药材** 呈扁圆柱形。栓皮灰棕色，有的可见灰白色斑块，栓皮脱落处显红棕色。切面木部红棕色或棕色，导管孔多数；韧皮部有树脂状分泌物呈红棕色至黑棕色，与木部相间排列呈 3~8 个偏心性半圆形环；髓部小，偏向一侧。质坚硬，难折断。折断面呈不整齐的裂片状。气微，味涩。

2. **饮片** 呈椭圆形、长矩圆形或不规则斜切片，厚 0.3~1 cm。

【规格等级】统货。

【品质评价】以树脂状分泌物多者为佳。

【性味功能】味苦、甘，性温。活血补血，调经止痛，舒筋活络。用于月经不调，痛经，经闭，风湿痹痛，麻木瘫痪，血虚萎黄。

【用法用量】内服：煎汤，10~15g，大剂量可用至30g；或浸酒。

【贮藏】置通风干燥处，防霉，防蛀。

知 识 链 接

商品行情 鸡血藤广泛用于临床配方和中成药原料，属于可以满足市场需求的品种。国内制药企业药用量稳固，销量顺畅，年需求量达到 20000 吨以上。

降香 jiangxiang
Dalbergiae Odoriferae Lignum

【别名】降真香、紫降香、花梨母、紫藤香。

【来源】豆科植物降香檀 *Dalbergia odorifera* T. Chen 树干和根的干燥心材。

【采制】全年采收，除去边材，阴干。

【产地】主产于广东、海南等地。福建、广西、云南等省亦产。

【商品性状特征】

1. **药材** 降香心材呈长条形或不规则碎块。表面紫红色或褐色，有致密的纹理，纵断面不整齐。质硬，有油性。气香，味微苦。

2. **饮片** 呈类圆柱形或不规则块状。表面紫红色或红褐色，切面有致密的纹理。质硬，有油性。气微香，味微苦。

【规格等级】统货。

【品质评价】以无白色边材，色紫红，体重，质坚结，切面致密显光泽，火烧有油渗出，气香浓者为佳。

【性味功能】味辛，性温。化瘀止血，理气止痛。用于吐血，衄血，外伤出血，肝郁胁痛，胸痹刺痛，跌扑伤痛，呕吐腹痛。

【用法用量】9~15g，后下。外用适量，研细末敷患处。

【贮藏】置阴凉干燥处。

沉香 Chenxiang

Aquilariae Lignum Resinatum

【别名】土沉香、蜜香、沉水香。

【来源】瑞香科植物白木香 *Aguilaria sinensis*（Lour.）Gilg 含树脂的木材。称为"国产沉香"。

【采制】全年均可采收，割取含树脂的木材，除去黄白色不含树脂的部分，阴干。

根据传统习惯，采集沉香一般有以下几种方法：

（1）选择树干直径达 30cm 以上的大树，在距地面 1.5~2m 高处，用刀在树干上顺砍数刀，伤口深 3~4cm，伤口附近的木质部则分泌树脂，逐渐变棕黑色，经数年后割取有树脂的木部。此新伤口，经若干年后又继续生成沉香。

（2）在距地面约 1m 处的树干上，凿成深 3~6cm，直径 3~6cm 的小口（俗称"开门香"）。然后用泥土封好，伤口附近的木质部分泌树脂。此法生成沉香状。

（3）寻找枯朽的白香树，有时可觅得质量较好的沉香。所得沉香木，用刀除去不含树脂的木部，晒干后，即为市售品。

（4）人工结香法，采用真菌寄生在白木香树上，使木材的薄壁细胞中贮存的物质产生一系列的变化，最后形成香脂。采用此法，一般三年左右即可达到二级、三级品的沉香。

由于产沉香的树，要经受外界刺激后，才能形成沉香。因此，采沉香时要注意观察已收损伤的枝叶或被虫咬伤的老根有无沉香的生成，以免误采未生成沉香的树木。一般生有沉香的树木枝叶多变枯黄，可供鉴别。采到的木材要除去枯废白木，劈成小块，临床使用时捣碎或研成细粉。

【产地】 主产于海南、广东、广西、福建等地。

【商品性状特征】

1. **药材** 呈不规则块状或盔帽状，有的为小碎块，一般长 5~20cm，宽 2~5cm，厚约 1cm 块片一面坚实，木质，有凿削痕，淡棕色，间有棕黑色微显光泽的斑块或小点（系分泌物）；另一面系树脂渗出固结面，土黄色，凹凸不平，有裂纹，并见蜂窝状小孔。质硬，大多不沉于水。有特异香气，味微苦。

2. **饮片** 呈不规则的片状、块状或盔帽状，表面看见黑褐色树脂与黄白色木部相同的斑纹。质较坚实。气芳香，味苦。易点燃，燃烧时发浓烟，有黑色油状树脂冒出，并有

浓郁香气。

【规格等级】按品质及表面树脂部分（俗称油格）所占比例分为4个等级。

一等：身重结实，油色黑润，油格占整块80%以上。

二等：油色黑润或棕黑色，油格占整块60%以上。

三等：油格占整块40%以上。

四等：质疏松轻浮，油格占整块25%以上。

【品质评价】以色黑，质坚硬，油性足，香气浓而持久，能沉水者为佳。

【性味功能】味辛、苦，性微温。行气止痛，温中止呕，纳气平喘。用于胸腹胀闷疼痛，胃寒呕吐呃逆，肾虚气逆喘急。

【用法用量】1~5g，后下。

【贮藏】密闭，置阴凉干燥处。用木箱包装。

知 识 链 接

1. 商品行情　沉香是自然界中极为稀少、极为珍贵的物质。其原料珍稀、功效卓实、香品高雅，十分难得。作为香料，沉香自古以来就被列为香中极品。随着现代人生活的不断提高，香道文化逐渐被人们重新认识和喜爱，沉香制品的价格在近几年迅速飙升，但商品市场的沉香质量良莠不齐，应注意鉴别。

2. 进口沉香　为同属植物沉香 *A. agallocha* Roxb. 含有香树脂的木材。主产于印度尼西亚、马来西亚、柬埔寨及越南。功效与国产沉香相似，因含香树脂多而沉重质优。进口沉香较国产沉香质坚硬而重，气味较浓，燃烧时香气更浓，味微苦。

通草　Tongcao
Tetrapanacis Medulla

【别名】大通草、通花、方草、白通草。

【来源】五加科植物通脱木 *Tetrapanax papyrifer*（Hook.）K. Koch 的干燥茎髓。

【采制】秋季割取茎，截成段，趁鲜取出髓部，理直，晒干。

【产地】主产于云南、贵州、台湾、广西、四川等地。

【商品性状特征】

1. 药材　茎髓呈圆柱状，长30~60cm，直径1.2~3cm。表面白色或淡黄白色，有纵细纹。质轻松，断面白色，有光泽，中央有直径0.6~1.5cm的半透明圆形隔膜；纵剖面

可见隔膜排列整齐。

2. **饮片** 呈圆形的厚片或小段，表面有银白色光泽。髓部中空或有半透明的薄膜，体轻，质松软，有弹性。气微，味淡。

【规格等级】统货。

【品质评价】以条粗，色洁白，质松软而有弹性者为佳。

【性味功能】味甘、淡，性微寒。清热利尿，通气下乳。用于湿热淋证，水肿尿少，乳汁不下。

【用法与用量】3~5g。孕妇慎用。

【贮藏】置干燥处。

钩藤 Gouteng

Uncriae Ramulus Cum Uncis

【别名】大钩丁、嫩双钩、莺爪风、倒挂金钩。

【来源】茜草科植物钩藤 *Uncaria rhynchophylla*（Miq.）Miq. ex Havil、大叶钩藤 *Uncaria . macrophylla* Wall.、毛钩藤 *Uncaria hirsuta* Havil.、华钩藤 *Uncaria sinensis*（Oliv）Havil. 或无柄果钩藤 *Uncaria sessilifructus* Roxb. 的干燥带钩茎枝。

【采制】秋、冬二季采收，去叶，切段，晒干。

【产地】

1. **钩藤** 主产于广西、江西、湖南、广东、四川、云南等地。

2. **大叶钩藤** 主产于广西、广东、云南等地。

3. **毛钩藤** 主产于福建、广东、广西、台湾等地。

4. **华钩藤** 主产于广西、贵州、湖南、湖北等地。

5. **无柄果钩藤** 主产于广东、广西、云南等地。

【商品性状特征】 茎枝呈圆柱形或类方柱形，长 2~3cm，直径 0.2~0.5cm。表面红棕色至紫红色者具细纵纹，光滑无毛；黄绿色至灰褐色者有的可见白色点状皮孔，被黄褐色柔毛。多数枝节上对生两个向下弯曲的钩（不育花序梗），或仅一侧有钩，另一侧为突起的疤痕；钩略扁或稍圆，先端细尖，基部较阔；钩基部的枝上可见叶柄脱落后的窝点状痕迹和环状的托叶痕。质坚韧，断面黄棕色，皮部纤维性，髓部黄白色或中空。气微，味淡。

【规格等级】商品上分为双钩藤、单钩藤、混钩藤、钩藤枝。

1. **双钩藤** 干货，净钩，无光梗及单钩梗，无枯枝钩。

2. **单钩藤** 干货，净钩，无光梗及双钩梗，无枯枝钩。

3. **混钩藤** 干货，为双钩藤和单钩藤的混合品，无光梗，无枯枝钩。一等混钩藤单钩不超过 1/3；二等混钩藤单钩不超过 1/2。

4. 钩藤枝 干货，为无钩茎枝。

【品质评价】以圆茎，双钩结实，光滑，色紫红，无枯枝钩者为佳。传统认为桂林钩质量最好。

【性味功能】味甘，性凉。息风定惊，清热平肝。用于肝风内动，惊痫抽搐，高热惊厥，感冒夹惊，小儿惊啼，妊娠子痫，头痛眩晕。

【用法与用量】3~12g，后下。

【贮藏】置干燥处。

知 识 链 接

商品行情 广西是我国钩藤属植物资源分布最集中、种类最多、资源最丰富的省区，广西钩藤属植物至少有10个品种来源，其中钩藤、大叶钩藤、无柄果钩藤、毛钩藤等为优势品种，分布广，数量大，年产7000多吨；四川地区钩藤大部分是野生品种供应市场，随着野生资源逐渐匮乏，其产量逐渐减少；近年来，贵州剑河县因得天独厚的地理环境及政府的大力支持发展种植，已成为钩藤的主要产区之一。

复习思考

1. 茎木类药材鉴别时应注意哪些特征？
2. 简述沉香的规格等级及品质评价。
3. 简述钩藤的品质评价。

扫一扫，知答案

扫一扫，看课件

第三节 皮类药材

【学习目标】

1. 掌握牡丹皮、厚朴、肉桂、杜仲、黄柏等药材的产地、商品性状特征、规格等级、品质评价。

2. 熟悉桑白皮、香加皮等药材的商品性状特征、规格等级、品质评价。

3. 了解合欢皮、白鲜皮、秦皮、地骨皮等药材的产地、商品性状特征。

皮类药材通常是指来源于被子植物（其中主要是双子叶植物）和裸子植物的茎干、枝和根的形成层以外部分的药材。其中大多为茎干的皮，少数为根皮或枝皮。根据植物四季的生长特性，皮类中药选择树皮养分充沛，且皮部与木部容易剥离的季节采收，因此皮类中药的采收期一般在春末夏初，少数皮类药材于秋冬两季采收。

商品特征：皮类药材的商品鉴别应注意形状（如平坦，卷曲、筒状、单卷状、双卷筒状），外表面（如颜色、纹理、皮孔和附属物），内表面（如油痕、纹理），横折断面（如平坦、颗粒状、纤维状、层状），气味（如香气、甜味）等特征。其中皮孔形态、横折断面、气味等方面是鉴别的主要内容。

商品规格：皮类药材常按其长度、宽度、厚度或中部直径等划分商品的规格等级。如厚朴按照长度和重量等划分等级，根皮类药材一般均为统货。

贮藏养护：皮类药材一般采用袋、箱密闭包装，置阴凉、通风、干燥处保存，防虫蛀。

桑白皮 Sangbaipi

Mori Cortex

【别名】桑根白皮、桑根皮、桑皮、白桑皮。

【来源】桑科植物桑 *Morus alba* L. 栽培品的干燥根皮。

【采制】秋末落叶时至次春发芽前采挖根部，刮去黄棕色粗皮，纵向剖开，剥取根皮，晒干。

【产地】主产于河南、安徽、四川、湖南、河北、广东。产于安徽亳州一带者称为亳桑皮；产于浙江者称为严桑皮；产于江苏者称为北桑皮。以河南、安徽产量大，以亳桑皮质量佳。此外，四川、湖南、河北、广东、湖北、广西亦产。

【商品性状特征】

1. **药材** 呈扭曲的卷筒状、槽状或板片状，长短宽窄不一，厚1~4mm。外表面白色或淡黄白色，较平坦，有的残留橙黄色或棕黄色鳞片状粗皮；内表面黄白色或灰黄色，有细纵纹。体轻，质韧，纤维性强，难折断，易纵向撕裂，撕裂时有粉尘飞扬。气微，味微甘。

2. **饮片** 呈不规则的丝条状。表面深黄色或棕黄色，略具光泽，滋润，纤维性强，易纵向撕裂。气微，味甜。

【规格等级】统货。

【品质评价】以色白，皮厚，柔韧者为佳。

【性味功能】味甘，性寒。泻肺平喘，利水消肿。泻肺平喘，利水消肿。用于肺热喘咳，水肿胀满尿少，面目肌肤浮肿。

【用法用量】6~12g。

【贮藏】置通风干燥处，防潮，防蛀。

知 识 链 接

商品行情 桑全身是宝，桑叶、桑枝、桑皮（桑白皮）、桑葚（桑果）四类产品已广泛应用于医药、药材、保健品、食品、畜牧饲料业，并出口国外市场，需求量连年增加，用量数万吨。

牡丹皮 Mudanpi

Moutan Cortex

【别名】丹皮、粉丹皮、木芍药、条丹皮。

【来源】毛茛科植物牡丹 *Paeonia suffruticosa* Andr. 栽培品的干燥根皮。

【采制】栽培3~5年后采收，于10~11月采挖根部，除去细根和泥沙，剥取根皮，晒干或刮去粗皮，除去木心，晒干。前者习称原丹皮（连丹皮），后者习称刮丹皮（粉丹皮）。

【产地】主产于安徽铜陵、山东菏泽，湖南邵阳、长沙、衡阳，四川西昌、汶川及陕西、甘肃等地。安徽铜陵产者习称"凤丹皮"，山东产者习称"菏泽丹皮"，湖南产者习称"湘丹皮"，四川产者习称"川丹皮"，甘肃、陕西产者习称"西丹皮"。

【商品性状特征】

1. 药材

原丹皮 呈筒状或半筒状，有纵剖开的裂缝，略向内卷曲或张开，长5~20cm，直径0.5~1.2cm，厚0.1~0.4cm。外表面灰褐色或黄褐色，有多数横长皮孔样突起和细根痕，栓皮脱落处粉红色；内表面淡灰黄色或浅棕色，有明显的细纵纹，常见发亮的结晶。质硬而脆，易折断，断面较平坦，淡粉红色，粉性。气芳香，味微苦而涩，有麻舌感。

刮丹皮 外表面淡灰黄色、粉红色或淡红棕色，内表面淡灰黄色或浅棕色，有明显纵细的纹理及白色结晶（系针状、片状或柱状丹皮酚结晶）。

2. 饮片 呈圆形或卷曲形的薄片。原丹皮外表面灰褐色或黄褐色，栓皮脱落处粉红色；刮丹皮外表面红棕色或淡灰黄色，内表面有时可见发亮的结晶，切面淡粉红色，粉性。气芳香，味微苦而涩。

【规格等级】商品分为凤丹皮、原丹皮、刮丹皮等规格，再按长短粗细分等级。

1. 凤丹皮

一等：呈圆筒状，条均匀微弯，两端剪平，纵形隙口紧闭，皮细肉厚。表面褐色。质

硬而脆。断面粉白色，粉质足，有亮银星。香气浓，味微苦涩。长 6cm 以上，中部围径 2.5cm 以上。无木心、青丹。

二等：长 5cm 以上，中部围径 1.8cm 以上。

三等：长 4cm 以上，中部围径 1cm 以上。

四等：凡不符合一、二、三等的细条及断枝碎片，均属此等。但最小围径不低于 6mm。

2. 连丹皮

一等：呈圆筒状，条均匀，稍微弯。表面灰褐色或棕褐色，栓皮脱落处呈粉褐色。质硬而脆。断面粉白或淡褐色，有粉性。香气浓，味微苦涩。长 6cm 以上，中部围径 2.5cm 以上。碎节不超过 5%。去净木心。

二等：长 5cm 以上，中部围径 1.8cm 以上。碎节不超过 5%。

三等：长 4cm 以上，中部围径 0.9cm 以上。皮刮净，色粉红，碎节不超过 5%。

四等：干货。凡不符合一、二、三等的细条及断支碎片，均属此等。但最小围径不低于 6mm。

3. 刮丹皮

一等：呈圆筒状，条均匀，刮去外皮，表面粉红色，在节疤、皮孔、根痕处，偶有未去净的粗皮，形成棕褐色的花斑。质坚硬。断面粉白色，有粉性。气香浓，味微苦涩。长 6cm 以上，中部围径 2.4cm 以上。皮刮净，色粉红，碎节不超过 5%。无木心。

二等：长 5cm 以上，中部围径 1.7cm 以上。皮刮净，色粉红，碎节不超过 5%。

三等：长 4cm 以上，中部围径 9mm 以上。皮刮净，色粉红，碎节不超过 5%。

四等：凡不符合一、二、三等的细条及断支碎片，均属此等。

【品质评价】以条粗，皮厚，断面色淡红，粉性足，结晶多，香气浓者为佳。

【性味功能】味苦、辛，性微寒。清热凉血，活血化瘀。用于热入营血，温毒发斑，吐血衄血，夜热早凉，无汗骨蒸，经闭痛经，跌扑伤痛，痈肿疮毒。

【用法用量】煎服：6~9g。孕妇慎用。

【贮藏】置阴凉干燥处。

知 识 链 接

商品行情 牡丹皮为多种方剂配伍及中成药的主要原料，属于可以满足供应的品种。出口东南亚、日本等国。开发的"丹皮酚软膏""丹皮酚注射液""丹皮酚药物牙膏""凤丹药枕""凤丹瓜子""凤丹滋补酒"等，用量逐年升高。年需求量 4000~5000 吨。

厚朴　Houpo

Magnoliae Officinalis Cortex

【别名】重皮、赤朴、油朴。

【来源】木兰科植物厚朴 *Magnolia officinalis* Rehd. et Wils. 或凹叶厚朴 *Magnolia offinalis* Rehd. et Wils. var. biloba Rehd. et Wils. 栽培品的干燥干皮、根皮及枝皮。

【采制】4~6月剥取15~20年的树皮、枝皮、根皮，直接阴干。干皮入沸水中微煮后，堆置阴湿处，"发汗"至内表面变紫褐色时，蒸软，取出，卷成筒状，晒干或烘干。临床应用时，将厚朴炮制成厚朴丝、姜厚朴使用。

【产地】

1. 厚朴　主产于四川广元，湖北恩施、宜昌，湖南衡阳等地，历史上称为"川厚朴"，或称"紫油厚朴"。

2. 凹叶厚朴　主产于浙江丽水，福建南平，江西等地，为"温厚朴"。以川朴质优。

【商品性状特征】

1. 药材

干皮　呈卷筒状或双卷筒状，长30~35cm，厚0.2~0.7cm，习称"筒朴"；近根部的干皮一端展开如喇叭口，长13~25cm，厚0.3~0.8cm，习称"靴筒朴"。外表面灰棕色或灰褐色，粗糙，有时呈鳞片状，较易剥落，有明显椭圆形皮孔和纵皱纹，刮去粗皮者显黄棕色。内表面紫棕色或深紫褐色，较平滑，具细密纵纹，划之显油痕。质坚硬，不易折断，断面颗粒性外层灰棕色，内层紫褐色或棕色，有油性，有的可见多数小亮星。气香，味辛辣、微苦。

根皮（根朴）呈单筒状或不规则块片；有的弯曲似鸡肠，习称"鸡肠朴"。质硬，较易折断，断面纤维性。

枝皮（枝朴）呈单筒状，长10~20cm，厚0.1~0.2cm。质脆，易折断，断面纤维性。

耳朴（靠近根部的干皮）　呈块片状或半卷状，长短不一，多似耳状。

2. 饮片　呈弯曲的丝条状或单、双卷筒状。外表面灰褐色，有时可见椭圆形皮孔或纵皱纹。内表面紫棕色或深紫褐色，较平滑，具细密纵纹，划之显油痕。切面颗粒性，有油性，有的可见小亮星。气香，味辛辣、微苦。

【规格等级】商品按产区主要分为川厚朴、温厚朴两类，又因部位和形态的不同，分为筒朴、蔸朴（即靴朴，为靠近根部的干皮）、耳朴、根朴、枝朴等5种规格。筒朴分为4个等级，根朴、枝朴分为统装货和2个等级。

1. 川朴　1~3等均为筒朴。

一等：卷成半卷筒或双筒，两端平齐。表面黄棕色，有纵皱纹，内表紫棕色，平滑，

划之显油痕。质坚硬。断面外侧黄棕色，内侧紫棕色，显油润，纤维少。气香，味苦、辛。筒长 40cm，不超过 43cm，重 500g 以上。

二等：筒长 40cm，不超过 43cm，重 200g 以上，其余同一等。

三等：筒长 40cm，重不少于 100g，其余同一等。

四等：凡不合以上规格者以及碎片、枝朴，不分长短大小、均属此等。

2. **温朴** 1~3 等均为筒朴。

一等：卷成半卷筒或双筒，两端平齐。表面灰棕色或灰褐色，有纵皱纹，内表面深紫色或紫棕色，平滑。质坚硬。断面外侧灰褐色，内侧紫棕色，颗粒状。气香，味苦、辛。筒长 40cm，重 800g 以上。

二等：筒长 40cm，重 500g 以上，其余同一等。

三等：筒长 40cm，重 200g 以上，其余同一等。

四等：凡不合以上规格者以及碎片、枝朴，不分长短大小，均属此等。

3. **蔸朴**

一等：表面粗糙，灰棕色或灰褐色，内面深紫色。下端呈喇叭口状，纤维性不明显。气香，味苦、辛。块长 70cm 以上，重 2000g 以上。

二等：块长 70cm 以上，重 2000g 以下，其余同一等。

三等：块长 70cm 以上，重 500g 以上，其余同一等。

4. **耳朴** 统货。

5. **根朴**

一等：呈卷筒状长条。表面土黄色或灰褐色，内面深紫色，质韧，断面油润。气香，味苦、辛。条长 70cm，重 400g 以上。

二等：长短不分，每条 400g 以下，其余同一等。

【品质评价】以皮厚，肉细，内表面色紫棕，油性足，断面有亮星，香气浓者为佳。

【性味功能】味苦、辛，性温。燥湿消痰，下气除满。用于湿滞伤中，脘痞吐泻，食积气滞，腹胀便秘，痰饮喘咳。

【用法用量】3~10g。

【贮藏】置通风干燥处。

知 识 链 接

商品行情 厚朴为大宗常用中药材商品，年需求量约 3000~4000 吨，出口约 200 吨。

肉桂 Rougui

Cinnamomi Cortex

【别名】牡桂、玉桂、官桂。

【来源】樟科植物肉桂 *Cinnamomum cassia* Presl 栽培品的干燥树皮。

【采制】每年分两期采收，第一期于 4~5 月间剥皮称春桂，容易剥取，但质量稍次。第二期于 9~10 月间称秋桂，不易剥皮，但加工的产品质量较好。以第二期产量大，香气浓，质量佳。采收时选取栽培 5~10 年的肉桂树，按一定的长、宽度剥下树皮和枝皮，放于阴凉处，按各种规格修整，或置于木制的"桂夹"内压制成型，阴干或先放置阴凉处 2~3 天后，于弱光下晒干。根据采收加工方法不同，有如下加工品：

1. 桂通　为不经压制，剥取 5~6 年生的树皮和老树枝皮，自然卷曲成筒状，长约 30cm，直径 2~3cm，阴干，又称广条桂。

2. 企边桂　为剥取 5~6 年生的树皮，将两端削成斜面，突出桂心，夹在木制的凹凸板中间，压成两侧向内卷曲的浅槽状。长约 40cm，宽 6~10cm。晒干。

3. 板桂　老树离地面 30cm 处，作环状剥皮，夹在木制的桂夹中，晒至九成干，经纵横堆叠，加压，约 1 个月完成干燥，为扁平板状。

4. 桂碎　在桂皮加工过程中的碎块。

5. 桂心　为刮去外皮者。

【产地】主产于广西钦州、防城港、玉林，广东茂名、肇庆，福建等地，其中以广西产量最大。

【商品性状特征】

1. 桂通　呈双卷状或圆筒状，长 35cm，厚 1~3mm。外表面灰棕色，内表面暗棕色。质硬而脆，断面紫红色或棕红色，气香，味微甜而辣。

2. 企边桂　呈槽状或卷筒，长 30~40cm，宽 3~10cm。外表面灰棕色，内表面红棕色，划之有油痕。质硬而脆，断面两层间有 1 条黄棕色浅纹。气香浓烈，味甜、辣。

3. 板桂　呈板片状，长 30~40cm，宽 5~10cm，厚 0.6~0.8cm。表面灰褐色，栓皮较厚，内表面棕红色或黄棕色，稍显凹凸不平。质坚硬，油性较少。气香较差，味微甜，辛辣。甲级：外皮有光泽，含油分较足。乙级：色泽和所含油分比甲级差。丙级：色泽和所含油分比乙级差。

4. 桂碎　呈大小不规则的片块状或短卷筒状，外表面灰棕色，断面和内表面呈棕色和棕褐色。气香，味微甜而辣。

5. 桂心　为刮去外皮者，表面红棕色。

【规格等级】由主产区广西制定的肉桂地方标准如下：

甲级：皮细有彩纹，无破裂，每片重175g以上，长约43cm。

乙级：皮略粗，破裂不超过3cm，每片重160g以上。

丙级：皮略粗，破裂不超过4.5cm，每片重150g以上。

丁级：皮粗细不均，多破裂，每片重150g以下。

【品质评价】以体重，肉厚，外皮细，断面色紫，油性大，香气浓厚，味甜辣，嚼之渣少者为佳。

【性味功能】味辛、甘，性大热。补火助阳，引火归元，散寒止痛，温通经脉。用于阳痿宫冷，腰膝冷痛，肾虚作喘，虚阳上浮，眩晕目赤，心腹冷痛，虚寒吐泻，寒疝腹痛，痛经经闭。

【用法用量】1~5g。有出血倾向者及孕妇慎用；不宜与赤石脂同用。

【贮藏】置阴凉干燥处。

知 识 链 接

1. **商品行情** 肉桂过去进口量较大，近年国内广西等地大量栽培，产量和质量都不低于国外，不需进口，价格稳中有升，还能出口。年需求量约1000吨左右。

2. **进口肉桂** 主产越南、柬埔寨等地。药材呈双卷状，中央略向下凹的槽形，两端皆斜向削去外皮，长40~50cm，宽6~8cm，厚6~7mm。外表面有灰白色和黄棕色相间的斑块，圆形或半圆形皮孔多见；内表面棕色至棕褐色，指甲刻划显油痕。有特殊香气，味甜，微辛。商品分高山肉桂和低山肉桂两种规格：①低山肉桂外表面粗糙，内表面稍粗糙。皮薄体较轻，断面浅黄色线纹明显。含挥发油量较少，香气淡，甜味淡，辛味浓。②高山肉桂外表面细致而润滑。皮厚体较重，断面浅黄色线纹不明显。含挥发油量较高，香气浓，甜味浓，辛味淡。

杜仲　Duzhong

Eucommiae Cortex

【别名】扯丝皮、思仲、丝棉皮。

【来源】杜仲科植物杜仲 *Eucommia ulmoides* Oliv. 栽培品的干燥树皮。

【采制】4~6月剥树皮，刮去粗皮，堆置"发汗"至内皮呈紫褐色，晒干。取原材料，刮去残留粗皮，洗净，切成块或丝，干燥，为"生杜仲"块或丝，取杜仲块或丝，用盐水拌匀，润透，置锅内，用中火加热炒或炒烫至丝易断，取出，晾干，为"盐杜仲"。每杜

仲块或丝 100kg，用食盐 2kg。

【产地】主产于贵州遵义、贵阳、安顺、四川广元、达县，湖北宜昌、恩施、十堰，陕西汉中、安康、湖南常德、吉首等地。

【商品性状特征】

1. **药材** 呈板片状或两边稍向内卷，大小不一，厚 3~7mm。外表面淡棕色或灰褐色，有明显的皱纹或纵裂槽纹，有的树皮较薄，未去粗皮，可见明显的皮孔。内表面暗紫色，光滑。质脆，易折断，断面有细密、银白色、富弹性的橡胶丝相连。气微，味稍苦。

2. **饮片** 呈小方块或丝状。外表面淡棕色或灰褐色，有明显的皱纹。内表面暗紫色，光滑。断面有细密、银白色、富弹性的橡胶丝相连。气微，味稍苦。

【规格等级】商品分为 4 等。

特等：呈平板状，两端切齐，去净粗皮。表面呈灰褐色，内表面黑褐色，质脆。断处有胶丝相连，味微苦。整张长 70~80cm，宽 50cm 以上，厚 7mm 以上。碎块不超过 10%。无卷形。

一等：呈平板状，两端切齐，去净粗皮。表面呈灰褐色，内表面黑褐色，质脆。断处有胶丝相连，味微苦。整张长 40cm，宽 40cm 以上，厚 5mm 以上。余同特等。

二等：整张长 40cm，宽 30cm 以上，厚 3mm 以上，碎块不超过 10%。

三等：凡不符合特等及一、二等标准，厚度最薄不得小于 2mm，包括枝皮、根皮、碎快，均属此等。

【品质评价】以皮厚，块大，内表面暗紫色，断面丝多，弹性大者为佳。

【性味功能】味甘，性温。补肝肾，强筋骨，安胎。用于肝肾不足，腰膝酸痛，筋骨无力，头晕目眩，妊娠漏血，胎动不安。

【用法用量】6~10g。

【贮藏】置通风干燥处。

（知 识 链 接）

商品行情 杜仲为常用中药，年需求量约 3000 吨。

合欢皮 Hehuanpi

Albizlae Cortex

【别名】合昏皮、夜合皮。

【来源】豆科植物合欢 *Albizia julibrissin* Durazz. 的干燥树皮。

【采制】夏、秋花开放时剥下树皮，晒干。切段生用。

【产地】主产于湖北、四川、江苏、浙江、安徽等地。

【商品性状特征】

1. **药材**　呈卷曲筒状或半筒状，长 40~80cm，厚 0.1~0.3cm。外表面灰棕色至灰褐色，稍有纵皱纹，有的呈浅裂纹，密生明显的椭圆形横向皮孔，棕色或棕红色，偶有突起的横棱或较大的圆形枝痕，常附有地衣斑；内表面淡黄棕色或黄白色，平滑，有细密纵纹。质硬而脆，易折断，断面呈纤维性片状，淡黄棕色或黄白色。气微香，味淡、微涩、稍刺舌，而后喉头有不适感。

2. **饮片**　呈弯曲的状丝或块片状。外表面灰棕色至灰褐色，稍有纵皱纹，密生明显的椭圆形横向皮孔，棕色或棕红色。内表面淡黄棕色或黄白色，平滑，具细密纵纹。切面呈纤维性片状，淡黄棕色或黄白色。气微香，味淡、微涩、稍刺舌，而后喉头有不适感。

【规格等级】统货。

【品质评价】以身干，皮细嫩，无栓皮，皮孔明显者为佳。

【性味功能】味甘，性平。解郁安神，活血消肿。用于心神不安，忧郁失眠，肺痈，疮肿，跌扑伤痛。

【用法用量】6~12g。外用适量，研末调敷。

【贮藏】置通风干燥处。

知 识 链 接

1. **商品行情**　合欢皮商品来源于野生资源。广泛用于临床配方和中成药原料，属于可以满足市场需求的品种。合欢皮主产湖北十堰地区南部山区，年产量占全国的 70%。

2. **合欢花**　豆科植物合欢 *Albizia julibrissin* Durazz. 的干燥树花序或花蕾。前者习称"合欢花"，后者习称"合欢米"。具有解郁安神的功效。

黄柏　Huangbo

Phellodendri Chinensis Cortex

【别名】黄檗、檗皮、檗木。

【来源】芸香科植物黄皮树 *Phellodendron chinense* Schneid. 的干燥树皮。习称"川黄柏"。

【采制】3~6月间采收。选择生长十年以上的树,剥取一部分树皮,晒至半干,压平,刮净粗皮至显黄色,不可伤入内皮,刷净晒干,置干燥通风处,防霉变色。留下未剥的部分树皮,可待新树皮生长后再剥,通常在下半年进行。

【产地】主产于四川汶川、乐山、南充,贵州贵阳、遵义、安顺,陕西宝鸡、汉中、商州、安康,湖北十堰、咸宁,云南保山等地。以四川、贵州产量大,质量最佳。

【商品性状特征】

1. **药材** 呈板片状或浅槽状,长宽不一,厚1~6mm。外表面黄褐色或黄棕色,平坦或具纵沟纹,有的可见皮孔痕及残存的灰褐色粗皮;内表面暗黄色或淡棕色,具细密的纵棱纹。体轻,质硬,断面纤维性,呈裂片状分层,深黄色。气微,味极苦,嚼之有黏性,可使唾液染成黄色。

2. **饮片** 呈丝条状。外表面黄褐色或黄棕色。内表面暗黄色或淡棕色,具纵棱纹。切面纤维性,呈裂片状分层,深黄色。味极苦。

【规格等级】 商品分为2个等级。

一等:呈平板状,去净粗皮,表面黄褐色或黄棕色,内表皮暗黄色或淡棕色,体轻,质较坚硬。断面鲜黄色。气微,味极苦,长40cm以上,宽15cm以上。

二等:呈板片状或卷筒状,大小不等,厚度不得小于2mm,间有枝皮,其余同一等。

【品质评价】以皮厚,色鲜黄,无栓皮者为佳。

【性味功能】味苦,性寒。清热燥湿,泻火除蒸,解毒疗疮。用于湿热泻痢,黄疸尿赤,带下阴痒,热淋涩痛,脚气痿躄,骨蒸劳热,盗汗,遗精,疮疡肿毒,湿疹湿疮。

盐黄柏 滋阴降火。用于阴虚火旺,盗汗骨蒸。

【用法用量】3~12g。外用适量。

【贮藏】置通风干燥处,防潮。

知 识 链 接

1. **商品行情** 黄柏历史上少有脱销和积压现象。近年来由于资源受到破坏,出口量增大,市场上供不应求,价格有所上升。年需要量约3000吨。

2. **关黄柏** 芸香科植物黄檗 *Phellodendron amurense* Rupr. 的干燥树皮。主产于吉林、辽宁等地,内蒙古、河北、黑龙江等省区亦产,以辽宁产量最大。商品上以皮厚,断面色黄绿,无栓皮者为佳。

白鲜皮 Baixianpi

Dictamni Cortex

【别名】八股牛、北鲜皮、臭根皮。

【来源】芸香科植物白鲜 *Dictamnus dasycarpus* Turcz. 的干燥根皮。

【采制】春，秋二季采挖根部，除去泥沙和粗皮，剥取根皮，干燥。

【产地】主产于辽宁、河北、四川、江苏、安徽等地。

【商品性状特征】

1. **药材** 呈卷筒状，长5~15cm，直径1~2cm，厚0.2~0.5cm。外表面灰白色或淡灰黄色，具细纵皱纹和细根痕，常有突起的颗粒状小点；内表面类白色，有细纵纹。质脆，折断时有粉尘飞扬，断面不平坦，略呈层片状，剥去外层，迎光可见闪烁的小亮点。有羊膻气，味微苦。

2. **饮片** 呈不规则的厚片。外表皮灰白色或淡灰黄色，具细纵皱纹及细根痕，常有突起的颗粒状小点；内表面类白色，有细纵纹。切面类白色，略呈层片状。有羊膻气，味微苦。

【规格等级】统货。

【品质评价】以身干，条大，皮厚，色灰白，断面分层，气味浓，无木心者为佳。

【性味功能】味苦，性寒。清热燥湿，祛风解毒。用于湿热疮毒，黄水淋漓，湿疹，风疹，疥癣疮癞，风湿热痹，黄疸尿赤。

【用法用量】5~10g。外用适量，煎汤洗或研粉敷。

【贮藏】置通风干燥处。

知识链接

商品行情 白鲜皮商品主要来自野生品，东北地区是野生主产区。近年来，随着白鲜皮为原料的中成药的开发利用不断深入，白鲜皮的用量日益增加，年需求量约在1400吨以上。

秦皮 Qinpi

Fraxini Cortex

【别名】鸡糠树、青榔木、白荆树。

【来源】木犀科植物苦枥白蜡树 *Fraxinus rhynchophylla* Hance、白蜡树 *Fraxinus chinensis*

Roxb. 、尖叶白蜡树 *Fraxinus szaboana* Lingelsh. 或宿柱白蜡树 *Fraxinus stylosa* Lingelsh. 的干燥枝皮或干皮。

【采制】春、秋季整枝时剥取树皮，晒干。

【产地】主产于陕西、四川、宁夏、云南、贵州、河北等地。

【商品性状特征】

1. 药材

枝皮　呈卷筒状或槽状，长10~60cm，厚1.5~3mm。外表面灰白色、灰棕色至黑棕色或相间呈斑状，平坦或稍粗糙，并有灰白色圆点状皮孔及细斜皱纹，有的具分枝痕。内表面黄白色或棕色，平滑。质硬而脆，断面纤维性，黄白色。气微，味苦。

干皮　长条状块片，厚3~6mm。外表面灰棕色，具龟裂状沟纹及红棕色圆形或横长的皮孔。质坚硬，断面纤维性较强。

2. 饮片　长短不一的丝条状。外表面灰白色、灰棕色或黑棕色。内表面黄白色或棕色，平滑。切面纤维性。质硬。气微，味苦。

【规格等级】商品分为枝皮、干皮，均为统货。

【品质评价】以条长，外皮薄而光滑者为佳。

【性味功能】味苦、涩，性寒。清热燥湿，收涩止痢，止带，明目。用于湿热泻痢，赤白带下，目赤肿痛，目生翳膜。

【用法用量】6~12g。外用适量，煎洗患处。

【贮藏】置通风干燥处。

香加皮　Xiangjiapi

Periplocae Cortex

【别名】北五加皮、香五加。

【来源】萝藦科植物杠柳 *Periploca sepium* Bge. 的干燥根皮。

【采制】春、秋二季采挖，剥取根皮，晒干。

【产地】主产于山西、河南、河北、山东等地。

【商品性状特征】

1. 药材　呈卷筒状或槽状，少数呈不规则的块片状，长3~10cm，直径1~2cm，厚0.2~0.4cm。外表面灰棕色或黄棕色，栓皮松软常呈鳞片状，易剥落。内表面淡黄色或淡黄棕色，较平滑，有细纵纹。体轻，质脆，易折断，断面不整齐，黄白色。有特异香气，味苦。

2. 饮片　呈不规则的厚片。外表面灰棕色或黄棕色，栓皮常呈鳞片状。内表面淡黄色或淡黄棕色，有细纵纹。切面黄白色。有特异香气，味苦。

【规格等级】统货。

【品质评价】以块大，皮厚，香气浓，无木心者为佳。

【性味功能】味辛、苦，性温，有毒。利水消肿，祛风湿，强筋骨。用于下肢浮肿，心悸气短，风寒湿痹，腰膝酸软。

【用法用量】3~6g。不宜过量服用。

【贮藏】置阴凉干燥处。

地骨皮 Digupi

Lycii Cortex

【别名】杞根、地节、地骨、枸杞根。

【来源】茄科植物枸杞 *Lycium chinense* Mill. 或宁夏枸杞 *Lycium barbarum* L. 的干燥根皮。

【采制】春初或秋后采挖根部，洗净，剥取根皮，晒干。

【产地】全国大部分地区均产。

1. **枸杞** 主产于河北、河南、山西陕西等地，多为野生。以河南、山西产量较大，江苏、浙江产的品质较好。

2. **宁夏枸杞** 主产于宁夏、甘肃等地。

【商品性状特征】

1. **药材** 呈筒状或槽状，长 3~10cm，宽 0.5~1.5cm，厚 0.1~0.3cm 外表面灰黄色至棕黄色，粗糙，有不规则纵裂纹，易成鳞片状剥落。内表面黄白色至灰黄色，较平坦，有细纵纹。体轻，质脆，易折断，断面不平坦，外层黄棕色，内层灰白色。气微，味微甘而后苦。

2. **饮片** 呈类圆形或不规则的厚片。外表皮棕黑色或棕灰色，极皱缩，具不规则的横曲纹。切面棕黑色或乌黑色，有光泽，具黏性。气微，味微甜。

【规格等级】统货。

【品质评价】以块大，肉厚，无木心者为佳。

【性味功能】味甘，性寒。凉血除蒸，清肺降火。用于阴虚潮热，骨蒸盗汗，肺热咳嗽，咯血，衄血，内热消渴。

【用法用量】9~15g。

【贮藏】置通风干燥处。

商品行情 地骨皮广泛用于临床配方和中成药原料，属于可以满足市场需求的品种。作为枸杞的根茎，地骨皮的资源储量不小，但刨根毁树远不及枸杞果实所能带来的经济收益，导致地骨皮的产出主要来源于野生的枸杞植株，少部分来源于家种枸杞的老弱植株。由于野生资源分布较散，家种地骨皮可以集中采挖加工，但产量少。地骨皮产量逐年减少，地骨皮在中药材市场价格逐渐上升。

复习思考

1. 鉴别皮类药材商品时应注意哪些特征？
2. 肉桂按不同采收加工方法形成哪些加工品？
3. 简述杜仲的品质评价。

扫一扫，知答案

第四节　叶类药材

【学习目标】

1. 掌握大青叶、番泻叶等药材的产地、商品性状特征、规格等级、品质评价。
2. 熟悉侧柏叶、枇杷叶、紫苏叶、艾叶等药材的商品性状特征、规格等级、品质评价。
3. 了解淫羊藿、罗布麻叶等药材的产地、商品性状特征。

叶类药材一般采用完整而长成的干燥叶、嫩叶。包括单叶、复叶的小叶，或带有部分嫩枝等，以单叶为主。

商品性状特征： 叶类药材的鉴定，一般应注意叶片的形状、大小；叶端、叶缘及叶基；叶片上、下表面的颜色及有无毛茸和腺点；叶的质地及叶脉的类型；叶柄的有无及长短；叶翼、叶轴、叶鞘、托叶及茎枝的有无等。其中叶的形状、表面特征、叶脉等是鉴别的重点。叶类药材一般均皱缩或破碎，观察其特征时常需将其浸泡在水中使湿润并展开后才能识别。

商品规格： 叶类药材多为统货，不分等级。

贮藏养护： 叶类药材通常用袋装，置阴凉干燥处，防止变色、霉变。

侧柏叶　Cebaiye

Platycladi Cacumen

【别名】柏叶、扁柏叶、丛柏叶。

【来源】柏科植物侧柏 *Platycladus orientalis*（L.）Franco. 的干燥枝梢和叶。

【采制】多在夏、秋二季采收，阴干。经炒炭炮制方法，形成侧柏炭商品。

【产地】主产于新疆、青海。多为栽培。

【商品性状特征】

1. **药材**　多分枝，小枝扁平。叶细小鳞片状，交互对生，贴伏于枝上，深绿色或黄绿色。质脆，易折断。气清香，味苦涩、微辛。

2. **饮片**

侧柏炭　形如侧柏叶，表面黑褐色。质脆，易折断，断面焦黄色。气香，味微苦涩。

【规格等级】统货。

【品质评价】以枝叶嫩，色深绿者为佳。

【性味功能】味苦、涩，性寒。凉血止血，化痰止咳，生发乌发。用于吐血，衄血，咯血，便血，崩漏下血，肺热咳嗽，血热脱发，须发早白。

【用法用量】6～12g。外用适量。

【贮藏】置干燥处。

淫羊藿　Yinyanghuo

Epimedii Folium

【别名】仙灵脾、羊藿、弃杖草。

【来源】小檗科植物淫羊藿 *Epimedium brevicornu* Maxim.、箭叶淫羊藿 *Epimedium sagittatum*（Sieb. et Zucc.）Maxim.、柔毛淫羊藿 *Epimedium pubescens* Maxim. 或朝鲜淫羊藿 *Epimedium koreanum* Nakai 的干燥叶。其中以淫羊藿为来源的药材商品称为大叶淫羊藿；以箭叶淫羊藿为来源的药材商品称为箭叶淫羊藿。

【采制】夏、秋季茎叶茂盛时采收，晒干或阴干。经羊脂油炮制，形成炙淫羊藿商品。

【产地】主产于陕西商县、山阳县、镇安县，山西沁源县、阳帛市，湖北、四川等地。均为野生。

【商品性状特征】

1. **药材**

淫羊藿（大叶淫羊藿）三出复叶，小叶片卵圆形，长 3～8cm，宽 2～6cm；先端微尖，

顶生小叶基部心形，两侧小叶较小，偏心形，外侧较大，呈耳状，边缘具黄色刺毛状细锯齿；上表面黄绿色，下表面灰绿色，主脉 7~9 条，基部有稀疏细长毛，细脉两面突起，网脉明显；小叶柄长 1~5cm。叶片近革质。气微，味微苦。

箭叶淫羊藿　三出复叶，小叶片长卵形至卵状披针形，长 4~12cm，宽 2.5~5cm；先端渐尖，两侧小叶基部明显偏斜，外侧呈箭形。下表面疏被粗短伏毛或近无毛。叶片革质。

柔毛淫羊藿　叶下表面及叶柄密被绒毛状柔毛。

朝鲜淫羊藿　小叶较大，长 4~10cm，宽 3.5~7cm，先端长尖。叶片较薄。

2. 饮片

淫羊藿　呈丝片状。上表面绿色、黄绿色或浅黄色，下表面灰绿色，网脉明显，中脉及细脉凸出，边缘具黄色刺毛状细锯齿。近革质。气微，味微苦。

炙淫羊藿　形如淫羊藿丝。表面浅黄色显油亮光泽。微有羊脂油气。

【规格等级】统货。

【品质评价】以色青绿，无枝梗，叶整齐不碎者为佳。

【性味功能】味辛、甘，性温。补肾阳，强筋骨，祛风湿。用于肾阳虚衰，阳痿遗精，筋骨痿软，风湿痹痛，麻木拘挛。

【用法用量】6~10g。

【贮藏】置通风干燥处。

知 识 链 接

商品行情　淫羊藿为野生中药材，产地较广，年用量较大。20 世纪 90 年代野生资源较为丰富，进入 21 世纪以来，随着药农毁灭性采挖，资源急剧减少，后市价格看涨。淫羊藿年需求量约 4500 吨。

大青叶　Daqingye
Isatidis Folium

【别名】蓝叶、大青、蓝腚叶。

【来源】十字花科植物菘蓝 *Isatis indigotica* Fort. 栽培品的干燥叶。

【采制】夏、秋二季分 2~3 次采收，除去杂质，晒干。如每年采收 3 次的，6 月中旬割取称为"头刀"，7~8 月割取称为"二刀"，10~11 月与根同时起土时割取叶为"三刀"。

【产地】主产于江苏南通、如皋、泰州，以及安徽、河北等地。

【商品性状特征】

1. **药材**　多皱缩卷曲，有的破碎。完整叶片展平后呈长椭圆形至长圆状倒披针形，长5~20cm，宽2~6cm；上表面暗灰绿色，有的可见色较深稍突起的小点；先端钝，全缘或微波状，基部狭窄下延至叶柄呈翼状；叶柄长4~10cm，淡棕黄色。质脆。气微，味微酸、苦、涩。

2. **饮片**　为不规则的碎段。叶片暗灰绿色，叶上表面有的可见色较深稍突起的小点；叶柄碎片淡棕黄色。质脆。气微，味微酸、苦、涩。

【规格等级】统货。

【品质评价】以身干，叶大完整，色暗灰绿者为佳。

【性味功能】味苦，性寒。清热解毒，凉血消斑。用于温病高热，神昏，发斑发疹，痄腮，喉痹，丹毒，痈肿。

【用法用量】9~15g。

【贮藏】置通风干燥处，防霉。

知 识 链 接

蓼大青叶　蓼科植物蓼蓝 *Polygonum tinctorium* Ait. 的干燥叶。主产于河北、山东、辽宁、陕西等地。商品上以叶片完整，色蓝绿者为佳。

枇杷叶　Pipaye

Eriobotryae Folium

【别名】杷叶、卢橘叶。

【来源】蔷薇科植物枇杷 *Eriobotrya japonica*（Thunb.）Lindl. 栽培品的干燥叶。

【采制】全年均可采收，晒至七、八成干时，扎成小把，再晒干。经炼蜜炮制，形成蜜枇杷叶商品。

【产地】主产于广东连州、阳山、清远，以及福建、江苏、浙江等地。广东、福建产者叶大而厚，茸毛少，称为"广杷叶"，质优；江苏、浙江产者叶小而薄，茸毛多，称为"杷叶"，质较逊。

【商品性状特征】

1. **药材**　呈长圆形或倒卵形，长12~30cm，宽4~9cm。先端尖，基部楔形，边缘有疏锯齿，近基部全缘。上表面灰绿色、黄棕色或红棕色，较光滑；下表面密被黄色绒毛，

主脉于下表面显著突起，侧脉羽状；叶柄极短，被棕黄色绒毛。革质而脆，易折断。气微，味微苦。

2. 饮片

枇杷叶　呈丝条状。表面灰绿色、黄棕色或红棕色，较光滑。下表面可见绒毛，主脉突出。革质而脆。气微，味微苦。

蜜枇杷叶　形如枇杷叶丝，表面黄棕色或红棕色，微显光泽，略带黏性。具蜜香气，味微甜。

【规格等级】统货。

【品质评价】以身干，叶大完整而厚，色绿或红棕色，不破碎者为佳。

【性味功能】味苦，性微寒。清肺止咳，降逆止呕。用于肺热咳嗽，气逆喘急，胃热呕逆，烦热口渴。

【用法用量】6~10g。

【贮藏】置干燥处。

番泻叶　Fanxieye
Sennae Folium

【别名】泻叶、泡竹叶、旃那叶。

【来源】豆科植物狭叶番泻 *Cassia angustifolia* Vahl 或尖叶番泻 *Cassia acutifolia* Delile 的干燥小叶。商品因来源不同分为狭叶番泻叶和尖叶番泻叶。

【采制】

1. 狭叶番泻叶　在开花前摘下叶片，阴干后用水压机打包。

2. 尖叶番泻叶　在9月果实将成熟时，剪下枝条，摘取叶片晒干，按全叶与碎叶分别包装。

【产地】

1. 狭叶番泻叶　主产于红海以东至印度一带，现盛产于印度南端丁内未利地区，现埃及和苏丹亦产。

2. 尖叶番泻叶　主产于埃及，现我国广东、海南及云南西双版纳等地均有栽培。

【商品性状特征】

1. 狭叶番泻叶　呈长卵形或卵状披针形，长1.5~5cm，宽0.4~2cm，叶端急尖，叶基稍不对称，全缘。上表面黄绿色，下表面浅黄绿色，无毛或近无毛，叶脉稍隆起。有叶脉及叶片压迭线纹，革质。气微弱而特异，味微苦，稍有黏性。用开水浸泡为茶色。

2. 尖叶番泻叶　呈披针形或长卵形，略卷曲，叶端短尖或微突，叶基不对称，两面均有细短毛茸。无叶脉压迭线纹。质地较薄脆，微呈革质状。

【规格等级】我国进口番泻叶一般分为一等、二等和统货。

一等：叶大而尖，色绿、无黄叶及枝梗，碎叶及杂质（果实、小枝、叶轴等）不超过5.0%。

二等：叶尖，色绿，梗小，碎叶、黄叶及杂质总量不超过8.0%。

统货：黄叶不超过20.0%，碎叶和杂质总量不超过12.0%。

【品质评价】以叶片大，完整，色绿，枝梗少，无黄叶者为佳。

【性味功能】味甘、苦，性寒。泻热行滞，通便，利水。用于热结积滞，便秘腹痛，水肿胀满。

【用法用量】2~6g，后下，或开水泡服。孕妇慎用。

【贮藏】避光，置通风干燥处。

罗布麻叶 Luobumaye

Apocyni Veneti Folium

【别名】吉吉麻、泽漆麻、茶叶花。

【来源】夹竹桃科植物罗布麻 *Apocynum venetum* L. 的干燥叶。

【采制】夏季采收，除去杂质，干燥。

【产地】主产于新疆、甘肃、青海等盐碱地及河岸处，多为野生。现江苏、山东、安徽、河北等省有大量种植。

【商品性状特征】 多皱缩卷曲，有的破碎，完整叶片展平后呈椭圆状披针形或卵圆状披针形，长2~5cm，宽0.5~2cm。淡绿色或灰绿色，先端钝，有小芒尖，基部钝圆或楔形，边缘具细齿，常反卷，两面无毛，叶脉于下表面突起；叶柄细，长约4mm。质脆。气微，味淡。

【规格等级】统货。

【品质评价】以叶片完整，色绿者为佳。

【性味功能】味甘、苦，性凉。平肝安神，清热利水。用于肝阳眩晕，心悸失眠，浮肿尿少。

【用法用量】6~12g。

【贮藏】置阴凉干燥处。

紫苏叶 Zisuye

Perillae Folium

【别名】紫苏、赤苏、红苏、苏叶。

【来源】唇形科植物紫苏 *Perilla frutescens*（L.）Britt. 的干燥叶（或带嫩枝）。

【采制】夏季枝叶茂盛时采收，除去杂质，晒干。

【产地】主产于江苏、浙江、河北等地。有野生品，现多为栽培。

【商品性状特征】

1. 药材 叶片多皱缩卷曲、破碎，完整者展平后呈卵圆形，长 4~11cm，宽 2.5~9cm。先端长尖或急尖，基部圆形或宽楔形，边缘具圆锯齿。两面紫色或上表面绿色，下表面紫色，疏生灰白色毛，下表面有多数凹点状的腺鳞。叶柄长 2~7cm，紫色或紫绿色。质脆。带嫩枝者，枝的直径 2~5mm，紫绿色，断面中部有髓。气清香，味微辛。

2. 饮片 呈不规则的段或未切叶。叶多皱缩卷曲、破碎，完整者展平后呈卵圆形。边缘具圆锯齿。两面紫色或上表面绿色，下表面紫色，疏生灰白色毛。叶柄紫色或紫绿色。带嫩枝者，枝的直径 2~5mm，紫绿色，切面中部有髓。气清香，味微辛。

【规格等级】统货。

【品质评价】以叶面上绿下紫，香气浓者为佳。

【性味功能】味辛，性温。解表散寒，行气和胃。用于风寒感冒，咳嗽呕恶，妊娠呕吐，鱼蟹中毒。

【用法用量】5~10g。

【贮藏】置阴凉干燥处。

知 识 链 接

商品行情 紫苏叶货源较为充足，分为野生品和栽培品，栽培者价格要高于野生者。按是否去梗，商品上有全叶货和带梗货，全叶货价格要高于带梗货 1/3 以上。又有按叶面颜色分为两面青货和一面紫货，一面紫货价格要高于两面青货 4 倍以上。

艾叶 Aiye

Artemisiae Argyi Folium

【别名】蕲艾、陈艾、冰台、灸草。

【来源】菊科植物艾 *Artemisia argyi* Levl. et Vant. 的干燥叶。

【采制】夏季花未开时采摘，除去杂质，晒干。经醋炒炭制炮制后，形成醋艾炭商品。

【产地】主产于湖北蕲春县，河南汤阴县、桐柏县，安徽明光市，湖南临湘市等地。多为栽培。

【商品性状特征】

1. 药材 多皱缩、破碎，有短柄。完整叶片展平后呈卵状椭圆形，羽状深裂，裂片

椭圆状披针形，边缘有不规则的粗锯齿；上表面灰绿色或深黄绿色，有稀疏的柔毛和腺点；下表面密生灰白色绒毛。质柔软。气清香，味苦。

2. 饮片

醋艾炭　呈不规则的碎片，表面黑褐色，有细条状叶柄。具醋香气。

【规格等级】统货。

【品质评价】以色青，背面灰白色，绒毛多，叶厚，质柔软而韧，香气浓郁者为佳。

【性味功能】味辛、苦，性温，有小毒。温经止血，散寒止痛；外用祛湿止痒。用于吐血，衄血，崩漏，月经过多，胎漏下血，少腹冷痛，经寒不调，宫冷不孕；外治皮肤瘙痒。

醋艾炭　温经止血，用于虚寒性出血。

【贮藏】置阴凉干燥处。

【用法用量】3~9g。外用适量，供灸治或熏洗用。

知 识 链 接

1. **临床应用**　保存一年以上的艾叶谓之陈艾叶，简称"陈艾"，陈艾叶的优点是含挥发油少，燃烧缓慢，火力温和，燃着后烟少，艾灰不易脱落；而新艾则没有这些优点，新艾气味辛烈、含挥发油多，燃烧快，火力强，燃着后烟大，艾灰易脱落，容易伤及皮肤和血脉等等。故临床上多采用陈艾而不用新艾。陈艾叶中以三年到五年为最好，俗称"三年陈艾"和"五年陈艾"。采用一年以上的陈艾叶，经过粉碎，提纯，把艾叶的纤维部分也就是艾绒，保留下来，然后手工卷成各种规格的艾条，是现在艾叶常见的商品形式。

2. **特色鉴别**　新艾与陈艾因药用效果迥异，因加以区分。陈艾可以从颜色和气味来鉴别，陈艾一般呈淡黄色，而新艾一般呈青绿色，陈艾因其中的艾油大量挥发，含量低故气味纯净温和，新艾因艾叶含油量高，故闻起来有强烈的刺激性气味。

复习思考

鉴别叶类药材商品时应注意哪些性状特征？

扫一扫，知答案

扫一扫，看课件

第五节　花类药材

【学习目标】

1. 掌握金银花、菊花、红花、西红花等药材的产地、商品性状特征、规格等级、品质评价。

2. 熟悉槐花、款冬花等药材的商品性状特征、规格等级、品质评价。

3. 了解辛夷、丁香、洋金花等药材的产地、商品性状特征。

花类药材通常包括完整的花、花序或花的某一部分。完整花有开放的花和花蕾，如红花和金银花。花序也有开放的和未开放的，如菊花和款冬花。花的某一部分有雄蕊的莲须、花柱的玉米须、柱头的西红花、花粉的蒲黄等。

商品性状特征：花类药材鉴别时，以花朵入药时要注意观察花托、萼片、花瓣、雄蕊和雌蕊的数目及其着生位置、形状、颜色、被毛茸与否、气味等。如以花序入药时，还需注意花序类别、总苞片或苞片等。如以花的某一部分入药注意区分是花的哪一个部位，再仔细观察。花类药材由于经过采收、干燥运输等，常皱缩、破碎而变形，如果肉眼不易辨认的，需将干燥的药材先放入水中浸泡展平后，再进行鉴别。

商品规格：花类药材常依据颜色、质地、大小、开放花的比例等划分规格等级，部分开放的花通常为统货。

贮藏养护：花类药材通常用布袋、木箱或硬纸箱等包装，西红花等贵重药材可用金属盒贮存。贮存中应防潮、防重压、避光。翻晒时要防止曝晒，以防破碎、耗散气味、散瓣等变质现象的发生。

辛夷　Xinyi
Magnoliae Flos

【别名】木笔花、望春花。

【来源】木兰科植物望春花 *Magnolia biondii* Pamp. 、玉兰 *Magnolia denudata* Desr. 或武当玉兰 *Magnolia sprengeri* Pamp. 的干燥花蕾。

【采制】冬末春初花未开放时采收，除去枝梗，阴干。

【产地】

1. **望春花**　主产于河南南召县、内乡县、鲁山县等地，习称"会春花"，质量最佳，

湖北宜昌市亦产。

2. **玉兰** 主产于安徽安庆市，称"安春花"，质较次，浙江亦产，称为"杜春花"。

3. **武当玉兰** 主产于四川安县、北川县等地，陕西亦产，多为栽培。

【商品性状特征】

1. **望春花** 呈长卵形，似毛笔头，长 1.2~2.5cm，直径 0.8~1.5cm。基部常具短梗，长约 5mm，梗上有类白色点状皮孔。苞片 2~3 层，每层 2 片，两层苞片间有小鳞芽，苞片外表面密被灰白色或灰绿色茸毛，内表面类棕色，无毛。花被片 9，棕色，外轮花被片 3，条形，约为内两轮长的 1/4，呈萼片状，内两轮花被片 6，每轮 3，轮状排列。雄蕊和雌蕊多数，螺旋状排列。体轻，质脆。气芳香，味辛凉而稍苦。

2. **玉兰** 长 1.5~3cm，直径 1~1.5cm。基部枝梗较粗壮，皮孔浅棕色。苞片外表面密被灰白色或灰绿色茸毛。花被片 9，内外轮同型。

3. **武当玉兰** 长 2~4cm，直径 1~2cm。基部枝梗粗壮，皮孔红棕色。苞片外表面密被淡黄色或淡黄绿色茸毛，有的最外层苞片茸毛已脱落而呈黑褐色。花被片 10~12（15），内外轮无显著差异。

【规格等级】统货。

【品质评价】以花蕾大而完整，未开放，内瓣紧密，色黄绿鲜艳光亮，香气浓者为佳。

【性味功能】味辛，性温。散风寒，通鼻窍。用于风寒头痛，鼻塞流涕，鼻鼽，鼻渊。

【用法用量】3~10g，包煎。外用适量。

【贮藏】置阴凉干燥处。

槐花 Huaihua

Sophorae Flos

【别名】槐蕊。

【来源】豆科植物槐 *Sophora japonica* L. 栽培品的干燥花及花蕾。

【采制】夏季花开放或花蕾形成时采收，及时干燥，除去枝、梗及杂质。前者习称"槐花"，后者习称"槐米"。经清炒或炒炭后，分别称之为"炒槐花"和"槐花炭"。

【产地】全国大部分地区均产，河北、河南、山东等地产量较大。

【商品性状特征】

1. **药材**

槐花 皱缩而卷曲，花瓣多散落。完整者花萼钟状，黄绿色，先端 5 浅裂；花瓣 5，黄色或黄白色，1 片较大，近圆形，先端微凹，其余 4 片长圆形。雄蕊 10，其中 9 个基部连合，花丝细长。雌蕊圆柱形，弯曲。体轻。气微，味微苦。

槐米 呈卵形或椭圆形，长 2~6mm，直径约 2mm。花萼下部有数条纵纹。萼的上方

为黄白色未开放的花瓣。花梗细小。体轻，手捻即碎。气微，味微苦涩。

2. 饮片

炒槐花　表面深黄色，其余同药材。

槐花炭　表面焦褐色，其余同药材。

【规格等级】商品分槐花和槐米2种规格，均为统货。

【品质评价】

1. 槐花　以花干燥，微开放，整齐不碎，色浅黄，无梗及杂质者为佳。

2. 槐米　以身干，未开放，色黄绿，无枝叶者为佳。

【性味功能】味苦，性微寒。凉血止血，清肝泻火。用于便血，痔血，血痢，崩漏，吐血，衄血，肝热目赤，头痛眩晕。

【用法用量】5~10g。

【贮藏】置干燥处，防潮，防蛀。

丁香　Dingxiang
Caryophylli Flos

【别名】公丁香、丁子香、雄丁香。

【来源】桃金娘科植物丁香 *Eugenia caryophyllata* Thunb. 的干燥花蕾。

【采制】当花蕾由绿色转红时采摘，晒干。

【产地】主产于坦桑尼亚、马来西亚、印度尼西亚等国，我国广东、海南、广西亦有栽培。

【商品性状特征】　略呈研棒状，长1~2cm。花冠圆球形，直径0.3~0.5cm，花瓣4，复瓦状抱合，棕褐色或褐黄色，花瓣内为雄蕊和花柱，搓碎后可见众多黄色细粒状的花药。萼筒圆柱状，略扁，有的稍弯曲，长0.7~1.4cm，直径0.3~0.6cm，红棕色或棕褐色，上部有4枚三角状的萼片，十字状分开。质坚实，富油性。气芳香浓烈，味辛辣、有麻舌感。

【规格等级】统货。

【品质评价】以完整，个大饱满，鲜紫棕色，油性足，香气浓郁，入水下沉者为佳。

【性味功能】味辛，性温。温中降逆，补肾助阳。用于脾胃虚寒，呃逆呕吐，食少吐泻，心腹冷痛，肾虚阳痿。

【用法用量】1~3g，内服或研末外敷。不宜与郁金同用。

【贮藏】置阴凉干燥处。

知 识 链 接

1. **商品行情** 商品来源主要靠进口，国内生产少部分，因货源充足，价格较前几年有所下降。

2. **母丁香** 母丁香 *Caryophylli Fructus* 为丁香的干燥近成熟果实。有名"鸡舌香"，与丁香分别入药。母丁香处方用量极少，只在妙济丸、二益丸、十香定痛丸、再造丸等少数中成药中作为原料。

洋金花 Yangjinhua
Daturae Flos

【别名】曼陀罗花、山茄花、大闹羊花、胡茄花。

【来源】茄科植物白花曼陀罗 *Datura metel* L. 栽培品的干燥花。

【采制】4~11月花初开时采收，晒干或低温干燥。

【产地】主产于江苏、浙江、福建、湖北等地。

【商品性状特征】 多皱缩成条状，完整者长9~15cm。花萼呈筒状，长为花冠的2/5，灰绿色或灰黄色，先端5裂，基部具纵脉纹5条，表面微有茸毛；花冠呈喇叭状，淡黄色或黄棕色，先端5浅裂，裂片有短尖，短尖下有明显的纵脉纹3条，两裂片之间微凹；雄蕊5，花丝贴生于花冠筒内，长为花冠的3/4；雌蕊1，柱头棒状。烘干品质柔韧，气特异；晒干品质脆，气微，味微苦。

【规格等级】统货。

【品质评价】以朵大，完整，不破碎，花冠肥厚者为佳。

【性味功能】味辛，性温，有毒。平喘止咳，解痉定痛。用于哮喘咳嗽，脘腹冷痛，风湿痹痛，小儿慢惊；外科麻醉。

【用法用量】0.3~0.6g，宜入丸散；亦可作卷烟分次燃吸（一日量不超过1.5g）。外用适量。孕妇、外感及痰热咳喘、青光眼、高血压及心动过速患者禁用。

【贮藏】置干燥处，防霉，防蛀。

知 识 链 接

商品行情 洋金花因为有毒，市场专营性较强，销量不大，多为冷背药材商家经营，价格平稳。

金银花　Jinyinhua

LoniceraeJaponicae Flos

【别名】忍冬花、双花、二花、银花。

【来源】忍冬科植物忍冬 *Lonicera japonica* Thunb. 栽培品的干燥花蕾或带初开的花。

【采制】夏初花开放前采收，干燥。适时采收是提高金银花产量和质量的关键。产于山东的金银花宜在花蕾上部膨大，青白色时采摘，俗称"大白针""白针"；河南采收较山东早，花蕾上部刚凸起白色，下部绿色长约 3cm 时即需采摘。采花时间性强，每天应于 9 点前进行。采摘宜用通风透气的提篮或条框，不用布袋，忌用塑料袋，以免花蕾受热变色。采摘后应立即加工干燥。根据质量优次分别薄摊放在席上晾晒，一般不翻动，即使需要翻动不宜用手翻动，应用竹棍轻翻即可，否则易变黑。待晾晒九成干时，拣净茎叶杂质等，再晾干即可。忌在烈日下曝晒或用强火烘烤。

【产地】主产于河南新密、荥阳、巩义、登封等地，质量最优，称"密银花"或"南银花"，产量较少；主产于山东平邑、费县、兰陵、沂水等地者习称"济银花"或"东银花"，质稍逊，但产量大；河北巨鹿产量亦大；其他各省亦有栽培。

【商品性状特征】　呈棒状，上粗下细，略弯曲，长 2~3cm，上部直径约 3mm，下部直径约 1.5mm。表面黄白色或绿白色（贮久色渐深），密被短柔毛。偶见叶状苞片。花萼绿色，先端 5 裂，裂片有毛，长约 2mm。开放者花冠筒状，先端二唇形；雄蕊 5，附于筒壁，黄色；雌蕊 1，子房无毛。气清香，味淡、微苦。

【规格等级】金银花商品按照产地不同主要划分为密银花和济银花 2 种规格，每种规格下性状外观上要达到其相应的质量指标：花蕾呈棒状，上粗下细，略弯曲，气清香，味甘微苦。主要依据是否开花及开花多少，每个规格下又分为 4 个等级：

1. 密银花

一等：干货。表面绿白色，花冠厚质稍硬，握之有顶手感。无开放花朵，破裂花蕾及黄条不超过 5%。无黑条、黑头、枝叶。

二等：干货。表面绿白色，花冠厚质硬，握之有顶手感。开放花朵不超过 5%，黑头，破裂花蕾及黄条不超过 10%。无黑条、枝叶。

三等：干货。表面绿白色，花冠厚质硬，握之有顶手感。开放花朵、黑条、不超过 30%。无枝叶。

四等：干货。花蕾或开放花朵兼有。色泽不分。枝叶不超过 3%。

2. 济银花

一等：干货。花蕾肥壮。表面黄、白、青色。开放花朵不超过 5%。无嫩蕾、黑头、枝叶。

二等：干货。花蕾较瘦。表面黄、白、青色。开放花朵不超过 15%，黑头不超过 3%。无枝叶。

三等：干货。花蕾瘦小。外表黄、白、青色。开放花朵不超过 25%，黑头不超过 15%，枝叶不超过 1%。

四等：干货。花蕾或开放的花朵兼有。色泽不分，枝叶不超过 3%。

【品质评价】以花蕾长，肥壮，色青绿微白，气清香者为佳。

【性味功能】味甘，性寒。清热解毒，疏散风热。用于痈肿疔疮，喉痹，丹毒，热毒血痢，风热感冒，温病发热。

【用法用量】6~15g。

【贮藏】置阴凉干燥处，防潮，防蛀。

知 识 链 接

1. **商品行情** 在 2008 年之前，除 2003 年非典期间，金银花暴涨至每千克 180 元外，一直维持在每千克 50 元的较低价位，2008 年后，因金银花属于清热解毒防治疫情主要品种，又有凉茶饮料新品开发，需求量猛增，价格一路飙升至每千克 100 元以上，但随着金银花种植数量增多，价格又有所回落，总体来说，每年价格存在一定起伏。

2. **山银花** 忍冬科植物灰毡毛忍冬 *Lonicera macranthoides* Hand. –Mazz.、红腺忍冬 *Lonicera hypoglauca* Miq.、华南忍冬 *Lonicera confusa* DC. 或黄褐毛忍冬 *Lonicera fulvotomentosa* Hsu et S. C. Cheng 的干燥花蕾或带初开的花。主产于广西、广东、四川、重庆等华南广大地区，多为野生，也有栽培。商品上以花蕾长，饱满不开放，色黄白鲜艳，气清香，无枝叶者为佳。

款冬花 Kuandonghua
Farfarae Flos

【别名】款冬、冬花、款花。

【来源】菊科植物款冬 *Tussilago farfara* L. 的干燥花蕾。

【采制】12 月或地冻前当花尚未出土时采挖，除去花梗和泥沙，阴干。经蜜水炒制，为蜜款冬花商品。

【产地】

1. **野生品** 主产于河南嵩县、卢氏，甘肃灵台、泾川、天水，陕西榆林、神木等地。

以河南产量最大，甘肃灵台、陕西榆林所产者质量最佳。

2. **栽培品**　主产于重庆市巫溪、四川广元、陕西、山西、甘肃等地。

【商品性状特征】

1. **药材**　呈长圆棒状。单生或2~3个基部连生，长1~2.5cm，直径0.5~1cm。上端较粗，下端渐细或带有短梗，外面被有多数鱼鳞状苞片。苞片外表面紫红色或淡红色，内表面密被白色絮状茸毛。体轻，撕开后可见白色茸毛。气香，味微苦而辛。

2. **饮片**

蜜款冬花　形如款冬花，表面棕黄色或棕褐色，稍带黏性。具蜜香气，味微甜。

【规格等级】款冬花分为紫花、黄花两种，以紫花为优，色淡红或发黄、外表紫黑者质次。分为2个等级。

一等：干货。呈和长圆形，单生或2~3个基部连生，苞片呈鱼鳞状，花蕾肥大，个头均匀，色泽鲜艳。表面紫红或粉红色，体轻，撕开可见絮状毛茸。气微香，味微苦。黑头不超过3%。花柄长不超过0.5cm。无开头、枝杆。

二等：干货。个头瘦小，不均匀，表面紫褐色或暗紫色，间有绿白色，体轻。开头、黑头均不超过10%，花柄长不超过1cm。其余同一等。

【品质评价】以朵大饱满，色紫红鲜艳，花梗短者为佳。已开花者不可药用。

【性味功能】味辛、微苦，性温。润肺下气，止咳化痰。用于新久咳嗽，喘咳痰多，劳嗽咳血。

【用法用量】5~10g。

【贮藏】置干燥处，防潮，防蛀。

菊花　Juhua

Chrysanthemi Flos

【别名】甘菊花、白菊花、药菊。

【来源】菊科植物菊 *Chrysanthemum morifolium* Ramat. 栽培品的干燥头状花序。

【采制】9~11月花盛开时分批采收，阴干或焙干，或熏、蒸后晒干。

按加工方法不同分为"白菊花""滁菊""贡菊"和"杭菊"。

1. **白菊花**　主要包括"四大药菊"（亳菊、怀菊、川菊、祁菊），采收时将花枝折下，捆成小把，倒挂阴干，然后在剪取花头。

2. **滁菊**　系剪取花头后，再晒至六成干时，用筛子筛成圆球形，再晒干。

3. **贡菊**　直接由新鲜花头烘干。

4. **杭菊**　依据开花先后分3次采摘（头花、二花、三花），摘取花头后，趁鲜上蒸笼蒸3~5min后再取出晒干。

【产地】药材按产地不同，主要分为"亳菊""滁菊""贡菊""杭菊""怀菊"。

1. **亳菊花** 主产于安徽亳州、太和等地。

2. **滁菊花** 主产于安徽滁州、全椒等地。

3. **贡菊花** 主产于安徽黄山、歙县、休宁等地。

4. **杭菊花** 主产于浙江嘉兴、桐乡、海宁、湖州等地。

5. **怀菊花** 主产于河南武陟、博爱、温县、沁阳、修武等地。

此外，产于四川中江者称为"川菊"；产于河北安国者称为"祁菊"；产于山东济南者称为"济菊"；产于湖南平江者称为"平江菊"；产于浙江海宁市另有一种称为"黄菊花"；产于浙江德清者称为"清菊"。以亳菊花质量优，以怀菊花产量大；其余菊花以饮品为主，入药次之，其中又以贡菊花质量最优，杭菊花产量大。

【商品性状特征】

1. **药材**

亳菊 呈倒圆锥形或圆筒形，有时稍压扁呈扇形，直径1.5~3cm，离散。总苞碟状；总苞片3~4层，卵形或椭圆形，草质，黄绿色或褐绿色，外面被柔毛，边缘膜质。花托半球形，无托片或托毛。舌状花数层，雌性，位于外围，类白色，劲直，上举，纵向折缩，散生金黄色腺点；管状花多数，两性，位于中央，为舌状花所隐藏，黄色，顶端5齿裂。瘦果不发育，无冠毛。体轻，质柔润，干时松脆。气清香，味甘、微苦。

滁菊 呈不规则球形或扁球形，直径1.5~2.5cm。舌状花类白色，不规则扭曲，内卷，边缘皱缩，有时可见淡褐色腺点；管状花大多隐藏。

贡菊 呈扁球形或不规则球形，直径1.5~2.5cm。舌状花白色或类白色，斜升，上部反折，边缘稍内卷而皱缩，通常无腺点；管状花少，外露。

杭菊 呈碟形或扁球形，直径2.5~4cm，常数个相连成片。舌状花类白色或黄色，平展或微折叠，彼此粘连，通常无腺点；管状花多数，外露。

怀菊 呈不规则球形或扁球形，直径1.5~2.5cm。多数为舌状花，舌状花类白色或黄色，不规则扭曲，内卷，边缘皱缩，有时可见腺点；管状花大多隐藏。

川菊 花朵瘦小，色较暗，其余同怀菊。

祁菊 似亳菊，但花朵较小。

黄菊 似杭菊，但为深黄色。

【规格等级】菊花商品规格较多，主要按产地和加工方法分类。每个规格下有2~3个等级，其规格等级如下：

1. **亳菊**

一等：干货。呈圆珠笔盘或扁扇形。花朵大、瓣密、胞厚、不露心、花瓣长宽，白色，近基部微带红色。体轻，质柔软。气清香，味甘微苦，无散朵、枝叶。

二等：干货。呈圆珠笔盘或扁扇形。花朵中个、色微黄，近基部基部微带红色。气芳香，味甘微苦。无散朵、枝叶。

三等：干货。呈圆盘形或扁扇形。花朵小，色黄或暗。间有散朵。叶棒不超过5%。

2. 滁菊

一等：干货。呈绒球状或圆形（多为头花）朵大色粉白、花心较大、黄色。质柔。气芳香，味甘微苦。不散瓣。无枝叶。

二等：干货。呈绒球状或圆形（即二水花）。色粉白。朵均匀，不散瓣、无枝叶。

三等：干货。呈绒球状，朵小、色次（即尾花）。间有散瓣、并条。

3. 贡菊

一等：干货。花头较小，圆形，花瓣密、白色。花蒂绿色，花心小、淡黄色、均匀不散朵、体轻、质柔软。气芳香，味甘微苦。无枝叶。

二等：干货。花头较小，圆形色白、花心淡黄色，朵欠均匀，气芳香，味甘微苦。无枝叶。

三等：干货。花头小，圆形白色，花心淡黄色，朵不均匀。气芳香，味甘微苦，间有散瓣。无枝叶。

4. 杭菊

一等：干货。蒸花呈压缩状。朵大肥厚，玉白色。花心较大、黄色。气清香，味甘微苦。无霜打花、浦汤花、生花、枝叶。

二等：干货。蒸花呈压缩状。花朵小、玉白色、心黄色。气清香，味甘微苦。间有不严重的霜打花和浦汤花。无枝叶。

5. 怀菊、川菊

一等：干货。呈圆形盘或扁扇形。朵大、瓣长，肥厚。花黄白色，间有淡红或棕红色。质松而柔。气芳香，味微苦。无散朵、枝叶。

二等：干货。呈圆形或扁扇形。朵较瘦小，色泽较暗。味微苦。间有散朵。

6. 黄菊

一等：干货。蒸花呈压缩状。朵大肥厚，色黄亮。气清香，味甘微苦。无严重的霜打花和浦汤花、生花、枝叶。

二等：干货。蒸花呈压缩状。花朵小、较瘦薄、黄色。气清香，味甘微苦。间有霜打花和浦汤花。无黑花、枝叶。

【品质评价】以身干，色白（黄）鲜艳，花朵完整不散瓣，香气浓郁者为佳。

【性味功能】味甘、苦，性微寒。散风清热，平肝明目，清热解毒。用于风热感冒，头痛眩晕，目赤肿痛，眼目昏花，疮痈肿毒。

【用法用量】5~10g。

【贮藏】置阴凉干燥处，密闭保存，防霉，防蛀。

知 识 链 接

1. **临床应用**　菊花因产地和加工方法不同，颜色不一，中医认为在疗效上有所不同。白菊花（亳菊、怀菊、川菊、祁菊）因采用自然阴干方法，其气味不变，故散风清热、止痛力强；滁菊花、贡菊花、杭菊花和黄菊花因系直接晒干、烘干或蒸制，挥发性成分减少，长于平肝、明目、宣散力弱。故在不同方剂中因治疗作用不同选用的菊花品类也会有所不同。这对菊花商品的选择性购买具有指导作用。

2. **野菊花**　为菊科植物野菊 *Dendranthema indicum* L. 的干燥头状花序。

红花　Honghua
Carthami Flos

【别名】草红花、红蓝花。

【来源】菊科植物红花 *Carthamus tinctorius* L. 栽培品的干燥花。

【采制】夏季花由黄变红时采摘，阴干或晒干。采花时间对红花质量影响很大。多在晴天早晨太阳未出时露水未干前采收。勿采收过嫩或过老者，过嫩者色黄不红，过老者色泽发暗发黑，干枯无油性，质量较次。采收的花置于通风背阴处晾干或阴干，切忌强光曝晒或烈火烘烤，以防红花变色，影响质量。

【产地】红花产地较广，商品上以产区命名。

1. **怀红花**　主产于河南沁阳、延津、封丘等地。

2. **川红花**　主产于四川简阳、遂宁、南充等地。

3. **杜红花**　主产于浙江慈溪、余姚等地。

4. **云红花**　主产于云南巍山、凤庆等地。

5. **新疆红花**　主产于新疆昌吉、吉木萨尔等地。

以河南所产"怀红花"质量最优，浙江产"杜红花"质量亦佳。以新疆产量最大。

【商品性状特征】　为不带子房的管状花，长 1~2cm。表面红黄色或红色。花冠筒细长，先端 5 裂，裂片呈狭条形，长 5~8mm；雄蕊 5，花药聚合成筒状，黄白色；柱头长圆柱形，顶端微分叉。质柔软。气微香，味微苦。用水浸泡可见水染成金黄色，且花不褪色。

【规格等级】红花商品按产地分为怀红花、川红花、杜红花、云红花、新疆红花等

规格。

1. **怀红花** 先端较扁宽，色红而较深，黄色雄蕊相对较少露出，质柔软。

2. **川红花** 较其他红花小，色红而鲜，近于橙红色，黄色雄蕊稍有露出，质稍硬。少数质差者带有白色花瓣。

3. **杜红花** 近于怀红花，花较长大，色红而不如怀红花色深，质柔软。

4. **云红花** 类似川红花，但色淡，近于橙黄色。

5. **新疆红花** 色红中带黄，质较柔软，近于怀红花。

各地红花均分为一、二两个等级：

一等：干货。管状花皱缩弯曲，成团或散在。表面深红或鲜红色，微带淡黄色。质较软，有香气，味微苦、无枝叶。

二等：干货。表面浅红、暗红或黄色。其余同一等。

【品质评价】以花管长，色红黄，鲜艳，质柔软者为佳。

【性味功能】味辛，性温。活血通经，散瘀止痛。用于经闭，痛经，恶露不行，癥瘕痞块，胸痹心痛，瘀滞腹痛，胸胁刺痛，跌扑损伤，疮疡肿痛。

【用法用量】3~10g。孕妇慎用。

【贮藏】置阴凉干燥处，防潮，防蛀。

知 识 链 接

商品行情 红花在新中国成立前种植的主要目的是为了获取种子用以榨油。自20世纪50年代以来，红花不仅药用，且大量应用于染料、食品、化妆品等，从而导致红花货源紧张，供不应求。由于红花对气候、土壤要求不严，故在新疆沙漠地带发展迅速，成为主产区。全国每年生产红花约1500吨，纯购约1400吨，纯销约1300吨，供应出口约200吨。其中四川每年纯购不下500吨，供应出口70吨。近年来红花由滞变畅，价格上扬。

西红花 Xihonghua
Croci Stigma

【别名】藏红花、番红花。

【来源】鸢尾科植物番红花 *Crocus sativus* L. 栽培品的干燥柱头。

【采制】9~10月采收。晴天早晨太阳刚出来时采集花朵，然后摘取柱头，摊放在竹匾内，上盖一张薄吸水纸后，于55~60℃条件下烘干，即为"干西红花"，若再添加辅料加

工使其油润光亮，则为"湿西红花"，但目前此法已经极少采用。

【产地】主产于西班牙。意大利、德国、法国、美国、奥地利、伊朗、日本等亦产，以西班牙产量最大。现我国上海市宝山、崇明区，浙江建德，江苏吴兴区、江阴等地引种成功。以上海产量最大。

【商品性状特征】呈线形，三分枝，长约3cm。暗红色，上部较宽而略扁平，顶端边缘显不整齐的齿状，内侧有一短裂隙，下端有时残留一小段黄色花柱。体轻，质松软，无油润光泽，干燥后质脆易断。气特异，微有刺激性，味微苦。取本品浸水中，可见橙黄色成直线下降，并逐渐扩散，水被染成黄色，无沉淀。柱头呈喇叭状，有短缝；在短时间内，用针拨之不破碎。

【规格等级】西红花商品在20世纪80年代前均系进口，规格分为"干西红花""湿西红花""国产西红花"3种，现进口货分为三级，国产均为统货。

1. 干西红花　呈暗红棕色，间有浅黄色花柱。柱头常分2~3叉连在花柱上。质轻松而不粘连，无光泽及油润感。其余同湿西红花。

2. 湿西红花　呈棕红色，有油润光泽。单一的柱头如线形，略弯曲，长约3cm，顶端较宽，基部较窄，用放大镜观察，内方有一短裂缝。置于水中，柱头扩大膨胀，开口呈长喇叭状，水被染成黄色。有特异香气，味微苦而后甘凉。

3. 国产西红花　性状基本与进口干西红花相同，但柱头较短，一般不带花柱，色泽较暗，质不如进口西红花柔软。水泡色稍淡。

【品质评价】以色鲜红，油性重，有光泽，体糯有特殊香味，花柱少者为佳。

【性味功能】味甘，性平。活血化瘀，凉血解毒，解郁安神。用于经闭癥瘕，产后瘀阻，温毒发斑，忧郁痞闷，惊悸发狂。

【用法用量】1~3g，煎服或沸水泡服。孕妇慎用。

【贮藏】置通风阴凉干燥处，避光，密闭。

知 识 链 接

商品行情　西红花以往多由印度经西藏进口，故称"藏红花"，后由印度转入香港，由香港药商转销国内。自1979年我国从日本引进种茎在上海、浙江、江苏等地引种成功。现上海西红花产量占到全国总产量的90%。湿红花因掺杂物复杂、导致质量难以保证，自20世纪70年代不再进口。现进口西红花价格多在每千克10000元以上，市场上以次充好、以假充真现象较为普遍，特别是用其他植物花丝如莲须、花冠狭条或纸浆条片等染色后充伪的情况多有发生，应注意鉴别。

复习思考

1. 鉴别花类药材商品时应注意哪些性状特征？
2. 简述菊花的商品规格。

扫一扫，知答案

扫一扫，看课件

第六节　果实及种子类药材

【学习目标】

1. 掌握五味子、枳壳、吴茱萸、山茱萸、连翘、枸杞子、砂仁、酸枣仁、马钱子、槟榔等药材的产地、商品性状特征、规格等级、品质评价。

2. 熟悉地肤子、山楂、苦杏仁、桃仁、补骨脂、菟丝子、女贞子、栀子、薏苡仁、益智等药材的商品性状特征、规格等级、品质评价。

3. 了解南五味子、葶苈子、木瓜、乌梅、金樱子、沙苑子、决明子、巴豆、小茴香、蛇床子、牵牛子、瓜蒌、牛蒡子、草果、豆蔻等药材的产地、商品性状特征。

果实和种子类中药是指以植物的果实或种子为药用部位的一类中药。两者关系密切，在商品上一般不加以严格区分，但商品形态又有区别，故列入一节，分别概述。

一、果实类中药

果实类中药一般采用完整果实或其一部分为药用部位。完整的果实包括成熟的、近成熟的和幼果，部分使用整个果穗；果实的一部分包括果皮、果肉、果核、果实上的宿存花萼、带部分果皮的果柄、果皮纤维束等。此外，商品药材中，以种子入药，但以果实出售和保存的，亦列入果实类。

商品性状特征：果实类药材大多为干燥品，其表面常有皱纹，以肉质果尤为明显。果实的形状因品种不同而异，较易识别，有些常有特殊的香气。果实类药材的鉴别主要应注意其类型、形状、颜色、表面特征、质地、断面、气味等。

商品规格：果实类商品药材多为统货。商品有规格等级的药材常依据药材大小和表面颜色或单位重量的粒数来划分。

贮藏养护：果实类药材一般使用袋、箱或缸贮。该类药材有的含有较丰富的营养物

质，如糖类物质、淀粉、油脂等，易于虫蛀和泛油，因此应置于阴凉、通风、干燥处保存。

二、种子类中药

种子类中药是采用成熟种子。多数为完整的种子，少数为种子的一部分，如假种皮（龙眼肉）、种皮（绿豆衣）、种仁（肉豆蔻）、去子叶胚（莲心）等。少数用发了芽的种子（大豆黄卷）或种子发酵加工品。

商品性状特征：种子类中药形态多样，应注意观察种子形状、大小、颜色、表面纹理、种脐、种脊、种阜、合点的位置，以及质地、纵横剖面及气味等。其中重点观察种子表面特征，如王不留行表面有颗粒状突起、蓖麻子表面有色泽鲜艳的花纹，马钱子表面密被毛茸。胚乳的性状或有无，如马钱子有具发达的胚乳、苦杏仁无胚乳；子叶的数目，如单子叶植物的种子子叶 1 枚、双子叶植物的种子子叶 2 枚、裸子植物的种子子叶 2 至多枚，如松属植物种子有子叶 5~18 枚。

商品规格：种子类药材多为统货，少数按照大小、色泽、杂质和碎仁的比例、成熟程度和产地等划分等级。

贮藏养护：种子类药材与果实类药材的贮藏方法相同。

地肤子 Difuzi

Kochiae Fructus

【别名】扫帚菜籽、扫帚子。

【来源】藜科植物地肤 *Kochia scoparia* (L.) Schrad. 的干燥成熟果实。

【采制】秋季果实成熟时采收植株，晒干，打下果实，除去杂质。

【产地】主产于山东、江苏、河南、河北等地。

【商品性状特征】呈扁球状五角星形，直径 1~3mm。外被宿存花被，表面灰绿色或浅棕色，周围具膜质小翅 5 枚，背面中心有微突起的点状果梗痕及放射状脉纹 5~10 条；剥离花被，可见膜质果皮，半透明。种子扁卵形，长约 1mm，黑色。气微，味微苦。

【规格等级】统货。

【品质评价】以饱满，色灰绿，无杂质者为佳。

【性味功能】味辛、苦，性寒。清热利湿，祛风止痒。用于小便涩痛，阴痒带下，风疹，湿疹，皮肤瘙痒。

【用法用量】9~15g。外用适量，煎汤熏洗。

【贮藏】置通风干燥处，防蛀。

五味子 Wuweizi

Schisandrae Chinensis Fructus

【别名】北五味子、山五味子、辽五味子。

【来源】木兰科植物五味子 Schisandra chinensis（Turcz.）Baill. 野生品的干燥成熟果实。习称"北五味子"。

【采制】东北各省多在霜降后采收，此时果实老熟定浆，质量好，其他地区多在白露后果实成熟时采收。将果实摘下，拣净果枝和杂质，晒干即可。河南、湖北、陕西各省将采下的果实置于锅中略蒸后，取出晒干。

【产地】主产于辽宁本溪、凤城、桓仁，吉林桦甸等地。以辽宁产品质量最佳，故有"辽五味"之称。

【商品性状特征】

1. **药材** 呈不规则的球形或扁球形，直径 5～8mm。表面红色、紫红色或暗红色，皱缩，显油润；有的表面呈黑红色或出现"白霜"。果肉柔软，种子 1～2，肾形，表面棕黄色，有光泽，种皮薄而脆。果肉气微，味酸；种子破碎后，有香气，味辛、微苦。

2. **饮片**

醋五味子 表面乌黑色，质柔润或稍显油润，果肉味酸，微具醋气。种子破碎后有香气，味辛而微苦。

酒五味子 表面棕黑色或黑褐色，质柔润或稍显油润，果肉味酸微具酒气。余同醋五味子。

蜜五味子 色泽加深，略具光泽，果肉味酸、甘。余同醋五味子。

【规格等级】北五味子按果实表面颜色和干瘪粒的多少分为 2 个等级。

一等：呈不规则球形或椭圆形。表面紫红色或红褐色，皱缩，肉厚，质柔润。果肉味酸，种子有香气。干瘪粒不超过 2%，无枝梗、杂质。

二等：表面黑红，暗红或淡红色，皱缩，肉较薄。干瘪粒不超过 20%。余同一等。

【品质评价】以粒大，果皮紫红，肉厚，柔润者为佳。

【性味功能】味酸、甘，性温。收敛固涩，益气生津，补肾宁心。用于久嗽虚喘，梦遗滑精，遗尿尿频，久泻不止，自汗盗汗，津伤口渴，内热消渴，心悸失眠。

【用法用量】2～6g。

【贮藏】置通风干燥处，防霉。

商品行情 五味子年需求量约8500余吨，属于满足市场供应的品种。

南五味子 Nanwuweizi

Schisandrae Sphenantherae Fructus

【别名】木兰科植物华中五味子 *Schisandra sphenanthera* Rehd. et Wils. 的干燥成熟果实。

【采制】秋季果实成熟时采摘，晒干，除去果梗和杂质。

【产地】主产于河南、陕西、湖北、山西等地。

【商品性状特征】

1. **药材** 呈球形或扁球形，较小，直径4~6mm。表面棕红色至暗棕色，干瘪，皱缩，果肉紧贴于种子上。种子1~2粒，肾形，表面棕黄色，有光泽，种皮薄脆。果肉气微，味微酸。

2. **饮片**

醋南五味子 形如南五味子，表面棕黑色，油润，稍有光泽。微有醋香气。

【规格等级】统货。

【品质评价】以粒大，色紫红，肉厚，柔润光泽，气味浓者为佳。干枯粒不超过10%，无枝梗。

【性味功能】味酸、甘，性温。收敛固涩、补肾益气、宁心安神。用于久咳虚喘，梦遗滑精，遗尿尿频，久泻不止，自汗盗汗，津伤口渴，内热消渴，心悸失眠。

【用法用量】2~6g。

【贮藏】置通风干燥处，防霉。

化学成分 由于南五味子在生境分布、化学成分、组成及药效等方面与北五味子存在一定的差异，故2000年版《中国药典》开始，将其单独列出。含五味子甲素A，五味子酯甲、乙、丙、丁、戊等成分。

葶苈子 Tinglizi

Descurainiae Semen Lepidii Semen

【别名】米蒿子、葶苈、苦葶苈子、甜草苈子。

【来源】十字花科植物播娘蒿 *Descurainia sophia*（L.）Webb. ex Prantl. 或独行菜 *Lepidium apetalum* Willd. 野生品的干燥成熟种子。前者习称"南葶苈子"，后者习称"北葶苈子"。

【采制】夏季果实成熟时采割植株，晒干，搓出种子，除去杂质。

【产地】

1. 南葶苈子　主产于江苏邳州、淮阴、南通，山东聊城，安徽滁县、嘉山等地。

2. 北葶苈子　主产于河北沧县、保定、承德，北京，辽宁海城、凤城，内蒙古乌兰浩特等地。

【商品性状特征】

1. 药材

南葶苈子　呈长圆形略扁，长约 0.8~1.2mm，宽约 0.5mm。表面棕色或红棕色，微有光泽，具纵沟 2 条，其中 1 条较明显。一端钝圆，另端微凹或较平截，种脐类白色，位于凹入端或平截处。气微，味微辛、苦，略带黏性。

北葶苈子　呈扁卵形，长 1~1.5mm，宽 0.5~1mm。一端钝圆，另端尖而微凹，种脐位于凹入端。味微辛辣，黏性较强。

2. 饮片

炒葶苈子　形如葶苈子，微鼓起，表面棕黄色。有油香气，不带黏性。

【规格等级】统货。

【品质评价】以身干，子粒饱满，纯净者为佳。

【性味功能】味辛、苦，性大寒。泻肺平喘，行水消肿。用于痰涎壅肺，喘咳痰多，胸胁胀满，不得平卧，胸腹水肿，小便不利。

【用法用量】3~10g，包煎。

【贮藏】置干燥处。

知 识 链 接

鉴别　目前市场上的主流商品是播娘蒿的种子（南葶苈子）。南葶苈子和北葶苈子膨胀度可用于区别两种药材：取本品 0.6g，称定重量，照膨胀度测定法测定。南葶苈子不得低于 3，北葶苈子不得低于 12。

木瓜 Mugua

Chaenomelis Fructus

【别名】宣木瓜、皱皮木瓜、铁脚梨、川木瓜。

【来源】蔷薇科植物贴梗海棠 *Chaenomeles speciose*（Sweet）Nakai 的干燥近成熟果实。

【采制】夏、秋二季果实绿黄时采收，置沸水中烫至外皮灰白色，对半纵剖，晒干。

【产地】主产于安徽宣城、涡阳、六安，湖北恩施等地。安徽宣城产者称"宣木瓜"，质量好，湖北资丘产者称"资木瓜"，四川产者称"川木瓜"。

【商品性状特征】

1. **药材** 长圆形，多纵剖成两半，长 4~9cm，宽 2~5cm，厚 1~2.5cm。外表面紫红色或红棕色，有不规则的深皱纹；剖面边缘向内卷曲，果肉红棕色，中心部分凹陷，棕黄色；种子扁长三角形，多脱落。质坚硬。气微清香，味酸。

2. **饮片** 呈类月牙形薄片。外表紫红色或棕红色，有不规则的深皱纹。切面棕红色。气微清香，味酸。

【规格等级】商品上按产地分为宣木瓜、川木瓜、资木瓜 3 种规格，均为统货。

【品质评价】以外皮皱缩，肉厚，内外紫红色，质坚实，味酸者为佳。

【性味功能】味酸，性温。舒筋活络，和胃化湿。用于湿痹拘挛，腰膝关节酸重疼痛，暑湿吐泻，转筋挛痛，脚气水肿。

【用法用量】6~9g。

【贮藏】置阴凉干燥处，防潮，防蛀。

知 识 链 接

光皮木瓜 为蔷薇科植物榠楂 *Chaenomeles sinensis*（Thouin）Koehne 的果实。各地常见栽培。主产陕西、山东、安徽、江苏。果实长椭圆形或卵圆形，多纵剖为 2~4 瓣，长 4~9cm，宽 3.5~4.5cm。外表面红棕色或棕褐色，光滑无皱或稍粗糙；剖面果肉粗糙，显颗粒性。种子多数，密集，通常多数脱落。种子平扁三角形。气微，味微酸涩，嚼之有砂粒感。

山楂 Shanzha

Crataegi Fructus

【别名】红果、大山楂、山里红、北山楂。

【来源】蔷薇科植物山里红 *Cralaegus pinnatifida* Bge. var. major N. E. Br. 或山楂 *Crataegus pinnatifida* Bge. 的干燥成熟果实。

【采制】秋季果实成熟时采收，切片，干燥。

【产地】主产于河南、山东、河北、辽宁等地。

【商品性状特征】

1. 药材 圆形片，皱缩不平，直径 1~2.5cm，厚 0.2~0.4cm。外皮红色，具皱纹，有灰白色小斑点。果肉深黄色至浅棕色。中部横切片具 5 粒浅黄色果核，但核多脱落而中空。有的片上可见短而细的果梗或花萼残迹。气微清香，味酸、微甜。

2. 饮片

生山楂 呈圆形片，皱缩不平，直径 1~2.5cm，厚 2~4mm。外皮红色，具皱纹，有灰白色小斑点。果肉深黄色至浅棕色。中部横切片具 5 粒浅黄色果核，但核多脱落而中空。有的片上可见短而细的果梗或花萼残迹。气微清香，味酸、微甜。

炒山楂 形如山楂片，果肉黄褐色，偶见焦斑。气清香，味酸、微甜。

焦山楂 形如山楂片，表面焦褐色，内部黄褐色。有焦香气。

【规格等级】统货。

【品质评价】以片大，皮红，肉厚，核小者为佳。

【性味功能】味酸、甘，性微温。消食健胃，行气散瘀，化浊降脂。用于肉食积滞，胃脘胀满，泻痢腹痛，瘀血经闭，产后瘀阻，心腹刺痛，胸痹心痛，疝气疼痛，高脂血症。

焦山楂 消食导滞作用增强。用于肉食积滞，泻痢不爽。

【用法用量】9~12g。

【贮藏】置通风干燥处，防蛀。

知 识 链 接

商品行情 山楂是传统常用的药食同源中药材，在食品、医药、工业中均有很好的开发利用，市场需求量大。

苦杏仁 Kuxingren

Armeniacae Semen Amarum

【别名】杏仁、北杏仁。

【来源】蔷薇科植物山杏 *Prunus armeniaca* L. var. ansu Maxim. 、西伯利亚杏 *Prunus sibirica* L. 、东北杏 *Prunus mandshurica*（Maxim.）Koehne 或杏 *Prunus armeniaca* L. 的干燥成熟种子。

【采制】夏季采收成熟果实，除去果肉和核壳，取出种子，晒干。不可烤火，否则出油，并使成分破坏。

【产地】主产于我国北方各省区，以内蒙古的东部、吉林、辽宁、河北等地区产量最大。

【商品性状特征】

1. **药材** 呈扁心形，长 1~1.9cm，宽 0.8~1.5cm，厚 0.5~0.8cm。表面黄棕色至深棕色，一端尖，另端钝圆，肥厚，左右不对称，尖端一侧有短线形种脐，圆端合点处向上具多数深棕色的脉纹。种皮薄，子叶 2，乳白色，富油性。气微，味苦。

2. **饮片**

燀苦杏仁 呈扁心形。表面乳白色或黄白色，一端尖，另端钝圆，肥厚，左右不对称，富油性。有特异的香气，味苦。

炒苦杏仁 形如燀苦杏仁，表面黄色至棕黄色，微带焦斑。有香气，味苦。

【规格等级】统货。

【品质评价】以颗粒饱满，完整，味苦者为佳。

【性味功能】味苦，性微温。降气止咳平喘，润肠通便。用于咳嗽气喘，胸满痰多，肠燥便秘。

【用法用量】5~10g，生品入煎剂后下。内服不宜过量，以免中毒。

【贮藏】置阴凉干燥处，防蛀。

（知）（识）（链）（接）

1. **化学成分** 含苦杏仁苷约 3%，脂肪油约 50%。苦杏仁苷水解后产生氢氰酸（约 0.2%）、苯甲醛和葡萄糖。苦杏仁酶包含苦杏仁苷酶、樱叶酶、醇腈酶，在热水或醇中煮沸即被破坏。另含可溶性蛋白质及 15 种以上氨基酸。

2. **甜杏仁** 为杏的某些栽培品味淡的种子。较苦杏仁稍大，味不苦，多作副食品用。本品含苦杏仁苷约 0.11%、氢氰酸约 0.0067%、脂肪油 40%~60%。

桃仁 Taoren

Persicae Semen

【别名】光桃仁、山桃仁。

【来源】蔷薇科植物桃 *Prunus persica*（L.）Batsch 或山桃 *Prunus davidiana*（Carr.）Franch. 的干燥成熟种子。

【采制】果实成熟后采收，除去果肉和核壳，取出种子，晒干。以秋桃或野桃的种子

肥大饱满者为优。夏桃种子干瘪，多不药用。

【产地】主产于四川三台、叙永、宜宾、犍为等地。

【商品性状特征】

1. 药材

桃仁　呈扁长卵形，长 1.2~1.8cm，宽 0.8~1.2cm，厚 0.2~0.4cm。表面黄棕色至红棕色，密布颗粒状突起。一端尖，中部膨大，另端钝圆稍偏斜，边缘较薄。尖端侧有短线形种脐，圆端有颜色略深不甚明显的合点，自合点处散出多数纵向维管束。种皮薄，子叶 2，类白色，富油性。气微，味微苦。

山桃仁　呈类卵圆形，较小而肥厚，长约 0.9cm，宽约 0.7cm，厚约 0.5cm。

2. 饮片

燀桃仁　呈扁长卵形，长 1.2~1.8cm，宽 0.8~1.2cm，厚 0.2~0.4cm。表面浅黄白色，一端尖，中部膨大，另端钝圆稍偏斜，边缘较薄。子叶 2，富油性。气微香，味微苦。

燀山桃仁　呈类卵圆形，较小而肥厚，长约 1cm，宽约 0.7cm，厚约 0.5cm。

炒桃仁　呈扁长卵形，长 1.2~1.8cm，宽 0.8~1.2cm，厚 0.2~0.4cm。表面黄色至棕黄色，可见焦斑。一端尖，中部膨大，另端钝圆稍偏斜，边缘较薄。子叶 2，富油性。气微香，味微苦。

炒山桃仁　2 枚子叶多分离，完整者呈类卵圆形，较小而肥厚。长约 1cm，宽约 0.7cm，厚约 0.5cm。

【规格等级】统货。

【品质评价】以粒饱满，均匀，完整者为佳。

【性味功能】味苦、甘，性平。活血祛瘀，润肠通便，止咳平喘。用于经闭痛经，癥瘕痞块，肺痈肠痈，跌扑损伤，肠燥便秘，咳嗽气喘。

【用法用量】5~10g。孕妇慎用。

【贮藏】置阴凉干燥处，防蛀。

知识链接

化学成分　含苦杏仁苷，含量约为苦杏仁的 1/2，并含苦杏仁酶、尿囊素酶、乳糖酶、维生素 B_1 及脂肪油。

乌梅　Wumei
Mume Fructus

【别名】酸梅、红梅、酸梅子、梅实。

【来源】蔷薇科植物梅 *Prunus mume*（Sieb.）Sieb. et Zucc. 的干燥近成熟果实。

【采制】夏季果实近成熟时采收，低温烘干后闷至色变黑。

【产地】主产于四川、浙江、福建、广东等地。浙江长兴产者质量最佳。

【商品性状特征】

1. **药材**　呈类球形或扁球形，直径 1.5～3cm。表面乌黑色或棕黑色，皱缩不平，基部有圆形果梗痕。果核坚硬，椭圆形，棕黄色，表面有凹点；种子扁卵形，淡黄色。气微，味极酸。

2. **饮片**

乌梅肉　呈不规则块状，表面乌黑或棕黑色，肉厚而柔软，味极酸。

乌梅炭　形如乌梅，皮肉鼓起，表面焦黑色。味酸，略有苦味。

【规格等级】商品按产地分为川梅、合溪梅、建梅、广东梅。规格有统装和乌梅肉（去核）2 种。

【品质评价】以个大，柔润，肉厚，核小，不破裂，味极酸者为佳。

【性味功能】味酸、涩，性平。敛肺，涩肠，生津，安蛔。用于肺虚久咳，久泻久痢，虚热消渴，蛔厥呕吐腹痛。

【用法用量】6～12g。

【贮藏】置阴凉干燥处，防潮。

金樱子　Jinyingzi

Rosae Laevigatae Fructus

【别名】糖罐子、刺梨子、金樱肉、刺头。

【来源】蔷薇科植物金樱子 *Rosa laevigata* Michx. 的干燥成熟果实。

【采制】金樱子 10～11 月果实成熟变红时采收，干燥，除去毛刺。

【产地】主产于广东从化、增城、番禺，湖南常德等地。

【商品性状特征】

1. **药材**　为花托发育而成的假果，呈倒卵形，长 2～3.5cm，直径 1～2cm。表面红黄色或红棕色，有突起的棕色小点，系毛刺脱落后的残基。顶端有盘状花萼残基，中央有黄色柱基，下部渐尖。质硬。切开后，花托壁厚 1～2mm，内有多数坚硬的小瘦果，内壁及瘦果均有淡黄色绒毛。气微，味甘、微涩。

2. **饮片**　呈倒卵形纵剖瓣。表面红黄色或红棕色，有突起的棕色小点。顶端有花萼残基，下部渐尖。花托壁厚 1～2mm，内面淡黄色，残存淡黄色绒毛。气微，味甘、微涩。

【规格等级】统货。

【品质评价】以个大，色红黄，有光泽，去净毛刺者（金樱子肉则去净瘦果）为佳。

【性味功能】味酸、甘、涩，性平。固精缩尿，固崩止带，涩肠止泻。用于遗精滑精，遗尿尿频，崩漏带下，久泻久痢。

【用法用量】6~12g。

【贮藏】置通风干燥处，防蛀。

知 识 链 接

1. **本草记载**　金樱子在我国用于医药已有上千年的历史。宋朝《嘉祐本草》、《图经本草》、《开宝本草》及明朝的《植物名实图考长编》提到它味酸，平温无毒，久服令人耐寒轻身、益气。

2. **化学成分**　金樱子营养极为丰富，具有多种药理和保健功能。含皂苷约17%、维生素C约1.5%，另含糖类、苹果酸、枸橼酸、鞣质、树脂等成分。卫计委将金樱子列入药食同源植物名录。目前开发类型主要是果汁饮料、复合饮料、固体饮料、果酒。

沙苑子　Shayuanzi

AstragaliComplanati Semen

【别名】沙苑蒺藜、潼蒺藜。

【来源】豆科植物扁茎黄芪 *Astraga1us comp1anatus* R. Br. 的干燥成熟种子。

【采制】秋末冬初果实成熟尚未开裂时采割植株，晒干，打下种子，除去杂质，晒干。

【产地】主产于陕西潼关、大荔、渭南、勤县。产于潼关又名"潼蒺藜"。

【商品性状特征】

1. **药材**　略呈肾形而稍扁，长 2~2.5mm，宽 1.5~2mm，厚约 1mm。表面光滑，褐绿色或灰褐色，边缘一侧微凹处具圆形种脐。质坚硬，不易破碎。子叶 2，淡黄色，胚根弯曲，长约 1mm。气微，味淡，嚼之有豆腥味。

2. **饮片**

盐沙苑子　形如沙苑子，表面鼓起，深褐绿色或深灰褐色。气微，味微咸，嚼之有豆腥味。

【规格等级】统货。

【品质评价】以颗粒饱满，色绿褐者为佳。

【性味功能】味甘，性温。补肾助阳，固精缩尿，养肝明目。用于肾虚腰痛，遗精早泄，遗尿尿频，白浊带下，眩晕，目暗昏花。

【用法与用量】9~15g。

【贮藏】置通风干燥处。

决明子 Juemingzi

Cassiae Semen

【别名】草决明、马蹄决明。

【来源】豆科植物决明 *Cassia obtusifolia* L. 或小决明 *Cassia tora* L. 的干燥成熟种子。

【采制】秋季采收成熟果实，晒干，打下种子，除去杂质。

【产地】主产于安徽蚌埠、芜湖，广西各地，四川温江等地。全国大部分地区均有栽培。

【商品性状特征】

1. 药材

决明　略呈菱方形或短圆柱形，两端平行倾斜，长3~7mm，宽2~4mm。表面绿棕色或暗棕色，平滑有光泽。一端较平坦，另端斜尖，背腹面各有1条突起的棱线，棱线两侧各有1条斜向对称而色较浅的线形凹纹。质坚硬，不易破碎。种皮薄，子叶2，黄色，呈"S"形折曲并重叠。气微，味微苦。

小决明　呈短圆柱形，较小，长3~5mm，宽2~3mm。表面棱线两侧各有1片宽广的浅黄棕色带。

2. 饮片

炒决明子　形如决明子，微鼓起，表面绿褐色或暗棕色，偶见焦斑。微有香气。

【规格等级】商品按来源不同分大决明子和小决明子2种规格，均为统货。

【品质评价】以粒饱满，色绿棕者为佳。

【性味功能】味甘、苦、咸，性微寒。清热明目，润肠通便。用于目赤涩痛，羞明多泪，头痛眩晕，目暗不明，大便秘结。

【用法用量】9~15g。

【贮藏】置干燥处。

知 识 链 接

商品行情　决明子为我国常用中药材，栽培或野生。决明子不仅供药用，还广泛运用于食品、饮料、保健、美容等领域，另有部分出口，年需求量近万吨。

补骨脂　Buguzhi

Psoraleae Fructus

【别名】破故纸、黑故子。

【来源】豆科植物补骨脂 *Psoralea corylifolia* L. 的干燥成熟果实。

【采制】秋季果实成熟时采收果序，晒干，搓出果实，除去杂质。

【产地】主产于河南商丘、新乡、博爱、沁阳等地。以河南怀庆府、重庆合川、四川西昌为最适宜产区。

【商品性状特征】

1. 药材　呈肾形，略扁，长 3~5mm，宽 2~4mm，厚约 1.5mm。表面黑色、黑褐色或灰褐色，具细微网状皱纹。顶端圆钝，有一小突起，凹侧有果梗痕。质硬。果皮薄，与种子不易分离；种子 1 枚，子叶 2，黄白色，有油性。气香，味辛、微苦。

2. 饮片

盐补骨脂　形如补骨脂。表面黑色或黑褐色，微鼓起。气微香，味微咸。

【规格等级】统货。

【品质评价】以粒大，饱满，色黑者为佳。

【性味功能】味辛、苦，性温。温肾助阳，纳气平喘，温脾止泻；外用消风祛斑。用于肾阳不足，阳痿遗精，遗尿尿频，腰膝冷痛，肾虚作喘，五更泄泻；外用治白癜风，斑秃。

【用法用量】6~10g。外用 20%~30% 酊剂涂患处。

【贮藏】置干燥处。

知 识 链 接

化学成分　补骨脂含多种活性成分，如香豆素类的补骨脂素、异补骨脂素、补骨脂定，黄酮类成分补骨脂乙素、单萜酚类成分补骨脂酚等。还有挥发油、单萜酚、树脂及豆甾醇等。补骨脂素能促进皮肤色素新生，治疗白癜风。

枳壳　Zhiqiao

Aurantii Fructus

【别名】陈枳壳、酸橙枳壳、绿衣枳壳。

【来源】芸香科植物酸橙 *Citrus aurantium* L. 及其栽培变种的干燥未成熟果实。

【采制】7月果皮尚绿时采收，自中部横切为两半，晒干或低温干燥。

取枳壳，除去杂质，洗净，润透，切薄片，干燥后筛去碎落的瓤核，形成"枳壳片"。

取枳壳片，经麸炒法炒至色变深，形成"麸炒枳壳"。

【产地】主产于江西靖江、新干、新余，四川綦江等地。将江西产者称"江枳壳"，四川产者称"川枳壳"，湖南产者称"湘枳壳"。以川枳壳质量最佳，江枳壳最为闻名。

【商品性状特征】

1. 药材

枳壳　呈半球形，直径3~5cm。外果皮棕褐色至褐色，有颗粒状突起，突起的顶端有凹点状油室，切面中果皮黄白色，光滑而稍隆起，边缘散有1~2列油室。气清香，味苦、微酸。

川枳壳　个大，直径3.5~6cm。表面青绿色至绿褐色，皮细有光泽，肉厚，质坚实，气香。

江枳壳　个小，直径在3.5~4.5cm，少数可达5.5cm，表面黑绿色至棕褐色，皮稍粗糙，肉厚，瓤小，质坚实，气香。

湘枳壳　个大，外皮棕褐色，皮粗糙，肉较薄，质较松，香气较浓。

2. 饮片

枳壳片　呈不规则弧状条形薄片。切面外果皮棕褐色至褐色，中果皮黄白色至黄棕色，近外缘有1~2列点状油室，内侧有的有少量紫褐色瓤囊。

麸炒枳壳　形如枳壳片，色较深，偶有焦斑。

【规格等级】　商品分为2个等级。

一等：横切对开，呈扁圆形。表面绿褐色或棕褐色，有颗粒状突起。切面黄白色或淡黄色，肉厚、果小。质坚硬。气清香，味苦微酸。直径3.5cm以上，肉厚0.5cm以上。

二等：直径2.5cm以上，肉厚0.35cm以上。余同一等。

【品质评价】以个大，果皮色青绿，果肉厚而色白，质坚实，气清香者为佳。

【性味功能】味苦、辛、酸，性微寒。理气宽中，行滞消胀。用于胸胁气滞，胀满疼痛，食积不化，痰饮内停，脏器下垂。

【用法用量】3~10g。孕妇慎用。

【贮藏】置阴凉干燥处，防蛀。

吴茱萸　Wuzhuyu

Euodiae Fructus

【别名】吴芋、吴于、吴萸、米辣子。

【来源】芸香科植物吴茱萸 *Euodia rutaecarpa*（Juss.）Benth.、石虎 *Euodia rutaecarpa*

（Juss.）Benth. var. *officinalis*（Dode）Huang 或疏毛吴茱萸 *Euodia rutaecarpa*（Juss.）Benth. var. *bodinieri*（*Dode*）*Huang* 的干燥近成熟果实。前者称"大粒吴萸"（大花吴萸），后两者称为"小粒吴萸"（小花吴萸）。

【采制】8~11月果实尚未开裂时，剪下果枝，晒干或低温干燥，除去枝、叶、果梗等杂质。

【产地】

1. **吴茱萸**　主产于贵州铜仁、广西、四川、湖北等地。其中以贵州、广西、湖南产量最大。

2. **石虎**　主产于贵州、四川、广西、湖北、湖南、浙江及江西等地。

3. **疏毛吴茱萸**　主产于贵州、广西、江西、湖南及广东等地。

【商品性状特征】

1. **药材**

大花茱萸　呈类圆球形或略呈五角状扁球形，直径约3~6mm，表面褐色，质硬而脆，横切面可见子房5室，每室有未成熟的淡黄色种子1~2粒，气芳香浓郁，味辣而麻苦。

小花茱萸　呈球形，直径2~5mm，表面黄绿色至褐色，顶端有五角星状裂隙，气芳香浓郁，味辣而苦。

【规格等级】商品分为大粒吴萸和小粒吴萸2种规格，均为统货。

【品质评价】以粒小，饱满坚实，色绿，香气浓郁者为佳。

【性味功能】味辛、苦，性热，有小毒。散寒止痛，降逆止呕，助阳止泻。用于厥阴头痛，寒疝腹痛，寒湿脚气，经行腹痛，脘腹胀痛，呕吐吞酸，五更泄泻。

【用法用量】2~5g。外用适量。

【贮藏】置阴凉干燥处。

知 识 链 接

　　商品行情　吴茱萸为常用中药，虽用量不大，但资源较少，故近年来市场紧缺，有时脱销，价格成倍上涨。全国一般年均生产400~600吨，纯购约500吨，纯销约450吨，供应出口约20~30吨。

巴豆　Badou

Crotonis Fructus

【别名】巴米、川巴、巴果、毒点子。

【来源】大戟科植物巴豆 *Croton tiglium* L. 的干燥成熟果实。

【采制】秋季果实成熟时采收，堆置2~3天，摊开，干燥。

【产地】主产于四川宜宾、江安、长宁、兴文等地。以四川产量大，质量较佳。

【商品性状特征】 呈卵圆形，一般具三棱，长1.8~2.2cm，直径1.4~2cm。表面灰黄色或稍深，粗糙，有纵线6条，顶端平截，基部有果梗痕。破开果壳，可见3室，每室含种子1粒。种子呈略扁的椭圆形，长1.2~1.5cm，直径0.7~0.9cm，表面棕色或灰棕色，一端有小点状的种脐和种阜的疤痕，另端有微凹的合点，其间有隆起的种脊；外种皮薄而脆，内种皮呈白色薄膜；种仁黄白色，油质。气微，味辛辣。

【规格等级】统货。

【品质评价】以种子饱满，种仁色黄白者为佳。

【性味功能】味辛，性热，有大毒。外用蚀疮。用于恶疮疥癣，疣痣。

【用法用量】外用适量，研末涂患处，或捣烂以纱布包擦患处。孕妇禁用；不宜与牵牛子同用。

【贮藏】置阴凉干燥处。

知 识 链 接

巴豆霜 取巴豆仁，照《中国药典》制霜法制霜，或取仁碾细后，测定脂肪油含量，加适量的淀粉，使脂肪油含量符合规定，混匀，即得巴豆霜。巴豆霜药材为粒度均匀、疏松的淡黄色粉末，显油性。本品《中国药典》规定含脂肪油应为18.0%~20.0%，巴豆苷含量同巴豆药材。辛，热，有大毒。峻下冷积，逐水退肿，豁痰利咽；外用蚀疮。

酸枣仁 Suanzaoren
Ziziphi Spinosae Semen

【别名】枣仁、山枣仁、刺枣仁、怀枣仁。

【来源】鼠李科植物酸枣 *Ziziphus jujuba* Mill. var. *spinosa*（Bunge）Hu ex H. F. Chou 的干燥成熟种子。

【采制】秋末冬初采收成熟果实，除去果肉和核壳，收集种子，晒干。

【产地】主产于河北邢台、内丘、邯郸、承德等地，以河北邢台产量最大。

【商品性状特征】

1. **药材** 呈扁圆形或扁椭圆形，长5~9mm，宽5~7mm，厚约3mm。表面紫红色或

紫褐色，平滑有光泽，有的有裂纹。有的两面均呈圆隆状突起；有的一面较平坦，中间有1条隆起的纵线纹；另一面稍突起。一端凹陷，可见线形种脐；另端有细小突起的合点。种皮较脆，胚乳白色，子叶2，浅黄色，富油性。气微，味淡。

2. 饮片

炒酸枣仁　形如酸枣仁。表面微鼓起，微具焦斑。略有焦香气，味淡。

【规格等级】　商品分为2个等级。

一等：饱满，表面深红色或紫褐色，有光泽。核壳不超过2%，碎仁不得超过5%。

二等：较瘪瘦，表面深红色或棕黄色。核壳不超过5%，碎仁不超过10%。

【品质评价】以粒大，饱满，完整，有光泽，外皮红棕色，无核壳者为佳。

【性味功能】味甘、酸，性平。养心补肝，宁心安神，敛汗，生津。用于虚烦不眠，惊悸多梦，体虚多汗，津伤口渴。

【用法用量】10~15g。

【贮藏】置阴凉干燥处，防蛀。

小茴香　Xiaohuixiang
Foeniculi Fructus

【别名】小茴、茴香、谷茴、怀香

【来源】伞形科植物茴香 *Foeniculum vulgare* Mill. 的干燥成熟果实。

【采制】秋季果实初熟时采割植株，晒干，打下果实，除去杂质。

【产地】主产于内蒙古、山西、吉林、辽宁等地。以山西产量最大，内蒙古产者质量最优。

【商品性状特征】

1. 药材

为双悬果，呈圆柱形，有的稍弯曲，长4~8mm，直径1.5~2.5mm。表面黄绿色或淡黄色，两端略尖，顶端残留有黄棕色突起的柱基，基部有时有细小的果梗。分果呈长椭圆形，背面有纵棱5条，接合面平坦而较宽。横切面略呈五边形，背面的四边约等长。有特异香气，味微甜、辛。

2. 饮片

盐小茴香　形如小茴香，微鼓起，色泽加深，偶有焦斑。味微咸。

【规格等级】统货。

【品质评价】以籽粒饱满，色黄绿，香气浓者为佳。

【性味功能】味辛，性温。散寒止痛，理气和胃。用于寒疝腹痛，睾丸偏坠，痛经，少腹冷痛，脘腹胀痛，食少吐泻。

盐小茴香　暖肾散寒止痛。用于寒疝腹痛，睾丸偏坠，经寒腹痛。

【用法用量】3~6g。

【贮藏】置阴凉干燥处。

蛇床子　Shechuangzi

Cnidii Fructus

【别名】蛇床仁、蛇珠、野萝卜子。

【来源】伞形科植物蛇床 *Cnidium monnieri*（L.）Cuss. 的干燥成熟果实。

【采制】夏、秋两季果实成熟时采收，除去杂质，晒干。

【产地】主产于河北、山东、广西、浙江等地。

【商品性状特征】　为双悬果，呈椭圆形，长 2~4mm，直径约 2mm。表面灰黄色或灰褐色，顶端有 2 枚向外弯曲的柱基，基部偶有细梗。分果的背面有薄而突起的纵棱 5 条，接合面平坦，有 2 条棕色略突起的纵棱线。果皮松脆，揉搓易脱落。种子细小，灰棕色，显油性。气香，味辛凉，有麻舌感。

【规格等级】统货。

【品质评价】以颗粒饱满，色灰黄，香气浓者为佳。

【性味功能】味辛、苦，性温，有小毒。燥湿祛风，杀虫止痒，温肾壮阳。用于阴痒带下，湿疹瘙痒，湿痹腰痛，肾虚阳痿，宫冷不孕。

【用法用量】3~10g。外用适量，多煎汤熏洗，或研末调敷。

【贮藏】置干燥处。

山茱萸　Shanzhuyu

Corni Fructus

【别名】山萸肉、肉枣、萸肉。

【来源】山茱萸科植物山茱萸 *Cornus officinalis* Sieb. et Zucc. 的干燥成熟果肉。

【采制】一般在秋季 10~11 月间霜降后采收，以经霜后采收者质量最佳。用文火烘或置沸水中略烫后，及时除去果核，干燥。

【产地】主产于浙江临安、淳化、昌化，河南南阳、嵩县、济原、巩县等地。产于浙江者习称"杭萸肉""淳萸肉"，产量大，品质佳。

【商品性状特征】

1. 药材　呈不规则的片状或囊状，长 1~1.5cm，宽 0.5~1cm。表面紫红色至紫黑色，皱缩，有光泽。顶端有的有圆形宿萼痕，基部有果梗痕。质柔软。气微，味酸、涩、微苦。

2. 饮片

酒萸肉　形如山茱萸，表面紫黑色或黑色，质滋润柔软，微有酒香气。

【规格等级】统货。

【品质评价】以肉肥厚，色紫红，油润柔软者为佳。

【性味功能】味酸、涩，性微温。补益肝肾，收涩固脱。用于眩晕耳鸣，腰膝酸痛，阳痿遗精，遗尿尿频，崩漏带下，大汗虚脱，内热消渴。

【用法用量】6~12g。

【贮藏】置干燥处，防蛀。

知 识 链 接

商品行情　全国每年生产约 450~1000 吨，纯购约 800 吨，纯销约 700~800 吨，供应出口约 20 吨左右。

连翘　Lianqiao

Forsythiae Fructus

【别名】落翘、黄花条、黄链条花。

【来源】木犀科植物连翘 *Forsythia suspensa*（Thunb.）Vahl 的果实。

【采制】秋季果实初熟尚带绿色时采收，除去杂质，蒸熟，晒干，习称"青翘"。果实熟透时采收，晒干除去杂质，习称"老翘"。

【产地】主产于山西、河南、陕西、山东等地。以陕西、河南产量最大。

【商品性状特征】　呈长卵形至卵形，稍扁，长 1.5~2.5cm，直径 0.5~1.3cm。表面有不规则纵皱纹及多数突起的小斑点，两面各有 1 条明显的纵沟。顶端锐尖，基部有小果梗或已脱落。青翘多不开裂，表面绿褐色，突起的灰白色小斑点较少；质硬；种子多数，黄绿色，细长，一侧有翅。老翘自顶端开裂或裂成两瓣，表面黄棕色或红棕色，内表面多浅黄棕色，平滑，具一纵隔；质脆；种子棕色，多已脱落。气微香，味苦。

【规格等级】商品分"青翘""老翘"，其种子为"连翘心"，均为统货。

【品质评价】

青翘　以色较绿，不开裂者为佳。

老翘　以色棕黄，瓣大，壳厚者为佳。

【性味功能】味苦，性微寒。清热解毒，消肿散结，疏散风热。用于痈疽，瘰疬，乳痈，丹毒，风热感冒，温病初起，温热入营，高热烦渴，神昏发斑，热淋涩痛。

【用法用量】6~15g。

【贮藏】置干燥处。

知识链接

商品行情　全国丰年一般年均产 12000 余吨，欠年产 7400 余吨。纯购年均为 4000 余吨，纯销年均约 3600 吨，出口近年在 10 吨以下。

女贞子　Nvzhenzi

Ligustri Lucidi Fructus

【别名】女贞实、冬青子、蜡树。

【来源】木犀科植物女贞 *Ligustrum lucidum* Ait. 的干燥成熟果实。

【采制】冬季果实成熟时采收，除去枝叶，稍蒸或置沸水中略烫后，干燥或直接干燥。

【产地】主产于湖南、浙江、福建等地。

【商品性状特征】

1. **药材**　呈卵形、椭圆形或肾形，长 6~8.5mm，直径 3.5~5.5mm。表面黑紫色或灰黑色，皱缩不平，基部有果梗痕或具宿萼及短梗。体轻。外果皮薄，中果皮较松软，易剥离，内果皮木质，黄棕色具纵棱，破开后种子通常为 1 粒，肾形，紫黑色，油性。气微，味甘、微苦涩。

2. **饮片**

酒女贞子　形如女贞子，表面黑褐色或灰黑色，常附有白色粉霜。微有酒香气。

【规格等级】统货。

【品质评价】以粒大，饱满，色灰黑，质坚实者为佳。

【性味功能】味甘、苦，性凉。滋补肝肾，明目乌发。用于肝肾阴虚，眩晕耳鸣，腰膝酸软，须发早白，目暗不明，内热消渴，骨蒸潮热。

【用法用量】6~12g。

【贮藏】置干燥处。

马钱子　Maqianzi

Strychni Semen

【别名】马钱、车里马钱、苦实。

【来源】马钱科植物马钱 *Strychnos nux-vomica* L. 的干燥成熟种子。

【采制】冬季采收成熟果实，取出种子，晒干。

【产地】主产于印度东海岸、越南、缅甸、泰国等地。

【商品性状特征】

1. **药材**　呈纽扣状圆板形，常一面隆起，一面稍凹下，直径 1.5～3cm，厚 0.3～0.6cm。表面密被灰棕或灰绿色绢状茸毛，自中间向四周呈辐射状排列，有丝样光泽。边缘稍隆起，较厚，有突起的珠孔，底面中心有突起的圆点状种脐。质坚硬，平行剖面可见淡黄白色胚乳，角质状，子叶心形，叶脉 5~7 条。气微，味极苦。

2. **饮片**

制马钱子　形如马钱子，两面均膨胀鼓起，边缘较厚。表面棕褐色或深棕色，质坚脆，平行剖面可见棕褐色或深棕色的胚乳。微有香气，味极苦。

【规格等级】统货。

【品质评价】以个大，饱满，灰棕色微带绿色，有细密毛绒，质坚无破碎者为佳。

【性味功能】味苦，性温，有大毒。通络止痛，散结消肿。用于跌打损伤，骨折肿痛，风湿顽痹，麻木瘫痪，痈疽疮毒，咽喉肿痛。

【用法用量】0.3～0.6g，炮制后入丸散用。孕妇禁用；不宜多服久服及生用；运动员慎用；有毒成分能经皮肤吸收，外用不宜大面积涂敷。

【贮藏】置干燥处。

菟丝子　Tusizi

Cuscuta semen

【别名】吐丝子、菟丝实、菟藤、黄丝。

【来源】旋花科植物南方菟丝子 *Cuscuta australis* R. Br. 或菟丝子 *Cuscuta chinensis* Lam. 的干燥成熟种子。

【采制】秋季果实成熟时采收植株，晒干，打下种子，除去杂质。

【产地】主产于江苏、辽宁、吉林、河北等地。

【商品性状特征】

1. **药材**　呈类球形，直径 1～2mm。表面灰棕色至棕褐色，粗糙，种脐线形或扁圆形。质坚实不易以指甲压碎。气微，味淡。

2. **饮片**

盐菟丝子　形如菟丝子，表面棕黄色，裂开，略有香气。

【规格等级】统货。

【品质评价】以色灰黄，颗粒饱满者为佳。

【性味功能】味辛、甘，性平。补益肝肾，固精缩尿，安胎，明目，止泻；外用消风祛斑。用于肝肾不足，腰膝酸软，阳痿遗精，遗尿尿频，肾虚胎漏，胎动不安，目昏耳鸣，脾肾虚泻；外治白癜风。

【用法用量】6~12g。外用适量。

【贮藏】置通风干燥处。

知 识 链 接

特色鉴别 菟丝子用沸水浸泡，表面有黏性，加热煮至种皮破裂时露出白色卷旋状的胚形如吐丝。可用于菟丝子伪品的鉴别。

牵牛子 Qianniuzi
Pharbitidis Semen

【别名】黑丑、白丑、二丑。

【来源】旋花科植物裂叶牵牛 *Pharbitis nil*（L.）Choisy. 或圆叶牵牛 *Pharbitis purpurea*（L.）Voigt 的种子。

【采制】秋末果实成熟、果壳未开裂时采割植株，晒干，打下种子，除去杂质。

【产地】主产于辽宁省。此外全国各省都有野生或栽培。

【商品性状特征】

1. **药材** 呈橘瓣状，长 4~8mm，宽 3~5mm。表面灰黑色或淡黄白色，背面有一条浅纵沟，腹面棱线的下端有一点状种脐，微凹。质硬，横切面可见淡黄色或黄绿色皱缩折叠的子叶，微显油性。气微，味辛、苦，有麻感。

2. **饮片**

炒牵牛子 形如牵牛子，表面黑褐色或黄棕色，稍鼓起，微具香气。

【规格等级】统货。

【品质评价】以颗粒饱满者为佳。

【性味功能】味苦，性寒，有毒。泻水通便，消痰涤饮，杀虫攻积。用于水肿胀满，二便不通，痰饮积聚，气逆喘咳，虫积腹痛。

【用法用量】3~6g。入丸散服，每次1.5~3g。孕妇禁用；不宜与巴豆、巴豆霜同用。

【贮藏】置干燥处。

枸杞子 Gouqizi
Lycii Fructus

【别名】血杞子、西枸杞。

【来源】茄科植物宁夏枸杞 *Lycium barbarum* L. 栽培品的干燥成熟果实。

【采制】夏、秋二季果实呈红色时采收，热风烘干，除去果梗，或晾至皮皱后，晒干，除去果梗。

【产地】主产于宁夏中宁、中卫等地。近年来内蒙古、甘肃、新疆等地亦大量栽培。以宁夏产者质量最佳，为道地药材。

【商品性状特征】呈类纺锤形或椭圆形，长 6~20mm，直径 3~10mm。表面红色或暗红色，顶端有小突起状的花柱痕，基部有白色的果梗痕。果皮柔韧，皱缩，果肉肉质，柔润。种子 20~50 粒，类肾形，扁而翘，长 1.5~1.9mm，宽 1~1.7mm，表面浅黄色或棕黄色。气微，味甜。

【规格等级】商品常分宁夏枸杞、新疆枸杞等规格，一般分为 5 个等级。

一等：每 50g 370 粒以内。果实椭圆或长卵形，色泽鲜红或红色、暗红色，质柔软，多糖质，滋润，味甜。大小均匀，无油粒、破粒。

二等：每 50g 580 粒以内。其余同一等。

三等：每 50g 900 粒以内。果实暗红或橙红色，糖质较少，其余同一等。

四等：每 50g 1100 粒以内。果实暗红或橙红色，糖质少，无油粒，其余同一等。

五等：色泽深浅不一，每 50g 1100 粒以外。破粒、油粒不超过 30%。其余同四等。

出口：分特级（贡果面）、甲级（贡果王）、乙级（贡果）、丙级（超王杞）等 4 个等级。

【品质评价】以粒大，色红，肉厚，质柔润，籽少，味甜者为佳。

【性味功能】味甘，性平。滋补肝肾，益精明目。用于虚劳精亏，腰膝酸痛，眩晕耳鸣，阳痿遗精，内热消渴，血虚萎黄，目昏不明。

【用法用量】6~12g。

【贮藏】置阴凉干燥处，防闷热，防潮，防蛀。

知识链接

商品行情 枸杞为大宗商品，也是许多中成药、营养饮料不可缺少的原料。全国年均生产约 3600 余吨，纯购约 1800~2500 余吨，纯销约 2200 余吨，供应出口约 180~200 余吨。

栀子 Zhizi

Gardeniae Fructus

【别名】黄栀、山栀子。

【来源】茜草科植物栀子 *Garidenia jasminoides* Ellis 的干燥成熟果实。

【采制】9～11月果实成熟呈红黄色时采收，除去果梗和杂质，蒸至上气或置沸水中略烫，取出，干燥。

【产地】主产于湖南、湖北、江西、浙江等地。

【商品性状特征】

1. 药材　呈长卵圆形或椭圆形，长1.5～3.5cm，直径1～1.5cm。表面红黄色或棕红色，具6条翅状纵棱，棱间常有1条明显的纵脉纹，并有分枝。顶端残存萼片，基部稍尖，有残留果梗。果皮薄而脆，略有光泽；内表面色较浅，有光泽，具2～3条隆起的假隔膜。种子多数，扁卵圆形，集结成团，深红色或红黄色，表面密具细小疣状突起。气微，味微酸而苦。

2. 饮片

炒栀子　形如栀子碎块，黄褐色。

焦栀子　形如栀子或为不规则的碎块，表面焦褐色或焦黑色。果皮内表面棕色，种子表面为黄棕色或棕褐色。气微，味微酸而苦。

【规格等级】商品分2个等级。

一等：干货。呈长圆形或椭圆形，饱满。表面橙红色、红黄色、淡红色、淡黄色。具有纵棱，顶端有宿存萼片。皮薄革质。略有光泽。破开后种子聚集成团状，橙红色、紫红色或淡红色、棕黄色。气微，味微酸而苦。无黑果。

二等：干货。呈长圆形或圆形，较瘦小。表面橙黄色、暗紫色或带青色。其余同一等。

【品质评价】以皮薄，饱满，色红黄者为佳。

【性味功能】味苦，性寒。泻火除烦，清热利湿，凉血解毒；外用消肿止痛。用于热病心烦，湿热黄疸，淋证涩痛，血热吐衄，目赤肿痛，火毒疮疡；外治扭挫伤痛。

【用法用量】6～10g。外用生品适量，研末调敷。

【贮藏】置通风干燥处。

知 识 链 接

水栀子　为大花栀子 *Gardeniam jasminoides* Ellis var. *grandiflora* Nakai. 的干燥果实。主要区别为果实大，长圆形，长3～7cm，棱高。不作内服，外敷作伤科药。水栀子为无毒染料，供工业用。

瓜蒌 Gualou

Trichosanthis Fructus

【别名】栝楼、栝楼实、药瓜。

【来源】葫芦科栝楼 *Trichosanthes kirilowii* Maxim. 或双边栝楼 *Trichosanthes rosthornii* Harms 的果实。

【采制】秋季果实成熟时，连果梗剪下，置通风处阴干。

【产地】栝楼主产于山东长清、肥城等地。河北、山西、陕西等省亦产。双边瓜蒌主产于江西、湖北、湖南等地。

【商品性状特征】

1. **药材** 呈类球形或宽椭圆形，长 7～15cm，直径 6～10cm。表面橙红色或橙黄色，皱缩或较光滑，顶端有圆形的花柱残基，基部略尖，具残存的果梗。轻重不一。质脆，易破开，内表面黄白色，有红黄色丝络，果瓤橙黄色，黏稠，与多数种子粘结成团。具焦糖气，味微酸、甜。

2. **饮片** 呈不规则的丝或块状。外表面橙红色或橙黄色，皱缩或较光滑；内表面黄白色，有红黄色丝络，果瓤橙黄色，与多数种子黏结成团。具焦糖气，味微酸、甜。

【规格等级】统货。

【品质评价】以完整不破碎，果皮厚，皱缩有筋，体重，糖性足者为佳。

【性味功能】味甘、微苦，性寒。清热涤痰，宽胸散结，润燥滑肠。用于肺热咳嗽，痰浊黄稠，胸痹心痛，结胸痞满，乳痈，肺痈，肠痈，大便秘结。

【用法用量】9～15g。不宜与川乌、制川乌、草乌、制草乌、附子同用。

【贮藏】置阴凉干燥处，防霉，防蛀。

知 识 链 接

瓜蒌的果实、果皮、种子及根皆入药，分别称瓜蒌，瓜蒌皮，瓜蒌子，其根名天花粉。

牛蒡子 Niubangzi

Arctii Fructus

【别名】大力子、牛子、鼠粘子。

【来源】菊科植物牛蒡 *Arctium lappa* L. 的干燥成熟果实。

【采制】秋季果实成熟时采收果序，晒干，打下果实，除去杂质，再晒干。

【产地】主产于东北及浙江等地。河南、河北、湖北、四川等省亦产。

【商品性状特征】

1. 药材 呈长倒卵形，略扁，微弯曲，长5~7mm，宽2~3mm。表面灰褐色，带紫黑色斑点，有数条纵棱，通常中间1~2条较明显。顶端钝圆，稍宽，顶面有圆环，中间具点状花柱残迹；基部略窄，着生面色较淡。果皮较硬，子叶2，淡黄白色，富油性。气微，味苦后微辛而稍麻舌。

2. 饮片

炒牛蒡子 形如牛蒡子，色泽加深，略鼓起，微有香气。

【规格等级】统货。

【品质评价】以粒大，饱满，色灰褐者为佳。

【性味功能】味辛、苦，性寒。疏散风热，宣肺透疹，解毒利咽。用于风热感冒，咳嗽痰多，麻疹，风疹，咽喉肿痛，痄腮，丹毒，痈肿疮毒。

【用法用量】6~12g。

【贮藏】置通风干燥处。

知识链接

商品行情 牛蒡子有2000多年药用历史的常用大宗药材。为羚羊感冒胶囊、银翘解毒片、维C银翘片，风热感冒颗粒等多种中成药主要原料。由于中成药新品种新剂型的不断增加、出口量也逐年上升，对牛蒡子的需求日益增加，年需求量约4000吨。

薏苡仁 Yiyiren
Coicis Semen

【别名】薏米、米仁、苡仁。

【来源】禾本科植物薏苡 *Coix lacryma-jobi* L. var. ma-yuen（Roman.）Stapf 栽培品的干燥成熟种仁。

【采制】秋季果实成熟时采割植株，晒干，打下果实，再晒干，除去外壳、黄褐色种皮和杂质，收集种仁。

【产地】主产于河北、福建、辽宁等地。

【商品性状特征】

1. 药材 呈宽卵形或长椭圆形，长4~8mm，宽3~6mm。表面乳白色，光滑，偶有残存的黄褐色种皮。一端钝圆，另端较宽而微凹，有1淡棕色点状种脐。背面圆凸，腹面有1条较宽而深的纵沟。质坚实，断面白色，粉性。气微，味微甜。

2. 饮片

炒薏苡仁 形如薏苡仁，微鼓起，表面微黄色。

【规格等级】统货。

【品质评价】以粒大，饱满，色白，完整者为佳。

【性味功能】味甘、淡，性凉。利水渗湿，健脾止泻，除痹，排脓，解毒散结。用于水肿，脚气，小便不利，脾虚泄泻，湿痹拘挛，肺痈，肠痈；赘疣，癌肿。

【用法用量】9~30g。孕妇慎用。

【贮藏】置通风干燥处，防蛀。

知识链接

现代应用 薏苡仁是药食两用大宗药材，习称薏米。薏苡仁含蛋白质16.2%，脂肪4.6%，糖类79.2%。冬天用薏米炖猪脚、排骨和鸡，是一种滋补食品。夏天用薏米煮粥或作冷饮冰薏米，又是很好的消暑健身的清补剂。此外，薏苡仁是极佳的美容食材，具有治疣平痘、淡斑美白、润肤除皱等美容养颜功效，尤其是所含的蛋白质分解酵素能使皮肤角质软化，所含维生素E有抗氧化作用。

槟榔　Binglang

Arecae Semen

【别名】榔玉、宾门、大腹子。

【来源】棕榈科植物槟榔 *Areca catechu* L. 的干燥成熟种子。

【采制】春末至秋初采收成熟果实，用水煮后，干燥，除去果皮，取出种子，干燥。

【产地】主产于广东，云南元江河口、金平，海南屯昌、定安、陵水等地。福建、台湾、广西等地亦产，为著名的"四大南药"之一。国外以菲律宾、印度、印度尼西亚、斯里兰卡产量最大。

【商品性状特征】

1. 药材 呈扁球形或圆锥形，高1.5~3.5cm，底部直径1.5~3cm。表面淡黄棕色或淡红棕色，具稍凹下的网状沟纹，底部中心有圆形凹陷的珠孔，其旁有一明显疤痕状种

脐。质坚硬，不易破碎，断面可见棕色种皮与白色胚乳相间的大理石样花纹。气微，味涩、微苦。

2. 饮片 呈类圆形的薄片。切面可见棕色种皮与白色胚乳相间的大理石样花纹。气微，味涩、微苦。

【规格等级】槟榔商品规格常按产地分为：榔玉（海南槟），产于海南省，平扁形，质松，外表多皱纹。台槟，产于台湾，形尖圆，颗粒小，质较差。吕宋槟，产于菲律宾，与台槟相仿，但质地较坚实。马来半岛产者形正圆，颗粒较大，质坚实。一般分为 2 等或统货。

一等：呈扁圆形或圆锥形。表面淡黄色或棕黄色。质坚实。断面有灰白色与红棕色交错的大理石样花纹。味涩微苦。每 1000g 160 个以内。

二等：每 1000g 160 个以外，间有碎、枯心、不超过 5%，轻度虫蛀不超过 3%。其余同一等。

【品质评价】以个大，体重，坚实，断面颜色鲜艳，无破裂者为佳。

【性味功能】味苦、辛，性温。杀虫，消积，行气，利水，截疟。用于绦虫病、蛔虫病、姜片虫病，虫积腹痛，积滞泻痢，里急后重，水肿脚气，疟疾。

【用法用量】3~10g；驱绦虫、姜片虫 30~60g。

【贮藏】置通风干燥处，防蛀。

知识链接

商品行情 槟榔为一种典型的热带植物，主要分布于亚洲与美洲的热带地区。近年来，世界槟榔种植面积和产量基本上都呈逐年增长的态势，印度是世界上槟榔种植面积最大、产量最高的国家，其产量约占世界槟榔总产量的一半。

砂仁 Sharen
Amomi Fructus

【别名】缩沙蜜、缩砂仁、缩砂密。

【来源】姜科植物阳春砂 *Amomum villosum* Lour.、绿壳砂 *Amomum villosum* Lour. var. *xanthioides* T. L. Wu et Senjen 或海南砂 *Amomum longiligulare* T. L. Wu 栽培品的干燥成熟果实。

【采制】夏、秋二季果实成熟时采收，晒干或低温干燥。

【产地】

1. **阳春砂** 主产于广东阳春、阳江、高州、信宜等地。以广东阳春、阳江产量大，最为著名，为道地药材。

2. **绿壳砂** 主产于云南西双版纳、临沧、文山、景洪等地。

3. **海南砂** 主产于海南澄迈、崖县，广西博白、陆川等地。

【商品性状特征】

1. **药材**

阳春砂 呈椭圆或卵圆球形，有不明显的钝三棱，长 1.5~2cm，直径 1~1.5cm。表面棕红色或紫红色，密具柔软肉质的短刺。果皮薄，与种子团紧贴。种子团呈圆形或长圆形，3 室，每室有种子 6~15 粒。紧排成 2~4 行。种子表面有不规则的致密皱纹。气芳香而浓烈，味辛凉，微苦。

绿壳砂 呈类圆形，长 1.5~2cm，直径 1~1.2cm。表面短刺呈片状突起，外表面黄棕色或棕色，有较明显的纵向棱线。果皮与种子团多不紧贴，种子团较小，气味较阳春砂稍淡。

海南砂 呈长椭圆形或卵圆形，有明显的三棱，长 1.5~2cm，直径 0.8~1.2cm。表面被片状、分枝状软刺。果皮厚而硬。种子团较小，每瓣有种子 3~24 粒。气味稍淡。

进口品 呈长椭圆形，长 1.5~2cm，直径 1~1.5cm。有钝三棱，一端较尖，表面颜色较暗，呈灰褐色至棕色，疏生片状突起。

【规格等级】商品常分为阳春砂、绿壳砂、海南砂等规格，一般为统货，但果柄不超过 2cm。另有净砂，常分为 2 等或为统货。进口品分为原砂仁、砂头王、砂米、砂壳等规格。

1. **净砂**

一等：为除去果皮的种子团，呈钝三棱状的椭圆形或卵圆形，分成三瓣，每瓣约有种子十数粒，子粒饱满。表面灰褐色，破开后，内部灰白色。味辛凉微辣。种子团完整。每 50g 150 粒以内。无糖子、果壳。

二等：种子团较小而瘪。每 50g 150 粒以外，间有糖子。无果壳。余同一等。

2. **进口品**

原砂仁 为种子团，呈长椭圆形，钝三棱明显，表面暗棕色或灰棕色，分成 3 瓣，相接处凹下成 3 条纵沟。每瓣约有种子数粒至十数粒，种子团大小均匀。

砂头王 呈类圆球形或卵圆形，颗粒大而均匀饱满。外被一层薄粉霜。为原砂仁中的质佳者。

砂米 为砂仁的散粒种子。呈不规则的马蹄形或多角形，直径约 0.3cm。表面暗棕色或棕红色，有多数细小皱纹。质坚硬，断面白色，显油润。

砂壳　为砂仁的果皮。多成三瓣裂开，外表面棕色或棕褐色，密生刺片状突起，内表面淡棕色，平滑。质轻而韧，易纵向撕破，气味较砂仁为淡。

【品质评价】以个大，坚实，饱满，种子色红棕，气味浓者为佳。

【性味功能】味辛，性温。化湿开胃，温脾止泻，理气安胎。用于湿浊中阻，脘痞不饥，脾胃虚寒，呕吐泄泻，妊娠恶阻，胎动不安。

【用法用量】3~6g，后下。

【贮藏】置阴凉干燥处。

知 识 链 接

商品行情　砂仁为常用中药，多年来市场供不应求，有时严重脱销。全国近年来平均生产约 280~300 吨，纯购约 260 吨，纯销约 800 吨，也有一定量出口。

草果　Caoguo
Tsaoko Fructus

【别名】草果仁、草果子、老蔻。

【来源】姜科植物草果 *Amomum tsao-ko* Crevost et Lemaire 的干燥成熟果实。

【采制】秋季果实成熟时采收，除去杂质，晒干或低温干燥。

【产地】主产于云南、贵州、广西等地。

【商品性状特征】

1. 药材　呈长椭圆形，具三钝棱，长 2~4cm，直径 1~2.5cm。表面灰棕色至红棕色，具纵沟及棱线，顶端有圆形突起的柱基，基部有果梗或果梗痕。果皮质坚韧，易纵向撕裂。剥去外皮，中间有黄棕色隔膜，将种子团分成 3 瓣，每瓣有种子多为 8~11 粒。种子呈圆锥状多面体，直径约 5mm；表面红棕色，外被灰白色膜质的假种皮，种脊为一条纵沟，尖端有凹状的种脐；质硬，胚乳灰白色。有特异香气，味辛、微苦。

2. 饮片

草果仁　呈圆锥状多面体，直径约 5mm，表面棕色至红棕色，有的可见外被残留灰白色膜质的假种皮。种脊为一条纵沟，尖端有凹状的种脐。胚乳灰白色至黄白色。有特异香气，味辛、微苦。

【规格等级】统货。

【品质评价】以个大，饱满，色红棕，气味浓者为佳。

【性味功能】味辛，性温。燥湿除寒，截疟除痰。用于寒湿内阻，脘腹胀痛，痞满呕

吐，疟疾寒热、瘟疫发热。

【用法用量】3~6g。

【贮藏】置阴凉干燥处。

知 识 链 接

特色应用 草果是药食两用中药材大宗品种之一，可作调味香料，全株可提取芳香油。草果具有特殊浓郁的辛辣香味，能除腥气，增进菜肴味道，促进食欲，是烹调佐料中的佳品，被人们誉为食品调味中的"五香之一"。

豆蔻 Doukou

Amomi Fructus Rotundus

【别名】白豆蔻、白蔻、白蔻仁。

【来源】姜科植物白豆蔻 *Amomum kravanh* Pierre ex Gagnep. 或爪哇白豆蔻 *Amomum compactum* Soland ex Maton 的干燥成熟果实。按产地不同分为"原豆蔻"和"印度尼西亚白蔻"。

【采制】秋季果实成熟时采收，用时除去果皮，取种子打碎。

【产地】

1. 白豆蔻 从泰国、越南、柬埔寨、缅甸等国进口。海南省和云南南部有少量栽培。

2. 爪哇白豆蔻 由印度尼西亚进口。海南省和云南南部有栽培。

【商品性状特征】

原豆蔻 果实类球形，直径 1.2~1.8cm，表面黄白色至淡黄棕色，有 3 条较深的纵向槽纹，顶端有突起的柱基，基部有凹下的果柄痕，两端均具有浅棕色绒毛。果皮易纵向裂开，内分 3 室，每室含种子约 10 粒。种子呈不规则多面体，背面略隆起，直径 3~4mm，表面暗棕色，有皱纹。气芳香，味辛凉略似樟脑。

印度尼西亚白蔻 个略小，表面黄色，有的微显紫棕色。果皮较薄，种子瘪。气味较弱。

【规格等级】统货。

【品质评价】以个大饱满，果皮薄而洁白，气味浓者为佳。

【性味功能】味辛，性温。化湿行气，温中止呕，开胃消食。用于湿浊中阻，不思饮食，湿温初起，胸闷不饥，寒湿呕逆，胸腹胀痛，食积不消。

【用法用量】3~6g，后下。

【贮藏】密闭，置阴凉干燥处，防蛀。

知识链接

现代研究 豆蔻富含豆蔻素、樟脑、龙脑等挥发油，能祛除鱼肉的腥膻异味，令人开胃口、增食欲并促进消化。豆蔻的提取物可增强机体对肿瘤的免疫功能，破坏癌细胞外围防护因子，使癌组织容易被损害。主要成分：挥发油、少量皂苷、色素和淀粉等。

益智 Yizhi
Alpiniae Oxyphyllae Fructus

【别名】益智子、益智仁。

【来源】姜科植物益智 *Alpinia oxyphylla* Miq. 的果实。

【采制】夏、秋间果实由绿变红时采收，晒干或低温干燥。

【产地】主产于海南山区、广东雷州半岛、广西等地。为"四大南药"之一。

【商品性状特征】

1. 药材 呈椭圆形，两端略尖，长 1.2~2cm，直径 1~1.3cm。表面棕色或灰棕色，有纵向凹凸不平的突起棱线 13~20 条，顶端有花被残基，基部常残存果梗。果皮薄而稍韧，与种子紧贴，种子集结成团，中有隔膜将种子团分为 3 瓣，每瓣有种子 6~11 粒。种子呈不规则的扁圆形，略有钝棱，直径约 3mm，表面灰褐色或灰黄色，外被淡棕色膜质的假种皮，质硬，胚乳白色。有特异香气，味辛、微苦。

2. 饮片

盐益智仁 呈不规则的扁圆形，略有钝棱，直径约 3mm。外表棕褐至黑褐色，质硬，胚乳白色。有特异香气。味辛、微咸。

【规格等级】统货。

【品质评价】以粒大饱满，气味浓者为佳。

【性味功能】味辛，性温。暖肾固精缩尿，温脾止泻摄唾。用于肾虚遗尿，小便频数，遗精白浊，脾寒泄泻，腹中冷痛，口多唾涎。

【用法用量】3~10g。

【贮藏】置阴凉干燥处。

复习思考

1. 在鉴别果实及种子类药材商品时应注意哪些性状特征？
2. 五味子如何划分规格等级？南五味子和北五味子有何区别？
3. 枳壳、砂仁有哪些商品规格？
4. 简述枸杞子的商品规格等级。

扫一扫，知答案

扫一扫，看课件

第七节　全草类药材

【学习目标】

1. 掌握麻黄、金钱草、广金钱草、广藿香、肉苁蓉等药材的产地、商品性状特征、规格等级、品质评价。

2. 熟悉鱼腥草、益母草、薄荷、穿心莲、茵陈、青蒿、蒲公英、石斛等药材的商品性状特征、规格等级、品质评价。

3. 了解紫花地丁、荆芥、半枝莲、香薷、车前草、大蓟、淡竹叶等药材的产地、商品性状特征。

全草类中药是指可供药用的草本植物地上部分，主要为干燥的带叶茎枝，如薄荷、广藿香等；少数带有花和果实，如荆芥、仙鹤草等；亦有带根及根茎的，如紫花地丁、蒲公英等；或小灌木草质茎的枝梢，如麻黄等。

商品特征： 全草类药材鉴别应按所包括的器官，如根、茎、叶、花、果实、种子等分别进行观察。

商品规格： 全草类药材多为统货，少数依据来源、产地不同划分规格，或按大小分等。

贮藏养护： 全草类药材通常用麻袋、筐或箱装，较长大的全草类药材可打包。全草类药材较易变色和散失气味，贮藏时应注意密封，置于阴凉、干燥、通风处保存。

麻黄　Mahuang
Ephedrae Herba

【别名】草麻黄、木贼麻黄、中麻黄、西麻黄。

【来源】麻黄科植物草麻黄 *Ephedra sinica* Stapf.、木贼麻黄 *Ephedra equisetina* Bge. 及中麻黄 *Ephedra intermedia* Schrenk et C. A. Mey. 的干燥草质茎。

【采制】秋季割取草质茎，去净杂质，晾干，或晾至6成干时，再晒至足干即可。切勿受霜打，以免影响疗效。

【产地】主产于山西大同、浑源、山阴，河北蔚县、围场、怀安，内蒙古、甘肃等地。习惯以山西产者质量最佳。

【商品性状特征】

1. 药材

草麻黄　呈细长圆柱形，少分枝，直径1~2mm。有的带少量棕色木质茎。表面淡绿色至黄绿色，有细纵脊线，触之有粗糙感。节明显，节间长2~6cm。节上有膜质鳞叶，长3~4mm；裂片2（稀3），锐三角形，先端灰白色，反曲，基部联合成筒状，红棕色。体轻，质脆，易折断，断面略成纤维性，周边绿黄色，髓部红棕色，近圆形。气微香，味涩、微苦。

木贼麻黄　分枝较多，直径1~1.5mm，无粗糙感。节间长1.5~3cm。膜质鳞叶长1~2mm；裂片2（稀3），上部短三角形，灰白色，先端多不反曲，基部棕红色至棕黑色。

中麻黄　多分枝，直径1~1.5mm，无粗糙感。节间长2~6cm，膜质鳞叶长2~3mm；裂片3（稀2），先端锐尖。断面髓部呈三角状圆形。

2. 饮片　呈圆柱形的段。表面淡黄绿色至黄绿色，粗糙，有细纵脊线，节上有细小鳞叶。切面中心显红黄色。气微香，味涩、微苦。

【规格等级】麻黄商品按来源分为草麻黄、中麻黄、木贼麻黄3种规格，均为统货。

【品质评价】以干燥，茎粗，淡绿色，内心充实，味苦涩者为佳。色变黄，手拉脱节者不可药用。

【性味功能】味辛、微苦，性温。发汗散寒，宣肺平喘，利水消肿。用于风寒感冒，胸闷喘咳，风水浮肿。

【用法用量】2~10g。

【贮藏】置阴凉干燥处，防潮。

知识链接

1. **商品行情**　麻黄商品主要来源于野生资源，部分人工栽培，产需基本保持平衡，属于能够满足市场需要的品种。

2. **特色应用**　麻黄是防风固沙的重要植物，产地政府对采挖和运输多有限制。麻黄中含有麻黄素等有效成分，麻黄素对心脏、中枢神经有兴奋作用，麻

黄素更是制造冰毒的原料，社会危害性大，因此，我国对麻黄实行经营许可制度。

鱼腥草 Yuxingcao

Houttuyniae Herba

【别名】折菜、侧耳根、九节莲、肺形草。

【来源】三白草科植物蕺菜 *Houttuynia cordata* Thunb. 的新鲜全草或干燥地上部分。

【采制】鲜品全年可采割；干品夏季茎叶茂盛花穗多时采割，除去杂质，晒干。

【产地】主产于四川、重庆石柱、湖北利川及长江以南地区等地。

【商品性状特征】

1. 药材

鲜鱼腥草 茎呈圆柱形，长20~45cm，直径0.25~0.45cm；上部绿色或紫红色，下部白色，节明显，下部节上生有须根，无毛或被疏毛。叶互生，叶片心形，长3~10cm，宽3~11cm；先端渐尖，全缘；上表面绿色，密生腺点，下表面常紫红色；叶柄细长，基部与托叶合生成鞘状。穗状花序顶生。具鱼腥气，味涩。

干鱼腥草 茎呈扁圆柱形，扭曲，表面黄棕色，具纵棱数条；质脆，易折断。叶片卷折皱缩，展平后呈心形，上表面暗黄绿色至暗棕色，下表面灰绿色或灰棕色。穗状花序黄棕色。

2. 饮片 为不规则的段。茎呈扁圆柱形，表面淡红棕色至黄棕色，有纵棱。叶片多破碎，黄棕色至暗棕色。穗状花序黄棕色。搓碎具鱼腥气，味涩。

【规格等级】商品分为鲜鱼腥草和干鱼腥草2种规格，均为统货。

【品质评价】以茎粗壮，色黄棕，叶多，碎渣少者为佳。

【性味功能】味辛，性微寒。清热解毒，消痈排脓，利尿通淋。用于肺痈吐脓，痰热喘咳，热痢，热淋，痈肿疮毒。

【用法用量】15~25g，不宜久煎；鲜品用量加倍，水煎或捣汁服。外用适量，捣敷或煎汤熏洗患处。

【贮藏】鲜鱼腥草置阴凉潮湿处；干鱼腥草置干燥处。

知 识 链 接

商品行情 鱼腥草商品来源于野生与家种资源，野生资源来自重庆石柱、湖北利川和四川达州等地，年产约5500吨左右，市场供需平衡。

紫花地丁　Zihuadiding

Violae Herba

【别名】地丁草、地丁、箭头草、羊角子。

【来源】堇菜科植物紫花地丁 *Viola yedoensis* Makino 的干燥全草。

【采制】春、秋二季采收，除去杂质，晒干。

【产地】主产于江苏、安徽、河南、浙江等地。

【商品性状特征】　多皱缩成团。主根长圆锥形，直径 1~3mm；淡黄棕色，有细纵皱纹。叶基生，灰绿色，展平后叶片呈披针形或卵状披针形，长 1.5~6cm，宽 1~2cm；先端钝，基部截形或稍心形，边缘具钝锯齿，两面有毛；叶柄细，长 2~6cm，上部具明显狭翅。花茎纤细；花瓣 5，紫堇色或淡棕色；花距细管状。蒴果椭圆形或 3 裂，种子多数，淡棕色。气微，味微苦而稍黏。

【规格等级】统货。

【品质评价】以根、花、叶、果齐全，叶灰绿色，花紫色，根黄，味微苦者为佳。

【性味功能】味苦、辛，性寒。清热解毒，凉血消肿。用于疔疮肿毒，痈疽发背，丹毒，毒蛇咬伤。

【用法用量】15~30g。

【贮藏】置干燥处。

金钱草　Jinqiancao

Lysimachiae Herba

【别名】大叶金钱草、过路黄。

【来源】报春花科植物过路黄 *Lysimachia christinae* Hance 的干燥全草。

【采制】夏、秋二季采收，除去杂质，晒干。

【产地】主产于四川、山西、陕西、云南等地。以四川的产量大，质量好。

【商品性状特征】

1. **药材**　常缠结成团，无毛或被疏柔毛。茎扭曲，表面棕色或暗棕红色，有纵纹，下部茎节上有时具须根，断面实心。叶对生，多皱缩，展平后呈宽卵形或心形，长 1~4cm，宽 1~5cm，基部微凹，全缘；上表面灰绿色或棕褐色，下表面色较浅，主脉明显突起，用水浸后，对光透视可见黑色或褐色条纹；叶柄长 1~4cm。有的带花，花黄色，单生叶腋，具长梗。蒴果球形。气微，味淡。

2. **饮片**　为不规则的段。茎棕色或暗棕红色，有纵纹，实心。叶对展平后呈宽卵形或心形，上表面灰绿色或棕褐色，下表面色较浅，主脉明显突出，用水浸后，对光透视可

见黑色或褐色的条纹。偶见黄色花，单生叶腋。气微，味淡。

【规格等级】统货。

【品质评价】以完整，叶多，色绿，杂质少者为佳。

【性味功能】味甘、咸，性微寒。利湿退黄，利尿通淋，解毒消肿。用于湿热黄疸，胆胀胁痛，石淋，热淋，小便涩痛，痈肿疔疮，蛇虫咬伤。

【用法用量】15~60g。

【贮藏】置干燥处。

广金钱草　Guangjinqiancao
Desmodii Styracifolii Herba

【别名】铜钱草、落地金钱。

【来源】豆科植物广金钱草 *Desmodium styracifolium*（Osb.）Merr. 的干燥地上部分。

【采制】夏、秋二季采收，除去杂质，晒干。

【产地】主产于广西桂林、广东湛江、福建、湖南等地。

【商品性状特征】　茎呈圆柱形，长可达1m；密被黄色伸展的短柔毛；质稍脆，断面中部有髓。叶互生，小叶1或3，圆形或矩圆形，直径2~4cm；先端微凹，基部心形或钝圆，全缘；上表面黄绿色或灰绿色，无毛，下表面具灰白色紧贴的绒毛，侧脉羽状；叶柄长1~2cm，托叶1对，披针形，长约0.8cm。气微香，味微甘。

【规格等级】统货。

【品质评价】以叶多，色绿，无杂质者为佳。

【性味功能】味甘、淡，性凉。利湿退黄，利尿通淋。用于黄疸尿赤，热淋，石淋，小便涩痛，水肿尿少。

【用法用量】15~30g。

【贮藏】置干燥处。

知　识　链　接

商品行情　广金钱草的市场货源主要是以家种为主，年需要量3500吨左右，目前供需基本平衡。

广藿香　Guanghuoxiang
Pogostemonis Herba

【别名】藿香、海藿香、枝香。

【来源】唇形科植物广藿香 *Pogostemon cablin*（Blanco）Benth. 栽培品的干燥地上部分。

【采制】枝叶茂盛时采割，日晒夜闷，反复至干。

【产地】主产于广东湛江、化州、肇庆，海南万宁；此外，广西、云南、台湾亦产。商品以海南广藿香（包括湛江地区）为大宗，销全国各地。石牌广藿香销广州市及省外部分地区。高要广藿香销广东，少量销往外地。

【商品性状特征】

1. **药材** 茎略呈方柱形，多分枝，枝条稍曲折，长30~60cm，直径0.2~0.7cm；表面被柔毛；质脆，易折断，断面中部有髓；老茎类圆柱形，直径1~1.2cm，被灰褐色栓皮。叶对生，皱缩成团，展平后叶片呈卵形或椭圆形，长4~9cm，宽3~7cm；两面均被灰白色绒毛；先端短尖或钝圆，基部楔形或钝圆，边缘具大小不规则的钝齿；叶柄细，长2~5cm，被柔毛。气香特异，味微苦。

2. **饮片** 为不规则的段。茎略呈方柱形，表面灰褐色、灰黄色或带红棕色，被柔毛。切面有白色髓。叶破碎或皱缩成团，完整者展平后呈卵形或椭圆形，两面均被灰白色绒毛；基部楔形或钝圆，边缘具大小不规则的钝齿；叶柄细，被柔毛。气香特异，味微苦。

【规格等级】商品按产地分为石牌香、高要香、海南香等规格，均为统货。

1. **石牌香** 枝叶相连。老茎多呈圆形，茎节较密；嫩茎略呈方形，密被毛茸。断面白色，髓心较小，叶面灰黄色，叶背灰绿色。气纯香，味微苦而凉。散叶不超过10%。

2. **高要香** 枝叶相连。枝干较细，茎节较密；嫩茎方形，密被毛茸。断面白色，髓心较大，叶片灰绿色。气清香，味微苦而凉。散叶不超过15%。

3. **海南香** 枝叶相连。枝干粗大，呈方形，有稀毛茸。断面白色，髓心较大。叶片灰绿色。气香浓，味微苦而凉。散叶不超过20%。

【品质评价】以叶多，香气浓者为佳。

【性味功能】味辛，性微温。芳香化浊，和中止呕，发表解暑。用于湿浊中阻，脘痞呕吐，暑湿表证，湿温初起，发热倦怠，胸闷不舒，寒湿闭暑，腹痛吐泻，鼻渊头痛。

【用法用量】3~10g。

【贮藏】置阴凉干燥处，防潮。

知 识 链 接

商品行情 粤西的湛江是本品主产区，最高年产800吨，全国年用药量400~500吨，随着出口需求量的增加，广藿香的年销量已达9000~10000吨。

荆芥 Jingjie

Schizonepetae Herba

【别名】假苏、荆芥穗、小薄荷、香水薄荷。

【来源】唇形科植物荆芥 *Schizonepeta tenuifolia* Briq. 的干燥地上部分。

【采制】夏、秋二季花开到顶、穗绿时采割，除去杂质，晒干。

【产地】主产于河北、浙江、江苏、江西等地。

【商品性状特征】

1. **药材** 茎呈方柱形，上部有分枝，长 50~80cm，直径 0.2~0.4cm；表面淡黄绿色或淡紫红色，被短柔毛；体轻，质脆，断面类白色。叶对生，多已脱落，叶片 3~5 羽状分裂，裂片细长。穗状轮伞花序顶生，长 2~9cm，直径约 0.7cm。花冠多脱落，宿萼钟状，端 5 齿裂，淡棕色或黄绿色，被短柔毛；小坚果棕黑色。气芳香，味微涩而辛凉。

2. **饮片** 呈不规则的段。茎呈方柱形，表面淡黄绿色或淡紫红色，被短柔毛。切面类白色。叶多已脱落。穗状轮伞花序。气芳香，味微涩而辛凉。

【规格等级】商品分为荆芥全草、荆芥梗、荆芥穗等规格，均为统货。

【品质评价】以茎细，穗多而密，色浅紫，香气浓者为佳。

【性味功能】味辛，性微温。解表散风，透疹，消疮。用于感冒，头痛，麻疹，风疹，疮疡初起。

【用法用量】5~10g。

【贮藏】置阴凉干燥处。

知 识 链 接

商品行情 荆芥应用历史悠久，原为野生，现临床上所应用的多为人工栽培，河北安国和浙江萧山都是主要的荆芥栽培基地。

益母草 Yimucao

Leonuri Herba

【别名】坤草、茺蔚、云母草。

【来源】唇形科植物益母草 *Leonurus japonicus* Houtt. 的新鲜或干燥地上部分。

【采制】

1. 鲜品 春季幼苗期至初夏花前期采割。

2. 干品 夏季茎叶茂盛、花未开或初开时采割，晒干，或切段晒干。

【产地】全国各地均有野生或栽培。

【商品性状特征】

1. 药材

鲜益母草 幼苗期无茎，基生叶圆心形，5~9浅裂，每裂片有2~3钝齿。花前期茎呈方柱形，上部多分枝，四面凹下成纵沟，长30~60cm，直径0.2~0.5cm；表面青绿色；质鲜嫩，断面中部有髓。叶交互对生，有柄；叶片青绿色，质鲜嫩，揉之有汁；下部茎生叶掌状3裂，上部叶羽状深裂或浅裂成3片，裂片全缘或具少数锯齿。气微，味微苦。

干益母草 茎表面灰绿色或黄绿色；体轻，质韧，断面中部有髓。叶片灰绿色，多皱缩、破碎，易脱落。轮伞花序腋生，小花淡紫色，花萼筒状，花冠二唇形。切段者长约2cm。

2. 饮片 呈不规则的段。茎方形，四面凹下成纵沟，灰绿色或黄绿色。切面中部有白髓。叶片灰绿色，多皱缩、破碎。轮伞花序腋生，花黄棕色，花萼筒状，花冠二唇形。气微，味微苦。

【规格等级】益母草商品分为鲜益母草和干益母草，均为统货。

【品质评价】以茎细，质嫩，叶多，色绿，无杂质者为佳。

【性味功能】味苦、辛，性微寒。活血调经，利尿消肿，清热解毒。用于月经不调，痛经经闭，恶露不尽，水肿尿少，疮疡肿毒。

【用法用量】9~30g；鲜品12~40g。

【贮藏】干益母草置干燥处；鲜益母草置阴凉潮湿处。

知 识 链 接

1. 商品行情 益母草商品主要来源于野生品和家种品，年销量上万吨，市场供需平衡。

2. 特色应用 益母草为历代医家治疗妇科疾病、益身养颜的良药，具有抗氧化、防衰老、抗疲劳的功效，又是营养价值较高的野生保健蔬菜，是常用的药食两用品种。

薄荷　Bohe

MenthaeHaplocalycis Herba

【别名】南薄荷、苏薄荷、水薄荷、升阳菜。

【来源】唇形科植物薄荷 *Menthahaplocalyx* Briq. 的干燥地上部分。

【采制】夏、秋二季茎叶茂盛或花开至三轮时，选晴天，分次采割，晒干或阴干。

【产地】主产于江苏太仓、南通、海门，浙江、安徽、江西、湖南等地。江苏太仓所产的薄荷质量最佳，江苏、安徽所产者称为"苏薄荷"。

【商品性状特征】

1. **药材**　茎呈方柱形，有对生分枝，长 15~40cm，直径 0.2~0.4cm；表面紫棕色或淡绿色，棱角处具茸毛，节间长 2~5cm；质脆，断面白色，髓部中空。叶对生，有短柄；叶片皱缩卷曲，完整者展平后呈宽披针形、长椭圆形或卵形，长 2~7cm，宽 1~3cm；上表面深绿色，下表面灰绿色，稀被茸毛，有凹点状腺鳞。轮伞花序腋生，花萼钟状，先端 5 齿裂，花冠淡紫色。揉搓后有特殊清凉香气，味辛凉。

2. **饮片**　呈不规则的段。茎方柱形，表面紫棕色或淡绿色，具纵棱线，棱角处具茸毛。切面白色，中空。叶多破碎，上表面深绿色，下表面灰绿色，稀被茸毛。轮伞花序腋生，花萼钟状，先端 5 齿裂，花冠淡紫色。揉搓后有特殊清凉香气，味辛凉。

【规格等级】薄荷商品按产区分为太仓薄荷、杭薄荷等规格；按采收季节分为"头刀薄荷""二刀薄荷"，均为统货。

【品质评价】以叶多，色深绿，味清凉，香气浓者为佳。

【性味功能】味辛，性凉。疏散风热，清利头目，利咽，透疹，疏肝行气。用于风热感冒，风温初起，头痛，目赤，喉痹，口疮，风疹，麻疹，胸胁胀闷。

【用法用量】3~6g，后下。

【贮藏】置阴凉干燥处。

知 识 链 接

商品行情　薄荷为常用药食两用品种，其叶及全草皆可入药或食用，薄荷经加工提炼成薄荷油，再精制加工成为薄荷冰（脑），用途极为广泛，是国际上重要的香精和食品添加剂原料来源。目前，我国薄荷年产量 6500 吨左右。

半枝莲 Banzhilian

ScutellariaeBarbatae Herba

【别名】韩信草、半支莲、并头草、向天盏。

【来源】唇形科植物半枝莲 *Scutellaria barbata* D. Don 的干燥全草。

【采制】夏、秋二季茎叶茂盛时采挖，洗净，晒干。

【产地】主产于河南、湖南、安徽、山西等地。

【商品性状特征】

1. **药材** 长 15~35cm，无毛或花轴上疏被毛。根纤细。茎丛生，较细，方柱形；表面暗紫色或棕绿色。叶对生，有短柄；叶片多皱缩，展平后呈三角状卵形或披针形，长1.5~3cm，宽 0.5~1cm；先端钝，基部宽楔形，全缘或有少数不明显的钝齿；上表面暗绿色，下表面灰绿色。花单生于茎枝上部叶腋，花萼裂片钝或较圆；花冠二唇形，棕黄色或浅蓝紫色，长约 1.2cm，被毛。果实扁球形，浅棕色。气微，味微苦。

2. **饮片** 呈不规则的段。茎方柱形，中空，表面暗紫色或棕绿色。叶对生，多破碎，上表面暗绿色，下表面灰绿色。花萼下唇裂片钝或较圆；花冠唇形，棕黄色或浅蓝紫色，被毛。果实扁球形，浅棕色。气微，味微苦。

【规格等级】半枝莲商品分为鲜半枝莲和干半枝莲 2 种规格，均为统货。

【品质评价】以身干，叶多，质嫩，色紫绿，味苦者为佳。

【性味功能】味辛、苦，性寒。清热解毒，化瘀利尿。用于疔疮肿毒，咽喉肿痛，跌扑伤痛，水肿，黄疸，蛇虫咬伤。

【用法用量】15~30g。

【贮藏】置干燥处。

知 识 链 接

1. **商品行情** 半枝莲市场供应以家种品为主，年需求量 1400 吨左右，供需基本平衡。

2. **现代研究** 半枝莲具有良好的抗癌活性，据《中华肿瘤治疗大成》载，半枝莲主治原发性肝癌、胃癌、直肠癌等消化道肿瘤和鼻咽癌、肺癌及子宫颈癌等妇科肿瘤，并与其他中药联合复方治疗肝癌、胃癌、直肠癌、食道癌、肺癌以及妇科肿瘤等多种肿瘤。研究表明，半枝莲是通过增强机体免疫功能、抑制肿瘤细胞增殖、诱导肿瘤细胞凋亡、抑制端粒酶活性、抗致突变作用等机制发挥抗肿瘤作用。

香薷 Xiangru

Moslae Herba

【别名】青香薷、江香薷、香菜、土香薷。

【来源】唇形科植物石香薷 *Moslachinensis* Maxim. 或江香薷 *Moda chinensis* 'Jiangxiangru' 的干燥地上部分。前者习称"青香薷"，后者习称"江香薷"。

【采制】夏季茎叶茂盛、花盛时择晴天采割，除去杂质，阴干。

【产地】主产于河北、辽宁、吉林、内蒙古等地。

【商品性状特征】

1. **青香薷** 长 30~50cm，基部紫红色，上部黄绿色或淡黄色，全体密被白色茸毛。茎方柱形，基部类圆形，直径 1~2mm，节明显，节间长 4~7cm；质脆，易折断。叶对生，多皱缩或脱落，叶片展平后呈长卵形或披针形，暗绿色或黄绿色，边缘有 3~5 疏浅锯齿。穗状花序顶生及腋生，苞片圆卵形或圆倒卵形，脱落或残存；花萼宿存，钟状，淡紫红色或灰绿色，先端 5 裂，密被茸毛。小坚果 4，直径 0.7~1.1mm，近圆球形，具网纹。气清香而浓，味微辛而凉。

2. **江香薷** 长 55~66cm。表面黄绿色，质较柔软。边缘有 5~9 疏浅锯齿。果实直径 0.9~1.4mm，表面具疏网纹。

【规格等级】商品分为青香薷和江香薷 2 规格。统货。

【品质评价】以枝嫩，穗多，香气浓者为佳。

【性味功能】味辛，性微温。发汗解表，化湿和中。用于暑湿感冒，恶寒发热，头痛无汗，腹痛吐泻，水肿，小便不利。

【用法用量】3~10g。

【贮藏】置阴凉干燥处。

肉苁蓉 Roucongrong

Cistanches Herba

【别名】苁蓉、淡大芸。

【来源】列当科植物肉苁蓉 *Cistanche desertico*La Y. C. Ma 或管花肉苁蓉 *Cistanche tubulosa* (Schenk) Wight 的干燥带鳞叶的肉质茎。肉苁蓉的寄生于沙生植物梭梭树的根部，管花肉苁蓉寄生于沙生植物圣柳（俗称"红柳"）的根部。

【采制】春季苗刚出土时或秋季冻土之前采挖，除去茎尖。切段，晒干。春季采收肉质茎，除去残茎，半埋于砂土中，待盛夏后晒干的称"甜苁蓉（或淡苁蓉）"。秋季采者，因水分多，不易晒干，为防腐烂，便投入盐湖中 1~3 年后取出晒干，称为"咸苁

蓉"。

【产地】主产于内蒙古巴盟阿拉善旗、乌盟及河套地区，新疆戈滩、奇台、阿勒泰，甘肃张掖地区、永昌、山丹，青海共和、兴海等地。以内蒙古阿拉善旗产量最大。

【商品性状特征】

1. 药材

肉苁蓉　扁圆柱形，稍弯曲，长 3~15cm，直径 2~8cm，表面棕褐色或灰棕色，密被覆瓦状排列的肉质鳞叶，通常鳞叶先端已断。体重，质硬，微有柔性，不易折断，断面棕褐色，有淡棕色点状维管束，排列成波状环纹。气微，味甜、微苦。

管花肉苁蓉　类纺锤形、扁纺锤形或扁柱形，稍弯曲，长 5~25cm，直径 2.5~9cm。表面棕褐色至黑褐色，断面颗粒状，灰棕色至灰褐色，散生点状维管束。

咸苁蓉　表面黑褐色，附有较多盐霜，质柔润，断面黑色至绿黑色，显油润光泽。味咸。

2. 饮片

肉苁蓉片　呈不规则形的厚片。表面棕褐色或灰棕色。有的可见肉质鳞叶。切面有淡棕色或棕黄色点状维管束，排列成波状环纹。气微，味甜、微苦。

管花肉苁蓉片　切面散生点状维管束。

【规格等级】商品分为甜苁蓉和咸苁蓉 2 种规格，均为统货。

【品质评价】

1. 甜苁蓉　以个大，身肥，鳞细，颜色灰褐色至黑褐色，油性大，茎肉质而软者为佳。

2. 咸苁蓉　以色黑质糯，细鳞粗条，体扁圆者为佳。

【性味功能】味甘、咸，性温。补肾阳，益精血，润肠通便。用于肾阳不足，精血亏虚，阳痿不孕，腰膝酸软，筋骨无力，肠燥便秘。

【用法用量】6~10g。

【贮藏】置通风干燥处，防蛀。

知 识 链 接

商品行情　肉苁蓉为国家重点保护的野生植物药材品种，被誉为"沙漠人参"。目前，在沙漠地区大力发展肉苁蓉及其寄主梭梭树和红柳的种植产业，既治理沙漠、防风固沙、改良土壤，又成为带动牧民脱贫致富的重要途径。随着对肉苁蓉开发研究的深入，用量日益增加，年需求量约 4000 吨。

穿心莲 Chuanxinlian

Andrographis Herba

【别名】一见喜、苦胆草、四方莲。

【来源】爵床科植物穿心莲 *Andrographis paniculata*（Burm. f.）Nees 的干燥地上部分。

【采制】秋初茎叶茂盛时采割，晒干。

【产地】主产于广西、广东、福建等地，云南、四川、江西、江苏等省亦产。

【商品性状特征】

1. **药材** 茎呈方柱形，多分枝，长50~70cm，节稍膨大；质脆，易折断。单叶对生，叶柄短或近无柄；叶片皱缩、易碎，完整者展平后呈披针形或卵状披针形，长3~12cm，宽2~5cm，先端渐尖，基部楔形下延，全缘或波状；上表面绿色，下表面灰绿色，两面光滑。气微，味极苦。

2. **饮片** 呈不规则的段。茎方柱形，节稍膨大。切面不平坦，具类白色髓。叶片多皱缩或破碎，完整者展平后呈披针形或卵状披针形，先端渐尖，基部楔形下延，全缘或波状；上表面绿色，下表面灰绿色，两面光滑。气微，味极苦。

【规格等级】统货。

【品质评价】以身干，色绿，味极苦，无杂质者为佳。

【性味功能】味苦，性寒。清热解毒，凉血，消肿。用于感冒发热，咽喉肿痛，口舌生疮，顿咳劳嗽，泄泻痢疾，热淋涩痛，痈肿疮疡，蛇虫咬伤。

【用法用量】6~9g。外用适量。

【贮藏】置干燥处。

知识链接

1. **商品行情** 穿心莲商品来源有家种品和野生品，全国年均生产约10000吨，产需基本平衡。

2. **现代研究** 穿心莲具有显著的抗菌作用，用于治疗各种炎症及感染性疾病，被誉为"天然抗生素"。穿心莲总内酯是穿心莲抗菌消炎、抗肿瘤、抗病毒的主要有效成分。目前已开发有穿心莲片、复方氨酚穿心莲片等药品。

车前草 Cheqiancao

Plantaginis Herba

【别名】当道、牛遗、牛舌草、车轮菜。

【来源】车前科植物车前 *Plantago asiatica* L. 或平车前 *Plantago depressa* Willd. 的干燥全草。

【采制】夏季采挖，除去泥沙，晒干。

【产地】

1. **车前** 产于全国各地。

2. **平车前** 主产于东北、华北、西北等地。

【商品性状特征】

1. **药材**

车前 根丛生，须状。叶基生，具长柄；叶片皱缩，展平后呈卵状椭圆形或宽卵形，长 6~13cm，宽 2.5~8cm；表面灰绿色或污绿色，具明显弧形脉 5~7 条；先端钝或短尖，基部宽楔形，全缘或有不规则波状浅齿。穗状花序数条，花茎长。蒴果盖裂，萼宿存。气微香，味微苦。

平车前 主根直而长。叶片较狭，长椭圆形或椭圆状披针形，长 5~14cm，宽2~3cm。

2. **饮片** 呈不规则的段。根须状或直而长。叶片皱缩，多破碎，表面灰绿色或污绿色，脉明显。可见穗状花序。气微，味微苦。

【规格等级】统货。

【品质评价】以叶片完整，带穗状花序，色灰绿者为佳。

【性味功能】味甘，性寒。清热利尿通淋，祛痰，凉血，解毒。用于热淋涩痛，水肿尿少，暑湿泄泻，痰热咳嗽，吐血衄血，痈肿疮毒。

【用法用量】9~30g。

【贮藏】置通风干燥处。

知 识 链 接

商品行情 车前草商品来源有野生品和家种品。家种品主产于江西赣江流域以新干县、峡江县、吉安县、吉水县、泰和县为多，该地以潮沙土为主，土层深厚，耕作性能和通气性能良好，气候湿润，温度适宜，种植历史已达 300 年，以江西种植面积最大。

茵陈 Yinchen

Artemisiae Scopariae Herba

【别名】绵茵陈、茵陈蒿、白蒿、绒蒿。

【来源】菊科植物滨蒿 *Artemisia scoparia* Waldst. et Kit. 或茵陈蒿 *Artemisia capillaris* Thunb. 的干燥地上部分。

【采制】春季幼苗高 6~10cm 时采收或秋季花蕾长成至花初开时采割，除去杂质和老茎，晒干。春季采收的习称"绵茵陈"，秋季采割的称"花茵陈"。

【产地】

1. **滨蒿** 主产于东北、河北、山东等地。

2. **茵陈蒿** 主产于陕西、河北、山西、安徽等地，商品上以陕西产者（称为"西茵陈"）质量最佳，以安徽、湖北、江苏产量最大。

【商品性状特征】

1. **绵茵陈** 多卷曲成团状，灰白色或灰绿色，全体密被白色茸毛，绵软如绒。茎细小，长，1.5~2.5cm，直径 0.1~0.2cm，除去表面白色茸毛后可见明显纵纹；质脆，易折断。叶具柄平后叶片呈一至三回羽状分裂，叶片长 1~3cm，宽约 1cm；小裂片卵形或稍呈倒披针形、条形，先端锐尖。气清香，味微苦。

2. **花茵陈** 茎呈圆柱形，多分枝，长 30~100cm，直 2~8mm；表面淡紫色或紫色，有纵条纹，被短柔毛；体轻，质脆，断面类白色。叶密集，或多脱落；下部叶二至三回羽状深裂，裂片条形或细条形，两面密被白色柔毛；茎生叶一至二回羽状全裂，基部抱茎，裂片细丝状。头状花序卵形，多数集成圆锥状，长 1.2~1.5 mm，直径 1~1.2 mm，有短梗；总苞片 3~4 层，卵形，苞片 3 裂；外层雌花 6~10 个，可多达 15 个，内层两性花 2~10 个。瘦果长圆形，黄棕色。气芳香，味微苦。

【规格等级】商品按采收季节分为绵茵陈和花茵陈 2 种规格，均为统货。

【品质评价】以质嫩，绵软，色灰白，香气浓者为佳。

【性味功能】味苦、辛，性微寒。清利湿热，利胆退黄。用于黄疸尿少，湿温暑湿，湿疮瘙痒。

【用法用量】6~15g。外用适量，煎汤熏洗。

【贮藏】置阴凉干燥处，防潮。

知 识 链 接

商品行情 茵陈商品主要集散于陇西市场，年产销量在 2000 吨左右，市场供需平衡。

青蒿 Qinghao

Artemisiae Annuae Herba

【别名】黄花蒿、香蒿。

【来源】菊科植物黄花蒿 *Artemisia annua* L. 的干燥地上部分。

【采制】秋季花盛开时采割，除去老茎，阴干。

【产地】主产于湖北汉阳、孝感、咸宁，浙江永嘉、乐清、兰溪，江苏苏州、常熟，安徽芜湖、安庆、滁州等地。

【商品性状特征】 茎呈圆柱形，上部多分枝，长 30～80cm，直径 0.2～0.6cm；表面黄绿色或棕黄色，具纵棱线；质略硬，易折断，断面中部有髓。叶互生，暗绿色或棕绿色，卷缩易碎，完整者展平后为三回羽状深裂，裂片和小裂片矩圆形或长椭圆形，两面被短毛。气香特异，味微苦。

【规格等级】统货。

【品质评价】以身干，未开花，色青绿，香气浓郁者为佳。

【性味功能】味苦、辛，性寒。清虚热，除骨蒸，解暑热，截疟，退黄。用于温邪伤阴，夜热早凉，阴虚发热，骨蒸劳热，暑邪发热，疟疾寒热，湿热黄疸。

【用法用量】6～12g，后下。

【贮藏】置阴凉干燥处。

知识链接

　　商品行情 青蒿商品来源于家种品。重庆酉阳是世界上最主要的青蒿生产基地，当地青蒿生产已获得国家 GAP 认证，被称为"青蒿之都"。全球青蒿素使用量约 120～150 吨，其生产的原料有近一半来自重庆酉阳。青蒿为被世界称为"黄金般的植物"，主要因为它是全球治疗疟疾的原料，它提取的青蒿素用以生产特效抗疟药。中国中医科学院屠呦呦研究员及其团队由于发现治疗疟疾的药物——青蒿素，于 2015 年 10 月获得了诺贝尔医学奖，这是迄今为止中国医学界获得的最高奖项，也是中医药成果获得的最高奖项。

大蓟 Daji

Cirsii Japonici Herba

【别名】针刺菜、雷公菜、老牛锉、大刺儿菜。

【来源】菊科植物蓟 *Cirsium japonicum* Fisch. ex DC. 的干燥地上部分。

【采制】夏、秋二季花开时采割地上部分，除去杂质，晒干。

【产地】主产于安徽、山东、江苏等地。

【商品性状特征】

1. 药材 茎呈圆柱形，基部直径可达 1.2cm；表面绿褐色或棕褐色，有数条纵棱，被丝状毛；断面灰白色，髓部疏松或中空。叶皱缩，多破碎，完整叶片展平后呈倒披针形或倒卵状椭圆形，羽状深裂，边缘具不等长的针刺；上表面灰绿色或黄棕色，下表面色较浅，两面均具灰白色丝状毛。头状花序顶生，球形或椭圆形，总苞黄褐色，羽状冠毛灰白色。气微，味淡。

2. 饮片 呈不规则的段。茎短圆柱形，表面绿褐色，有数条纵棱，被丝状毛；切面灰白色，髓部疏松或中空。叶皱缩，多破碎，边缘具不等长的针刺；两面均具灰白色丝状毛。头状花序多破碎。气微，味淡。

【规格等级】统货。

【品质评价】以身干，叶多，质较嫩，色灰绿者为佳。

【性味功能】味甘、苦，性凉。凉血止血，散瘀解毒消痈。用于衄血，吐血，尿血，便血，崩漏，外伤出血，痈肿疮毒。

【用法用量】9~15g。

【贮藏】置通风干燥处。

蒲公英 Pugongying

Taraxaci Herba

【别名】黄花地丁、黄花郎、白头翁、婆婆丁。

【来源】菊科植物蒲公英 *Taraxacum mongolicum* Hand. −Mazz.、碱地蒲公英 *Taraxacum borealisinense* Kitam. 或同属数种植物的干燥全草。

【采制】春至秋季花初开时采挖，除去杂质，洗净，晒干。

【产地】主产于河北、山西、山东、内蒙古等地。

【商品性状特征】

1. 药材 呈皱缩卷曲的团块。根呈圆锥状，多弯曲，长 3~7cm；表面棕褐色，抽皱；根头部有棕褐色或黄白色的茸毛，有的已脱落。叶基生，多皱缩破碎，完整叶片呈倒披针形，绿褐色或暗灰绿色，先端尖或钝，边缘浅裂或羽状分裂，基部渐狭，下延呈柄状，下表面主脉明显。花茎1至数条，每条顶生头状花序，总苞片多层，内面一层较长，花冠黄褐色或淡黄白色。有的可见多数具白色冠毛的长椭圆形瘦果。气微，味微苦。

2. 饮片　呈不规则的段。根表面棕褐色，抽皱；根头部有棕褐色或黄白色的茸毛，有的已脱落。叶多皱缩破碎，绿褐色或暗灰绿色，完整者展平后呈倒披针形，先端尖或钝，边缘浅裂或羽状分裂，基部渐狭，下延呈柄状。头状花序，总苞片多层，花冠黄褐色或淡黄白色。有时可见具白色冠毛的长椭圆形瘦果。气微，味微苦。

【规格等级】统货。

【品质评价】以身干，叶多，棵壮，质嫩，色绿者为佳。

【性味功能】味苦、甘，性寒。清热解毒，消肿散结，利尿通淋。用于疔疮肿毒，乳痈，瘰疬，目赤，咽痛，肺痈，肠痈，湿热黄疸，热淋涩痛。

【用法用量】10~15g。

【贮藏】置通风干燥处，防潮，防蛀。

知 识 链 接

1. **商品行情**　蒲公英商品来源于野生品和家种品，河北的安国为蒲公英的主产区及集散地，其销售量占全国的60%，目前市场供需平衡。

2. **特色应用**　蒲公英原产于欧洲，现全世界各地均有分布。蒲公英已有悠久的药用和食用历史，被誉为"天然抗生素"，在畜牧业药用、保健食品开发方面具有广阔的前景。

淡竹叶 Danzhuye
Lophatheri Herba

【别名】竹叶麦冬、淡竹米、竹叶、土麦冬。

【来源】禾本科植物淡竹叶 *Lophatherum gracile* Brongn. 的干燥茎叶。

【采制】夏季未抽花穗前采割，晒干。

【产地】主产于浙江、江苏、湖南、湖北等地。

【商品性状特征】　长25~75cm。茎呈圆柱形，有节，表面淡黄绿色，断面中空。叶鞘开裂。叶片披针形，有的皱缩卷曲，长5~20cm，宽1~3.5cm；表面浅绿色或黄绿色。叶脉平行，具横行小脉，形成长方形的网格状，下表面尤为明显。体轻，质柔韧。气微，味淡。

【规格等级】统货。

【品质评价】以叶多，长大，质软，色青绿，不带根及花穗者为佳。

【性味功能】味甘、淡，性寒。清热泻火，除烦止渴，利尿通淋。用于热病烦渴，小

便短赤涩痛，口舌生疮。

【用法用量】6~10g。

【贮藏】置干燥处。

知 识 链 接

1. **商品行情** 淡竹叶商品主要来源于野生品，其产区分布广阔，产量丰富。属于南方市场常用的大宗品种之一，年用量在 2000~2300 吨。

2. **特色应用** 淡竹叶为常用的药食两用中药材品种之一，是众多凉茶（如二十四味凉茶、王老吉凉茶等）的重要组方药材。由于淡竹叶主要来源于野生，随着社会经济发展，野生淡竹叶资源的生存环境逐年退化，亟待对淡竹叶资源群落进行保护和利用研究。

石斛 Shihu

Dendrobii caulis

【别名】林兰、霍石斛、仙斛兰韵、金钗花。

【来源】兰科植物金钗石斛 *Dendrobium nobile* Lindl. 、鼓槌石斛 *Dendrobium chrysotoium* Lindl. 或流苏石斛 *Dendrobium fimbriatum* Hook. 的栽培品及其同属植物近似种的新鲜或干燥茎。

【采制】全年均可采收，鲜用者除去根和泥沙；干用者采收后，除去杂质，用开水略烫或烘软，再边搓边烘晒，至叶鞘搓净，干燥。

【产地】主产于四川、广东、广西、贵州、云南、安徽等地。

【商品性状特征】

1. 药材

鲜石斛 呈圆柱形或扁圆柱形，长约 30cm，直径 0.4~1.2cm。表面黄绿色，光滑或有纵纹，节明显，色较深，节上有膜质叶鞘。肉质多汁，易折断。气微，味微苦而回甜，嚼之有黏性 。

金钗石斛 呈扁圆柱形，长 20~40cm，直径 0.4~0.6cm，节间长 2.5~3cm。表面金黄色或黄中带绿色，有深纵沟。质硬而脆，断面较平坦而疏松。气微，味苦。

鼓槌石斛 呈粗纺锤形，中部直径 1~3cm，具 3~7 节。表面光滑，金黄色，有明显凸起的棱。质轻而松脆，断面海绵状。气微，味淡，嚼之有黏性。

流苏石斛 呈长圆柱形，长 20~150cm，直径 0.4~1.2cm，节明显，节间长 2~6cm。

表面黄色至暗黄色，有深纵槽。质疏松，断面平坦或呈纤维性。味淡或微苦，嚼之有黏性。

2. 饮片

鲜石斛　呈圆柱形或扁圆柱形的段。直径 0.4~1.2cm。表面黄绿色，光滑或有纵纹，肉质多汁。气微，味微苦而回甜，嚼之有黏性。

干石斛　呈扁圆柱形或圆柱形的段。表面金黄色、绿黄色或棕黄色，有光泽，有深纵沟或纵棱，有的可见棕褐色的节。切面黄白色至黄褐色，有多数散在的筋脉点。气微，味淡或微苦，嚼之有黏性。

【规格等级】商品因品种及加工方法的不同分为鲜石斛、金钗石斛、耳环石斛等规格，均为统货。

【品质评价】鲜石斛以青绿色肥满多叶，嚼之发黏者为佳；干品以色金黄，有光泽，质柔者为佳。

【性味功能】味甘，性微寒。益胃生津，滋阴清热。用于热病津伤，口干烦渴，胃阴不足，食少干呕，病后虚热不退，阴虚火旺，骨蒸劳热，目暗不明，筋骨痿软。

【用法用量】　6~12g；鲜品 15~30g。

【贮藏】干品置通风干燥处，防潮；鲜品置阴凉潮湿处，防冻。

知识链接

铁皮石斛　兰科植物铁皮石斛 *Dendrobium officinale* Kimura et Migo 的干燥茎。主产于中国安徽西南部、浙江东部、福建西部、广西西北部、四川、云南等地。以皮色深绿，质地坚实，生嚼之脂膏黏舌，味厚微甘者为佳。

复习思考

1. 鉴别全草类药材时应注意哪些性状特征？
2. 简述麻黄的商品规格等级。
3. 简述肉苁蓉的规格等级及品质评价。

扫一扫，知答案

第八节 藻、菌、地衣类药材

扫一扫，看课件

【学习目标】

1. 掌握茯苓、冬虫夏草等药材的产地、商品性状特征、规格等级、品质评价。
2. 熟悉灵芝的商品性状特征、规格等级、品质评价。
3. 了解海藻、猪苓等药材的产地、商品性状特征。

藻类、菌类和地衣类合称低等植物或无胚植物。它们的共同特征是：在形态上无根、茎、叶的分化，是单细胞或多细胞的叶状体或菌丝体，在构造上一般无组织分化，无中柱或胚胎。

商品性状特征：藻、菌及地衣类药材的鉴别主要应注意其形状、大小、颜色、表面特征、质地、折断面和气味等。其中重点观察形状、颜色、表面特征和气味。藻类药材主要来源于褐藻、红藻和绿藻门的干燥植物体，多为叶状体或枝状体，常含有色素和各种不同的副色素。因此，我们要注意其形状和颜色。菌类药材主要出自真菌门，一般不含叶绿素和任何质体，药用部分主要有菌核体、子实体或菌丝体，应注意其形状或表面特征。地衣类是真菌和藻类共生的复合体，药用部位根据形状划分为叶状地衣、壳状地衣或丝状地衣。

商品规格：藻、菌及地衣类药材多为统货，不分等级。部分商品根据产地、品种、加工方法以及大小划分规格。

贮藏养护：通常藻、菌及地衣类药材用袋装或箱装，如果贵重可密封保存。有些药材由于附有一定的盐分，极易吸潮变软，应置于干燥、通风、阴凉处保存，部分药材要做好防虫蛀的工作。

海藻 Haizao

Sargassum

【别名】落首、海萝、海带花、海藻菜。

【来源】马尾藻科植物海蒿子 *Sargassum pallidum*（Turn.）C. Ag. 或羊栖菜 *Sargassum fusiforme*（Harv.）Setch. 的干燥藻体。前者习称"大叶海藻"，后者习称"小叶海藻"。

【采制】夏、秋二季采捞，除去杂质，洗净，晒干。

【产地】

1. **海蒿子** 主产于山东、辽宁等沿海各省。

2. **羊栖菜** 主产于浙江、福建、广东、海南等沿海各省。

【商品性状特征】

1. **大叶海藻** 皱缩卷曲，黑褐色，有的被白霜，长 30~60cm。主干呈圆柱状，具圆锥形突起，主枝自主干两侧生出，侧枝自主枝叶腋生出，具短小的刺状突起。初生叶披针形或倒卵形，长 5~7cm，宽约 1cm，全缘或具粗锯齿；次生叶条形或披针形，叶腋间有着生条状叶的小枝。气囊黑褐色，球形或卵圆形，有的有柄，顶端钝圆，有的具细短尖。质脆，潮润时柔软；水浸后膨胀，肉质，黏滑。气腥，味微咸。

2. **小叶海藻** 较小，长 15~40cm。分枝互生，无刺状突起。叶条形或细匙形，先端稍膨大，中空。气囊腋生，纺锤形或球形，囊柄较长。质较硬。

【规格等级】商品分为大叶海藻和小叶海藻 2 种规格，均为统货。

【品质评价】以身干，色黑褐，盐霜少，味淡，枝嫩，无砂石者为佳。

【性味功能】味苦、咸，性寒。消痰软坚散结，利水消肿。用于瘿瘤，瘰疬，睾丸肿痛，痰饮水肿。

【用法用量】6~12g。不宜与甘草同用。

【贮藏】置干燥处。

知识链接

　　商品行情 海藻在世界上分布广泛，应用历史悠长，不仅是我国传统中药材也是印尼及其他东南亚国家的传统药材。商品来源广泛，野生资源相对丰富。其购销变化不大，价格相对稳定。

冬虫夏草 Dongchongxiacao
Cordyceps

【别名】虫草、冬虫草、夏草冬虫。

【来源】麦角菌科真菌冬虫夏草菌 *Cordyceps sinensis*（BerK.）Sacc. 寄生在蝙蝠蛾科昆虫幼虫上的子座和幼虫尸体的干燥复合体。

【采制】夏初子座出土，孢子未发散时挖取。晒至 6~7 成干，除去似纤维状的附着物及杂质，晒干或低温干燥。

【产地】主产于青海、西藏、四川、云南海拔 4000 米左右的高海拔地区，根据产地的不同又分为青海草、藏草、川草、滇草等。

【商品性状特征】　由虫体与从虫头部长出的真菌子座相连而成。虫体似蚕，长 3~

5cm，直径 0.3~0.8cm；表面深黄色至黄棕色，有环纹 20~30 个，近头部的环纹较细；头部红棕色；足 8 对，中部 4 对较明显；质脆，易折断，断面略平坦，淡黄白色。子座细长圆柱形，长 4~7cm，直径约 0.3cm；表面深棕色至棕褐色，有细纵皱纹，上部稍膨大；质柔韧，断面类白色。气微腥，味微苦。

【品质评价】以虫体饱满肥大，色黄，断面充实，色白，子座粗壮，气香浓者为佳。通常认为西藏虫草和青海虫草质量较好。

【性味功能】味甘，性平。补肾益肺，止血化痰。用于肾虚精亏，阳痿遗精，腰膝酸痛，久咳虚喘，劳嗽咯血。

【用法用量】3~9g。

【贮藏】置阴凉干燥处，防蛀。可与西红花同贮。

知识链接

1. **商品行情**　冬虫夏草为野生于高海拔地区的珍稀生物物种。由于资源的稀缺性及民间对其功效的美化，冬虫夏草备受公众追捧，市场需求量急剧膨胀，造成虫草资源遭到大面积破坏，其中多数地区的虫草资源明显枯竭，还有少数地区的虫草资源濒临灭绝。最终导致冬虫夏草价格由 20 世纪 80 年代每千克 200 多元，一直上涨到目前近每千克 20 万元，三十多年来虫草价格一路飙升，成为名副其实的"软黄金"。

2. **虫草花**　为人工培育的蛹虫草子实体。有学者研究证实：蛹虫草和冬虫夏草的成分十分相似，当中含有虫草酸、虫草素、虫草多糖、多种氨基酸、维生素和其他的微量元素。虫草花有望替代冬虫夏草走进老百姓的生活。

灵芝　Lingzhi
Ganoderma

【别名】赤芝、红芝、丹芝、瑞草。

【来源】多孔菌科真菌赤芝 *Ganoderma lucidum* （Leyss. ex Fr.） Karst. 或紫芝 *Ganoderma sinense* Zhao, Xu et Zhang 的干燥子实体。

【采制】全年采收，除去杂质，剪除附有朽木、泥沙或培养基质的下端菌柄，阴干或在 40~50℃烘干。

【产地】

1. **赤芝**　主产于华东、西南及河北、山西、江西等地。

2. 紫芝 主产于浙江、江西、湖南等地。

两者现有人工繁殖，但野生及栽培紫芝均较赤芝数量少。

【商品性状特征】

1. 赤芝 外形呈伞状，菌盖肾形、半圆形或近圆形，直径 10~18cm，厚 1~2cm。皮壳坚硬，黄褐色至红褐色，有光泽，具环状棱纹和辐射状皱纹，边缘薄而平截，常稍内卷。菌肉白色至淡棕色。菌柄圆柱形，侧生，少偏生，长 7~15cm，直径 1~3.5cm，红褐色至紫褐色，光亮。孢子细小，黄褐色。气微香，味苦涩。

2. 紫芝 皮壳紫黑色，有漆样光泽。菌肉锈褐色。菌柄长 17~23cm。

3. 栽培品 子实体较粗壮、肥厚，直径 12~22cm，厚 1.5~4cm。皮壳外常被有大量粉尘样的黄褐色孢子。

【规格等级】商品分为紫芝和赤芝，均为统货。

【品质评价】以柄短，肉厚，菌盖紫黑色且有漆样光泽者为佳。

【性味功能】味甘，性平。补气安神，止咳平喘。用于心神不宁，失眠心悸，肺虚咳喘，虚劳短气，不思饮食。

【用法用量】6~12g。

【贮藏】置干燥处，防霉，防蛀。

知 识 链 接

商品行情 灵芝商品主要来源江西、浙江、福建等地的栽培品。现代研究表明，灵芝具有增强免疫力、抑制肿瘤、改善微循环等作用，既广泛用于临床配方和中成药原料，又可开发成保健品，年需求量约 4500 吨。

茯苓 Fuling

Poria

【别名】茯菟、茯灵、茯蕶。

【来源】多孔菌科真菌茯苓 *Poria cocos*（Schw.）Wolf 的干燥菌核。

【采制】多于 7~9 月采挖，挖出后除去泥沙，堆置"发汗"后，摊开晾至表面干燥，再"发汗"，反复数次至现皱纹、内部水分大部散失后，阴干，称为"茯苓个"；或将鲜茯苓按不同部位切制，阴干，分别称为"茯苓块"和"茯苓片"。色变淡棕的苓肉经加工即为赤茯苓。切制余下的碎屑、外皮，干燥后即为碎苓和茯苓皮。

【产地】主产于云南、贵州、湖北、安徽等地。

【商品性状特征】

1. **茯苓个** 呈类球形、椭圆形、扁圆形或不规则团块，大小不一。外皮薄而粗糙，棕褐色至黑褐色，有明显的皱缩纹理。体重，质坚实，断面颗粒性，有的具裂隙，外层淡棕色，内部白色，少数淡红色，有的中间抱有松根。气微，味淡，嚼之粘牙。

2. **茯苓块** 为去皮后切制的茯苓，呈立方块状或方块状厚片，大小不一。白色、淡红色或淡棕色。

3. **茯苓片** 为去皮后切制的茯苓，呈不规则厚片，厚薄不一。白色、淡红色或淡棕色。

【规格等级】 商品分为茯苓个（个苓）、茯苓块、茯苓片等规格。

1. **个苓** 个苓分为2个等级。

一等：干货。呈不规则圆球形或块状。表面黑褐色或棕褐色。体坚实、皮细。断面白色。味淡。大小圆扁不分。

二等：干货。呈不规则圆球形或块状。表面黑褐色或棕色。体轻泡、皮粗、质松。断面白色至黄赤色。味淡。间有皮沙、水锈、破伤。

2. **茯苓块** 统货。干货。为茯苓去净外皮切成扁平方块。白色或灰白色。厚度0.4～0.6 cm之间，长度4～5 cm，边缘苓块，可不成方形。间有1.5 cm以上的碎块。

3. **茯苓片** 茯苓片分为2个等级。

一等：干货。为茯苓去净外皮，切成薄片。白色或灰白色。质细。毛边（不修边）。厚度每cm 7片，片面长宽不得小于3 cm。

二等：干货。为茯苓去净外皮，切成薄片。白色或灰白色。质细。毛边（不修边）。厚度每cm 5片，片面长宽不得小于3 cm。

4. **赤苓块** 统货。干货。为茯苓去净外皮切成扁平方块。赤黄色。厚度0.4～0.6 cm之间，长度4～5 cm，边缘苓块，可不成方形。间有1.5 cm以上的碎块。

5. **茯神块** 统货。干货。为茯苓去净外皮切成扁平方形块。色泽不分，每块含有松木心。厚度0.4～0.6 cm，长宽4～5 cm。木心直径不超过1.5 cm。边缘苓块，可不成方形。间有1.5 cm以上的碎块。

6. **骰方** 统货。干货。为茯苓去净外皮切成立方形块。白色。质坚实。长、宽、厚在1 cm以内，均匀整齐，间有不规则的碎块，但不超过10%。无粉末。

7. **白碎苓** 统货。干货。为加工茯苓时的白色或灰白色的大小碎块或碎屑，均属此等。无粉末。

8. **赤碎苓** 统货。干货。为加工茯苓时的赤黄色大小碎块或碎屑，均属此等。无粉末。

9. **茯神木** 统货。干货。为茯苓中间生长的松木，多为弯曲不直的松根，似朽木状。

色泽不分，毛松体轻。每根周围必须带有三分之二的茯苓肉。木杆直径最大不超过 2.5 cm。

【品质评价】以色白（赤茯苓以色绯红），质坚实，无砂粒嵌入，嚼之黏性强者为佳。

【性味功能】味甘、淡，性平。利水渗湿，健脾，宁心。用于水肿尿少，痰饮眩悸，脾虚食少，便溏泄泻，心神不安，惊悸失眠。

【用法用量】10~15g。

【贮藏】置干燥处，防潮。

知 识 链 接

商品行情 茯苓以云南野生资源最为丰富，质量最好，素有"云苓"之称；人工栽培以湖北、安徽、云南等地技术成熟，产量大。

猪苓 Zhuling

Polyporus

【别名】豕苓、粉猪苓、野猪粪、地乌桃。

【来源】多孔菌科真菌猪苓 *Polyporus umbellatus*（Pers.）Fries 的干燥菌核。

【采制】春、秋二季采挖，除去泥沙，干燥。

【产地】主产于陕西、云南、河南、山西等地。人工栽培已获成功。

【商品性状特征】

1. **药材** 呈条形、类圆形或扁块状，有的有分枝，长 5~25cm，直径 2~6cm。表面黑色、灰黑色或棕黑色，皱缩或有瘤状突起。体轻，质硬，断面类白色或黄白色，略呈颗粒状。气微，味淡。

2. **饮片** 呈类圆形或不规则的厚片。外表皮黑色或棕黑色，皱缩。切面类白色或黄白色，略呈颗粒状。气微，味淡。

【规格等级】统货。厚片。

【品质评价】以个大，皮黑，肉白，体较重者为佳。

【性味功能】味甘、淡，性平。利水渗湿。用于小便不利，水肿，泄泻，淋浊，带下。

【用法用量】6~12g。

【贮藏】置通风干燥处。

1. **商品行情** 猪苓商品主要来源于野生资源。其购销变化不大，相对稳定，但随着市场的发展和野生资源利用不当导致野生猪苓来源逐渐下降，市场上人工栽培品日益增多。

2. **生长特性** 猪苓隐生于地下，地上无苗，寻找困难。根据一般经验，生长猪苓的地方，土壤肥沃，发黑，雨水渗透的快，小雨过后地面仍显干燥。

复习思考

1. 鉴别藻、菌、地衣类药材商品时应注意哪些性状特征？
2. 茯苓有哪些商品规格等级？

扫一扫，知答案

扫一扫，看课件

第九节　树脂类药材

【学习目标】

1. 掌握血竭的产地、商品性状特征、规格等级、品质评价。
2. 熟悉乳香、没药等药材的商品性状特征、规格等级、品质评价。

树脂类中药是来源于种子植物组织的一类正常代谢产物或分泌物的药材。树脂类药材一般为固体或半固体，无定形，少数为液体。

商品性状特征： 树脂类药材进行商品鉴别时主要观察其形状、大小、颜色、表面特征、质地、断面、气味、火试和水试等现象。通常呈泪滴状、颗粒状、流体状态、不规则块状或加工成特定的形状；久置后则颜色变深；表面多皱、有裂纹、粉尘状或光滑；断面或破碎呈颗粒状、玻璃状、贝壳状等；有玻璃样光泽、蜡样光泽或不同的颜色等。本类药材一般不溶于水或吸水膨胀，而易溶于大多数有机溶剂，加热至一定温度后则出现软化而后熔融，燃烧时常发生浓烟，并伴有特殊的臭气或香气，将其乙醇溶液蒸干后则成薄膜状物质，可区别水浸膏和树胶类。

商品规格： 树脂类药材多为统货，不分等级。部分商品根据形状、加工方法、来源划分规格。

贮藏养护： 通常树脂类药材袋包后入木盒、金属盒、瓶、木箱等容器包装。树脂类药材一般均有特殊的气味，同时含有丰富的树脂酯、树脂酸和树脂醇等，容易氧化和散失气味，应当密封，置于阴凉干燥处储存。

乳香 Ruxiang

Olibanum

【别名】乳头香、天泽香。

【来源】橄榄科植物乳香树 *Boswellia carterii* Birdw. 及同属植物 *Boswellia bhaw-dajiana* Birdw. 树皮渗出的树脂。分为索马里乳香和埃塞俄比亚乳香，每种乳香又分为乳香珠和原乳香。

【采制】春、夏两季均可采。

【产地】主产于北埃塞俄比亚、索马里以及南阿拉伯半岛等地。

【商品性状特征】 呈长卵形滴乳状、类圆形颗粒或粘合成大小不等的不规则块状物。大者长达2cm（乳香珠）或5cm（原乳香）。表面黄白色，半透明，被有黄白色粉末，久存则颜色加深。质脆，遇热软化。破碎面有玻璃样或蜡样光泽。具特异香气，味微苦。

【规格等级】统货。

【品质评价】以色淡黄，颗粒状，半透明，无杂质，气芳香者为佳。

【性味功能】味辛、苦，性温。活血定痛，消肿生肌。用于胸痹心痛，胃脘疼痛，痛经经闭，产后瘀阻，癥瘕腹痛，风湿痹痛，筋脉拘挛，跌打损伤，痈肿疮疡。

【用法用量】煎汤或入丸、散，3~5g；外用适量，研末调敷。孕妇及胃弱者慎用。

【贮藏】置阴凉干燥处。

知 识 链 接

本草记载 乳香载于《名医别录》，称为薰陆香。《本草纲目》："消痈疽诸毒，托里护心，活血定痛，治妇人难产，折伤。""乳香香窜，能入心经，活血定痛，故为痈疽疮疡、心腹痛要药。……产科诸方多用之，亦取其活血之功耳。"

没药 Moyao

Myrrha

【别名】末药、明没药。

【来源】橄榄科植物地丁树 *Commiphora myrrha* Engl. 或哈地丁树 *Commiphora mo1mol* Engl. 的干燥树脂。分为天然没药和胶质没药。

【采制】11月至次年2月间将树刺伤，树脂由伤口或裂缝口自然渗出。初呈黄白色的液体，接触空气后逐渐凝固而成红棕色硬块。采得后去净树皮及杂质，置干燥通风处保存。

【产地】主产于非洲索马里、埃塞俄比亚以及印度等地。

【商品性状特征】

1. 天然没药 呈不规则颗粒性团块，大小不等，大者直径长达6cm以上。表面黄棕色或红棕色，近半透明部分呈棕黑色，被有黄色粉尘。质坚脆，破碎面不整齐，无光泽。有特异香气，味苦而微辛。

2. 胶质没药 呈不规则块状和颗粒，多黏结成大小不等的团块，大者直径长达6cm以上，表面棕黄色至棕褐色，不透明，质坚实或疏松，有特异香气，味苦而有黏性。

【规格等级】商品分为天然没药和胶质没药2种规格，均为统货。

【品质评价】以块大，色黄棕，半透明，微黏手，香气浓而持久，杂质少者为佳。

【性味功能】味辛、苦，性平。散瘀定痛，消肿生肌。用于胸痹心痛，胃脘疼痛，痛经经闭，产后瘀阻，癥瘕腹痛，风湿痹痛，跌打损伤，痈肿疮疡。

【用法用量】3~5g，炮制去油，多入丸散用。孕妇及胃弱者慎用。

【贮藏】置阴凉干燥处。

知 识 链 接

本草记载 《本草纲目》：乳香活血，没药散血，皆能止痛消肿，生肌，故二药每每相兼而用。

血竭 Xuejie

Draxonis Sanguis

【别名】骐驎竭、海蜡、麒麟血、木血竭。

【来源】棕榈科植物麒麟竭 *Daemonorops draco* Bl. 果实渗出的树脂经加工制成。称为"进口血竭"，进口血竭通常分为原装血竭加工血竭和。

【采制】原装血竭是秋季采收成熟果实，加贝壳入笼中强力振摇，使红色树脂脱落，筛去果实鳞片，用布包起树脂，入热水中软化成团，取出放冷即可。加工血竭多从印尼输入血竭原料，经新加坡掺入辅料而成

【产地】主产于印度尼西亚、马来西亚、伊朗等国，我国的广东、台湾等地也有种植。

【商品性状特征】

1. 原装血竭 呈扁圆形、圆形或不规则块状。表面红褐色、红色、砖红色，体轻重

不一，断面有光泽或无光泽而粗糙。因品质不一，常含有多少不等的花序、果实及鳞片等杂质。无臭，味淡。

2. **加工血竭**　呈扁四方形，直径6~8cm，厚约4cm，重250~280g，表面暗红色或黑红色，有光泽，常有因摩擦而掉落的红粉。底部平圆，顶端有包扎成形时遗留的纵折纹，一般呈四棱形。表面印有金印牌号。体坚，质脆易碎。比重1.2。破碎面黑红，光亮，粉末则为血红色。气无，味淡。嚼之有砂粒感。

【规格等级】进口血竭有血竭花、加工血竭（五星牌、手牌、皇冠牌等）等，再分等及块装。

【品质评价】

1. **原装血竭**　以表面黑红色，不黏手，粉末血红色，燃烧呛鼻，无松香气，无杂质者为佳。

2. **加工血竭**　以外黑红似铁，断面黑亮，研粉鲜红色者为佳。

【性味功能】味甘、咸，性平。活血定痛，化瘀止血，生肌敛疮。用于跌打损伤，心腹瘀痛，外伤出血，疮疡不敛。

【用法用量】研末，1~2g，或入丸剂。外用研末撒或入膏药用。

【贮藏】置阴凉干燥处。

知 识 链 接

国产血竭　为百合科植物海南龙血树 *Dracaena cambodiana* Pierre ex Gagnep.，含脂木质部提取的树脂。国产血竭是采取植物木质部含紫红色树脂部分，粉碎后分别用乙醇和乙醚进行提取，浓缩后即得血红色的血竭粗制品和精制品。商品呈不规则块状，大小不一，精制品呈片状。表面黑紫色，有光泽，局部有红色粉末黏附。质硬，易碎。断面平滑，有玻璃样光泽。气无，味微涩，嚼之有黏牙感。以外色黑似铁，研粉红如血，火燃呛鼻而有苯甲酸样香气者为佳。国产血竭有广西产的剑牌、云南产版纳牌等，统货。

复习思考

1. 鉴别树脂类药材商品时应注意哪些性状特征？

2. 简述血竭的品质评价。

扫一扫，知答案

扫一扫，看课件

第十节　其他类药材

【学习目标】

1. 熟悉海金沙、青黛、儿茶等药材的产地、商品性状特征、规格等级、品质评价。

2. 了解冰片、五倍子等药材的产地、商品性状特征。

其他类中药是指本教材上述各章中未能收载的中药。包括：以植物体的某一部分或间接使用植物的某些制品为原料，经过不同的加工处理所得到的产品，如冰片、青黛。蕨类植物的成熟孢子，如海金沙。植物器官因昆虫的寄生而形成的虫瘿，如五倍子。

商品性状特征：其他类中药一般采用性状鉴别法。少数中药可采用显微鉴别，如五倍子。对一些加工品，如青黛，冰片等可采取理化鉴别法。也可依据其有效成分或主要成分的性质进行质量评价和定性鉴别。

商品规格：其他类药材多为统货，不分等级。

贮藏养护：其他药材通常置阴凉干燥处，防止变色、变质。

海金沙　Haijinsha

Lygodii Spora

【别名】金沙藤、左转藤、竹园荽。

【来源】海金沙科植物海金沙 *Lygodium japonicum*（Thunb.）Sw. 的干燥成熟孢子。

【采制】秋季孢子未脱落时采割藤叶，晒干，搓揉或打下孢子，除去藤叶。

【产地】主产于广东、浙江、江西、湖南等地。

【商品性状特征】　呈粉末状，棕黄色或浅棕黄色。体轻，手捻有光滑感，置手中易由指缝滑落。气微，味淡。

【规格等级】统货。

【品质评价】以质轻，色棕黄，有光滑感，无杂质者为佳。

【性味功能】味甘、咸，性寒。清利湿热，通淋止痛。用于热淋，石淋，血淋，膏淋，尿道涩痛。

【用法用量】6~15g，包煎。

【贮藏】置干燥处。

青黛　Qingdai

Indigo Naturalis

【别名】靛花、青蛤粉、青缸花。

【来源】爵床科植物马蓝 *Baphicacanthus cusia*（Nees）Bremek.、蓼科植物蓼蓝 *Polygonum tinctorium* Ait. 或十字花科植物菘蓝 *Isatis indigotica* Fort. 的叶或茎叶经加工制得的干燥粉末、团块或颗粒。

【采制】夏、秋二季采收茎叶，置大缸或木桶内，加水浸泡 2~3 昼夜，至叶腐烂，茎脱皮时，捞去茎枝叶渣，每 5kg 茎叶加石灰 0.5kg，充分搅拌，待浸液由乌绿色变深紫色时，捞取液面产生的蓝色泡沫物，晒干。

【产地】主产于福建、云南、江苏、安徽等地。

【商品性状特征】　呈深蓝色的粉末，体轻，易飞扬；或呈不规则多孔性的团块、颗粒，用手搓捻即成细末。微有草腥气，味淡。

【规格等级】统货。

【品质评价】以蓝色均匀，体轻能浮于水面，火烧时产生紫红色烟雾时间长者为佳。

【性味功能】味咸，性寒。清热解毒，凉血消斑，泻火定惊。用于温毒发斑，血热吐血，胸痛咳血，口疮，痄腮，喉痹，小儿惊痫。

【用法用量】1~3g，宜入丸散用。外用适量。

【贮藏】置干燥处。

儿茶　Ercha

Catechu

【别名】儿茶膏、孩儿茶、乌爹泥。

【来源】豆科植物儿茶 *Acacia catechu*（L.f.）Willd. 的去皮枝干的干燥煎膏。

【采制】冬季采收枝、干，除去外皮，砍成大块，加水煎煮，浓缩至糖浆状，冷却，倾于特制的模型中，干燥。

【产地】主产于云南勐腊、景洪等地；广东、广西、福建等地。

【商品性状特征】　呈方形或不规则块状，大小不一。表面棕褐色或黑褐色，光滑而稍有光泽。质硬，易碎，断面不整齐，具光泽，有细孔，遇潮有黏性。气微，味涩、苦，略回甜。

【规格等级】统货。

【品质评价】以黑色略带棕色，不糊不碎，尝之收涩性强者为佳。

【性味功能】味苦、涩，性微寒。活血止痛，止血生肌，收湿敛疮，清肺化痰。用于

跌扑伤痛，外伤出血，吐血衄血，疮疡不敛，湿疹、湿疮，肺热咳嗽。

【用法用量】1~3g，包煎；多入丸散服。外用适量。

【贮藏】置干燥处，防潮。

冰片 Bingpian

Borneolum

【别名】天然龙脑、右旋龙脑。

【来源】樟科植物樟 *Cinnamomum camphora*（L.）Presl 的新鲜枝、叶经提取加工制成。

【产地】主产于广东、广西、云南等地。

【商品性状特征】呈白色结晶性粉末或片状结晶。气清香，味辛、凉。具挥发性，点燃时有浓烟，火焰呈黄色。在乙醇、三氯甲烷或乙醚中易溶，在水中几乎不溶。

【规格等级】统货。

【性味功能】味辛、苦，性凉。开窍醒神，清热止痛。用于热病神昏、惊厥，中风痰厥，气郁暴厥，中恶昏迷，胸痹心痛，目赤，口疮，咽喉肿痛，耳道流脓。

【用法用量】0.3~0.9g，入丸散服。外用适量，研粉点敷患处。孕妇慎用。

【贮藏】密封，置阴凉处。

知 识 链 接

合成龙脑 由菊科艾纳香茎叶或樟科植物龙脑樟枝叶经水蒸气蒸馏并重结晶而得。亦有用松节油经一系列化学方法工艺而得。主产于上海、天津、南京、广州等地。商品上以片大而薄，色洁白，质松脆，清香气浓者为佳。

五倍子 Wubeizi

Galla Chinensis

【别名】盐肤木、山梧桐。

【来源】漆树科植物盐肤木 *Rhus chinensis* Mill.、青麸杨 *Rhus potaninii* Maxim. 或红麸杨 *Rhus punjabensis* Stew. var. *sinica*（Diels）Rehd. et Wils. 叶上的虫瘿，主要由五倍子蚜 *Melaphis chinensis*（Bell）Baker 寄生而形成。秋季采摘，置沸水中略煮或蒸至表面呈灰色，杀死蚜虫，取出，干燥。按外形不同，分为"肚倍"和"角倍"。

【采制】立秋至白露前虫瘿由青色转成黄褐色时采摘，置沸水中略煮或蒸至外表面成灰色，杀死蚜虫，取出，晒干。

【产地】主产于四川、贵州、云南、陕西等地。

【商品性状特征】

1. 肚倍　呈长圆形或纺锤形囊状，长 2.5~9cm，直径 1.5~4cm。表面灰褐色或灰棕色，微有柔毛。质硬而脆，易破碎，断面角质样，有光泽，壁厚 0.2~0.3cm，内壁平滑，有黑褐色死蚜虫及灰色粉状排泄物。气特异，味涩。

2. 角倍　呈菱形，具不规则的钝角状分枝，柔毛较明显，壁较薄。

【规格等级】统货。

【品质评价】以个大，完整，色灰褐，壁厚者为佳。

【性味功能】味酸、涩，性寒。敛肺降火，涩肠止泻，敛汗，止血，收湿敛疮。用于肺虚久咳，肺热咳嗽，久泻久痢，自汗盗汗，消渴，便血痔血，外伤出血，痈肿疮毒，皮肤湿烂。

【用法用量】3~6g。外用适量。

【贮藏】置通风干燥处，防压。

复习思考

1. 简述海金沙的商品性状特征。

2. 简述儿茶的品质评价。

扫一扫，知答案

扫一扫，看课件

第 七 章
动物类中药商品

【学习目标】

1. 掌握地龙、水蛭、珍珠、僵蚕、蜂蜜、海马、哈蟆油、蛤蚧、蕲蛇、麝香、鹿茸、牛黄、羚羊角等药材的产地、商品性状特征、规格等级、品质评价。

2. 熟悉全蝎、蜈蚣、龟甲、金钱白花蛇、乌梢蛇、鸡内金等药材的商品性状特征、规格等级、品质评价。

3. 了解石决明、牡蛎、海螵蛸、土鳖虫、桑螵蛸、斑蝥、蟾酥、鳖甲等药材的商品性状特征。

动物类药材指以动物的全体或某一部分为药用部位的药材。包括动物的全体，如土鳖虫、蜈蚣等；除去内脏的干燥全体，如地龙、蛤蚧等；动物体的某一部分，包括角、茸、骨骼、皮甲、贝壳、内脏器官，如鹿茸、豹骨、龟甲、石决明、熊胆、哈蟆油等；生理产物，如麝香、蟾酥、蝉蜕等；病理产物，如牛黄、马宝等；排泄物，如蚕沙、黑冰片等；加工品，如阿胶等。

商品特征： 动物类药材的鉴别，一般应注意形态、大小、颜色、表面特征、质地、断面、气味、水试和火试现象等。其中，完整的动物体（主要为昆虫、蛇类及鱼类等），应侧重以其形态特征进行动物分类学鉴定，确定其品种；蛇类要注意鳞片的特征；角类应注意其类型，角质角还是骨质角，洞角还是实角，有无骨环等；骨类应注意骨的解剖面特点；分泌物类应注意气味、颜色等；贝壳类应注意形状、大小、外表面的纹理颜色。

商品规格： 动物类药材常依据来源、加工方法等划分规格，从形状、颜色、长度、重量等划分等级。质量相似的药材为统货。

贮藏养护： 动物类药材由于富含蛋白质和脂肪，极易虫蛀和霉变，通常采用木箱或硬

纸箱包装，内衬防潮油纸，密封。有的需用金属盒包装；易虫蛀的药材可置石灰缸内，30℃以下保存；贝壳类常用袋装；贵重药如牛黄应置玻璃瓶内密封；珍珠用软纸包好，放玻璃瓶或瓷瓶内。动物类药材一般应置阴凉干燥处，防蛀、防霉、防变色；数量少时，可与花椒等辛辣的药材共贮藏。

地龙 Dilong

Pheretima

【别名】蚯蚓、曲蟮、土龙、地龙子。

【来源】钜蚓科动物参环毛蚓 *Pheretima aspergillum*（E. Perrier）、通俗环毛蚓 *Pheretima vulgaris* Chen、威廉环毛蚓 *Pheretima guillelmi*（Michaelsen）或栉盲环毛蚓 *Pheretima pectinifera* Michaelsen 的干燥体。前一种习称"广地龙"，后三种习称"沪地龙"。

【采制】

1. **广地龙** 于7~9月间采收。据广东经验，可用鲜辣蓼草捣烂成糊加茶卤和清水，倒在蚯蚓多的地方，蚯蚓闻到药气爬出，即可捕捉。收集后拌以稻草灰，用温水稍泡，除去体外黏膜，然后用小锥或针插入尾端，钉在木凳上，用小刀将腹部由头至尾剖开，用温水洗净体内泥沙，晒干或用火焙干均可。

2. **沪地龙** 于6~9月采收，选择蚯蚓多的地方，用铁铲翻土捕捉，然后用草木灰呛死，去灰晒干，如遇阴雨烘干，整条入药。

【产地】

1. **广地龙** 主产于广东、广西、海南等地。以广东产最好，为道地药材。

2. **沪地龙** 主产于江苏省、上海郊区各县等地。

【商品性状特征】

1. **药材**

广地龙 呈长条状薄片，弯曲，边缘略卷，长15~20cm，宽1~2cm 全体具环节，背部棕褐色至紫灰色，腹部浅黄棕色；第14~16环节为生殖带，习称"白颈"，较光亮。体前端稍尖，尾端钝圆，刚毛圈粗糙而硬，色稍浅。雄生殖孔在第18环节腹侧刚毛圈一小孔突上，外缘有数环绕的浅皮褶，内侧刚毛圈隆起，前面两边有横排（一排或二排）小乳突，每边10~20个不等。受精囊孔2对，位于7、8至8、9环节间一椭圆形突起上，约占节周5/11 体轻，略呈革质，不易折断，气腥，味微咸。

沪地龙 长8~15cm，宽0.5~1.5cm。全体具环节，背部棕褐色至黄褐色，腹部浅黄棕色；第14~16环节为生殖带，较光亮。第18环节有一对雄生殖孔。通俗环毛蚓的雄交配腔能全部翻出，呈花菜状或阴茎状；威廉环毛蚓的雄交配腔孔呈纵向裂缝状；栉盲环毛蚓的雄生殖孔内侧有1或多个小乳突。受精囊孔3对，在6、7至8、9环节间。

2. 饮片

酒地龙　形如小段，表面棕色，有焦斑及酒气。

【规格等级】统货。广东产品体肥大，去内脏，做成片状，仅方形，背部色黑，两侧色黄，横纹清楚，质量最佳，为出口药材。广西产品个小，未去内脏，圆筒形，质稍次。湖南产品个不完整，圆筒形，常未剖开。

【品质评价】以条大，肉厚，干燥，剖开，摊平成卷，无泥杂，色棕褐，无臭味者为佳。

【性味功能】味咸，性寒。清热定惊，通络，平喘，利尿。用于高热神昏，惊痫抽搐，关节痹痛，肢体麻木，半身不遂，肺热喘咳，水肿尿少。

【用法用量】5~10g。

【贮藏】置阴凉干燥处，防蛀。

知识链接

商品行情　广西、海南、上海为地龙三大主产区。广地龙主产区野生资源蕴藏量约 2000 吨左右，全年需求约 4000 吨左右；养殖刚刚起步，还没有形成规模，市场供应一直偏紧。沪地龙多自产自销，用量很少。

水蛭　Shuizhi

Hirudo

【别名】蚂蟥、至掌、水蚂蟥。

【来源】水蛭科动物蚂蟥 *Whitmania pigra* Whitman、水蛭 *Hirudo nipponica* Whitman 或柳叶蚂蟥 *Whitmannia acranulata* Whitman 的干燥体。

【采制】夏、秋两季捕捉，用沸水烫死，晒干或低温干燥。

【产地】

1. **蚂蟥**　主产于河北、山东、安徽、江苏等地。

2. **水蛭**　主产于山东、江苏、湖北、四川等地。

3. **柳叶蚂蟥**　主产于河北、安徽、江苏、福建等地。

【商品性状特征】

1. **蚂蟥**　呈扁平纺锤形，有多数环节，长 4~10cm，宽 0.5~2cm。背部黑褐色或黑棕色，稍隆起，用水浸后，可见黑色斑点排成 5 条纵纹；腹面平坦，棕黄色。两侧棕黄色，前端略尖，后端钝圆，两端各具 1 吸盘，前吸盘不显著，后吸盘较大。质脆，易折断，断

面胶质状。气微腥。

2. **水蛭** 扁长圆柱形，体多弯曲扭转，长2～5cm，宽0.20～0.3cm。

3. **柳叶蚂蟥** 狭长而扁，长5～12cm，宽0.1～0.5cm。

【规格等级】统货。

【品质评价】以身干，条整齐，无杂质者为佳。

【性味功能】味咸、苦，性平，有小毒。破血通经，逐瘀消癥。用于血瘀经闭，癥瘕痞块，中风偏瘫，跌扑损伤。

【用法用量】1～3g。孕妇禁用。

【贮藏】置干燥处，防蛀。

知 识 链 接

商品行情 已知 *Hirudo* 属与 *Whitmania* 属动物的食性完全不同，前者以吮吸动物血液为生，其体内含抗凝血物质，如水蛭素、肝素及抗凝血酶；后者以食螺、蚌等软体动物为生，不吮吸动物血液，未见动物体内含抗凝血物质的报道。

石决明 Shijueming
Haliotidis Concha

【别名】真珠母、九孔螺、海决明、鲍鱼壳。

【来源】 鲍科动物杂色鲍 *Haliotis diversicolor* Reeve、皱纹盘鲍 *Haliotis discus hannai* Ino、羊鲍 *Haliotis ovina* Gmelin、澳洲鲍 *Haliotis ruber*（Leach）、耳鲍 *Haliotis asinina* Linnaeus 或白鲍 *Haliotis laevigata*（Donovan）的贝壳。

【采制】夏、秋二季捕捞，去肉，洗净，干燥。

【产地】

1. **杂色鲍** 主产于我国福建以南沿海地区；越南、印度尼西亚、菲律宾等国均有分布。

2. **皱纹盘鲍** 主产于我国辽宁、山东、江苏等沿海地区；朝鲜、日本均有分布。

3. **羊鲍、耳鲍** 主产于我国台湾、海南、西沙群岛等地；澳大利亚、印度尼西亚、菲律宾等国均有分布。

4. **澳洲鲍** 主产于澳大利亚、新西兰等地。白鲍多混在澳洲鲍中，具体产地不详。

【商品性状特征】

1. **杂色鲍** 呈长卵圆形，内面观略呈耳形，长7～9cm，宽5～6cm，高约2cm。表面暗红色，有多数不规则的螺肋和细密生长线，螺旋部小，体螺部大，从螺旋部顶处开始向

右排列有 20 余个疣状突起，末端 6~9 个开孔，孔口与壳面平。内面光滑，具珍珠样彩色光泽。壳较厚，质坚硬，不易破碎。气微，味微咸。

2. **皱纹盘鲍** 呈长椭圆形，长 8~12cm，宽 6~8cm，高 2~3cm。表面灰棕色，有多数粗糙而不规则的皱纹，生长线明显，常有苔藓类或石灰虫等附着物，末端 4~5 个开孔，孔口突出壳面，壳较薄。

3. **羊鲍** 近圆形，长 4~8cm，宽 2.5~6cm，高 0.8~2cm。壳顶位于近中部而高于壳面，螺旋部与体螺部各占 1/2，从螺旋部边缘有 2 行整齐的突起，尤以上部较为明显，末端 4~5 个开孔，呈管状。

4. **澳洲鲍** 呈扁平卵圆形，长 13~17cm，宽 11~14cm，高 3.5~6cm。表面砖红色，螺旋部约为壳面的 1/2，螺肋和生长线呈波状隆起，疣状突起 30 余个，末端 7~9 个开孔，孔口突出壳面。

5. **耳鲍** 狭长，略扭曲，呈耳状，长 5~8cm，宽 2.5~3.5cm，高约 1cm。表面光滑，具翠绿色、紫色及褐色等多种颜色形成的斑纹，螺旋部小，体螺部大，末端 5~7 个开孔，开口与壳平，多为椭圆形，壳薄，质较脆。

6. **白鲍** 呈卵圆形，长 11~14cm，宽 8.5~11cm，高 3~6.5cm。表面砖红色，光滑，壳顶高于壳面，生长线颇为明显，螺旋部约为壳面的 1/3，疣状突起 30 余个，末端 9 个开孔，孔口与壳平。

【规格等级】石决明商品按照来源分为光底石决明和毛底石决明；按照产地分为真海决（主产于广东和海南岛等地），关海决（主产于东北及山东、渤海等地），大洋石决明（主产于山东），均为统货。

【品质评价】以体形中等大小，壳厚，物破碎，无臭，无残肉，九孔或七孔者为佳。尤以广东产者为佳。

【性味功能】味咸，性寒。平肝潜阳，清肝明目。用于头痛眩晕，目赤翳障，视物昏花，青盲雀目。

【用法用量】6~20g，先煎。

【贮藏】置阴凉干燥处，防蛀。

珍珠 Zhenzhu

Margarita

【别名】蚌珠、珠子、真珠。

【来源】珍珠贝科马氏珍珠贝 *Pteria martensii*（Dunker）、蚌科动物三角帆 *Hyriopsis cumingii*（Lea）或褶纹冠蚌 *Cristaria plicata*（Leach）等双贝壳类动物受刺激形成的珍珠。前 1 种习称"天然珍珠"，后 2 种习称"淡水珍珠"。

【采制】自动物体内取出，洗净，干燥。

【产地】

1. **马氏珍珠贝**　主产于广东、广西沿海等地。

2. **三角帆蚌**　主产于江西、湖北、湖南、江苏等地，是我国主要的淡水育珠蚌。

3. **褶纹冠蚌**　主产于全国各地湖泊、江河和池塘。

海水珍珠以合浦所产珍珠量大质高，以"南珠"名扬海内外，称"道地药材"；淡水珍珠主产于安徽的宣城、南陵等地。国外多产于印度、日本、锡兰、墨西哥等地。

【商品性状特征】

1. **药材**　呈类球形、长圆形、卵圆形或棒形，直径 1.5~8mm。表面类白色、浅粉红色、浅黄绿色或浅蓝色，半透明，光滑或微有凹凸，具特有的彩色光泽。质坚硬，破碎面显层纹。气微，味淡。

2. **饮片**

珍珠粉　类白色的极细粉，气微，味淡。

【规格等级】药用主要为淡水珍珠，通常分为 4 等。

一等：圆球形或近圆球形，重量在 0.05g 以上，表面自然玉白色（或彩色），全身细腻光滑，显闪耀珠光。

二等：圆球形、近圆球形、半圆形、大小不分，色较次于一等，表面自然玉白色（或彩色），全身细腻光滑，显闪耀珠光。

三等：圆球形、近圆球形、半圆形、馒头形、长圆形、腰箍形（腰鼓形），大小不分，表面玉白色、浅粉红色、浅黄色、浅橙色、浅紫色，全身光滑，有皱纹，显珠光。

四等：半圆形、长形、腰箍形、馒头形，大小不分，全身基本光滑，显有珠光，表面色不分，有细皱纹或微沟纹。

五等：不规则形，大小不分，珠身有明显皱纹或沟纹，全身有珠光。

生珠、污珠、附壳珠、僵珠、嫩珠不收购。

【品质评价】以纯净，质坚，有彩光者为佳。

【性味功能】味甘、咸，性寒。安神定惊，明目消翳，解毒生肌，润肤祛斑。用于惊悸失眠，惊风癫痫，目赤翳障，疮疡不敛，皮肤色斑。

【用法用量】0.1~0.3g。多入丸散用。外用适量。

【贮藏】密闭。

知识链接

商品行情　珍珠野生资源采收量少，人工养殖珍珠可以满足市场供应。中国

淡水珍珠产量约占世界淡水珍珠产量的 95% 以上，稳执世界珍珠生产的"牛耳"。珍珠销售渠道有药品、装饰品及化妆品，其价格相差悬殊。

牡蛎 Muli
Ostreae Concha

【别名】海蛎子、牡蛤、砺蛤。

【来源】牡蛎科动物长牡蛎 *Ostrea gigas* Thumberg、大连湾牡蛎 *Ostrea talienwhanensis* Crosse 或近江牡蛎 *Ostrearivularis* Gould 的贝壳。

【采制】全年均可捕捞，去肉，洗净，晒干。

【产地】

1. **长牡蛎** 主产于山东以北至东北沿海地区。

2. **大连湾牡蛎** 主产于辽宁、河北、山东等省沿海地区。

3. **近江牡蛎** 主产地较广，北起东北，南至广东省、海南省沿海地区。

【商品性状特征】

1. 药材

长牡蛎 呈长片状，背腹缘几平行，长 10~50cm，高 4~15cm。右壳较小，鳞片坚厚，层状或层纹状排列。壳外面平坦或具数个凹陷，淡紫色、灰白色或黄褐色；内面瓷白色，壳顶二侧无小齿。左壳凹陷深，鳞片较右壳粗大，壳顶附着面小。质硬，断面层状，洁白。气微，味微咸。

大连湾牡蛎 呈类三角形，背腹缘呈八字形。右壳外面淡黄色，具疏松的同心鳞片，鳞片起伏成波浪状，内面白色。左壳同心鳞片坚厚，自壳顶部放射肋数个，明显，内面凹下呈盒状，铰合面小。

近江牡蛎呈圆形、卵圆形或三角形等。右壳外面稍不平，有灰、紫、棕、黄等色，环生同心鳞片，幼体者鳞片薄而脆，多年生长后鳞片层层相叠，内面白色，边缘有的淡紫色。

2. 饮片

煅牡蛎 不规则的碎块或粗粉。灰白色。质酥脆，断面层状。

【规格等级】统货。

【品质评价】以个大，整齐，无杂质，不含泥沙，不破碎，且内部有光泽者为佳。通常因左侧壳大而厚，以左侧贝壳更佳，故称之左牡蛎。

【性味功能】味咸，性微寒。重镇安神，潜阳补阴，软坚散结。用于惊悸失眠，眩晕耳鸣，瘰疬痰核，癥瘕痞块。煅牡蛎收敛固涩，制酸止痛。用于自汗盗汗，遗精滑精，崩漏带下，胃痛吞酸。

【用法用量】9~30g，先煎。

【贮藏】置干燥处。

知 识 链 接

商品行情 牡蛎肉味鲜美、富含多种人体必需氨基酸，是一种重要的海洋生物资源，更是世界上最重要的海水养殖经济类群之一，其养殖总产量和单位面积产量在所有的贝类养殖种类中居首位。

海螵蛸 Haipiaoxiao

Sepiae Endoconcha

【别名】乌贼骨、墨鱼骨、炒乌贼骨。

【来源】乌贼科动物无针乌贼 *Sepiella maindroni de* Rochebrune 或金乌贼 *Sepia esculenta* Hoyle 的干燥内壳。

【采制】收集乌贼鱼的骨状内壳，洗净，干燥。

【产地】

1. 无针乌贼 主产于浙江、江苏和广东等地。

2. 金乌贼 主产于辽宁、山东等地。

【商品性状特征】

1. 药材

无针乌贼 呈扁长椭圆形，中间厚，边缘薄，背面有磁白色脊状隆起，两侧略显微红色，有不甚明显的细小疣点；腹面白色，自尾端到中部与细密波状横层纹；角质缘半透明，尾部较宽平，无骨针。体轻，质松，易折断，断面粉质，显疏松层纹。气微腥，味微咸。

金乌贼 背面疣点明显，略呈层状排列；腹面的细密波状横层纹占全体大部分，中间有纵向浅槽；尾部角质缘渐宽，向腹面翘起，末端有1骨针，多已断落。

2. 饮片 不规则形或类方形小块，类白色或微黄色，气微腥，微咸。

【规格等级】商品按来源分为无针乌贼和金乌贼2种规格，均为统货。

【品质评价】以块头大，色白，完整，洁净，无杂质者为佳。

【性味功能】味咸、涩，性温。收敛止血，涩精止带，制酸止痛，收湿敛疮。用于吐血衄血，崩漏便血，遗精滑精，赤白带下，胃痛吞酸；外治损伤出血，湿疹湿疮，溃疡不敛。

【用法用量】5~10g。外用适量，研末敷患处。

【贮藏】置干燥处。

全蝎 Quanxie

Scorpio

【别名】蝎子、全虫、伏蝎。

【来源】钳蝎科动物东亚钳蝎 *Buthus martensii* Karsch 的干燥体。

【采制】春末至秋初捕捉，除去泥沙，置沸水或沸盐水中，煮至全身僵硬，捞出，置通风处，阴干。

【产地】主产于河南南阳、鹿邑、禹县、山东益都等地。以河南禹县、鹿邑，山东益都产量大，质量佳。野生或饲养。

【商品性状特征】头胸部与前腹部呈扁平长椭圆形，后腹部呈尾状，皱缩弯曲，完整者体长约6cm。头胸部呈绿褐色，前面有1对短小的螯肢和1对较长大的钳状脚须，形似蟹螯，背面覆有梯形背甲，腹面有足4对，均为7节，末端各具2爪钩；前腹部由7节组成，第7节色深，背甲上有5条隆脊线。背面绿褐色，后腹部棕黄色，6节，节上均有纵沟，末节有锐钩状毒刺，毒刺下方无距。气微腥，味咸。

【规格等级】商品按加工方法分为淡全蝎和盐全蝎2种规格，均为统货。

【品质评价】以身干，色鲜，完整，绿褐色，腹中无杂质者为佳。

【性味功能】味辛，性平，有毒。息风镇痉，通络止痛，攻毒散结。用于肝风内动，痉挛抽搐，小儿惊风，中风口㖞，半身不遂，破伤风，风湿顽痹，偏正头痛，疮疡，瘰疬。

【用法用量】3~6g。孕妇禁用。

【贮藏】置干燥处，防蛀。

蜈蚣 Wugong

Scolopendra

【别名】焙蜈蚣、百足虫、千足虫。

【来源】蜈蚣科动物少棘巨蜈蚣 *Scolopendra subspinipes mutilans* L. Koch 的干燥体。

【采制】春、夏二季捕捉，用竹片插入头尾，绷直，干燥。

【产地】主产于浙江、湖北、江苏、安徽等地。多为家养。

【商品性状特征】 呈扁平长条形，长 9~15cm，宽 0.5~1cm。由头部和躯干部组成，全体共22个环节。头部暗红色或红褐色，略有光泽，有头板覆盖，头板近圆形，前端稍突出，两侧贴有颚肢一对，前端两侧有触角一对。躯干部第一背板与头板同色，其余20个背板为棕绿色或墨绿色，具光泽，自第四背板至第二十背板上常有两条纵沟线；腹部淡黄色或棕黄色，皱缩；自第二节起，每节两侧有步足一对；步足黄色或红褐色，偶有黄白

色，呈弯钩形，最末一对步足尾状，故又称尾足，易脱落。质脆，断面有裂隙。气微腥，有特殊刺鼻的臭气，味辛、微咸。

【规格等级】商品上蜈蚣有把装和散装，按其长短分为 2 个等级。

一等：为大条，体长 10~16cm。

二等：为小条，体长 10cm 以下。

【品质评价】以条大，完整，腹部干瘪者为佳。

【性味功能】味辛，性温，有毒。息风镇痉，通络止痛，攻毒散结。用于肝风内动，痉挛抽搐，小儿惊风，中风口喝，半身不遂，破伤风，风湿顽痹，偏正头痛，疮疡，瘰疬，蛇虫咬伤。

【用法用量】3~5g。孕妇禁用。

【贮藏】置干燥处，防霉、防蛀。

土鳖虫　Tubiechong

Eupolyphaga Steleophaga

【别名】土元、地鳖、地乌龟。

【来源】鳖蠊科昆虫地鳖 *Eupolyphaga sinensis* Walker 或冀地鳖 *Steleophaga plancyi*（Boleny）的雌虫干燥体。

【采制】捕捉后，置沸水中烫死，晒干或烘干。

【产地】

1. **地鳖**　主产于江苏、安徽、河南、湖北等地。

2. **冀地鳖**　主产于河北、北京、山东浙江等地。野生或饲养。

【商品性状特征】

1. **地鳖**　呈扁平卵形，长 1.3~3cm，宽 1.2~2.4cm。前端较窄，后端较宽，背部紫褐色，具光泽，无翅。前胸背板较发达，盖住头部；腹背板 9 节，呈覆瓦状排列。腹面红棕色，头部较小，有丝状触角 1 对，常脱落，胸部有足 3 对，具细毛和刺。腹部有横环节。质松脆，易碎。气腥臭，味微咸。

2. **冀地鳖**　长 2.2~3.7cm，宽 1.44~2.5cm。背部黑棕色，通常在边缘带有淡黄褐色斑块及黑色小点。

【规格等级】商品分为地鳖和冀地鳖 2 种规格，均为统货。

【品质评价】以虫体完整，个头均匀，体肥，色紫褐，腹中杂质少者为佳。

【性味功能】味咸，性寒，有小毒。破血逐瘀，续筋接骨。用于跌打损伤，筋伤骨折，血瘀经闭，产后瘀阻腹痛，癥瘕痞块。

【用法用量】3~10g。孕妇禁用。

【贮藏】置通风干燥处，防蛀。

知 识 链 接

商品行情　土鳖虫已大量人工饲养，有人为了增加体重，捕捉前大量喂精饲料后烫死，这样可使其腹内容物增加整个体重的 30%~60%。而正常腹内容物含量为 14.4%~33.8%，应当注意鉴别。

桑螵蛸　Sangpiaoxiao
Mantidis Ootheca

【别名】团螵、长螵蛸、黑螵蛸。

【来源】螳螂科昆虫大刀螂 *Tenodera sinensis* Saussure、小刀螂 *Statilia maculata*（Thunberg）或巨斧螳螂 *Hierodula patellifera*（Serville）的干燥卵鞘。分别习称为"团螵蛸""长螵蛸""黑螵蛸"。

【采制】深秋至次春收集，除去杂质，蒸至虫卵死后，干燥。

【产地】全国大部分地区均产。

【商品性状特征】

团螵蛸　略呈圆柱形或半圆形，由多层膜状薄片叠成，长 2.5~4cm，宽 2~3cm。表面浅黄褐色，上面带状隆起不明显，底面平坦或有凹沟。体轻，质松而韧，横断面可见外层为海绵状，内层为许多放射状排列的小室，室内各有一细小椭圆形卵，深棕色，有光泽。气微腥，味淡或微咸。

长螵蛸　略呈长条形，一端较细，长 2.5~5cm，宽 1~1.5cm。表面灰黄色，上面带状隆起明显，带的两侧各有一条暗棕色浅沟和斜向纹理。质硬而脆。

黑螵蛸　略呈平行四边形，长 2~4cm，宽 1.5~2cm。表面灰褐色，上面带状隆起明显，两侧有斜向纹理，近尾端微向上翘。质硬而韧。

【规格等级】桑螵蛸商品根据来源不同分为团螵蛸、长螵蛸和黑螵蛸 3 种，均为统货。

【品质评价】以个大完整，体轻质松，色黄带韧性，卵未孵出，无树枝草梗等杂质者为佳。

【性味功能】味甘、咸，性平。固精缩尿，补肾助阳。用于遗精滑精，遗尿尿频，小便白浊。

【用法用量】5~10g。

【贮藏】置通风干燥处，防蛀。

斑蝥 Banmao

Mylabris

【别名】斑猫、放屁虫、斑苗。

【来源】芫青科昆虫南方大斑蝥 *Mylabris phalerata* Pallas 或黄黑小斑蝥 *Mylabris cichorii* Linnaeus 的干燥体。

【采制】夏、秋二季捕捉，闷死或烫死，晒干。

【产地】主产于河南、广西、安徽、云南等地。群集于大豆、花生、茄子、棉花及瓜类植物的叶、花、芽上。

【商品性状特征】

1. 南方大斑蝥　呈长圆形，长 1.5～2.5cm，宽 0.5～1cm。头及口器向下垂，有较大的复眼及触角各 1 对，触角多已脱落。背部具革质鞘翅 1 对，黑色，有 3 条黄色或棕黄色的横纹；鞘翅下面有棕褐色薄膜状透明的内翅 2 片。胸腹部乌黑色，胸部有足 3 对。有特殊的臭气。

2. 黄黑小斑蝥　体型较小，长 1～1.5cm。

【规格等级】统货。

【品质评价】以虫体个大，完整，颜色鲜明者为佳。

【性味功能】味辛，性热，有大毒。破血逐瘀，散结消癥，攻毒蚀疮。用于癥瘕，经闭，顽癣，瘰疬，赘疣，痈疽不溃，恶疮死肌。

【用法用量】0.03～0.06g，炮制后多入丸散用。外用适量，研末或浸酒醋，或制油膏涂敷患处，不宜大面积用。本品有大毒，内服慎用；孕妇禁用。

【贮藏】置通风干燥处，防蛀。

僵蚕 Jiangcan

Bombyx Batryticatus

【别名】天虫、白僵蚕、僵虫。

【来源】蚕蛾科昆虫家蚕 *Bombyx mori* Linnaeus 4～5 龄的幼虫感染（或人工接种）白僵菌 *Beauveria bassiana* (Bals.) Vuillant 而致死的干燥体。

【采制】多于春、秋季生产，将感染白僵菌病死的蚕晒干或微火烘干。

【产地】主产于浙江、江苏、四川、广东等地。

【商品性状特征】　略呈圆柱形，多弯曲皱缩。长 2～5cm，直径 0.5～0.7cm。表面灰黄色，被有白色粉霜状的气生菌丝和分生孢子。头部较圆，足 8 对，体节明显，尾部略呈二分歧状。质硬而脆，易折断，断面平坦，外层白色，中间有亮棕色或亮黑色的丝腺环 4

个。气微腥，味微咸。

【规格等级】统货。

【品质评价】以虫体条粗，质硬，色白，断面光亮者为佳。

【性味功能】味咸、辛，性平。息风止痉，祛风止痛，化痰散结。用于肝风夹痰，惊痫抽搐，小儿急惊，破伤风，中风口㖞，风热头痛，目赤咽痛，风疹瘙痒，发颐疔腮。

【用法用量】5~10g。

【贮藏】置干燥处，防蛀。

知 识 链 接

　　1. **僵蛹**　为蚕蛹经白僵菌发酵的制成品。有报道认为僵蛹可以考虑作为僵蚕的代用品。东北有的地区已作僵蚕入药，名"白僵蛹"。

　　2. **蚕砂**　为家蚕的干燥粪便。功能为祛风除湿，活血定痛。

蜂蜜　Fengmi

Mel

【别名】蜜糖、蜂糖。

【来源】蜜蜂科昆虫中华蜜蜂 *Apis cerana* Fabricius 或意大利蜂 *Apis mellifera* Linnaeus 所酿的蜜。

【采制】春至秋季采收，滤过。

【产地】全国各地均产，以湖北、广东、河南、云南、江苏等地盛产。

【商品性状特征】　呈黏稠性透明或半透明液体。白色至淡黄色或橘黄色至黄褐色，微有光泽，放久或遇冷渐有白色颗粒状结晶析出。气芳香，味极甜。

【规格等级】蜂蜜的品质由于蜜源植物的不同也会有较大的差别。各地区的等级划分标准也不相同，有的按照花的种类分；有的按照上市的季节分；有的按照颜色或浓度（含水量的多少）分的；也有按照统货处理不分等级的。现分述主要的分类方法：

1. 按照蜜源植物划分等级

一等：荔枝、龙眼、枇杷、荆条、椴树、洋槐、枣花等花种蜜及相当于以上的花种蜜。

二等：棉花、瓜花、芝麻、葵花、油菜、紫云英等花种蜜及相当于以上的花种蜜。

三等：荞麦、桉树、皂角、水莲、大葱等花种蜜及相当于以上的花种蜜。

2. 按照浓度划分等级　通常用波美氏比重计测定浓度：

45°为一级；44°为二级以下每低一度下降一级；37°为九级；36°及以下为等外级。

3. 按照采收季节和颜色划分等级

春蜜（多为洋槐、橙花、梨花、油菜、紫云英等花蜜）　蜜质色泽白色至淡黄，黏度大，气清香，味甜，质量较好。

伏蜜（多为枣树、瓜花、葵花、椴树花蜜）　蜜质色泽多为淡黄色，深黄色至琥珀色，黏稠度大，细腻，气味清香，味甜，质量较次。

秋蜜（多为棉花、荞麦等花蜜）　蜜质深琥珀色至暗棕色，气微臭，味稍酸，质粗，不透明，质量最次。

冬蜜（多为野桂花、龙眼等花蜜）　蜜质水白色或白色，质量最佳。

【品质评价】以含水分少，有油性，稠度为凝脂，用木棒挑起时蜜丝下流不断呈叠状，味甜不酸，气芳香、无异臭杂质者为佳。

【性味功能】味甘，性平。补中，润燥，止痛，解毒；外用生肌敛疮。用于脘腹虚痛，肺燥干咳，肠燥便秘，解乌头类药毒；外治疮疡不敛，水火烫伤。

【用法用量】15~30g。

【贮藏】置阴凉处。

知识链接

鉴别　有毒蜂蜜，大多有苦、麻、涩的异味，不可药用。检查蜂蜜中花粉粒的形态特征，如发现乌头、雷公藤、羊踯躅或烟草等有毒植物的花粉粒存在，为避免人食中毒，应作蜂蜜毒性实验。据分析，在有毒蜂蜜中有的含雷公藤碱。

海马　Haima

Hippocampus

【别名】龙落子、水马、马头鱼。

【来源】海龙科动物线纹海马 *Hippocampus kelloggi* Jordan et Sanyder、刺海马 *Hippocampus histrix* Kaup、大海马 *Hippocampus kuda* Bleeker、三斑海马 *Hippocampus trimaculatus* Leach. 和小海马 *Hippocampus japonicus* Kaup 的干燥体。

【采制】夏、秋二季捕捞，洗净，晒干；或除去皮膜和内脏，晒干。

【产地】国内主产于广东沿海、海南、福建、山东、青岛等地。国外主产于日本、新加坡等国。

【商品性状特征】

1. **线纹海马**　呈扁长形而弯曲，体长约 30cm。表面黄白色。头略似马头，有冠状突起，具管状长吻。口小，无牙，两眼深陷。躯干部七棱形，尾部四棱形，渐细卷曲，体上有瓦楞形的结纹并具短棘，体轻，骨质坚硬，气微腥，味微咸。

2. **刺海马**　体长 15~20cm，头部及体上环节间的棘细而尖。

3. **大海马**　体长 20~30cm。黑褐色。

4. **三斑海马**　体侧背部第 1、4、7 节的短棘，基部各有一黑斑。

5. **小海马（海蛆）**　体形小，长 7~10cm。黑褐色。节纹和短棘均较细小。

【规格等级】海马商品根据大小分为 3 等。

一等（大条）：体弯曲、头尾齐全，体长 16~30cm，黄白色。

二等（中条）：头尾齐全，体长 8~15cm，黄白色。

三等（小条）：头尾齐全，体长 8cm 以下者，黄白色或暗褐色。

【品质评价】以体大，坚实，头尾齐全，色白，尾卷曲者为佳。

【性味功能】味甘、咸，性温。温肾壮阳，散结消肿。用于阳痿，遗尿，肾虚作喘，癥瘕积聚，跌扑损伤；外治痈肿疔疮。

【用法用量】3~9g。外用适量，研末敷患处。

【贮藏】置阴凉干燥处，防蛀。

蟾酥　Chansu
Bufonis Venenum

【别名】蛤蟆酥、蛤蟆浆、蟾蜍眉酥。

【来源】蟾蜍科动物中华大蟾蜍 *Bufo bufo gargarizans* Cantor 或黑眶蟾蜍 *Bufo melanostictus* Schneider 的干燥分泌物。

【采制】多于夏、秋二季捕捉蟾蜍，洗净，挤取耳后腺和皮肤腺的白色浆液，加工，干燥。加工成扁圆形团块状的，称为团蟾酥；加工成棋子状的，称为棋子酥；涂于玻板上晒干的，称为片蟾酥。

【产地】主产于辽宁、山东、江苏、河北、广东、安徽、浙江等地。

【商品性状特征】　呈扁圆形团块或片状，棕褐色或红棕色。团块状者质坚，不易折断，断面棕褐色，角质状，微有光泽；片状者质脆，易碎，断面红棕色，半透明。气微腥，味初甜而后有持久的麻辣感，粉末嗅之作嚏。

【规格等级】商品分为团酥、棋子酥和片酥 3 种规格，均为统货。

1. **团酥**　（东酥、光东酥）呈扁圆形、团块状或饼状，厚 4~10mm，重 60~100g。为出口商品。

2. 棋子酥　（杜酥）呈扁圆形，似围棋子状，重约15g。

3. 片酥　（片子酥、盘酥）呈圆形浅盘状或长方形片状，厚约2mm，重约15g。

【品质评价】以红色或黑色，半透明，断面光亮如胶（角质状），有光泽者为佳。

【性味功能】味辛，性温，有毒。解毒，止痛，开窍醒神。用于痈疽疔疮，咽喉肿痛，中暑神昏，痧胀腹痛吐泻。

【用法用量】0.015~0.03g，多入丸散用。外用适量。孕妇慎用。

【贮藏】置干燥处，防潮。

龟甲　Guijia

TestudinisCarapax et Plastrum

【别名】龟板、乌龟壳、乌龟板。

【来源】龟科动物乌龟 *Chinemys reevesii*（Gray）的背甲及腹甲。

【采制】全年均可捕捉，以秋、冬二季为多，捕捉后杀死，或用沸水烫死，剥取背甲和腹甲，除去残肉，晒干。

【产地】主产于湖北、湖南、浙江、安徽等地。野生和家养均有。

【商品性状特征】

1. 药材　背甲及腹甲由甲桥相连，背甲稍长于腹甲，与腹甲常分离。背甲呈长椭圆形拱状，长7.5~22cm，宽6~18cm；外表面棕褐色或黑褐色，脊棱3条；颈盾1块，前窄后宽；椎盾5块，第1椎盾长大于宽或近相等，第2~4椎盾宽大于长；肋盾两侧对称，各4块；缘盾每侧11块；臀盾2块。腹甲呈板片状，近长方椭圆形，长6.4~21cm，宽5.5~7cm；外表面淡黄棕色至棕黑色，盾片12块，每块常具紫褐色放射状纹理，腹盾、胸盾和股盾中缝均长，喉盾、肛盾次之，肱盾中缝最短；内表面黄白色至灰白色，有的略带血迹或残肉，除净后可见骨板9块，呈锯齿状嵌接；前端钝圆或平截，后端具三角形缺刻，两侧残存呈翼状向斜上方弯曲的甲桥。质坚硬。气微腥，味微咸。

2. 饮片　呈不规则的块状。背甲盾片略呈拱状隆起，腹甲盾片呈平板状，大小不一。表面黄色或棕褐色，有的可见深棕褐色斑点，有不规则纹理。内表面棕黄色或棕褐色，边缘有的呈锯齿状。断面不平整，有的有蜂窝状小孔。质松脆。气微腥，味微咸，微有醋香气。

【规格等级】商品分为腹血甲、烫甲、漂龟甲、背甲及腹甲等规格，均为统货。

【品质评价】以块大，完整，洁净，无腐肉者为佳。

【性味功能】味咸、甘，性微寒。滋阴潜阳，益肾强骨，养血补心，固经止崩。用于阴虚潮热，骨蒸盗汗，头晕目眩，虚风内动，筋骨痿软，心虚健忘，崩漏经多。

【用法用量】9~24g，先煎。

【贮藏】置干燥处，防蛀。

鳖甲　Biejia

Trionycis Carapax

【别名】上甲、团鱼壳、别甲。

【来源】鳖科动物鳖 *Trionyx sinensis* Wiegmann 的背甲。

【采制】全年均可捕捉，以秋、冬二季为多，捕捉后杀死，置沸水中烫至甲上的硬皮能剥落时，取出，剥取背甲，除去残肉，晒干。

【产地】主产于湖北、江苏、安徽、河南等地。多为人工饲养。

【商品性状特征】　呈椭圆形或卵圆形，背面隆起，长 10～15cm，宽 9～14cm。外表面黑褐色或墨绿色，略有光泽，具细网状皱纹和灰黄色或灰白色斑点，中间有一条纵棱，两侧各有左右对称的横凹纹 8 条，外皮脱落后，可见锯齿状嵌接缝。内表面类白色，中部有突起的脊椎骨，颈骨向内卷曲，两侧各有肋骨 8 条，伸出边缘。质坚硬。气微腥，味淡。

【规格等级】统货。

【品质评价】以个大，甲厚，无残肉，无腥臭者为佳。

【性味功能】味咸，性微寒。滋阴潜阳，退热除蒸，软坚散结。用于阴虚发热，骨蒸劳热，阴虚阳亢，头晕目眩，虚风内动，手足瘛疭，经闭，癥瘕，久疟疟母。

【用法用量】9～24g，先煎。

【贮藏】置干燥处，防蛀。

哈蟆油　Hamayou

Ranae Oviductus

【别名】雪蛤油、林蛙油、田鸡油。

【来源】蛙科动物中国林蛙 *Rana temporaria chensinensis* David 野生雌蛙的输卵管。

【采制】9～10 月，以霜降期捕捉最好，选肥大雌蛙，取出输卵管，去尽卵子及其他内脏，通风处阴干。

【产地】主产于吉林、黑龙江等地。

【商品性状特征】　呈不规则块状，弯曲而重叠，长 1.5～2cm，厚 1.5～5mm。表面黄白色，呈脂肪样光泽，偶有带灰白色薄膜状干皮。摸之有滑腻感，在温水中浸泡体积可膨胀。气腥，味微甘，嚼之有黏滑感。

【规格等级】商品分为 4 个等级。

一等：黄白色，大块整齐、有光泽，不带皮膜，无血筋及卵子等其他杂物，干而不湿。

二等：色黄不黑，皮膜及其他杂物不超过 1%。

三等：外表颜色较深，筋皮、卵子及其他杂物不超过 5%。

四等：符合一、二、三等者均属四等，杂物不得超过 10%。

【品质评价】以块大，肥厚，黄白色，有光泽，不带皮膜及卵子者为佳。

【性味功能】味甘、咸，性平。补肾益精，养阴润肺。用于病后体弱，神疲乏力，心悸失眠，盗汗，痨嗽咳血。

【用法用量】5~15g；用水浸泡，炖服，或做丸剂。

【贮藏】置通风干燥处，防潮，防蛀。

蛤蚧　Gejie

Gecko

【别名】仙蟾、蚧蛇、大壁虎。

【来源】壁虎科动物蛤蚧 *Gekko gecko* Linnaeus 野生品的干燥体。

【采制】全年均可捕捉，除去内脏，拭净，用竹片撑开，使全体扁平顺直，低温干燥。

【产地】按产地不同分为国产蛤蚧和进口蛤蚧。

1. **国产蛤蚧**　主产于广西、云南、广东、福建等地。

2. **进口蛤蚧**　主产于越南、泰国、柬埔寨、印度尼西亚等地。

【商品性状特征】　呈扁片状，头颈部及躯干部长 9~18cm，头颈部约占三分之一，腹背部宽 6~11cm，尾长 6~12cm。头略呈扁三角状，两眼多凹陷成窟窿，口内有细齿，生于颚的边缘，无异型大齿。吻部半圆形，吻鳞不切鼻孔，与鼻鳞相连，上鼻鳞左右各 1 片，上唇鳞 12~14 对，下唇鳞（包括颏鳞）21 片。腹背部呈椭圆形，腹薄。背部呈灰黑色或银灰色，有黄白色、灰绿色或橙红色斑点散在或密集成不显著的斑纹，脊椎骨和两侧肋骨突起。四足均具 5 趾；趾间仅具蹼迹，足趾底有吸盘。尾细而坚实，与背部颜色相同，有 6~7 个明显的银灰色环带，有的再生尾较原生尾短，且银灰色环带不明显。全密被圆形或多角形微有光泽的细鳞。气腥，味微咸。

【规格等级】商品上按产地不同分为国产蛤蚧和进口蛤蚧。分为 5 个等级。

特装品：执中横量 8.6 以上。

五装品：执中横量 7.7~8.5cm。

十装品：执中横量 7.2~7.6cm。

二十装品：执中横量 6.8~7.1cm。

三十装品：执中横量 6~6.7cm。

短尾蛤蚧：再生尾不足 6cm 均作下一等级处理。

除此之外，全尾蛤蚧又分为广西全尾特装、全尾 20 对装、全尾 30 对装等规格。商品以"对"为单位，原以雌雄为对，现常以 1 只长尾、1 只短尾搭配出售。

【品质评价】以干爽，色鲜明，撑面平整，体大，肥壮，尾全（再生尾 6cm 以上），不破碎者为佳。

【性味功能】味咸，性平。补肺益肾，纳气定喘，助阳益精。用于肺肾不足，虚喘气促，劳嗽咳血，阳痿，遗精。

【用法用量】3~6g，多入丸散或酒剂。

【贮藏】用木箱严密封装，常用花椒拌存，置阴凉干燥处，防蛀。

知 识 链 接

本草记载 西汉末杨雄的《方言》一书记载："桂林之中，守宫能鸣者，俗谓之蛤蚧。"《开宝本草》载："生岭南山谷，及城墙或大树间。形如大守宫，身长四五寸，尾与身等。最惜其尾，见人取之，多自啮断其尾而去。药力在尾，尾不全者不效。"李时珍谓："蛤蚧因声而名。"

麝香 Shexiang

Moschus

【别名】寸香、元寸、当门子、香脐子。

【来源】鹿科动物林麝 *Moschus berezovskii* Flerov、马麝 *Moschus sifanicus* Przewalski 或原麝 *Moschus moschiferus* Linnaeus 野生及养殖成熟雄体香囊中的干燥分泌物。

【采制】

1. **野麝** 多在冬季至次春猎取，猎获后，割取香囊，阴干，习称"毛壳麝香"；剖开香囊，除去囊壳，习称"麝香仁"。

2. **家麝** 于冬季或春季从 3 岁以上雄麝香囊中取出麝香仁，阴干或用干燥器密闭干燥。

【产地】主产于四川、西藏、云南、青海、陕西、甘肃、新疆、内蒙古等地。

【商品性状特征】

1. **毛壳麝香** 为扁圆形或类椭圆形的囊状体，直径 3~7cm，厚 2~4cm。开口面的皮革质，棕褐色，略平，密生白色或灰棕色短毛，从两侧围绕中心排列，中间有 1 小囊孔。另一面为棕褐色略带紫色的皮膜，微皱缩，偶显肌肉纤维，略有弹性，剖开后可见中层皮膜呈棕褐色或灰褐色，半透明，内层皮膜呈棕色，内含颗粒状、粉末状的麝香仁和少量细毛及脱落的内层皮膜（习称"银皮"）。

2. **麝香仁** 野生者质软，油润，疏松；其中不规则圆球形或颗粒状者习称"当门子"，表面多呈紫黑色，油润光亮，微有麻纹，断面深棕色或黄棕色；粉末状者多呈棕褐

色或黄棕色，并有少量脱落的内层皮膜和细毛。饲养者呈颗粒状、短条形或不规则的团块；表面不平，紫黑色或深棕色，显油性，微有光泽，并有少量毛和脱落的内层皮膜。气香浓烈而特异，味微辣、微苦带咸。

【规格等级】商品分为毛壳麝香和麝香仁 2 种规格，均为统货。

【品质评价】以当门子多，质柔润，香气浓烈者为佳。

【性味功能】味辛，性温。开窍醒神，活血通经，消肿止痛。用于热病神昏，中风痰厥，气郁暴厥，中恶昏迷，经闭，癥瘕，难产死胎，胸痹心痛，心腹暴痛，跌扑伤痛，痹痛麻木，痈肿瘰疬，咽喉肿痛。

【用法用量】0.03~0.1g，多入丸散用。外用适量。孕妇禁用。

【贮藏】密闭，置阴凉干燥处，遮光，防潮，防蛀。

知识链接

商品行情 麝香分为人工麝香和天然麝香。由于国家加强管理，目前天然麝香的来源已经完全断绝，现在用的是驯养的麝的麝香，价格近几年一般达到几百元一克。人工合成的价格一克十几到几十元不等。

鹿茸 Lurong
Cervi Cornu Pantotrichum

【别名】梅花鹿茸、马鹿茸、血茸、关茸。

【来源】鹿科动物梅花鹿 *Cervus nippon* Temminck 或马鹿 *Cervus elaphus* Linnaeus 的雄鹿未骨化密生茸毛的幼角。前者习称"花鹿茸"，后者习称"马鹿茸"。

【采制】鹿茸一般分锯茸和砍茸。育成公鹿第一次长出的圆柱形茸，锯下称"初生茸"或"初角茸"。梅花鹿 3~4 岁进入正常产茸期，应以采收"二杠茸"为主。5 岁以上可采收"三岔茸"。一年之中第二次采收的茸称"再生茸"或"二茬茸"。马鹿锯茸一般采收"莲花""三岔茸"和"四岔茸"。砍头采收带脑骨和皮的鹿茸称"砍茸"，通常是在需要淘汰的鹿身上进行。一般夏、秋二季锯取鹿茸，经加工后，阴干或烘干。

【产地】主产于东北，新疆、内蒙古、青海、山西等地。

【商品性状特征】

1. 药材

花鹿茸 呈圆柱状分枝，具一个分枝者习称"二杠"，主枝习称"大挺"，长 17~20cm，锯口直径 4~5cm，离锯口约 1cm 处分出侧枝，习称"门庄"，长 9~15cm，直径较大挺略细。

外皮红棕色或棕色，多光润，表面密生红黄色或棕黄色细茸毛，上端较密，下端较疏；分岔间具1条灰黑色筋脉，皮茸紧贴。锯口黄白色，外围无骨质，中部密布细孔。具二个分枝者，习称"三岔"，大挺长23～33cm，直径较二杠细，略呈弓形，微扁，枝端略尖，下部多有纵棱筋及突起疙瘩；皮红黄色，茸毛较稀而粗。体轻。气微腥，味微咸。

二茬茸与头茬茸相似，但挺长而不圆或下粗上细，下部有纵棱筋。皮灰黄色，茸毛较粗糙，锯口外围多已骨化。体较重。无腥气。

马鹿茸　较花鹿茸粗大，分枝较多，侧枝一个者习称"单门"，二个者习称"莲花"，三个者习称"三岔"，四个者习称"四岔"或更多。

按产地分为"东马鹿茸"和"西马鹿茸"。东马鹿茸"单门"大挺长25～27cm，直径约3cm。外皮灰黑色，茸毛灰褐色或灰黄色，锯口面外皮较厚，灰黑色，中部密布细孔，质嫩；"莲花"大挺长可达33cm，下部有棱筋，锯口面蜂窝状小孔稍大；"三岔"皮色深，质较老；"四岔"茸毛粗而稀，大挺下部具棱筋及疙瘩，分枝顶端多无毛，习称"捻头"。

西马鹿茸　大挺多不圆，顶端圆扁不一，长30～100cm。表面有棱，多抽缩干瘪，分枝较长且弯曲，茸毛粗长，灰色或黑灰色。锯口色较深，常见骨质。气腥臭，味咸。

2. 饮片

花鹿茸　尖部习称"血片""蜡片"，为圆形薄片，表面浅棕色或浅黄白色，半透明，微显光泽；外皮无骨质，周边粗糙，红棕色或棕色，质坚韧；气微腥，味微成。中上部的切片，习称"蛋黄片"，切面黄白色或粉白色，中间有极小的蜂窝状细孔。下部习称"老角片"，周边粗糙，红棕色，质坚脆。

鹿茸粉　为乳白色，浅黄色或红棕色粉末，气微腥，味微咸。

【规格等级】商品分梅花鹿茸和马鹿茸2大类。

1. 梅花鹿茸

二杠锯茸　分4个等级。

一等：锯口有正常的孔隙结构，有正常典型分岔，主干与眉枝相称，圆粗嫩壮，茸皮、锯口有正常色调。每支重85g以上。

二等：主干破皮不显露结缔组织，虎口以下稍有突起棱纹，每支重65g以上。

三等：不显露皮下结缔组织，主干存折不超过一处，有分枝。枝岔较瘦，不拧嘴，不拉沟。锯口有蜂窝状细孔，虎口以下有棱纹，每支重45g以上。

四等：有独干畸形者和不符合一、二、三等者均属此等。

三岔锯茸　分为4个等级。

一等（以下各个等级的含水量不超过18%）：顶头丰满，锯口有蜂窝状细孔，不拧嘴，主干嘴头不存折。有正常典型分岔和匀称结构，短粗嫩壮，每支重250g以上。

二等：顶头较丰满。每支重 200g 以上。

三等：加工有暗皮，乌皮，破皮不显露皮下结缔组织，存折不超过 2 处，顶端不拧嘴，嘴头不破皮（一、二等因嘴头破皮按三等收购），有正常分岔（但三岔无眉枝的按三等收购），枝干较瘦，茸、皮或锯口色调正常，无再生茸骨化现象。有蜂窝状细孔。每支 150g 以上。

四等：不符合一、二、三等者均属此等。

二杠砍茸　分为 4 个等级。

特等：肥圆粗壮，眉枝与主干匀称。四衬全美，主干顶端不扁头，嘴头肥满。头骨坚实、洁白，后脑皮与后脑骨平齐，眶骨留 50%。每架茸估重为 250g 五个"底"以上的干品。

一等：短圆粗壮，嘴头丰满。每架 1200g 以上的干品。

二等：仅在重量上与一等有区别。每架 1000g 以上的干品。

三等：重量要求每架茸重 350g 至不足 1000g 的。稍瘦条、色调乌暗，畸形怪角，顶端不穿尖以及其他不符合特等、一、二等者，均属此等。

三岔砍茸　分为 3 个等级。

特等：细毛红地，粗嫩肥壮，四衬全美，不圆不扁，嘴头肥美。有疣状突起，不超过主干长的 30%，头骨坚实、洁白。无腮骨残肉，后头皮与后头骨平齐，眶骨留 50%，每架 1750g 以上的干成品。

一等：主干圆，疣状突起不超过主干长的 40%，每架重 1200g 以上的成品。

二等：疣状突起，不超过主干长的 50%，每架重 1000g 以上。

2. 马鹿茸

东马鹿茸

（1）带血锯茸：分为 3 个等级。

一等：主干圆嫩的三岔；肥嫩上冲的莲花；茸内含血充分，分布均匀，呈深红色，每支重不低于 500g 的干品。

二等：三岔、主干圆嫩的四岔，人字角，三类规格要求是：茸顶端丰满，茸内含血充分，呈深红色的干品，每支重 300g 以上。

三等：不足一、二等的莲花三岔、四岔和肥嫩的畸形茸，茸内充分含血，每支重 225g 以上。

（2）排血锯茸：除茸内不含血外，一、二、三等要求与带血马鹿锯茸相同。

西马鹿茸　西马鹿茸的规格等级与东马鹿茸大致相同。

【品质评价】

1. 花鹿茸

以茸粗壮，主枝圆，顶端丰满，质嫩，毛细，皮色红棕，有油润光泽者为佳。

2. 马鹿茸 以饱满，体轻，毛色灰褐，下部无棱线者为佳。

【性味功能】味甘、咸，性温。壮肾阳，益精血，强筋骨，调冲任，托疮毒。用于肾阳不足，精血亏虚，阳痿滑精，宫冷不孕，羸瘦，神疲，畏寒，眩晕，耳鸣，耳聋，腰脊冷痛，筋骨痿软，崩漏带下，阴疽不敛。

【用法用量】1~2g，研末冲服。

【贮藏】置阴凉干燥处，密闭，防蛀。

知识链接

商品行情 梅花鹿是我国一级保护野生药材物种。目前鹿茸商品主要来源于人工饲养的加工品，或是从新西兰、澳大利亚、俄罗斯等国进口。

牛黄 Niuhuang
Bovis Calculus

【别名】丑宝、犀黄、西黄。

【来源】牛科动物牛 *Bos taurus domesticus* Gmelin 的干燥胆结石，习称"天然牛黄"。取自胆囊的习称"胆黄"或"蛋黄"；取自胆管及肝管的习称"管黄"或"肝黄"。

【采制】宰牛时，如发现有牛黄，即滤去胆汁，将牛黄取出，除去外部薄膜，阴干。

【产地】主产于北京、内蒙古包头、呼和浩特（商品称"京牛黄"）、河北、天津、新疆、青海、西藏、河南、广西、甘肃、陕西、江苏等地。以西北（商品称"西牛黄"）西南、东北（商品称"东牛黄"）等地产量较大。国外主产于印度（商品称"印度牛黄"）、加拿大和阿根廷（商品称"金山牛黄"）、乌拉圭等地。

【商品性状特征】多呈卵形、类球形、三角形或四方形，大小不一，直径 0.6~3（4.5）cm，少数呈管状或碎片。表面黄红色至棕黄色，有的表面挂有一层黑色光亮的薄膜，习称"乌金衣"，有的粗糙，具疣状突起，有的具龟裂纹。体轻，质酥脆，易分层剥落，断面金黄色，可见细密的同心层纹，有的夹有白心。气清香，味苦而后甘，有清凉感，嚼之易碎，不粘牙。

【规格等级】按产地不同分京牛黄、东牛黄、西牛黄、金山牛黄、印度牛黄。按其出处和形状不同又分胆黄和管黄 2 种，以胆黄质量为佳。

一等：呈卵形、类球形或三角形，大小块不分，间有碎块，表面、断面金黄色。

二等：呈管状或胆汁渗入的各种黄块，表面黄褐色或棕褐色，断面棕褐色。

【品质评价】以个完整，表面金黄色或棕黄色，有光泽，质松脆，断面棕黄色或金黄

色，有自然形成层，气清香，味微苦后甘者为佳。

【性味功能】味甘，性凉。清心，豁痰，开窍，凉肝，息风，解毒。用于热病神昏，中风痰迷，惊痫抽搐，癫痫发狂，咽喉肿痛，口舌生疮，痈肿疔疮。

【用法用量】0.15~0.35g，多入丸散用；外用适量，研末敷患处。孕妇慎用。

【贮藏】遮光，密闭，置阴凉干燥处，防潮，防压。

知 识 链 接

1. **商品行情** 牛黄因来源于个别牛体，一般多天生于10岁以上的老牛体中。牛患肝胆结石症的机会很少，仅占千分之几，因此天然牛黄十分难得，故数量极少，是一种珍贵稀有的中药，价格昂贵，现市场天然胆黄价格一般在每千克20万~30万元。

2. **人工牛黄** 由牛胆粉、胆酸、猪去氧胆酸、牛磺酸、胆红素、胆固醇、微量元素等加工制成。为黄色疏松粉末，味苦，微甘。具有清热解毒，化痰定惊的功效。其价格仅为天然牛黄的0.5%，但不能完全替代天然牛黄。

羚羊角 Lingyangjiao
Saigae Tataricae Cornu

【别名】泠角、九尾羊角。

【来源】牛科动物赛加羚羊 *Saiga tatarica* Linnaeus 的角。

【采制】猎取后锯取其角，晒干。

【产地】主产于新疆天山北路伊犁、博落培拉河流，中苏交界处一带，甘肃、青海、西藏北部，内蒙古大兴安岭一带。

【商品性状特征】长圆锥形，略呈弓形弯曲，长15~33cm；类白色或黄白色，基部稍呈青灰色。嫩枝对光透视有"血丝"或紫黑色斑纹，光润如玉，无裂纹，老枝则有细纵裂纹。除尖端部分外，有10~16个隆起环脊，间距约2cm，用手握之，四指正好嵌入凹处。角的基部横截面圆形，直径3~4cm，内有坚硬质重的角柱，习称"骨塞"，骨塞长约占全角的1/2或1/3，表面有突起的纵棱与其外面角鞘内的凹沟紧密嵌合，从横断面观，其结合部呈锯齿状。除去"骨塞"后，角的下半段成空洞，全角呈半透明，对光透视，上半段中央有一条隐约可辨的细孔道直通角尖，习称"通天眼"。质坚硬。气微，味淡。

【规格等级】分大枝羚羊角、小枝羚羊角、老角、羚羊角尖、羚羊角丝、羚羊角片、羚羊角粉等规格。

【品质评价】以质嫩，色白，光润，内含红色斑纹，无裂纹者为佳。

【性味功能】味咸，性寒。平肝息风，清肝明目，散血解毒。用于肝风内动，惊痫抽搐，妊娠子痫，高热痉厥，癫痫发狂，头痛眩晕，目赤翳障，温毒发斑，痈肿疮毒。

【用法用量】1~3g，宜另煎2小时以上；磨汁或研粉服，每次0.3~0.6g。

【贮藏】置阴凉干燥处。

鸡内金　Jineijin

Galli Gigerii Endothelium Corneum

【别名】鸡黄皮、内金、鸡胗皮。

【来源】雉科动物家鸡 *Gallus gallus domesticus* Brisson 养殖品的洗净干燥砂囊内壁。

【采制】杀鸡后，取出鸡肫，立即剥下内壁，洗净，干燥。

【产地】全国各地均产。

【商品性状特征】呈不规则的卷片，厚约2mm。表面黄色，黄绿色或黄褐色，薄而半透明，具明显的条状皱纹。质脆，易碎，断面角质样，有光泽。气微腥，味微苦。

【规格等级】统货。

【品质评价】以色黄，完整，破碎少者为佳。

【性味功能】味甘、性平。健胃消食，涩精止遗，通淋化石。用于食积不消，呕吐泻痢，小儿疳积，遗尿，遗精，石淋涩痛，胆胁胀痛。

【用法用量】3~10g。

【贮藏】置干燥处，防蛀。

蕲蛇　Qishe

Agkistrondon

【别名】大白花蛇、棋盘蛇、五步蛇、褰鼻蛇。

【来源】蝰科动物五步蛇 *Agkistrondon acutus*（Guenther）野生品的干燥体。

【采制】多于夏、秋二季捕捉，剖开蛇腹，除去肝脏，洗净，用竹片撑开腹部，盘成圆盘状，干燥后拆除竹片。

【产地】主产于浙江、广东、广西等地。

【商品性状特征】呈圆盘状，盘径17~34cm，体长可达2m。头在中间稍向上，呈三角形而扁平，吻端向上，习称"翘鼻头"。上腭有管状毒牙，中空尖锐。背部两侧各有黑褐色与浅棕色组成的"V"形斑纹17~25个，其"V"形的两上端在背中线上相接，习称"方胜纹"，有的左右不相接，呈交错排列。腹部撑开或不撑开，灰白色，鳞片较大，有黑色类圆形的斑点，习称"连珠斑"；腹内壁黄白色，脊椎骨的棘突较高，呈刀片状上突，

前后椎体下突基本同形，多为弯刀状，向后倾斜，尖端明显超过椎体后隆面。尾部骤细，末端有三角形深灰色的角质鳞片1枚。气腥，味微咸。

【规格等级】统货。

【品质评价】以头尾齐全，条大，花纹明显，内壁洁净者为佳。

【性味功能】味甘、咸，性温，有毒。祛风，通络，止痉。用于风湿顽痹，麻木拘挛，中风口眼㖞斜，半身不遂，抽搐痉挛，破伤风，麻风，疥癣。

【用法用量】3~9g，研末吞服，1次1~1.5g，1日2~3次。

【贮藏】置干燥处，防霉，防蛀。

金钱白花蛇　Jinqianbaihuashe
BungarusParvus

【别名】小白花蛇、金钱蛇、银包铁、银环蛇。

【来源】眼镜蛇科动物银环蛇 *Bungarus multicinctus* Blyth 的幼蛇干燥体。野生与养殖品均有，因身有白色环状花纹得名。

【采制】夏秋两季捕捉后，吊起拔去毒牙，剖腹去内脏，洗净，放入酒精中浸3天，以头为中心盘成圆形，尾含于口中，用竹签横穿固定，晒干或烘干。

【产地】主产于广西百色、田东、都安、龙津，广东揭阳、普宁、南雄、饶平、信宜，江西余江、临川、波阳、弋阳、南康等地，以广东、广西产者著名。

【商品性状特征】呈圆盘状，盘径3~6cm，蛇体直径0.2~0.4cm。头盘在中间，尾细，常纳口内，口腔内上颌骨前端有毒沟牙1对，鼻间鳞2片，无颊鳞，上下唇鳞通常各为7片。背部黑色或灰黑色，有白色环45~58个，黑白相间，白环纹在背部宽1~2行鳞片，向腹面渐增宽，黑环纹宽3~5行鳞片，背正中明显突起一条脊棱，脊鳞扩大呈六角形，背鳞细密，通身15行，尾下鳞单行。气微腥，味微咸。

【规格等级】商品分大条、中条、小条3种规格。

【品质评价】以头尾齐全，有花斑纹，色泽明亮者为佳。一般认为小条最好。

【性味功能】味甘、咸，性温，有毒。祛风，通络，止痉。用于风湿顽痹，麻木拘挛，中风口眼歪斜，半身不遂，抽搐痉挛，破伤风，麻风，疥癣。

【用法用量】2~5g。研粉吞服1~1.5g。

【贮藏】置干燥处，防霉，防蛀。

知识链接

百花锦蛇　在广东、广西以百花锦蛇 *Elaphe moellendorffi*（Boettger）作白花蛇用。

乌梢蛇　Wushaoshe

Zaocys

【别名】乌蛇、黑花蛇、剑脊蛇。

【来源】游蛇科动物乌梢蛇 *Zaoceys dhumnades*（Cantor）的干燥体。

【采制】多于夏、秋二季捕捉，剖开腹部或先剥皮留头尾，除去内脏，盘成圆盘状干燥。

【产地】主产于浙江嘉兴、瑞安、景宁、丽水、青田等地，江苏，安徽、江西福建等省亦产。

【商品性状特征】

1. **药材**　呈圆盘状，盘径约16cm。表面黑褐色或绿黑色，头扁圆如龟头，背鳞14~16行，背中央2~4行鳞片强烈起棱，形成两条纵贯全体的黑线。脊部高耸成屋脊状，俗称"剑脊"，尾部细长，具烟熏气。气腥，味淡。

2. **饮片**

乌梢蛇　呈段状，表皮黑褐色或灰绿色，无光泽，切面黄白色或灰棕色。气腥，味淡。乌梢蛇肉　呈段片状，无皮骨，肉厚柔软。黄白色或灰黑色。质韧。气腥，略有酒气。酒乌梢蛇　形如乌梢蛇段，棕褐色或黑色，略有酒气。

【规格等级】统货。

【品质评价】以头尾齐全，皮黑肉黄，质坚实者为佳。

【性味功能】味甘，性平。祛风，通络，止痉，用于风湿顽痹，麻木拘挛，中风口眼歪斜，半身不遂，抽搐痉挛，破伤风，麻风，疥癣。

【用法用量】9~12g。或者研粉吞服3g，入煎剂用9g。也可泡酒。

【贮藏】置干燥处，防潮，防蛀。

复习思考

1. 鉴别动物类药材应注意哪些性状特征？

2. 简述蛤蚧的商品规格等级。

3. 简述鹿茸的品质评价。

扫一扫，知答案

扫一扫，看课件

第 八 章

矿物类中药商品

【学习目标】

　　1. 熟悉朱砂、雄黄、芒硝、龙骨等矿物类药材商品的商品性状特征、规格等级、品质评价。

　　2. 了解自然铜、赭石、炉甘石、滑石、石膏、硫黄的商品性状特征。

　　矿物类药材是指可供药用的天然矿物、矿物的加工品、人造矿物或动物骨骼化石等药材。矿物是地壳部分的自然元素或各种化学元素在不同的物理、化学条件下自然的化学反应所形成的产物。除少数是自然元素外，绝大多数矿物是化合物。大部分是固体，少数是液体或气体。药用矿物以固体为主，每一种固体矿物都有一定的物理、化学性质，这些性质取决于它们的结晶构造和化学成分。

　　分类：矿物类药材的分类是以矿物中所含主要的或含量最多的某种化合物为依据。矿物在矿物学上的分类，通常是根据其阴离子的种类，但从药学的观点来看，因为阳离子通常起主要的药效作用，则根据阳离子种类来分类较为恰当。现以阳离子的种类将常见的矿物作如下的分类：汞化合物类如朱砂、轻粉、红粉；铁化合物类如自然铜、赭石、禹余粮、磁石；铅化合物类如铅丹、密陀僧；铜化合物类如胆矾、铜绿；铝化合物类如白矾、云母（硅酸钾铝）；砷化合物类如雄黄、雌黄、信石；镁化合物类如滑石；钙化合物类如石膏；钠化合物类如芒硝；其他类如炉甘石、硫黄、硝石。

　　商品特征：矿物类药材的商品鉴别应注意形状、颜色、条痕、透明度、光泽、硬度等。颜色一般以新鲜面为准，应注意本色、外色与假色的区别。矿物的条痕色比矿物表面的颜色更稳定，往往反映矿物的本色，因而更具有鉴定意义。但应注意，有的条痕色与矿物表面的颜色不同，如赭石、自然铜。此外，还应注意密度、解理、断口、气味、磁性、吸湿性、触感特点等。矿物类药材的饮片一般为打碎的小块，如龙骨等；有的需水飞成细

粉或极细粉，如雄黄、朱砂。鉴别一般应注意表面、颜色、气味等。

商品规格：矿物类药材一般依据来源、产地、形状、颜色等划分不同的规格，如朱砂、龙骨；一般不分等级。多数矿物类药材为统货。

贮藏养护：矿物类药材多用木箱、缸、瓷罐包装，也有用铝皮箱或袋装的。矿物类药材极易风化、吸湿、变色、潮解，有的易燃，要注意密封，置于阴凉干燥处，防尘、避风、防热、防火。毒性矿物类药材应专柜专人管理，如雄黄等。

龙骨 Longgu

Os Draconis Fossilia Ossia Mastodi

【别名】陆虎遗生、那伽骨、五花龙骨、白龙骨。

【来源】古代哺乳类动物如象类或趾马、恐龙、牛类、鹿类等的骨骼化石。前者习称"五花龙骨"，后者习称"龙骨"（土龙骨）。

【采制】全年可采，挖出后除去泥土及杂质。五花龙骨见风极易破碎，故常用毛边纸包裹，露出一、二处花色较好的部分，供鉴别用。

【产地】主产于黄河中上游河道，自古产区随着黄河改道而变迁，尤以黄土高原一带资源蕴藏颇丰，目前集中于甘肃天水、和政，内蒙古河套地区，宁夏及陕北延安、榆林和河南三门峡一带。

【商品性状特征】

1. **五花龙骨** 呈不规则块状，大小不一；全体淡黄白色，夹有蓝灰色的花纹，深浅不一；表面平滑，时有小裂隙；断面多粗糙，质硬而脆，易片片剥落而散碎；吸湿性强，以舌舔之有吸力；无臭，无味。

2. **龙骨** 呈不规则块状，大小不一；表面白色，较光滑，有的有纹理与裂隙，表面有棕色条纹和斑点；质硬，断面不平坦，色白，细腻如粉质；吸湿性亦强。

【规格等级】商品分为五花龙骨和龙骨，均为统货。

【品质评价】五花龙骨以色白，有各种花纹，松脆易碎，舔之粘舌者为佳；五花龙骨质优，龙骨质坚硬、不易破碎，质较次。

【性味功能】味甘、涩，性平。镇惊安神，敛汗固精；外用生肌敛疮。用于心悸易惊，失眠多梦，自汗盗汗，遗精，崩漏带下，外用治溃疡久不收口，阴囊湿痒。

【用法用量】内服：煎汤，9~15g；或入丸散。外用适量：研末撒或调敷。

【贮藏】置干燥处，防潮。龙骨可装袋，五花龙骨宜装木箱，密用，避风保存。

龙齿 为古代哺乳动物象、犀牛、三趾马等牙齿的化石呈圆锥形、圆柱形或不规则块状，多少弯曲，形似牙齿。表面类白色、青灰色、黑褐色或红白色，粗糙或有时微显珐琅质。断面常常分2层，外层微显纤维状层纹，内层为类白色、淡黄色或淡棕色，有蓝青色或棕色的条纹或斑点。根据形状和颜色，商品分为青龙齿、白龙齿和龙齿墩等。多煅后敲碎用。功能镇惊安神、除烦热。

芒硝 Mangxiao
Natrii Sulfas

【别名】朴硝、皮硝、毛硝、土硝。

【来源】硫酸盐类矿物芒硝族芒硝，经加工精制而成结晶体。主含含水硫酸钠（$Na_2SO_4 \cdot 10H_2O$）。

【采制】全年均可采制，但以秋冬季为佳，因气温低易结晶。取天然产之不纯芒硝，俗称土硝，加水溶解，放置，使杂质沉淀，过滤，滤液加热浓缩，放冷后即析出结晶，取出晒干，通称"皮硝"。

【产地】主产于河北、天津、山东、河南、江苏、安徽、山西等地。

【商品性状特征】呈棱柱状、长方形或颗粒状；大小不一，无色透明，质脆易碎。棱柱状者断面偏斜或方形，呈玻璃样光泽；无臭，味咸。

【规格等级】商品分芒硝净统和皮硝粗统。皮硝（朴硝）呈小块片粒状，不成条，略透明；可见灰屑等杂质，易结块、潮解；质脆易碎；无臭，味苦咸。

【品质评价】以结晶体呈冰条状，色莹白，透明，洁净者为佳；色暗含泥者质次。

【性味功能】味咸、苦，性寒。泻下通便，润燥软坚，清火消肿。用于实热积滞，腹满胀痛，大便燥结，肠痈肿痛；外治乳痈，痔疮肿痛。

【用法用量】6~12g，一般不入煎剂，待汤剂煎得后，溶入汤液中服用。外用适量。

【贮藏】本品是含10个水结晶分子的硫酸钠，易风化失去结晶水成粉状（习称风化硝），受潮易溶解，受热易熔化，贮藏于罐内或木箱，密闭在30℃以下，阴凉干燥处保存，防潮、防风吹日晒。本品有腐蚀性，存放应注意对贮藏器具的腐蚀损坏。

玄明粉 为芒硝经干燥制得。主含硫酸钠（Na_2SO_4）。呈白色粉末状，无

臭、味咸，有引湿性。外用治目赤，咽肿，口疮。

赭石 zheshi

Haematitum

【别名】代赭石。

【来源】氧化类刚玉族矿物赤铁矿矿石。

【采制】全年均可采。采后选取表面有"钉头"的部分，除去泥土、杂石。

【产地】主产于河北、山西、山东、河南、湖南、广东、四川等地。

【商品性状特征】

1. 药材 多呈扁平状，大小不一。全体棕红色或灰黑色，条痕樱红色或红棕色，有的有金属光泽。一面有圆形乳头状突起，习称"钉头"，另一面与突起相对应处有同样大小的凹窝。体重，质硬，砸碎后断面显层叠状，且每层均依"钉头"而呈波浪状弯曲，用手抚摸，则有红棕色粉末黏手，在石头上摩擦呈樱桃红色。气微，味淡。

2. 饮片

煅赭石 呈不规则碎粒及粗粉，表面黑灰色，断面显层叠状或波浪状弯曲，质松脆，微有醋气。

【规格等级】商品分为赭石和煅赭石2类，均为统货。

【品质评价】以色棕红，断面层次明显，有"钉头"，无杂石者为佳。

【性味功能】味苦、甘，性微寒。平肝潜阳，降逆，止血。用于眩晕耳鸣，呕吐，噫气，呃逆，喘息，吐血，衄血，崩漏下血。

【用法用量】内服：煎汤，15～30g。打碎，先煎；研末，每次3g；或入丸、散。外用：适量，研末撒或调敷。一般生用，止血煅用。

【贮藏】竹篓或木箱内，干燥，防尘。

炉甘石 Luganshi

Calamina

【别名】甘石、卢甘石。

【来源】碳酸盐类矿物方解石族菱锌矿，主含碳酸锌。

【采制】采挖后，洗净，晒干，除去杂石。

【产地】主产于湖南、广西、四川、云南等地。

【商品性状特征】块状集合体，呈不规则的块状。表面灰白色或淡红色，凹凸不平，多孔，似蜂窝状，显粉性，无光泽。体轻，质松，易碎。断面灰白色或淡棕色，颗粒状，

并有细小孔。有吸湿性。气微，味微涩。

【规格等级】统货。

【品质评价】以体轻，质松，块大，色白或淡红者佳。

【性味功能】味甘，性平。解毒明目退翳，收湿止痒敛疮。用于目赤肿痛，眼缘赤烂，翳膜胬肉，溃疡不敛，脓水淋漓，湿疮，皮肤瘙痒。

【用法用量】外用适量。

【贮藏】置干燥处，防尘。

知 识 链 接

临床应用 ①煅炉甘石：呈灰白色或白色细分，质轻松。解毒明目退翳，收湿止痒敛疮；②黄连水制炉甘石：呈黄色细粉，质轻松，味苦。增强清热明目、敛疮收湿的功效；③三黄汤制炉甘石：呈深黄色细粉，质轻松，味苦。增强清热明目、敛疮收湿的功效。

滑石 Huashi

Talcum

【别名】液石、脱石、冷石。

【来源】硅酸盐类矿物滑石族滑石，习称"硬滑石"。主含水合硅酸镁 [$Mg_3(Si_4O_{10})(OH)_2$]。

【采制】除去杂石，洗净，砸成碎块。粉碎成细粉，或照水飞法水飞，晾干即为滑石粉。

【产地】主产于山东、江苏等地。

【商品性状特征】

1. 药材 为块状集合体，呈扁平形、斜方形或不规则块状，大小不一。白色、黄白色或带淡蓝灰色，具蜡光样光泽，薄片半透明或微透明。质软而细腻，条痕白色，指甲可刮下白粉，触之有润滑感，无吸湿性，置水中不崩散。气微，味淡。

2. 饮片 为白色或类白色、微细、无砂性的粉末，手摸有滑腻感。气微，味淡。

【规格等级】滑石粉按理化性能划分为优等品、一等品、合格品 3 个等级。

【品质评价】以色白，润滑者为佳。

【性味功能】味甘、淡，性寒。利尿通淋，清热解暑；外用祛湿敛疮。用于热淋，石淋，尿热涩痛，暑湿烦渴，湿热水泻；外治湿疹，湿疮，痱子。

【用法用量】10～20g，包煎。外用适量。

【贮藏】密闭。

知 识 链 接

　　软滑石　为天然的高岭石。主产江西、四川。呈不规则土块状，大小不一；白色或略带浅红色、浅棕色、灰色，无光泽或稍有光泽；质较松软，手捻易成白色粉末，摸之有滑腻感。置水中易崩裂；微有泥土样气，无味而有黏舌感。主含水合硅酸铝 $[Al_4(Si_4O_{10})(OH)_8]$，有时含少量的铁。性味功能同硬滑石。

石膏　Shigao

Gypsum Fibrosum

【别名】细石、细理石、寒水石、白虎。

【来源】为硫酸盐类矿物硬石膏族石膏，主要为含水硫酸钙（$CaSO_4 \cdot 2H_2O$）。

【采制】一般冬季采挖，由矿中挖出后，去净泥土及杂石。

【产地】主产于湖北应城，山东、山西、河南亦产。

【商品性状特征】

1. **药材**　为纤维状的集合体，呈长块状或不规则块状，大小不一；类白色、灰白色或浅黄色，有的半透明；常有夹层，内藏有青灰色或灰黄色片状杂质；体重，质软，易纵向断裂；纵断面具纤维状纹理，并显丝样光泽；气微，味淡。

2. **饮片**

　　煅石膏　为白色粉末或疏松块状物，表面透出微红色光泽，不透明。体较轻，质软，易碎，捏之成粉。无臭，味淡。

【规格等级】统货。

【品质评价】以色白，块大，质松脆，纵断面如丝，无夹层，无杂石者为佳。

【性味功能】味甘、辛，性大寒。清热泻火，除烦止渴。用于外感热病，高热烦渴，肺热喘咳，胃火亢盛，头痛，牙痛。

【用法用量】15～60g，先煎。

【贮藏】置干燥处。

自然铜　Zirantong

Pyritum

【别名】石髓铅、方块铜。

【来源】硫化物类矿物黄铁矿族黄铁矿，主含二硫化铁（FeS_2）。

【采制】采挖后，除去杂石、沙土，敲成小块。

【产地】主产于四川、山东、湖南、湖北、云南、广东及东北等地。

【商品性状特征】

1. 药材　晶形多为立方体，集合体呈致密块状。直径 $0.2 \sim 2.5cm$。表面亮淡黄色，有金属光泽；有的黄棕色或棕褐色，无金属光泽。相邻晶面上具纵直条纹，条痕绿黑色或棕红色。体重，质坚硬或稍脆，易砸碎。断面黄白色，有金属光泽，不平坦，锯齿状。或断面棕褐色，可见银白色亮星。燃之有硫黄气。

2. 饮片

煅自然铜　为不规则碎粒，灰黑色或黑褐色，质酥脆，无金属光泽，带醋气。

【规格等级】统货。

【品质评价】以块整齐，色黄而光亮，断面有金属光泽者为佳。黄绿色、质较松脆者次之。

【性味功能】味辛，性平。散瘀止痛，续筋接骨。用于跌打损伤，筋骨折伤，瘀肿疼痛。

【用法用量】$3 \sim 9g$，多煅制后入药，用时砸碎。多入丸散服，若入煎剂宜先煎。外用适量。

【贮藏】放罐内或木箱内盖好，置干燥处，防灰尘，防潮湿。

硫黄　Liuhuang

Sulfur

【别名】硫、昆仑黄、磺粉。

【来源】自然元素类矿物硫族自然硫或含硫矿物经加工制得。

【采制】自然硫采挖后，加热熔化，除去杂质，倒入模型内，冷却后，打成碎块。

【产地】主产于山西、陕西、河南、山东、湖北、湖南、四川、广东等地。

【商品性状特征】呈不规则块状，大小不一。黄色或略呈绿黄色，表面不平坦，呈脂肪光泽，常有多数小孔。用手握紧置于耳旁，可闻轻微的爆裂声。体轻，质松，易碎，断面常呈针状结晶形。有特异的臭气，味淡。

【规格等级】统货。

【品质评价】以色黄，光亮，质松脆者为佳。

【性味功能】味酸，性温，有毒。外用解毒杀虫疗疮；炮制后内服补火助阳通便。外治用于疥癣，秃疮，阴疽恶疮；内服用于阳痿足冷，虚喘冷哮，虚寒便秘。

【用法用量】外用适量，研末油调涂敷患处。内服 $1.5 \sim 3g$，炮制后入丸散服。

【贮藏】置干燥处，防火。

知 识 链 接

1. **制硫黄**　取净硫黄块，与豆腐同煮，至豆腐显黑绿色时，取出，漂净，阴干。每100kg硫黄，用豆腐200kg。

2. **天生黄**　为天然的升华硫黄，主产于云南省。功效同硫黄。

朱砂　Zhusha

Cinnabaris

【别名】辰砂、丹砂、赤丹、汞沙。

【来源】硫化物类矿物辰砂族辰砂，主含硫化汞（HgS）。天然朱砂，以湖南辰州（今沅陵）产的为好，故有"辰砂"之称。

【采制】挖出矿石后，选取纯净者放淘沙盘内，利用比重不同（朱砂比重8.09～8.20），用水淘出杂石和泥沙，晒干，用磁铁吸净含铁的杂质。

【产地】主产于湖南、贵州、四川、广西、云南等地。

【商品性状特征】为粒状或块状集合体，呈大小不一的块片状、颗粒状或粉末状。鲜红色或暗红色，有光泽。体重，质脆，条痕红色至褐红色。气微，味淡。其中呈不规则板片状、斜方形或长条形，大小厚薄不一，边缘不整齐，色红而鲜艳，光亮如镜面微透明，质较脆者，习称"镜面砂"；呈粒状，方圆形或多角形，色暗红或呈灰褐色，质坚，不易碎者，习称"豆瓣砂"；呈细小颗粒状或粉末状，色红明亮，触之不染手者，习称"朱宝砂"。

【规格等级】商品分镜面砂、豆瓣砂、珠宝砂3种规格。镜面砂又名劈砂、片砂。片大如瓜仁、薄而颜色鲜明透亮者称"大片王"；片稍小而略薄者称"大片"；片小而薄，色泽较差者称"中片"。豆瓣砂又名豆砂、个砂，颗粒状而无光泽。朱宝砂又名洋尖砂，色红鲜亮为一等，稍次者为二等，再次者为"魁砂"。

【品质评价】以色鲜红，有光泽，质脆体重者为佳。搓时不染色，研细不见白点者为真；有白点则夹有砂石，质不纯。

【性味功能】味甘，性微寒，有毒。清心镇惊，安神，明目，解毒。用于心悸易惊，失眠多梦，癫痫发狂，小儿惊风，视物昏花，口疮，喉痹，疮疡肿毒。

【用法用量】0.1～0.5g，多入丸散服，不宜入煎剂。外用适量。

【贮藏】有毒，用纸或塑料袋包装，拆装或炮制后置密闭容器内，贴上标签，置干燥、

低温、避光处。

知 识 链 接

商品行情 目前商品中所称的"辰砂"是以水银和硫黄为原料加热升华而合成的加工品,又称"平口砂"或"灵砂"。多为大小不等的碎块,完整者呈盆状;全体暗红色,质松脆易碎;断面呈纤维柱状(习称"马牙柱"),有宝石样或金属样光泽;无臭,味淡。朱砂的商品历史规格分:箭镞砂、肺砂和末砂,其中色紫不染纸者,称"旧坑砂"为上品;色鲜染纸者称"新坑砂",质次之。

雄黄 Xionghuang
Realgar

【别名】石黄、黄金石、天阳石、鸡冠石。

【来源】硫化物类矿物雄黄族雄黄,主含二硫化二砷(As_2S_3)。

【采制】全年均可采挖,除去杂质石块、泥土。

【产地】主产于湖南、湖北、贵州、甘肃、云南及四川等地。以湖南石门,贮量大、品质好。

【商品性状特征】呈块状或粒状集合体,呈不规则块状,大小不一。深红色或橙红色,质脆易碎;断面有树脂光泽;微有特异的臭气,味淡。

【规格等级】分雄黄、腰黄2种规格。雄黄分为天、地、元、黄4个等级。

1. **天字雄黄** 为不规则块状物,长至6cm,厚至3cm,外表橙红色间夹暗红色,有玻璃闪光,质酥脆。

2. **地字雄黄** 为块状或较小粒状,色红、熟透。

3. **元字雄黄** 为2~3cm的不规则小块状,外表与天字雄黄相似,但质较坚。

4. **黄字雄黄** 为前述品种的粉末或碎片。

腰黄又称雄精或明雄,颜色鲜艳,光亮透明如琥珀,可随身佩戴作装饰品。腰黄按大小分为一、二、三等。目前市售商品多已不分规格,均为统货。

【品质评价】以色红,块大,质松脆,有光泽者为佳。

【性味功能】味辛,性温。有毒。解毒杀虫,燥湿祛痰,截疟。用于痈肿疔疮,蛇虫咬伤,虫积腹痛,惊痫,疟疾。

【用法用量】0.05~0.1g,入丸散用。外用适量,熏涂患处。

【贮藏】毒性药材,置于密闭容器中,贴上标签,放置干燥处贮藏。本品遇火易燃烧,

应单独存放，注意防火。

知 识 链 接

商品行情 专营性较强的品种，市场商家关注度不高，市场供需平衡。雄黄为常用的矿物类药材，主要在中成药牛黄解毒丸（片）中使用，牛黄解毒丸销售量与雄黄药材用量有较大关系。现因雄黄中砷的毒性，药用量逐渐减少。

复习思考

1. 鉴别矿物类药材时应注意哪些性状特征？
2. 简述龙骨的品质评价。

扫一扫，知答案

下篇 中成药商品

扫一扫，看课件

第九章
中成药商品

【学习目标】

1. 掌握中成药的概念及特点。

2. 熟悉六味地黄丸、牛黄解毒片、七厘散、生脉饮、舒筋活络酒、藿香正气水、川贝枇杷糖浆、注射用双黄连（冻干）、防风通圣颗粒、化痔栓、桂枝茯苓胶囊、片仔癀、益母草膏、狗皮膏、正骨水、阿胶等中成药的商品性状特征、规格、质量要求；熟悉中成药常用剂型的特点；熟悉中成药的分类方法。

3. 了解二妙丸、牛黄上清丸、补中益气丸、复方丹参滴丸、穿心莲片、云南白药、清喉咽合剂、国公酒、十滴水、复方阿胶浆、清开灵注射液、川芎茶调颗粒、人参首乌胶囊、罗布麻茶的商品性状特征、规格。

第一节　中成药的基本概念

中成药（制剂）是以饮片为原料，按照规定的处方和制备工艺生产，具有特定的名称、剂型和规格，并规定有功能主治和用法用量的药品。中成药有丸剂、片剂、注射剂等40余种剂型，治疗病证的范围涉及内、外、妇、儿、骨伤、皮肤、五官等科别。

一、 中成药的特点

中成药是在中药汤剂的基础上改进发展而来，主要具有以下特点。

1. 中成药的处方符合传统中医药的组方配伍原则，疗效确切，应用广泛；

2. 在临床应用中注重辨证论治；

3. 在剂型选择上注重中药功效和疾病性质的相互结合；

4. 符合国家药品管理规定，质量稳定，安全有效。

5. 避免了汤剂煎煮不便、不易保存、口感不适等不足，贮藏、运输、携带和服用都比较方便。

中成药也有不足，主要表现在处方组成和剂型固定不变，不能随症加减，难以体现中医辨证论治、三因制宜的治疗特点。

二、 中成药的常用剂型

中成药的常用剂型主要包括两方面，一是传统中药剂型，如丸剂、散剂、内服膏剂、膏滋、酒剂、露剂、胶剂、膏药等；二是现代剂型，如颗粒剂、片剂、胶囊剂、注射剂、合剂等。

1. 丸剂　系指药材细粉或药材提取物加入适宜的黏合剂或其他辅料制成的球形或类球形制剂，包括蜜丸、水蜜丸、水丸、糊丸、蜡丸和浓缩丸等。丸剂属于传统剂型，与汤剂比较发挥药效作用迟缓，但作用长久，适宜于对慢性病的治疗。正如李东垣所说"丸者缓也，……舒缓而治之也"。如六味地黄丸、补中益气丸等。

2. 散剂　系指药材或药材提取物经粉碎、混合制成的干燥粉末状制剂。包括内服散剂和外用散。散剂由于表面积大，服用后分散快，奏效迅速，所以有"散者散也，去急病用之"的论述。如川芎茶调散、六一散、五苓散等。

3. 煎膏剂（膏滋）　系指药材加水煎煮，去渣浓缩后加入糖或蜂蜜制成的半流体制剂。煎膏剂具有药物浓度高、体积小、口感好等特点，多具有滋补、润燥等特点，适宜于慢性疾病的治疗。如益母草膏、川贝枇杷膏等。

4. 药酒　也称酒剂，系指药材用蒸馏酒浸提有效成分而制备的澄清液体制剂。由于酒性辛甘大热，能够通行血脉，祛风散寒，所以药酒多具有舒筋活血、通痹止痛、强筋健骨等作用。如国公酒、鸿茅药酒等。

5. 颗粒剂（冲剂）　系指药材提取物与适宜的辅料或药材细粉制成具有一定粒度的颗粒状制剂。颗粒剂即具有固体制剂贮存、携带、运输方便的优势，又保持了汤剂吸收快、起效迅速的特点，同时由于在制备过程中加入矫味剂，口感较好，更适宜儿童服用。如感冒清热颗粒、板蓝根颗粒等。

6. **片剂**　系指药材提取物与适宜辅料混匀压制而成的圆片状或异形片状的制剂。包括普通片、含片、咀嚼片、泡腾片等。片剂具有剂量准确，质量稳定，贮存、服用、携带运输方便等特点，是应用最广泛的剂型。但因具有一定的硬度，婴幼儿一般不宜使用。

7. **胶囊剂**　系指将药物直接分装于硬质空心胶囊或具有弹性的软质胶囊中制成的固体制剂。包括硬胶囊、软胶囊、肠溶胶囊等。胶囊剂整洁美观，可掩盖药物的不良气味，较丸剂、片剂吸收好、起效快，应用非常广泛。

第二节　中成药各论

一、丸剂

二妙丸　Ermiao Wan
Ermiao Pills

【处方组成】炒苍术 500g，炒黄柏 500g。

【商品性状特征】为黄棕色的水丸；气微香，味苦涩。

【规格】100 粒/6g；6g/袋（或瓶）。

【品质评价】外观应致密光滑、圆整均匀，色泽一致，无粘连现象。

【功能主治】燥湿清热。用于湿热下注，足膝红肿热痛，下肢丹毒，白带，阴囊湿痒。

【贮藏养护】密封、防潮。置阴凉干燥处。

【用法用量】口服，1 次 6~9g，1 日 2 次。

六味地黄丸　Liuwei Dihuang Wan
Liuwei Dihuang Pills

【处方组成】熟地黄 160g，酒萸肉 80g，牡丹皮 60g，山药 80g，茯苓 60g，泽泻 60g。

【商品性状特征】为棕黑色的水丸、水蜜丸、棕褐色至黑褐色的小蜜丸或大蜜丸；味甜而酸。

【规格】①大蜜丸每丸重 9g；②水丸每袋装 5g。

【品质评价】大蜜丸和小蜜丸应细腻滋润、软硬适中。水蜜丸应光滑圆整，质地稍硬。

【功能主治】滋阴补肾。用于肾阴亏损，头晕耳鸣，腰膝酸软，骨蒸潮热，盗汗遗精，消渴。

【贮藏养护】密封。置阴凉处。

【用法用量】口服。水丸 1 次 5g，水蜜丸 1 次 6g，小蜜丸 1 次 9g，大蜜丸 1 次 1 丸，

1 日 2 次 。

牛黄上清丸　Niuhuang Shangqing Wan

NiuhuangShangqing Pills

【处方组成】人工牛黄 2g，菊花 40g，白芷 16g，栀子 50g，黄柏 10g，大黄 80g，赤芍 16g，川芎 16g，黄连 16g，黄芩 50g，连翘 50g，当归 50g，地黄 64g，甘草 10g，冰片 10g，桔梗 16g，石膏 80g，薄荷 30g，荆芥穗 16g。

【商品性状特征】为棕黄色至深棕色的水丸或红褐色至黑褐色的小蜜丸、大蜜丸；气芳香，味苦。

【规格】①大蜜丸每丸重 6g；②小蜜丸每 100 丸重 20g，或每袋装 6g；③水丸每 16 粒重 3g；④水蜜丸每 100 丸重 10g，或每袋装 4g。

【品质评价】大蜜丸和小蜜丸应细腻滋润、软硬适中。水蜜丸应光滑圆整，质地稍硬。

【功能主治】清热泻火，散风止痛。用于热毒内盛，风火上攻所致的头痛眩晕，目赤耳鸣，咽喉肿痛，口舌生疮，牙龈肿痛，大便燥结。

【贮藏养护】密封。置阴凉处。

【用法用量】口服。小蜜丸 1 次 6g，水蜜丸 1 次 4g，水丸 1 次 3g，大蜜丸 1 次 1 丸 ，1 日 2 次 。

补中益气丸　Buzhong Yiqi Wan

BuzhongYiqi Pills

【处方组成】炙黄芪 200g，炙甘草 100g，当归 60g，柴胡 60g，党参 60g，炒白术 60g，升麻 60g，陈皮 60g。

【商品性状特征】为棕褐色至黑褐色的小蜜丸或大蜜丸；味微甜、微苦、辛。

【规格】大蜜丸每丸重 9g。

【品质评价】外观应圆整均匀，大小、色泽一致，细腻滋润，软硬适中。

【功能主治】补中益气，升阳举陷。用于脾胃虚弱，中气下陷所致的泄泻，脱肛，阴挺，症见体倦乏力，食少腹胀，便溏久泻，肛门下坠或脱肛，子宫脱垂。

【贮藏养护】密封。置阴凉处。

【用法用量】口服。小蜜丸 1 次 9g，大蜜丸 1 次 1 丸，1 日 2~3 次。

复方丹参滴丸　Fufang Danshen Diwan

Compound Danshen Dripping Pills

【处方组成】丹参，三七，冰片。

【商品性状特征】为棕色的滴丸，或为薄膜衣滴丸，除去包衣后显黄棕色至棕色；气香，味微苦。

【规格】（1）每丸重 25mg；（2）薄膜衣滴丸每丸重 27mg。

【品质评价】外观应圆整均匀，色泽一致，无粘连现象，表面无冷凝介质黏附。

【功能主治】活血化瘀，理气止痛。用于气滞血瘀所致的胸痹，症见胸闷、心前区刺痛；冠心病心绞痛见上述证候者。

【贮藏养护】密封。置阴凉处。

【用法用量】吞服或舌下含服。1 次 10 丸，1 日 3 次。28 天为 1 个疗程；或遵医嘱。

二、片剂

牛黄解毒片 Niuhuang Jiedu Pian
NiuhuangJiedu Tablets

【处方组成】人工牛黄 5g，雄黄 50g，石膏 200g，大黄 200g，黄芩 150g，桔梗 100g，冰片 25g，甘草 50g。

【商品性状特征】为素片、糖衣片或薄膜衣片，素片或包衣片除去包衣后显棕黄色；有冰片香气，味微苦、辛。

【规格】① 0.25g/片；② 0.3g/片。

【品质评价】外观应完整光洁，色泽均匀、硬度适宜。

【功能主治】清热解毒。用于火热内盛，咽喉肿痛，牙龈肿痛，口舌生疮，目赤肿痛。

【贮藏养护】密封、防潮。置阴凉干燥处。

【用法用量】口服。小片 1 次 3 片，大片 1 次 2 片，1 日 2~3 次。

穿心莲片 Chuanxinlian Pian
Chuanxinlian tablets

【处方组成】穿心莲 1000g。

【商品性状特征】为糖衣片或薄膜衣片，除去包衣后显灰褐色至棕褐色；味苦。

【规格】①1g/片；②2g/片。

【品质评价】外观应完整光洁，色泽均匀、硬度适宜。

【功能主治】清热解毒，凉血消肿。用于邪毒内盛，感冒发热，咽喉肿痛，口舌生疮，顿咳劳嗽，泄泻痢疾，热淋涩痛，痈肿疮疡，毒蛇咬伤。

【贮藏养护】密封、防潮。置阴凉干燥处。

【用法用量】口服。1 次 2~3 片（小片），1 日 3~4 次或 1 次 1~2 片（大片），1 日 3 次。

三、散剂

七厘散 Qili San
Qili Powder

【处方组成】血竭500g，乳香（制）75g，没药（制）75g，红花75g，儿茶120g，冰片6g，人工麝香6g，朱砂60g。

【商品性状特征】为朱红色至紫红色的粉末或易松散的块；气香，味辛、苦，有清凉感。

【规格】① 1.5g/瓶；②3g/瓶。

【品质评价】外观应为细粉，干燥，疏松，混合均匀，色泽一致。

【功能主治】化瘀消肿，止痛止血。用于跌扑损伤，血瘀疼痛，外伤出血。

【贮藏养护】密封、防潮。置阴凉干燥处。

【用法用量】口服。1次1~1.5g，1日1~3次；外用，调敷患处。

云南白药 Yunnan Baiyao
Yunnan White powder

【处方组成】略。

【商品性状特征】为灰黄色至浅棕黄色的粉末；具特异香气，味略感清凉，并有麻舌感。保险子为红色的球形或类球形水丸，剖面呈棕色或棕褐色；气微，味微苦。

【规格】4g/瓶（含保险子1粒）。

【品质评价】外观应干燥，疏松，混合均匀，色泽一致。

【功能主治】化瘀止血，活血止痛，解毒消肿。用于跌打损伤，瘀血肿痛，吐血、咳血，便血，痔血，崩漏下血，手术出血，疮疡肿毒及软组织挫伤，闭合性骨折，支气管扩张及肺结核咳血，溃疡病出血，以及皮肤感染性疾病。

【贮藏养护】密封、防潮。置阴凉干燥处。

【用法用量】刀、枪、跌打诸伤，无论轻重，出血者用温开水送服；瘀血肿痛与未流血者用酒送服；妇科各症，用酒送服；但月经过多、红崩，用温水送服。毒疮初起，服0.25g，另取药粉，用酒调匀，敷患处，如已化脓，只需内服。其他内出血各症均可内服。

口服。1次0.25~0.5g。1日4次（2~5岁按1/4剂量服用；6~12岁按1/2剂量服用）。

凡遇较重的跌打损伤可先服保险子1粒，轻伤及其他病症不必服。

四、合剂

清喉咽合剂 Qinghouyan Heji
Qinghouyan Mixture

【处方组成】地黄 180g，玄参 260g，黄芩 315g，麦冬 160g，连翘 315g。

【商品性状特征】为棕褐色的澄清液体；味苦。

【规格】①100mL/瓶；②150mL/瓶。

【品质评价】外观应澄清，不得有发霉、酸败、异物、变色、产生气体或其他变质现象，允许有少量摇之易散的沉淀。

【功能主治】养阴清肺，利咽解毒。用于阴虚燥热、火毒内蕴所致的咽部肿痛、咽干少津、咽部白腐有苔膜、喉核肿大；局限性的咽白喉、轻度中毒型白喉、急性扁桃体炎、咽峡炎见上述证候者。

【贮藏养护】密封。

【用法用量】口服。第一次 20mL，以后每 10~15mL，1 日 4 次；小儿酌减。

生脉饮 Shengmaiyin
Shengmai Mixture

【处方组成】红参 100g，麦冬 200g，五味子 100g。

【商品性状特征】为黄棕色至红棕色的澄清液体；气香，味酸甜、微苦。

【规格】10mL/支。

【品质评价】外观应澄清，不得有发霉、酸败、异物、变色、产生气体或其他变质现象，允许有少量摇之易散的沉淀。

【功能主治】益气复脉，养阴生津。用于气阴两亏，心悸气短，脉微自汗。

【贮藏养护】密封，置阴凉处。

【用法用量】口服。1 次 10mL，1 日 3 次。

五、酒剂

国公酒 Guogong Jiu
Guogong Wines

【处方组成】当归，羌活，牛膝，防风，独活，牡丹皮，广藿香，槟榔，麦冬，陈皮，五加皮，姜厚朴，红花，制天南星，枸杞子，白芷，白芍，紫草，盐补骨脂，醋青皮，炒

白术，川芎，木瓜，栀子，麸炒苍术，麸炒枳壳，乌药，佛手，玉竹，红曲。

【商品性状特征】为深红色的澄清液体；气清香，味辛、甜、微苦。

【规格】328mL/瓶。

【品质评价】应澄清，外观清洁，封口严密；无药液渗漏、大量沉淀、结晶、变色等现象。

【功能主治】散风祛湿，舒筋活络。用于风寒湿邪闭阻所致的痹病，症见关节疼痛，沉重，屈伸不利，手足麻木，腰腿疼痛；也用于经络不和所致的半身不遂，口眼歪斜，下肢痿软，行走无力。

【贮藏养护】密封，防晒。

【用法用量】口服。1次10mL，1日2次。

舒筋活络酒　Shujin Huoluo Jiu
Shujin Huoluo Wines

【处方组成】木瓜45g，桑寄生75g，玉竹240g，续断30g，川牛膝90g，当归45g，川芎60g，红花45g，独活30g，羌活30g，防风60g，白术90g，蚕沙60g，红曲180g，甘草30g。

【商品性状特征】为棕红色的澄清液体；气香，味微甜、略苦。

【规格】250mL/瓶。

【品质评价】应澄清，外观清洁，封口严密；无药液渗漏、大量沉淀、结晶、变色等现象。

【功能主治】祛风除湿，活血通络，养阴生津。用于风湿阻络、血脉瘀阻兼有阴虚所致的痹病，症见关节疼痛、屈伸不利、四肢麻木。

【贮藏养护】密封，置阴凉处。

【用法用量】口服。1次20~30mL，1日2次。

六、 酊剂

藿香正气水　Huoxiang Zhengqi Shui
Huoxiang Zhengqi Tinctures

【处方组成】苍术160g，陈皮160g，厚朴（姜制）160g，白芷240g，茯苓240g，大腹皮240g，生半夏160g，甘草浸膏20g，广藿香油1.6mL，紫苏叶油0.8mL。

【商品性状特征】为深棕色的澄清液体（贮存略有沉淀）；味辛、苦。

【规格】10mL/支。

【品质评价】应澄清，外观清洁，封口严密；无药液渗漏、沉淀、变色等现象。

【功能主治】解表化湿，理气和中。用于外感风寒、内伤湿滞或夏伤暑湿所致的感冒，

症见头痛昏重、胸膈痞闷、脘腹胀痛、呕吐泄泻；胃肠型感冒见上述证候者。

【贮藏养护】密封。

【用法用量】口服。1次5~10mL，1日2次，用时摇匀。

十滴水　Shidi Shui
Shidi Tinctures

【处方组成】　樟脑25g，干姜25g，大黄20g，小茴香10g，肉桂10g，辣椒5g，桉油12.5mL。

【商品性状特征】为棕红色至棕褐色的澄清液体；气芳香，味辛辣。

【规格】①500mL/瓶；②100mL/瓶；③50mL/瓶；④10mL/支；⑤5mL/支。

【品质评价】应澄清，外观清洁，封口严密；无药液渗漏、沉淀、变色等现象。

【功能主治】健胃，祛暑。用于因中暑而引起的头晕，恶心，腹痛，胃肠不适。

【贮藏养护】遮光，密封。

【用法用量】口服。1次2~5mL；儿童酌减。

七、 糖浆剂

川贝枇杷糖浆　Chuanbei Pipa Tangjiang
Chuanbei Pipa Syrup

【处方组成】川贝母流浸膏45mL，桔梗45g，枇杷叶300g，薄荷脑0.34g。

【商品性状特征】为棕红色的黏稠液体；气香，味甜、微苦、凉。

【规格】①150mL/瓶；②10mL/支。

【品质评价】应澄清，封口严密；无酸败、异臭、产生气体或其他变质现象。

【功能主治】清热宣肺，化痰止咳。用于风热犯肺，痰热内阻所致的咳嗽痰黄或吐痰不爽，咽喉肿痛，胸闷胀痛，感冒咳嗽及慢性支气管炎见上述证候者。

【贮藏养护】密封，置阴凉干燥处。

【用法用量】口服，1次10mL，1日3次。

复方阿胶浆　Fufang Ejiao Jiang
CompoundEJiao Syrup

【处方组成】阿胶，红参，熟地黄，党参，山楂。

【商品性状特征】为棕褐色至黑褐色的液体；味甜。

【规格】①250mL/瓶；②200mL/瓶；③20mL/瓶；④20mL（无蔗糖）/瓶。

【品质评价】应澄清，封口严密；无酸败、异臭、产生气体或其他变质现象。

【功能主治】补气养血。用于气血两虚，头晕目眩，心悸失眠，食欲不振及白细胞减少症和贫血。

【贮藏养护】密封。

【用法用量】口服，1 次 20mL，1 日 3 次。

八、注射剂

注射用双黄连（冻干）　Zhusheyong Shuanghuanglian
Shuanghuanglian for Injection

【处方组成】连翘，金银花，黄芩。

【商品性状特征】为黄棕色的无定形粉末或疏松固体状物；味苦、涩；有引湿性。

【规格】600mg/支。

【品质评价】外观应色泽一致，无吸潮、黏结等现象。

【功能主治】清热解毒，疏风解表。用于外感风热所致的发热、咳嗽、咽痛；上呼吸道感染、轻型肺炎、扁桃体炎见上述证候者。

【贮藏养护】避光，密封，置阴凉干燥处。

【用法用量】静脉滴注。每次每千克体重 60mg，1 日 1 次，或遵医嘱。临用前，先以适量灭菌注射用水充分溶解，再用氯化钠注射液或 5% 葡萄糖注射液 500mL 稀释。

清开灵注射液　Qingkailing Zhusheye
Qingkailing Injection

【处方组成】胆酸，珍珠母（粉），猪去氧胆酸，栀子，水牛角粉，板蓝根，黄芩苷，金银花。

【商品性状特征】为棕黄色或棕红色的澄明液体。

【规格】①2mL/支；②10mL/支。

【品质评价】外观应色泽一致，无渗漏、封口漏气、瓶口松动、冷爆裂瓶、结晶析出、混浊沉淀现象。

【功能主治】清热解毒，化痰通络，醒神开窍。用于热病，神昏，中风偏瘫，神志不清；急性肝炎，上呼吸道感染、肺炎，脑血栓形成、脑出血见上述证候者。

【贮藏养护】密封。

【用法用量】肌内注射，1 日 2~4mL。重症患者静脉滴注，1 日 20~40mL，以 10% 葡萄糖注射液 200mL 或氯化钠注射液 100mL 稀释后使用。

九、 颗粒剂

川芎茶调颗粒 Chuanxiong Chatiao Keli
Chuanxiong Chatiao Granules

【处方组成】 川芎153.8g，白芷76.9g，羌活76.9g，细辛38.5g，防风57.7g，荆芥153.8g，薄荷307.7g，甘草76.9g。

【商品性状特征】规格①：为棕色的颗粒，气香，味甜、微苦。规格②：为棕色至棕褐色的颗粒，气香，微苦。

【规格】①每袋装7.8g；②每袋装4g（无蔗糖）。

【品质评价】应干燥，颗粒均匀，色泽一致；无吸潮、软化、结块、潮解等现象。

【功能主治】疏风止痛。用于外感风邪所致的头痛，或有恶寒、发热、鼻塞。

【贮藏养护】密封。

【用法用量】饭后用温开水或浓茶冲服。1次1袋，1日2次；儿童酌减。

防风通圣颗粒 Fangfeng Tongsheng keli
Fangfeng Tongsheng Granules

【处方组成】 防风75.5g，荆芥穗37.8g，薄荷75.5g，麻黄75.5g，大黄75.5g，芒硝75.5g，栀子37.8g，滑石453g，桔梗151g，石膏151g，川芎75.5g，当归75.5g，白芍75.5g，黄芩151g，连翘75.5g，甘草302g，白术（炒）37.8g。

【商品性状特征】为棕黄色至棕褐色的颗粒；气香，味甘、咸，微苦。

【规格】3g/袋。

【品质评价】应干燥，颗粒均匀，色泽一致；无吸潮、软化、结块、潮解等现象。

【功能主治】解表通里，清热解毒。用于外寒内热，表里俱实，恶寒壮热，头痛咽干，小便短赤，大便秘结，瘰疬初起，风疹湿疮。

【贮藏养护】密封。

【用法用量】口服。1次1袋，1日2次。

十、 栓剂

化痔栓 Huazhi Shuan
Huazhi Suppositories

【处方组成】次没食子酸铋200g，苦参370g，黄柏92.5g，洋金花55.5g，冰片30g。

【商品性状特征】为暗黄褐色的栓剂。

【规格】1.7g/粒。

【品质评价】应色泽均匀，完整光滑，硬度韧性适宜；无软化变形、变硬、发霉变质的现象。

【功能主治】清热燥湿，收涩止血。用于大肠湿热所致的内外痔、混合痔疮。

【贮藏养护】遮光，密闭，在30℃以下保存。

【用法用量】患者取侧卧位，置入肛门2~2.5cm深处。1次1粒，1日1~2次。

十一、 胶囊剂

人参首乌胶囊 Renshen Shouwu Jiaonang
Renshen Shouwu Capsules

【处方组成】红参400g，制何首乌600g。

【商品性状特征】为硬胶囊，内容物为黄棕色至棕褐色的粉末；味微苦。

【规格】0.3g/粒。

【品质评价】应完整光洁；无黏结、渗漏或囊壳破裂、变形、异臭、霉变等现象。

【功能主治】益气养血。用于气血两虚所致的须发早白，健忘失眠，食欲不振，体疲乏力；神经衰弱见上述证候者。

【贮藏养护】密封。

【用法用量】口服。1次1~2粒，1日3次，饭前服用。

桂枝茯苓胶囊 Guizhi Fuling Jiaonang
Guizhi Fuling Capsules

【处方组成】桂枝240g，茯苓240g，牡丹皮240g，桃仁240g，白芍240g。

【商品性状特征】为硬胶囊，内容物为棕黄色至棕褐色的颗粒和粉末；气微香，味微苦。

【规格】0.31g/粒。

【品质评价】应完整光洁；无黏结、渗漏或囊壳破裂、异臭、霉变等现象。

【功能主治】活血，化瘀，消癥。用于妇人瘀血阻络所致癥块、经闭、痛经、产后恶露不尽；子宫肌瘤，慢性盆腔炎包块，痛经，子宫内膜异位症，卵巢囊肿见上述证候者；也可用于女性乳腺囊性增生病属瘀血阻络证，症见乳房疼痛、乳房肿块、胸胁胀闷；或用于前列腺增生属瘀阻膀胱证，症见小便不爽、尿细如线，或点滴而下、小腹胀痛者。

【贮藏养护】密封。

【用法用量】口服。1次3粒，1日3次。饭后服。前列腺增生疗程8周，其余适应证疗程12周，或遵医嘱。

十二、 锭剂

片仔癀 PianZai Huang
PianZai Huang Lozenge

【处方组成】麝香，牛黄，蛇胆，三七等。

【商品性状特征】为类扁椭圆形块状，块上有一椭圆环。表面棕黄色或灰褐色，有密细纹，可见霉斑。质坚硬，难折断。折断面微粗糙，呈棕褐色，色泽均匀，偶见少量菌丝体。粉末呈棕黄色或淡棕黄色，气微香，味苦、微甘。

【规格】3g/粒。

【品质评价】应平整光滑，色泽一致；无皱缩、飞边、裂隙、变形及空心等现象。

【功能主治】清热解毒，凉血化瘀，消肿止痛。用于热毒血瘀所致急慢性病毒性肝炎，痈疽疔疮，无名肿毒，跌打损伤及各种炎症。

【贮藏养护】密封。

【用法用量】口服，1次0.6g，8岁以下儿童1次0.15~0.3g，1日2~3次；外用研末用冷开水或食醋少许调匀涂在患处（溃疡者可在患处周围涂敷之），1日数次，常保持湿润，或遵医嘱。

十三、 煎膏剂

益母草膏 Yimucao Gao
Yimucao Soft Extract

【处方组成】益母草。

【商品性状特征】为棕黑色稠厚的半流体；气微，味苦、甜。

【规格】①250g/瓶；②125g/瓶。

【品质评价】应无焦臭、异味，无糖的结晶析出。

【功能主治】活血调经。用于血瘀所致的月经不调、产后恶露不绝，症见月经量少、淋漓不净、产后出血时间过长；产后子宫复旧不全见上述证候者。

【贮藏养护】密封。

【用法用量】口服，1次10g，1日1~2次。

十四、 外用膏剂

狗皮膏 Goupi Gao
Goupi Black Plaster

【处方组成】 生川乌 80g，生草乌 40g，羌活 20g，独活 20g，青风藤 30g，香加皮 30g，防风 30g，铁丝威灵仙 30g，苍术 20g，蛇床子 20g，麻黄 30g，高良姜 9g，小茴香 20g，官桂 10g，当归 20g，赤芍 30g，木瓜 30g，苏木 30g，大黄 30g，油松节 30g，续断 40g，川芎 30g，白芷 30g，乳香 34g，没药 34g，冰片 17g，樟脑 34g，丁香 17g，肉桂 11g。

【商品性状特征】为摊于兽皮或布上的黑膏药。

【规格】①30g/张；②24g/张；③15g/张；④12g/张。

【品质评价】应摊涂均匀，油润细腻，乌黑光亮，色泽一致，背衬面平整；无脱膏、失黏现象。

【功能主治】祛风散寒，活血止痛。用于风寒湿邪、气血瘀滞所致的痹病，症见四肢麻木，腰腿疼痛，筋脉拘挛，或跌打损伤，闪腰岔气，局部肿痛；或寒湿瘀滞所致的脘腹冷痛，行经腹痛，寒湿带下，积聚痞块。

【贮藏养护】密封。

【用法用量】外用。用生姜擦净患处皮肤，将膏药加温软化，贴于患处或穴位。

十五、 搽剂

正骨水 Zhenggu Shui
Zhenggu Liniment

【处方组成】 九龙川，木香，海风藤，土鳖虫，豆豉姜，大皂角，香加皮，莪术，买麻藤，过江龙，香樟，徐长卿，降香，两面针，碎骨木，羊耳菊，虎杖，五味藤，千斤拔，朱砂根，横经席，穿壁风，鹰不扑，草乌，薄荷脑，樟脑。

【商品性状特征】为棕红色的澄清液体；气芳香。

【规格】①88mL/瓶；②45mL/瓶；③30mL/瓶；④12mL/瓶。

【品质评价】应澄清，色泽一致；无渗漏、封口漏气、瓶口松动等现象。

【功能主治】活血祛瘀，舒筋活络，消肿止痛。用于跌打扭伤，骨折脱位以及体育运动前后消除疲劳。

【贮藏养护】密封，置阴凉处。

【用法用量】用药棉蘸药液轻搽患处；重症者用药液湿透药棉敷患处 1 小时，每日 2~3 次。

十六、 茶剂

罗布麻茶 Luobuma Cha
Luobuma Teas

【处方组成】罗布麻叶 3000g。

【商品性状特征】为袋装茶剂，内容物为绿色至绿褐色的叶，多破碎；气微，味淡。

【规格】3g/袋。

【品质评价】为袋装茶剂，干燥。

【功能主治】平肝安神，清热利水。用于肝阳眩晕，心悸失眠，浮肿尿少；高血压病，神经衰弱，肾炎浮肿。

【贮藏养护】密封，置阴凉干燥处。

【用法用量】开水冲泡代茶饮。1 次 1~2 袋，1 日 2~3 次。

十七、 胶剂

阿胶 Ejiao
Donkey-Hide Glue

【处方组成】驴皮。

【商品性状特征】呈长方形块、方形块或丁状。棕色至黑褐色，有光泽。质硬而脆，断面光亮，碎片对光照视呈棕色半透明状。气微，味微甘。

【规格】 ①500g/盒；②250g/盒。

【品质评价】应为色泽均匀，无异常嗅味的透明固体。

【功能主治】补血滋阴，润燥，止血。用于血虚萎黄，眩晕心悸，肌痿无力，心烦不眠，虚风内动，肺燥咳嗽，劳嗽咯血，吐血尿血，便血崩漏，妊娠胎漏。

【贮藏养护】密封、防潮。置阴凉干燥处。

【用法用量】3~9g。烊化兑服。

复习思考

1. 中成药商品有哪些特点？

2. 中成药商品有哪些常用剂型？

扫一扫，知答案

中药名首字拼音索引

A

艾叶 …… 176

B

巴豆 …… 204
巴戟天 …… 110
白及 …… 145
白前 …… 102
白芍 …… 59
白术 …… 119
白薇 …… 103
白鲜皮 …… 167
白芷 …… 89
百部 …… 128
斑蝥 …… 267
板蓝根 …… 67
半夏 …… 126
半枝莲 …… 231
北豆根 …… 65
北沙参 …… 98
鳖甲 …… 272
槟榔 …… 216
冰片 …… 254
薄荷 …… 230
补骨脂 …… 202
补中益气丸 …… 296

C

苍术 …… 120
草果 …… 219
草乌 …… 56
侧柏叶 …… 171
柴胡 …… 97
蟾酥 …… 270
车前草 …… 234
沉香 …… 153
赤芍 …… 61
川贝母 …… 129
川贝枇杷糖浆 …… 301
川牛膝 …… 51
川乌 …… 55
川芎 …… 94
川芎茶调颗粒 …… 303
穿心莲 …… 234
穿心莲片 …… 297
重楼 …… 134

D

大黄 …… 45
大蓟 …… 237
大青叶 …… 172
大血藤 …… 150
丹参 …… 104
淡竹叶 …… 239
当归 …… 90
党参 …… 115
地肤子 …… 191
地骨皮 …… 169
地黄 …… 107

地龙 ……………………………… 257
地榆 ………………………………… 68
丁香 ……………………………… 180
冬虫夏草 ………………………… 243
豆蔻 ……………………………… 220
杜仲 ……………………………… 163

E

莪术 ……………………………… 141
儿茶 ……………………………… 253
阿胶 ……………………………… 307
二妙丸 …………………………… 295

F

番泻叶 …………………………… 174
防风 ……………………………… 96
防风通圣颗粒 …………………… 303
防己 ……………………………… 65
蜂蜜 ……………………………… 268
茯苓 ……………………………… 245
附子 ……………………………… 57
复方阿胶浆 ……………………… 301
复方丹参滴丸 …………………… 296

G

甘草 ……………………………… 72
藁本 ……………………………… 95
葛根 ……………………………… 71
蛤蚧 ……………………………… 273
钩藤 ……………………………… 155
狗脊 ……………………………… 42
狗皮膏 …………………………… 306
枸杞子 …………………………… 211
瓜蒌 ……………………………… 214
广藿香 …………………………… 226
广金钱草 ………………………… 226

龟甲 ……………………………… 271
桂枝茯苓胶囊 …………………… 304
国公酒 …………………………… 299

H

哈蟆油 …………………………… 272
海金沙 …………………………… 252
海马 ……………………………… 269
海螵蛸 …………………………… 263
海藻 ……………………………… 242
合欢皮 …………………………… 164
何首乌 …………………………… 48
红参 ……………………………… 82
红花 ……………………………… 187
厚朴 ……………………………… 160
胡黄连 …………………………… 109
槲寄生 …………………………… 148
虎杖 ……………………………… 48
滑石 ……………………………… 287
化痔栓 …………………………… 303
槐花 ……………………………… 179
黄柏 ……………………………… 165
黄精 ……………………………… 132
黄连 ……………………………… 62
黄芪 ……………………………… 74
黄芩 ……………………………… 105
藿香正气水 ……………………… 300

J

鸡内金 …………………………… 280
鸡血藤 …………………………… 151
姜黄 ……………………………… 142
僵蚕 ……………………………… 267
降香 ……………………………… 152
金钱白花蛇 ……………………… 281
金钱草 …………………………… 225

金银花 ···················· 182

金樱子 ···················· 199

荆芥 ······················ 228

桔梗 ······················ 113

菊花 ······················ 184

决明子 ···················· 201

K

苦参 ······················· 69

苦杏仁 ···················· 196

款冬花 ···················· 183

L

连翘 ······················ 208

灵芝 ······················ 244

羚羊角 ···················· 279

硫黄 ······················ 289

六味地黄丸 ················ 295

龙胆 ······················· 98

龙骨 ······················ 284

炉甘石 ···················· 286

鹿茸 ······················ 275

罗布麻茶 ·················· 307

罗布麻叶 ·················· 175

M

麻黄 ······················ 222

马钱子 ···················· 209

麦冬 ······················ 137

芒硝 ······················ 285

没药 ······················ 249

绵马贯众 ··················· 43

牡丹皮 ···················· 158

牡蛎 ······················ 262

木瓜 ······················ 194

木通 ······················ 147

木香 ······················ 118

N

南五味子 ·················· 193

牛蒡子 ···················· 214

牛黄 ······················ 278

牛黄解毒片 ················ 297

牛黄上清丸 ················ 296

牛膝 ······················· 50

女贞子 ···················· 209

P

枇杷叶 ···················· 173

片仔癀 ···················· 305

蒲公英 ···················· 238

Q

七厘散 ···················· 298

蕲蛇 ······················ 280

牵牛子 ···················· 211

前胡 ······················· 93

茜草 ······················ 111

羌活 ······················· 92

秦艽 ······················ 100

秦皮 ······················ 167

青黛 ······················ 253

青蒿 ······················ 237

清喉咽合剂 ················ 299

清开灵注射液 ·············· 302

全蝎 ······················ 264

R

人参 ······················· 77

人参首乌胶囊 ·············· 304

肉苁蓉 ···················· 232

肉桂 ······················ 162

乳香 ………………………………… 249

S

三棱 ………………………………… 122
三七 ………………………………… 87
桑白皮 ……………………………… 157
桑寄生 ……………………………… 149
桑螵蛸 ……………………………… 266
沙参 ………………………………… 117
沙苑子 ……………………………… 200
砂仁 ………………………………… 217
山豆根 ……………………………… 70
山药 ………………………………… 139
山楂 ………………………………… 195
山茱萸 ……………………………… 207
商陆 ………………………………… 52
蛇床子 ……………………………… 207
射干 ………………………………… 140
麝香 ………………………………… 274
升麻 ………………………………… 64
生脉饮 ……………………………… 299
十滴水 ……………………………… 301
石菖蒲 ……………………………… 127
石膏 ………………………………… 288
石斛 ………………………………… 240
石决明 ……………………………… 259
舒筋活络酒 ………………………… 300
水蛭 ………………………………… 258
苏木 ………………………………… 151
酸枣仁 ……………………………… 205

T

太子参 ……………………………… 53
桃仁 ………………………………… 197
天冬 ………………………………… 136
天花粉 ……………………………… 112

天麻 ………………………………… 144
天南星 ……………………………… 125
葶苈子 ……………………………… 193
通草 ………………………………… 154
土鳖虫 ……………………………… 265
土茯苓 ……………………………… 135
菟丝子 ……………………………… 210

W

威灵仙 ……………………………… 54
乌梅 ………………………………… 198
乌梢蛇 ……………………………… 282
吴茱萸 ……………………………… 203
蜈蚣 ………………………………… 264
五倍子 ……………………………… 254
五味子 ……………………………… 192

X

西红花 ……………………………… 188
西洋参 ……………………………… 85
细辛 ………………………………… 44
香附 ………………………………… 124
香加皮 ……………………………… 168
香薷 ………………………………… 232
小茴香 ……………………………… 206
辛夷 ………………………………… 178
雄黄 ………………………………… 291
徐长卿 ……………………………… 101
续断 ………………………………… 111
玄参 ………………………………… 107
血竭 ………………………………… 250

Y

延胡索 ……………………………… 66
洋金花 ……………………………… 181
益母草 ……………………………… 228

益母草膏 ……………………………… 305
益智 ……………………………………… 221
薏苡仁 …………………………………… 215
茵陈 ……………………………………… 235
银柴胡 …………………………………… 52
淫羊藿 …………………………………… 171
鱼腥草 …………………………………… 224
玉竹 ……………………………………… 133
郁金 ……………………………………… 143
远志 ……………………………………… 76
云南白药 ………………………………… 298

Z

泽泻 ……………………………………… 123
赭石 ……………………………………… 286

浙贝母 …………………………………… 131
珍珠 ……………………………………… 260
正骨水 …………………………………… 306
知母 ……………………………………… 138
栀子 ……………………………………… 212
枳壳 ……………………………………… 202
朱砂 ……………………………………… 290
猪苓 ……………………………………… 247
注射用双黄连（冻干） ……………… 302
紫草 ……………………………………… 103
紫花地丁 ………………………………… 225
紫苏叶 …………………………………… 175
紫菀 ……………………………………… 121
自然铜 …………………………………… 288

主要参考文献

[1] 国家药典委员会 . 中华人民共和国药典 [M] . 2015 版第一部 . 北京：中国医药科技出版社 . 2014. 9.

[2] 国家食品药品监督管理总局 . 执业药师资格考试应试指南中药学专业知识（一）[M] . 第 7 版 . 北京：中国医药科技出版社 . 2017. 1.

[3] 国家食品药品监督管理总局 . 执业药师资格认证中心组织 . 中药学专业知识（一）[M] . 第 7 版 . 北京：中国医药科技出版社，2016. 1.

[4] 张贵君 . 中药商品学 [M] . 第 3 版 . 北京：人民卫生出版社 . 2016. 9.

[5] 张贵君 . 中药商品学 [M] . 第 2 版 . 北京：人民卫生出版社 . 2008. 9.

[6] 张贵君 . 精编中草药彩色图谱 [M] . 北京：中国医药科技出版社，2016.

[7] 康廷国 . 中药鉴定学 [M] . 第 8 版 . 北京：中国中医药出版社 . 2016. 8.

[8] 桂镜生 . 中药商品学 [M] . 第 1 版 . 昆明：云南大学出版社 . 2015. 6.

[9] 卢先明 . 中药商品学 [M] . 第 3 版 . 北京：中国中医药出版社 . 2014. 7.

[10] 李峰，蒋桂华 . 中药商品学 [M] . 北京：中国医药科技出版社 . 2014. 8.

[11] 税丕先，庄元春 . 现代中药材商品学 [M] . 广州：中山大学出版社 . 2010. 8.

[12] 王满恩，张继 . 中药鉴定技术 [M] . 北京：中国中医药出版社，2003.

[13] 张振凌 . 中药加工炮制与商品规格 [M] . 乌鲁木齐：新疆科技卫生出版社 . 1996. 9.

[14] 王全文 . 中药资源学 [M] . 北京：中国中医药出版社 . 2006. 7.

[15] 高学敏 . 中药学 [M] . 北京：人民卫生出版社 . 2000. 11.

[16] 谢明，田侃 . 药事管理与法规 [M] . 第 2 版 . 北京：人民卫生出版社 . 2016. 8.

[17] 七十六种药材商品规格标准 [M] . 国药联材字（84）第 72 号文附件

[18] 刘道清 . 中药别名大辞典修订本 [M] . 郑州：中原农民出版社，2013.

[19] 李敏 . 中药材规范化生产与管理（GAP）方法及技术 [M] . 北京：中国医药科技出版社，2005.

[20] 刘绍贵，欧阳荣 . 临床常用中草药鉴别与应用 [M] . 长沙：湖南科学技术出版社，2015.

[21] 杨滨 . 中草药加工技术 [M] . 北京：中央广播电视大学出版社，2009.

[22] 李锦开 . 中国基本药材 [M] . 北京：中国医药科技出版社，2013.

[23] 龙全江 . 中药材加工学（第 2 版）[M] . 北京：中国中医药出版社，2010.

[24] 刘绍贵，欧阳荣 . 临床常用中草药鉴别与应用 [M] . 长沙：湖南科学技术出版社，2015.

[25] 卢赣鹏 . 500 味常用中药材的经验鉴别 [M] . 北京：中国中医药出版社，1999. 1.

[26] 黄璐琦 . 中药材信息监测与技术服务手册 [M] . 北京：中国中医药出版社，2015. 01.

[27] 姚闽，王勇庆，白吉庆，等 . 车前草与车前子应用历史沿革考证及资源调查 [J] . 中医药导报，2016，22（17）：36-39.

[28] 于晓菲，王振月，张迪，等 . 蒲公英资源的综合开发利用 [J] . 中国林副特产，2015，(5)：88-91.

［29］银福军，舒抒，周华蓉，等．重庆市永川区淡竹叶资源群落特征研究［J］．中国中药杂志，2014，39（22）：4277-4282.

［30］王红，徐斯凡，赵凤娟．半枝莲抗肿瘤药理活性及机制研究进展［J］．中央民族大学学报（自然科学版），2010，19（4）：77-80.

［31］熊蕊，郭凤柳，赵彩娟，等．安国地区荆芥资源的调查报告与分析［J］．中国民族民间医药，2017，26（16）：136-142.

［32］赵立子，魏建和．中药荆芥最新研究进展［J］．中国农学通报，2013，29（4）：39-43.

［33］闫婕，卫莹芳，龙飞，等．穿心莲野生品与栽培品质量比较研究［J］．中药与临床，2015，6（5）：15-17.

［34］魏秀俭，郭彦，时明芝，等．绿色食药明珠—鱼腥草［J］．中国食物与营养，2006，1：56-57.

［35］唐池．西藏冬虫夏草资源法律保护研究［J］．西藏民族大学学报（哲学社会科学版），2017，38（4）：82-86.

［36］周烨易蔚．蛤蚧的药理作用及其治疗哮喘的作用机制研究综述［J］．广西中医学院学报，2011，14（4）：79.

［37］余新建，陈素红，吕圭源．龟甲："滋阴补肾"药效相关研究概况［J］．当代医学，2009，4（15）：15.

［38］寇冠军，秦姿凡，邓雅芳，等．蟾酥的研究进展［J］．中草药：2014，45（21）：3185.

［39］郭晓庆，孙佳明，张辉．水蛭的化学成分与药理作用［J］．吉林中医药，2015，1（14）：47.

［40］陈秋实．蜈蚣养殖技术［J］．农村经济与科技，2011，22（6）：43.

［41］张跃环，王昭萍，喻子牛，等．养殖牡蛎种间杂交的研究概况与最新进展［J］．水产学报，2014，38（4）：613.

［42］车斌．中国大陆牡蛎市场分析［J］．中国渔业经济，2013，5：12.

［43］卢少海，马山，周长征．中药海螵蛸的应用研究进展［J］．食品与药品，2014，16（1）：65.

［44］胡长效，朱静．中药桑螵蛸的研究进展［J］．农业与技术，2007，27（5）：77.